尽善尽 弗求弗迪

SDBE管理实践丛书

SDBE
领导力及人才

力出一孔，将官一致打胜仗

|胡荣丰 胡秀丽 龙琴|著|

电子工业出版社
Publishing House of Electronics Industry
北京·BEIJING

内 容 简 介

本书包括"领导力是企业战略落地的关键因素""企业领导力的基础是企业文化与价值观""SDBE六力胜任度评估和诊断""一号位的个体修炼,从将兵到将帅""华为领导力实践与能力发展""欣赏个体差异,打造高桶团队""拥抱管理变革,系统进行熵减""拥抱时代转变,迎接数字化""发挥领导力,打造高绩效团队""SDBE领导力发展架构和整体方法""领导力建设:SDBE领导力闭环管理"11章,全面梳理了领导力发展与干部管理的逻辑、方法和工具,总结了在数字化转型战略的引领下,众多标杆企业的领导力是如何全面进化并支撑企业数字化转型成功的。

本书可供人力资源工作者、企业管理人员、企业数字化转型领导者,以及对干部管理感兴趣的研究和咨询人员阅读。

未经许可,不得以任何方式复制或抄袭本书之部分或全部内容。
版权所有,侵权必究。

图书在版编目(CIP)数据

SDBE领导力及人才:力出一孔,将官一致打胜仗 / 胡荣丰,胡秀丽,龙琴著. -- 北京:电子工业出版社, 2024. 10. -- (SDBE管理实践丛书). -- ISBN 978-7 -121-48912-9

Ⅰ. F272.91

中国国家版本馆CIP数据核字第2024C6L403号

责任编辑:黄益聪
印　　刷:三河市兴达印务有限公司
装　　订:三河市兴达印务有限公司
出版发行:电子工业出版社
　　　　　北京市海淀区万寿路173信箱　　邮编:100036
开　　本:720×1000　1/16　印张:21.75　字数:390千字
版　　次:2024年10月第1版
印　　次:2024年10月第1次印刷
定　　价:89.00元

凡所购买电子工业出版社图书有缺损问题,请向购买书店调换。若书店售缺,请与本社发行部联系,联系及邮购电话:(010) 88254888, 88258888。
质量投诉请发邮件至 zlts@phei.com.cn,盗版侵权举报请发邮件至 dbqq@phei.com.cn。
本书咨询联系方式:(010) 68161512, meidipub@phei.com.cn。

承蒙胡荣丰老师邀请我为其即将出版的《SDBE 领导力及人才：力出一孔，将官一致打胜仗》一书作序，我非常高兴。胡老师豪爽开放，与我志趣相投，没想到他笔耕不辍，在繁忙的咨询工作之余，还能拨出时间著书立说。在祝贺他的同时，我惶恐地欣然同意。

从农业革命到工业革命再到信息革命，随着数字化、智能化浪潮的波涛汹涌，这个世界正在迎来第四次工业革命。在数字动能澎湃、潜力无限的时代，动荡不安与之相随，领导力及人才建设已经成为企业竞争制胜的决定性因素。

人气即财气，聚人才能聚财！得人才者，得天下。是否能聚人，特别是寻能人、聚志士，一起朝着一个目标奋斗，是企业能否发展壮大的根本。2003 年，面临摩托车行业的衰落，看到新能源行业蕴藏的巨大机会，我们创办了台铃。成立之初，创始团队没什么大理想，主要目的就是解决生计。台铃在艰难中起步，在竞争中成长，幸运地踩对了风口。虽经历千难万苦，但我们一心一意只做电动车。就这样，台铃逐步走向全国，迈向海外，而今员工近万人，年产销电动车近 1000 万台，在全球电动车行业初步奠定了地位和优势。随着 20 年来的优胜劣汰、变迁升级，今天台铃能成为全球初具影响力的电动车企业，集全产业链的研发、生产、销售、运营和服务为一体，关键就在于创始团队始终坚信：干部和人才是驱动企业发展的第一生产力。

如今，行业整体增速放缓，竞争日益加剧，每年都有不少友商消失；行业发展红利逐渐消失，产能严重过剩，品牌集中度越来越高，企业生存和发展的难度越来越大。随着多年来野蛮粗犷而快速的发展，在收获市场份额和竞争优势的同时，我们发现台铃在战略、组织、研发、生产和运营各个方面，都存在很多不足。随着规模越做越大，我们的核心管理团队越来越惶恐不安。我们深知，想要做好一家企业，把它做成百年老店，必须具备强大的竞争力，以前靠喊口号、打"鸡血"、逞匹夫之勇的游击战是无以为继的。

台铃究竟要如何做才能持续稳健地发展下去，成为像本田一样的百年品牌？

无数企业的兴衰规律揭示：想要在复杂多变的市场环境中生存下来，除了顺应时代变化，企业的核心管理团队一定要团结一致，以更开放的心态提升管理水平，研究市场，直面竞争，为消费者提供更好的产品和服务。只有这样，才能在未来激烈的竞争中赢得生存之机。

通过不断洞察、实施与纠偏，台铃最终确定了"数一数二"的战略目标，锁定了"长续航电动车"的战略定位，并确立了"全球化、数字化"的战略方向。战略方针确定后，干部就是决定性因素。同时，要实现我们的战略，完成组织、运营和能力的升级，变革就成为必然。我们的核心管理团队达成共识，要拥抱变革及创新，由干部团队率先进行转型升级，带领全体台铃人苦练内功，挑战自我，迎难而上，共克时艰。

华为是中国本土企业的传奇，这几年来我们的核心管理团队一直在系统地学习华为，学过不少华为的课程，也请过很多老师来辅导。我们逐步认识到，管理变革不仅需要科学的、系统化的方法，更需要教练团队，继而达成共识——这几年就是行业留给台铃管理变革的最后机会窗口期。基于此，我们的核心管理团队拜访了不少"外脑"机构，也接待过不少咨询团队到访，但因种种原因终不得果。

偶然一次机会，我结识了胡荣丰老师。胡老师领导下的德石羿，成员基本都出自华为，理论修养高，实践经验丰富。给我印象最深的，就是整个团队激情四射，充斥着惊人的活力和积极进取的事业心。同时，团队成员非常接地气，能够深入我们的基层团队和业务实践，将大家很好地凝聚在一起，让大家为同一个目标而奋斗。这些都与台铃非常契合，因此双方很快就达成了战略合作，共同开启了台铃的变革之旅。经过充分调研，双方团队达成共识，台铃管理变革的长期目标是系统引入德石羿"SDBE 领先模型"并落地，实现台铃打造百年品牌的愿景，完成"活得久、活得好"的经营宗旨。

在与核心干部谈心时，我经常说，变革不是革命，大张旗鼓、轰轰烈烈并不会带来好的结果，但变革也不会春风化雨，润物无声，无所触动。在管理变革的过程中，肯定会经历阵痛。知人易，自知难；认可自己有问题，并能主动改变和纠正则更难。因此，自从顾问团队入场，我们的核心管理团队就提出期盼：德石羿不能像传统咨询公司那样，专注于 PPT 和文档，只对方法和交付件负责，而应该像 IBM 当年对待华为那样，充分发挥"教练陪跑"的作用，教会台铃干部们管理的理念、工具和实操，切实提升大家驾驭业务的管理能力。

随着双方合作和管理变革的展开，我们欣喜地发现，通过跟随顾问团队，系统学习德石羿的方法，台铃的干部们越来越开放和包容，越来越积极进取。如今，企业各级团队会主动要求和德石羿的老师们一起定位标杆，寻找差距，挖掘原因，理思路，想办法。这样，台铃在整体上形成了正向积极的工作作风和氛围，干部们系统化思考和做事的能力得到提升。

通过德石羿团队的驻场辅导，台铃逐步克服了经营和管理上的固有惯性，干部们也不再沉溺于过往取得的些许成就中，学会从未来的战略高度来全盘思考问题，同时台铃务实、积极的工作作风得到发扬光大。在导入"SDBE领导力闭环管理"的方法论后，按照台铃的业务实际，我们将标杆管理、差距分析、战略构想、战略解码、组织重构、经营计划、执行管理等一系列管理方法运用到各职能和作战单位，提升了整体的组织能力和管理效能。我们的各级干部都充分认可德石羿团队为台铃做出的巨大贡献！

经历了与德石羿的合作及管理变革的落地过程，再阅读本书，感触良多。我们一直都知道干部和人才是企业最重要的资产，也知道面向未来，这是台铃最重要的依靠。但如何高效建设干部和人才梯队？如何高效管理和运作它？如何让这个资产增值更快？如何让它充分发挥领导力，带领团队不断打胜仗？对于这些问题，我们却找不到要领和方法，而这本书恰好回答了上述问题。

书中阐述的领导力及人才发展的理念和方法，一方面体现了IBM、美世、合益、埃森哲等优秀公司集大成的管理思想，另一方面准确地阐述了华为如何将这些管理思想与东方智慧充分融合，进而发展出德石羿团队独有的领导力及人才发展"选、用、育、留、管"的系统化、结构化之道。

本书通过系统化地总结华为及各领先企业在领导力及人才建设上的普遍经验，让人信服地论述了各级管理干部应该具备的六种能力——领导力、战略力、洞察力、运营力、执行力、协同力，同时详细阐释了每种能力更细致的要素和相关要求。本书高屋建瓴、创造性地提出，领导力在"SDBE六力模型"中居于首位，是发挥干部综合能力的决定性因素，直接决定企业经营和发展的成效。

总之，本书系统且全面地阐述了领导力及人才建设的路径和方法，是一本兼具理论性与实践性的著作，可读性很强，值得每一位企业经营者、HR工作者和有志于成为管理干部的读者认真阅读。

台铃将持续以科技创新为驱动，围绕电动车的业务布局，持续推动领导力及

人才建设，组建"愿打硬仗，能打胜仗"的干部梯队，同时打造认真负责、管理高效的人才队伍，推动生产持续高效增长，为中国电动车行业在全球的崛起做贡献。

再次感谢胡老师及德石羿团队为台铃做出的贡献，也期望我们的合作能够持续为产业链和消费者创造价值，不辜负时代赋予的战略机会。

最后，我十分乐意向读者们推荐这本书，相信这本书能够给您带来有益的思考与启发。

姚立

台铃集团总裁

于广东东莞松山湖

 自序

　　"没有退路就是胜利之路！""领袖就是要在茫茫的黑暗中，发出一丝丝微光，照亮前进的路。"华为创始人任正非经常这样讲，以至于大家都认为这两句话的原作者是他，但其实这是任总引用的西方著名将帅的名言。这样引用的原因很简单，他曾经是一名军官，练兵、整军、打胜仗已经深入他的思维、行为和企业经营中。

　　华为之所以被外界称为有组织力、有战斗力、能攻坚克难的企业，很大程度上就是因为其创始人任总是军人出身，并且华为又系统性地从 IBM、美世等全球著名咨询公司承接了西方先进的管理理念、方法、流程和工具。因此，华为的管理和经营方式，矛盾又和谐地表现出两大突出特点：既是中式的，充满军事色彩，尤其是企业文化与价值观，这是灵，是魂；又是西式的，渐进改良无处不在，尤其是企业微观上的经营管理和流程运作，高效而专业。

　　这个世界的社会生产和生活分工日趋精细、复杂，时代背景也从以自动化为代表的第三次工业革命，迈向以数字化、智能化为明显特点的第四次工业革命。复杂、无序、多变的外界环境，对所有个体、团队和组织都提出了更高的生存和发展的能力要求。

　　"个人比不过团队，团队打不过模式，模式敌不过趋势！"这是一个无比简朴而正确的道理，但并非每个人都能明白。大道至简，这句话的意思是，再厉害的个人也比不过高度专业、配合娴熟的团队；无数团队的成功经验和失败教训，被总结成成功模式，省却了在黑暗中摸索的时间和试错成本；成功模式需要根据时代大背景的变化，进行适当的调整和校准。

　　因此，我们经常讲，在这个时代，所有组织和个人的成功之充分且必要条件，都必须遵循三个原则：认清数字化时代的背景和趋势，采用正确的行为和运作模式，结成高活力和高绩效的组织。只有这样，才能抓住战略机会，最大概率获得成功。

　　不论时代怎样变化，人性，包括其优点和弱点永远不变；作为一群人的组织，企业及其经营的本质也不会改变。所有企业均需要在已经被识别出来的赛道（战

略方向）上，建设和发挥组织的能力与活力，持续获得营收和利润的增长。

笔者及其团队根据亲身实践，以及总结的华为、IBM等许多领先企业的理念和实践，创立了"SDBE六力模型"。该模型识别了支撑企业生存、发展、进化和领先的关键六力，包括领导力（L）、战略力（S）、洞察力（D）、运营力（B）、执行力（E）、协同力（C）。领导力位于首位，是核心、关键且不可替代的。

其中，领导力是"1"，是纲；其他五大能力是"0"，是目；只有纲举才能目张，才能形成闭环。古话讲："千军易得，一将难求。"正确的路线确定后，干部就是决定性因素。

任正非曾经说过，办企业没什么神秘的，就是要培养这样一群人：他们永远嗅觉敏锐，知道战略机会和前进方向；永远不屈不挠，有强烈的生存和求胜欲望；永远群体作战，知道通过团结协作来弥补个体的缺陷。只有由这样的人组成的高效企业，才能张力和冲劲十足，整个队伍才能持续不断地打硬仗、打胜仗。

因此，所有的领先和标杆企业都有一个显著的特点，就是领导力贯穿整个组织，愿打硬仗、敢冲山头和善打胜仗的干部及人才，前赴后继，层出不穷。所有志向远大的企业家和管理精英都要把建设"志向远大、无坚不摧的领导力"作为企业长期经营的首要任务。一旦企业成功建立了一支高素质、敢担当、能引领组织前行的"火车头"干部队伍，包括优秀的干部和人才梯队，就能把传统的"绿皮火车"改造为"动车"或"高铁"，企业将动力澎湃，势能十足，发展无限。

本书不是理论和认知型图书，而是根据德石羿团队的亲身实践，系统总结IBM、通用电气、华为、阿里巴巴、字节跳动、美宜佳等成功企业的共性而创作的实践型图书。本书展开论述了在企业中，如何在愿景、使命和价值观的指引下，有针对性地构建自己的领导力，建设一支派得出、打得赢、不变质的领导干部和专业人才梯队，从而实现把能力建设在组织上，打造百年企业的伟大愿景。

华为，是笔者与很多团队成员的老东家，是中国优秀企业的代表。华为的经营理念和方法既有代表性，也有局限性。笔者曾经讲过，华为不可复制，但可以借鉴；抄华为者"死"，学华为者"生"。我们要认真汲取人类关于企业经营和管理的一切智慧与知识，当然也包括华为的成功经验和失败教训。这样做的目的只有一个，就是为我所用，持续地发展和壮大自己。

笔者及其团队具有20多年在华为等超大型标杆企业的工作经验，并主持和参与过华为领导力及人才管理变革项目。笔者也带着团队，认真地对我们辅导过的领先企业进行了总结，在领导力及人才发展方面，有着深刻的理论认知和丰富的实践经验。本书从理念、诊断、实操和工具层面阐述了个体和组织的领导力修炼，包含理念、文化、诊断、个体修炼、团队发展、变革引领、标杆实践和闭环管理框架等章节，全面梳理了领导力及人才发展的方法和工具，总结了德石羿团队指导相关企业进行领导力及人才实践，以支撑企业的全面能力发展和经营提高，帮助企业获得高质量、可持续成功的经验。

本书对想系统学习"SDBE 六力模型"的企业家，想借鉴和参考华为成功经验的企业家，想建设持续领先企业的管理者，在领导力及人才发展领域工作的 HR 工作者，各类企业经营管理和研究人员，以及孜孜不倦追求职场成功的职场精英来说，具有一定的参考意义。

本书是一孔之见，也是一家之言。主体由笔者完成，包括写作逻辑、框架、论点，以及绝大部分文稿的写作和审校。因此，如果书中存在错误，那么责任都在于笔者。团队成员帮助笔者完成部分资料和素材的搜集与补充，并进行部分文稿的审校。感谢大家的无私配合。

同时，也感谢支持本书写作的前华为主管、同事们，以及企业家朋友们，没有各位的讨论和亲身实践，本书将是空洞、苍白和无力的。

最后，写作是一门遗憾的艺术。本书必然会有一些观点上的局限，甚至是狭隘、错误，敬请读者见谅并反馈你们的宝贵意见，笔者将持续改进。

胡荣丰

于四川康定川西旅行路上

第 1 章 领导力是企业战略落地的关键因素

1.1 领导力的定义和内涵 2
1.1.1 领导力的定义和层次发展框架 2
1.1.2 领导力的区分：主官和主管 4

1.2 领导力的行为要素 7
1.2.1 主将要素：智、信、仁、勇、严的综合 7
1.2.2 坚定信念：让打胜仗成为信仰 9
1.2.3 以身作则：令人追随的领导者 10

1.3 领导力的三大作用 12
1.3.1 初创迷茫期：指明发展方向 12
1.3.2 困难攻坚期：带领组织前进 15
1.3.3 日常运营期：决定组织气质 17

1.4 领导力与 SDBE 领先模型 19
1.4.1 SDBE 领先模型致力于企业领先 20
1.4.2 领导力在 SDBE 中的作用与意义 22
1.4.3 领导梯队模型的六个阶段 24

第 2 章 企业领导力的基础是企业文化与价值观

2.1 企业文化来源于正确的假设 28
2.1.1 商道、天道和人道的辩证统一 28
2.1.2 假设、行为和结果的文化闭环 31

2.2 企业文化与价值观的内涵 33
2.2.1 企业文化与价值观的关系和框架 33
2.2.2 理念体系：使命、愿景和价值观 36
2.2.3 规范体系：制度规范与行为要求 38
2.2.4 文化宣贯：做好文化教育与传播 39

2.3 标杆参考：华为的企业文化与价值观 42
2.3.1 华为企业文化的由来和演变 42
2.3.2 华为核心价值观的构成与内涵 45
2.3.3 华为企业文化的管理应用 47

2.4 企业文化与价值观的引领作用 49
2.4.1 企业文化与价值观是企业经营的基本准则 49
2.4.2 制度刚性与文化柔性要相互补充和融合 51
2.4.3 少谈情怀，多谈价值，刺激野心和潜能 53

2.5 企业文化与价值观的具体管理 54
2.5.1 创造土壤：打造企业文化培训体系 54
2.5.2 身体力行：各级主管的传承和践行 56
2.5.3 严格考核：价值观对干部的一票否决 58

第 3 章　SDBE 六力胜任度评估和诊断

3.1 企业不同发展阶段的领导力展现　62
　3.1.1 中国企业领导力发展状况与差距　62
　3.1.2 不同的发展阶段需要差异化辅导　63
3.2 企业领导力现状诊断和相关方法　65
　3.2.1 领导力测评的方法和工具　65
　3.2.2 多维度分析和诊断领导力　68
　3.2.3 差异化的领导力发展计划　69
3.3 SDBE 六力模型：组织能力胜任度评估　71
　3.3.1 领导力：建团队、练作风、善转型、打胜仗　71
　3.3.2 战略力：理方向、定节奏、设业务、筑优势　75
　3.3.3 洞察力：看趋势、找差距、识价值、积经验　78
　3.3.4 运营力：解战略、控质量、优流程、管项目　81
　3.3.5 执行力：明职责、掌技能、熟流程、善攻坚　85
　3.3.6 协同力：强组织、管人才、促绩效、明激励　88
　3.3.7 SDBE 六力模型的综合分析　91

第 4 章　一号位的个体修炼，从将兵到将帅

4.1 智：战略与业务管理的"智慧、权变和灰度"　96
　4.1.1 仰望星空，寻找增长方向、机会和威胁　96
　4.1.2 全面理解战略，明确路径，导向胜利　97
　4.1.3 管理不能非黑即白，一号位要有灰度　99
4.2 信：打造"言必信，行必果"的高绩效组织　100
　4.2.1 以结果为导向，强化团队执行力　100
　4.2.2 立规章制度，确保组织高效运营　102
　4.2.3 建正向氛围，持续牵引价值创造　103
4.3 仁：重视软性力量，建立打胜仗的导向　105
　4.3.1 言传身教，建立想打仗、打胜仗的导向　105
　4.3.2 营造激发型的组织氛围，迸发团队力量　107
4.4 勇：一号位的责任担当和亮剑精神　109
　4.4.1 勇担重担，挑战不可能，带领团队持续打胜仗　110
　4.4.2 面对强敌，可能不敌；但敢于竞争，勇于亮剑　111
4.5 严：爱兵切，用兵狠，一切以打赢为最终目标　113

4.5.1 尊重与理解员工，为其提供发展空间 113

4.5.2 切实指导员工，帮助其快速成长 114

4.5.3 管理要高标准、严要求、敢批评 116

第 5 章 华为领导力实践与能力发展

5.1 领导力的本质：带领团队成功 120

5.1.1 各级主管是战略规划的第一责任人 120

5.1.2 对战略结果负责，带领团队攻坚克难 121

5.2 华为干部的行为画像：干部九条 122

5.2.1 华为关键行为画像与干部九条的由来 122

5.2.2 发展客户能力，践行华为价值观 123

5.2.3 发展组织能力，建设高绩效组织 125

5.2.4 发展个人能力，保障高价值产出 127

5.3 华为干部任用选拔模型：干部四力模型 128

5.3.1 华为干部四力模型的构建与发展 128

5.3.2 华为干部四力模型对主官和副官的要求 129

5.3.3 全营一杆枪，团结一致，夺取胜利 131

5.4 华为骨干人才行为规范：《二十一条军规》 133

5.4.1 华为《二十一条军规》的由来 133

5.4.2 华为的批判与自我批判 134

第 6 章 欣赏个体差异，打造高桶团队

6.1 学会欣赏，打造团队 138

6.1.1 对个体差异的认知和实践 138

6.1.2 欣赏差异，用人所长 139

6.1.3 塑造多元互补的团队 140

6.2 认知自我，MBTI 测评 142

6.2.1 测评工具选取和方法介绍 143

6.2.2 MBTI 测评，形成内生觉悟 144

6.3 有效沟通，及时反馈 146

6.3.1 高效沟通的力量与关键要素 146

6.3.2 从心开始，做最好的倾听者 148

6.3.3 优秀的领导者往往善于反馈 150

6.4 教练辅导，激发潜能 151

6.4.1 用优秀的人去培养更优秀的人 152

6.4.2 基于员工类型匹配辅导风格 153

6.4.3 利用教练辅导工具激发个体潜能 154

6.5 有效授权，借事修人 157

6.5.1 授权：激发全员领导力 157

6.5.2 有效授权的艺术与技巧 158

6.5.3 建立授权的督导反馈机制 160

6.6 综合管理，业财人模型 162

6.6.1 配置组织中台，追求长期有效的增长 162

6.6.2 专业拥抱业务，业财人打造高绩效组织 164

第 7 章　拥抱管理变革，系统进行熵减

7.1　熵减：激活组织与人才　168
- 7.1.1　宇宙之熵，是万物运行的自然法则　168
- 7.1.2　对抗熵增，企业要不断进行变革干预　169
- 7.1.3　激活组织，系统熵减，保持长期活力　171

7.2　领导力和变革的管理与推动　173
- 7.2.1　变革是衡量领导力的标志　173
- 7.2.2　领导力是管理变革的核心　174
- 7.2.3　变革下的领导力发挥与发展　176

7.3　持续推动变革，引领价值创造　177
- 7.3.1　变革是企业管理中永恒的不变，建设耗散结构　177
- 7.3.2　变革方向：令出一孔，力出一孔，利出一孔　179
- 7.3.3　华为变革史：坚持客户导向，坚持价值导向　181

7.4　以客户为中心，构建流程化组织　183
- 7.4.1　流程要反映业务本质，为一线服务　183
- 7.4.2　打造端到端、覆盖全业务的流程体系　185
- 7.4.3　基于流程设置组织，分配权力与责任　187
- 7.4.4　持续优化流程，提高流程的运行效率　188

第 8 章　拥抱时代转变，迎接数字化

8.1　数字智能时代的挑战　192
- 8.1.1　数字智能时代变革的"危"与"机"　192
- 8.1.2　数字经济是经济增长的发动机　193

8.2　企业数字化转型的浪潮　195
- 8.2.1　数字化转型推动企业可持续发展　195
- 8.2.2　数字化变革工作流程：让组织更敏捷、高效　196
- 8.2.3　数字化贯穿全价值链：让运营更智能互联　198
- 8.2.4　数字化重塑商业模式：让业务的开展更平台化　200

8.3　企业数字化转型的困境　202
- 8.3.1　传统企业和数字化企业的区别　202
- 8.3.2　企业数字化转型面临的难题　204

8.4　领导力驱动数字化转型　206
- 8.4.1　从战略到组织的全面转型　206
- 8.4.2　领导力是数字化转型的引擎　208
- 8.4.3　数字化转型需要的五个转变　210

第 9 章 发挥领导力，打造高绩效团队

9.1 领导力修炼与发展 214
9.1.1 领导力的八重修炼 214
9.1.2 领导力的五大关系 216
9.1.3 建立高绩效团队的领导策略 218

9.2 明确团队目标与方向 220
9.2.1 明确目标：总目标层层分解，形成可执行的重点任务 220
9.2.2 建立信任：把团队拧成一股绳 222
9.2.3 达成共识：用共同的愿景鼓舞员工 223

9.3 关注优秀员工，推标杆 224
9.3.1 结合团队特点，选取合适的标杆人物 224
9.3.2 发挥标杆作用，激活个体能量 225

9.4 定义关键行为，抓执行 227
9.4.1 关键行为：目标与成果之间的桥梁 227
9.4.2 没有执行力，一切都是空谈 228
9.4.3 有效的流程机制是执行的保障 230

9.5 赏罚分明，及时激励 231
9.5.1 激励的前提：赏罚分明、公私分明 231
9.5.2 把握员工的真实需求，制定多元化的激励方式 233
9.5.3 有效激励要符合导向、关注感知、及时发放 235

第 10 章 SDBE 领导力发展架构和整体方法

10.1 干部队伍建设的关键 238
10.1.1 干部队伍建设是"一把手工程" 238
10.1.2 以提升组织能力，促进战略目标达成为目的 239
10.1.3 干部队伍建设要开放融合，实现内培外引 241

10.2 德石羿 SDBE 领导力发展架构和"721"能力成长模型 243
10.2.1 SDBE 领导力发展架构 243
10.2.2 训战结合，"721"能力成长模型 246

10.3 德石羿采用系统性的训战方式提升领导力 247
10.3.1 在课堂培训中加强理论学习 247
10.3.2 在思想碰撞中收获成长 249
10.3.3 在实战中提升关键能力 250
10.3.4 德石羿领导力发展培训项目：训、练、战 252

10.4 德石羿领导力发展的理念和方法 256
10.4.1 领导力发展的四大工作理念 256
10.4.2 授人以渔，打造价值共同体 258
10.4.3 助力目标客户成为行业领跑者 260

第 11 章 领导力建设：SDBE 领导力闭环管理

11.1 复制标杆经验，推行 SDBE 干部管理框架 264

11.1.1 华为持续成功的秘诀：看方向，管干部，分好钱 264

11.1.2 人才通道：炸开金字塔，为凤筑巢，让人才涌现 266

11.1.3 干部管理：不搞终身制，能上能下，持续成功 268

11.1.4 SDBE 干部管理框架："七步法"令干部层出不穷 271

11.2 干部的四大使命与责任 273

11.2.1 界定干部的使命与责任 273

11.2.2 抓文化传承：践行和传承企业的核心价值观 275

11.2.3 抓业务增长：聚焦客户需求与客户价值实现 278

11.2.4 抓效率提升：端到端业务流程建设和管理改进 279

11.2.5 抓组织能力：开展组织建设，发展人才梯队 282

11.3 建立干部选拔标准，注重一线业务的成功经验 283

11.3.1 华为干部选拔的四个维度 283

11.3.2 核心价值观是衡量干部的基础 285

11.3.3 品德和作风是干部资格的底线 287

11.3.4 绩效是干部选拔的分水岭 289

11.3.5 能力和经验是干部取得高绩效的关键成功要素 291

11.4 健全干部选拔与任用程序，打造五湖四海的干部体系 292

11.4.1 干部选拔与任用是大事，必须严格和规范 292

11.4.2 重视一线成功经验：宰相必起于州部，猛将必发于卒伍 294

11.4.3 干部任用三权分立：五湖四海，全方位识别和选拔干部 296

11.4.4 坚持打胜仗：干部配备的八大原则 298

11.5 能力发展与转身，在实践中不断提升干部能力 300

11.5.1 干部发展理念：在实战中发展干部 300

11.5.2 加快干部流动，走"之"字形成长道路 301

11.5.3 系统培训，层层赋能，帮助各级干部成长 303

11.5.4 新干部 90 天转身计划：三重助力保障转身成功 305

11.6 干部考核与激励，持续激发干部的冲劲和活力 308

11.6.1 分层分级考核干部 308

11.6.2 绩效牵引，拉开差距，给"火车头"加满油 310

11.6.3 干部考核结果应用：坚持能上能下 312

11.7 做好继任工作，在战略成功中打造干部队伍 313

11.7.1 企业一盘棋，做好干部队伍建设和后备干部培养 313

11.7.2 实施继任者计划，保障干部队伍人才充足 315

11.7.3 做好管理者反馈计划，帮助干部持续提升能力 318

11.8 干部自律与监察，防止系统性腐败和堕落 320

11.8.1 干部的自律与他律：严是爱，松是害 320

11.8.2 审计与监察：治病救人，严防从组织内部开始衰败 321

11.8.3 监察机制：自我约束和制度约束"两手抓，两手硬" 323

后记 325

参考文献 327

第1章
领导力是企业战略落地的关键因素

领导力是推动组织发展的核心和关键力量,是卓越、领先组织的制胜法宝。

组织生存和发展的背后,秘诀是领导力的提升。一切能够持续成功的企业,包括华为,其在愿景与使命指引下的强大组织和动员能力,其令出一孔、力出一孔、能打胜仗的作战能力,背后都是其干部和人才群体杰出领导力的体现。

1.1 领导力的定义和内涵

组织发展理论创始人沃伦·班尼斯曾经说过:"领导力就像美,它难以定义,但当你看到时,你就知道。"

领导力,就是一种改变和影响他人的思想与行为,带领团队实现目标的能力。

1.1.1 领导力的定义和层次发展框架

领导力是一个广义且不断发展演变的概念,见仁见智。有多少领导者,就有多少种领导力的定义。

在对众多名家的领导理论进行梳理后,结合多年的管理及咨询经验,笔者认为,**领导力是一种影响力**,领导力的发挥过程也是一种影响过程,是通过这种影响使人们心甘情愿和满怀热情地为实现企业目标而努力的过程。有时,领导力也特指领导者在管辖范围内充分利用人力和客观条件,以最低的成本和最优的配置实现目标,提高团队办事效率的能力。

管理学大师彼得·德鲁克认为,领导力就是"能够把个人愿景提升到更高的境界,把个人绩效提升到更高的标准,锻炼一个人的性格,让他突破原来的限制"的能力。

苹果公司创始人乔布斯曾表示:"我的工作是带领一群优秀的人,帮助他们成为更好的自己。"

美国前总统罗斯福曾说:"最好的管理者是在拥有足够认知的情况下集结优秀的人去做他们想做的事,并且在他们做的时候克制自己不去干涉。"

领导力是否有高有低?是否有大有小?是否有相关模型来定性或定量评估?回答是肯定的。

领导力大师约翰·麦克斯韦尔提出,领导力也有高低之分,一位领导者的领导力发展可以分为五个层次,由低到高分别为**职位型领导、关系型领导、绩效型领导、发展型领导和使命型领导**(见图1-1)。

1. 职位型领导

职位型领导是领导力发展的五个层次中最低的一个层次,即领导者的影响力仅来源于其职位权力。这类领导者很难称得上真正的领袖,难以驾驭有能力的高素质员工,需要依靠各种规章制度来开展管理活动。员工也只会在其权力范围内服从，完成自身岗位职责内的工作事项。

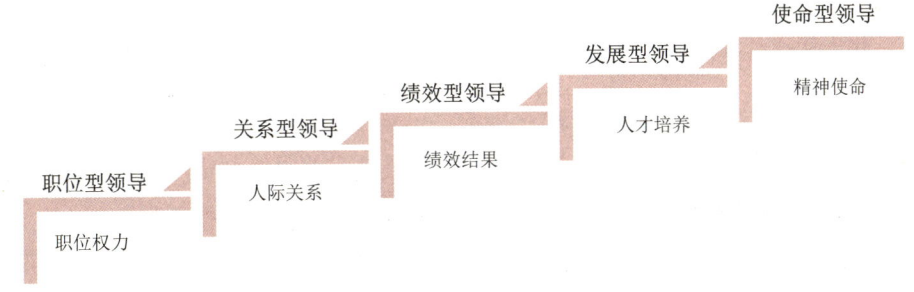

图1-1　领导力发展的五个层次

2. 关系型领导

这一层次的领导力主要基于领导者与员工的人际关系，领导者不再着眼于自己的职位权力，而是通过与身边人的沟通、交流来赢得他人的信任与认可。该层次下的领导者可以加强团队的凝聚力，减少工作中的沟通阻力。但要避免因融洽的人际关系，而失去作为领导者的权威。

3. 绩效型领导

绩效型领导是指能够带领组织实现组织目标，获得作战成功的领导者。这类领导者通过所取得的成就让员工信服，建立了自己的威信。此外，因为领导者的高绩效，那些有能力、想发展的员工会被吸引到团队之中。

4. 发展型领导

发展型领导处于领导力发展的第四个层次。该层次下的领导者可以充分利用自身的职位权力、人际关系和绩效结果对其追随者进行投资与培育，通过员工个人能力的提升，确保组织的可持续发展。

5. 使命型领导

使命型领导是领导力发展的最高层次，也可称为组织的精神领袖。组织成员在这类领导者的带领下，能够产生价值观的共鸣，为了长期的目标和伟大的愿景努力工作。同时，这类领导者非常善于授权，通过培育众多优秀员工，让组织得以不断发展壮大。

使命型领导已经不需要依托职位权力来发挥其影响力。例如通用电气前CEO杰克·韦尔奇，哪怕不再担任具体的管理职务，人们还是会纷纷向其请教管理的建议。

又如华为创始人任正非，虽然他谦虚地说，自己在华为就是一个傀儡，提倡无为而治，但其思想、理念和作风，不断地激发着员工为事业而奋斗。

伟大而卓越的使命型领导，总是散发着魅力，让大家不顾一切地追随和效仿。

【案例】任正非——华为的精神领袖

华为作为中国的巨头企业，之所以取得令人瞩目的成就，在国际舞台上大放异彩，很大程度上得益于华为创始人任正非的远见卓识和高超领导力。

善于激发员工斗志是任正非一直被人称道的独特能力。任正非经常通过一个个故事、一次次发言，慷慨激昂地向员工传递他的理念。截至2023年，任正非在华为内部共发表了80余篇文章，生动地体现了他的思想、信念和追求，指引着华为人努力奋斗。任正非曾亲自修订、更新四次《致新员工书》。他强调，华为公司共同的价值体系，就是要建立一种共同为世界、为社会、为祖国做出贡献的企业文化，从而为新进入华为的年轻人提供精神指引。

在华为稳步发展时，任正非会发表《论学习》《做谦虚的领导者》等文章和讲话，让全体员工保持谦虚学习的心态；在华为取得成就时，任正非会做《反骄破满，在思想上艰苦奋斗》的讲话，告诫干部和员工戒骄戒躁；在华为遭遇打压时，任正非在军团成立大会上表示没有退路就是胜利之路，"和平是打出来的，我们要用艰苦奋斗、英勇牺牲，打出一个未来30年的和平环境……让任何人都不敢再欺负我们……历史会记住你们的，等我们同饮庆功酒那一天，于无声处听惊雷！"

任正非的每一次发声都不断为华为人指引方向，成为华为人的精神驱动，让华为上下认同并全力以赴去完成目标。这正是任正非领导力的最好体现。

领导力的形成和提升是一个漫长的过程，每一个层次都以前一个层次为基础。层次越高，领导力的实现就会越容易。同时，领导者需要不断学习和自我成长，迈上新的台阶，引领组织成员心甘情愿地为组织目标奋斗。

1.1.2 领导力的区分：主官和主管

在企业经营中，领导力的发挥必须贯穿于经营团队、干部群体的一言一行中，所谓"其身正，不令而行；其身不正，虽令不从"。

为此，华为对干部群体进行了划分，分为"主官"和"主管"两大类。"主管"一词对很多企业而言更为常见。但在华为，"主官"被提及的次数更多，并且很早就与"主管"共存于华为的人才发展体系之中。两者虽仅有一字之差，但含义大不相同。

主管，是主持管理的意思，或者说是管家和店铺掌事人，是进行内部管理的职位，更多地体现为向下级传达指令，对下级的工作行为负责。主官，古代释义为官吏与官员，现代是指领导集体中处于主导和核心地位的人员。

任正非结合现代企业的管理机制，对主官和主管进行了重新定位与要求。主官负责打仗，一心一意紧盯战略目标的不确定性，关注方向和胜利；主官领导主管，并将内部事务授权给主管，让他来负责运营和效率提升。主官就像电视剧《亮剑》里的李云龙，只管分析敌人和打仗；而主管是高级职员，在确定的方向下，承担企业内部确定性的具体事务，就像《亮剑》里的政委赵刚，对内管着组织里的关键事务，承担着组织稳定和人员优化的责任。

因此，在SDBE领先模型中，我们根据华为多年的实践，总结了干部的两大种类和方向：主官与主管，他们分别对应主战干部和主建干部。主战干部负责打仗，交结果，最显著的特点是有决断力；主建干部负责运营，建能力，强调的是执行力。并且在SDBE领先模型中，对他们的能力模型做出了不同的定义，有兴趣的读者可以自行搜索华为的干部四力模型。

想要成为主官，需要具备以下三个条件。

首先，主官要有良好的洞察力和决断力。上前线，带兵打仗的人一定要有战略的洞察力和决断力，一定要有坚强的意志和自我牺牲的精神，能够"拨云见日"，透过浓浓的乌云，洞察到战役的方向，并敢于拍板定论。

其次，没经过实战，不能称之为主官。将军是打出来的！只有上过战场，有过基层实践经验的人才能成为合格的主官。任正非曾公开表示："未来公司各级主官都必须具有基层项目的成功实践经验。对高级一点的主官，要求具有项目的综合成功实践经验；对更高一级的主官，还要求跨领域，在纵向（产品管理）、横向（区域管理）上都要具有成功实践经验。"

最后，主官要敢于打仗，善于胜利。主官必须有强烈的胜负心，敢于直面残酷的战场，不唯上，只唯实，对不确定性敢决策，对胜败敢负责。唯唯诺诺，一味在家里绣花的干部，是做不了主官的。

【案例】华为开展"满××、向××都是我们时代的英雄"的学习讨论

2017年9月，华为各级管理团队开展了"满××、向××都是我们时代的英雄"的学习讨论。从国内到国外，从集团到地方，几乎所有部门的管理团队都开展了此次学习讨论。华为为什么会如此重视此次学习讨论呢？我们先来了解一下满××、向××这两位人物。

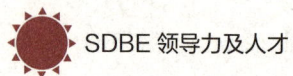

1. "踏平朱日和，活捉满××"

满××，1974年3月出生于山东临沂，中共党员，中国人民解放军军事科学院国际战略专业研究生毕业，大校军衔，曾任第38集团军某红军团团长，现任中国陆军第一蓝军旅旅长，被中央军委领导称为通晓信息化、外军和联合作战的优秀指挥员。

2015年6月1日，由总参谋部组织的"跨越—2015·朱日和"系列实兵对抗演习在朱日和训练基地正式开始。在对抗演习的4个月里，满××率领的蓝军（在部队模拟对抗演习中，专门扮演假想敌的部队）与7个大单位的10个红军合成旅连战10场，10场全胜。2014年至2017年，蓝军取得了33战32胜的好成绩，部分红军恨得牙痒痒，甚至喊出了"踏平朱日和，活捉满××"的口号。

2. 打赢战争的军官却被处分

在1984年4月28日的老山战役中，中国军队仅用了5小时56分钟，就拿下了老山主峰。正在人们为老山英雄欢呼喝彩时，老山主攻团的副团长向××却被带走调查，起因是向××原本的任务是带领一营在两个高地间穿插进入敌后，攻占目标高地断敌后路，协助左右两翼主攻的二营三营夺取老山主峰。因对首长临时改变的穿插路线存疑，再加上实际穿插时的客观因素，向××在执行穿插任务时，私下自作主张临时调整了作战计划。

经过军区调查组的反复核查，向××并没有主观故意违抗作战命令，而是由于客观条件限制，一营不能完成战斗任务，而主动采取应变措施。但向××在有条件向上级汇报和请示的情况下，擅自做主，这一行为还是受到了撤职并党内严重警告的处分。两年后，向××官复原职，随后转入地方工作。

2017年10月，任正非针对此次学习讨论，对干部管理提出了明确的要求。

（1）未来项目指挥权和决策权将前移，干部要讲实话、做实事，高层干部要深入一线了解事实，避免官僚主义。

（2）不要歧视犯错的干部，对于受了处罚的干部，总干部部要帮助他们，让他们认识到，只要改正了，就有机会爬上来。

（3）主官要具有战略洞察能力，盯着战略目标的不确定性，关注胜利；主管是高级职员，专业精通，要管好确定性的具体事务。以后一把手要能充当主官。

（4）鼓励英雄积极冲锋，但在大兵团作战的形势下，必须遵守流程，胡乱作为、不作为的主官要被淘汰。如果流程有问题，可以积极提意见，可以批评，我们一边整改，一边英勇奋斗。

（5）要把优秀干部放到战略机会点去冲锋立功，同时通过破格提拔，让一批朝气蓬勃的新生力量也走向战场。

SDBE领先模型提醒我们，商场如战场，在商场上不讲温情，只以结果胜负论英雄。

面对瞬息万变的市场环境，华为时刻提醒主官们在战略洞察上加快成长，多产粮食，获取战果。

1.2 领导力的行为要素

无论时代和环境如何变化，无论每个领导者的背景和经历有多大的差异，在面临领导力的挑战时，都存在共同的行为要素。

笔者根据在华为多年的工作经验和观察，认为古代兵书对统帅和良将的素质总结，可能比较适应主官的画像要求，即各级组织一号位的画像。

1.2.1 主将要素：智、信、仁、勇、严的综合

千军易得，一将难求。优秀的主将是一支军队最重要的资产；同样，各级领导者和干部，也是企业最宝贵的人力资源。

那么，一位优秀的主将需要具备哪些行为特质呢？《孙子兵法》中说："将者，智、信、仁、勇、严也。"

孙武认为，一位出色的主将，应当具备"智、信、仁、勇、严"五个要素（见图1-2）。智能发谋，信能赏罚，仁能附众，勇能果断，严能立威。

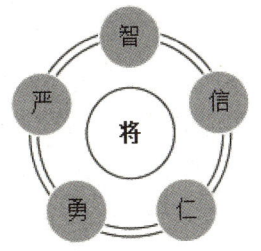

图1-2 主将的五个要素

什么是智？智是领导者的智慧、谋略和经验。在管理团队时，能够运用自己所学的知识、所获的经验及从外界收集而来的信息，看清时局，为团队指明清晰

的进攻方向，制定具体的进攻策略。正如岳飞所言："阵而后战，兵法之常，运用之妙，存乎一心。"

什么是信？信是值得团队成员信任、说一不二、说到做到、言而有信等。信的最终目的是打造全员高执行力的高绩效团队。当员工在领导者的承诺下，清楚自己犯什么错，受什么罚，立什么功，受什么赏时，便会自发地去执行领导者所布置的工作任务。

什么是仁？仁是领导者要察人性、讲感情，以身践行，将团队的文化根植于员工心中。同时，还要不断塑造团队的价值观，以形成正向的驱动力，从而营造一种和谐且积极向上的团队氛围，让员工心甘情愿跟随领导者。

什么是勇？勇是孔子所说的"勇者不惧"，有担当、敢挑战，在带领团队取得胜利的过程中不畏进攻、勇于拼搏、当机立断。这体现的是一种决断力和牺牲精神。

什么是严？严是领导者既要善于引导员工、理解员工，也要高标准地严格要求员工。严是爱，松是害。只有在高要求的压力之下，员工才能快速成长。越是对员工有要求的领导者，越能给员工带来安全感。

由此可见，"智、信、仁、勇、严"这五个要素是一位优秀的主将必不可少的行为特质。古往今来，许多主将都拥有这些特质，南宋名将岳飞可以称得上五德兼备。

【案例】南宋名将岳飞的"智、信、仁、勇、严"

智，岳飞不赞成蛮干的做法，他认为"勇不足恃，用兵在先定谋"。打仗一定要充分发挥将领的谋略，许多战争都体现了其非凡的谋略。例如，八盘山之战，他充分利用地形，先在八盘山设下埋伏，然后派人前去引战，将金兵引入埋伏后，万箭齐发，仅用八百名士兵就歼灭敌军的三千名士兵。

信，曾有将领与岳飞探讨带兵问题，岳飞回答："有功者重赏，无功者峻罚。"岳飞赏罚有信，即使对待自己的亲人也赏罚分明。军队有一句著名的号令是"冻死不拆屋，饿死不掳掠"，意思是就算冻死饿死也不打劫百姓。有一次，岳飞的舅舅因骚扰驻地百姓，被人告发，岳飞认为这是严重违反军纪的行为。于是，他将此事告诉其母亲："舅所为如此，有累于飞，飞能容，恐军情与军法不能容。"最后大义灭亲，将舅舅军法处死。但凡有朝廷犒赏，他常常将自己的一部分分赠给有功的部将，或者犒赏有贡献的军士。

仁，岳飞在"仁"这个方面也表现突出。他爱护士兵，当士兵患上疾病时，他亲自为他们调药；当将士被派驻远方戍守边关时，他让自己的妻子去慰问将士的家属；士兵战死，他就竭尽全力抚养其遗孤。

勇，关于"勇"，自是不必多说，在与金军的战争中，岳飞奋勇向前，曾率领岳家军多次打败金军，为国家收复失地。同时，无论处于多么危险的境地，他都能沉着冷静，果断决策。

严，岳飞治军严明，号令如山。他认为，军队必须有严明的军纪、军威，只有这样敌军才会被震慑。每次打恶仗，他都让自己的长子岳云做先锋，并要求："如果冲锋不利，我先斩你示众。"因此，全军将士都不敢有后退逃跑的想法。每到一地，岳飞都会亲自率领十数骑巡逻，检查军纪执行情况。每次休整的时候，他都会督促将士抓紧时间，穿着沉重的铠甲来训练。

时至今日，岳飞严格仁爱的治军思想、清正廉洁的工作作风、心系百姓的理念意识，一直影响着后世将领。他身上的特质，让敌军给出了"撼山易，撼岳家军难"的评价。

可以说，带兵打仗和组织管理是一个道理，都讲究领导艺术。岳飞为将的品质与行为特质正是其高超领导艺术的体现。

因此，一位具备"智、信、仁、勇、严"五个要素的领导者，必然能带出一支敢打仗、能打仗、打胜仗的团队。

1.2.2 坚定信念：让打胜仗成为信仰

2019年5月17日，一封由华为海思总裁何庭波向全体员工发布的内部信，火爆全网。将信中内容总结成一句话就是："我们的备胎芯片，终于转正了。"在这封信中，我们看到的不仅仅是华为的艰辛、智慧、勇气与毅力，更是华为人坚定执着的信念。

在美国打压事件发生后，华为心声社区官微发布了一篇题为《我们·华为人》的帖子，诉说着华为员工的真实心声。

有一位员工家属因员工身处异地，工作与家庭无法兼顾，一直劝他离职。此事件一出后，家属却反过来劝他："人这辈子要有点骨气，你一定要坚持下去。"

一位新员工说："我是'90后'，尽管生活压力大，但我也关心自己能给公司、给社会、给国家创造的价值。愿公司能挺过难关，愿国家昌盛！"

一位海外市场人员说："代表处全员不约而同连夜奔赴办公室投入新一轮的

战斗，调整作战阵型，明确新一轮的作战目标和思路措施，用胜利回报公司，不负青春。人在，阵地在！"

…………

面对重重困难，华为人没有退缩，有的是一腔热血，有的是义无反顾。这是一种精神力量，这种力量所呈现的是一种"没有一座高山不可逾越，没有一片汪洋不可飞渡"的坚定与执着，也是以任正非为首的华为干部队伍不服输信念的体现。

2021年10月，华为在松山湖园区举行军团成立大会，"不破楼兰终不还"的旗帜迎风飘扬，它代表华为在危机面前"没有退路就是胜利之路""让打胜仗成为一种信仰"的精神。

这是华为历史上的第三次出征，也是形势最为严峻的一次。在这个关键时期，华为集结了各大BG（业务集团）中的精兵强将，成立五大军团，旨在快速做深做透一个领域，对商业成功负责，为公司多产粮食，这五大军团也担负起了华为冲锋突围的重任。

决胜取决于坚如磐石的信念，信念来自专注。这是任正非和华为的精兵强将们传递出来的力量与信念。

人生需要信仰的支撑，企业更需要信念的引领。马丁·路德·金曾经说过："这个世界上，没有人能够使你倒下，如果你自己的信念还站立着的话。只要坚定信念，奇迹就会发生。"在市场环境高度不确定的今天，信念已成了一个高频词。越是困难时期就越能检验一家企业是否具有超强的信念。领导者作为企业的核心力量，自身要有信念，也要善于激发团队的信念。

1.2.3　以身作则：令人追随的领导者

领导者以身作则就是企业最好的规章制度。有什么样的领导者，就有什么样的团队。领导者的日常行为和习惯，对员工具有潜移默化的影响。

古人有云："**以身教者从，以言教者讼。**"**言行一致，为人表率，是各级领导者必备的品质**。职位权力可以被授予，但尊敬要靠自己赢得。

笔者见过很多企业家天天苦口婆心地教导员工如何进步，承担更多的责任，成为更优秀的自己，但是自己天天热衷于吃吃喝喝，迎来送往。其身不正，何以令下？身教和言传一样重要。你的员工不只看你怎么说，更看你怎么做。

第1章 领导力是企业战略落地的关键因素

任正非就是一个以身作则的典范。华为强调以客户为中心，任正非自己就做到了以客户为中心。

有一次，任正非去新疆办事处视察，当时华为新疆办主任刚从一线提拔上来，不了解任正非的作风。为了表达重视，他特地租了一辆加长林肯去机场迎接。任正非在机场一看到他，就非常生气地骂道："你应该待的地方是客户办公室，而不是陪我坐在车里。客户才是你的衣食父母，你应该把时间放在客户身上！"

还有一次，摩根士丹利（全球最有影响力的投资银行之一）首席经济学家斯蒂芬·罗奇率领团队到华为总部进行投资考察。任正非只安排了负责研发的常务副总裁费敏接待，自己并没有出面。事后，斯蒂芬·罗奇有些失望地说："他拒绝的可是一个掌控3万亿美元的团队。"任正非听说后淡定回应道："他并不是客户，我为什么要见他？如果是客户的话，再小的我都会见。"

任正非要求干部要长期艰苦奋斗，他自己也始终保持奋斗者的姿态，不断迎难而上。在创业初期，任正非每天工作长达15~20小时。他在办公室里放置了一张简易床，工作完后经常睡在这张简易床上，这样的状态持续了很多年。如今，80岁高龄的任正非仍然奋斗在一线，带领着华为人披荆斩棘。

任正非号召大家学习，他自己就是一个终身学习者。如果要坐两个半小时的飞机，那他至少看两小时的书。他告诉干部要大公无私，他自己就只占了华为1%左右的股份，其他全分给了员工。以身作则是领导者必备的行为要素。任正非通过言传身教将华为的价值观分享并传达给了每一位华为人。

笔者在咨询工作中，见过很多成功的企业家身先士卒，在新冠疫情期间逆流而上，带领员工不惧困难和危险，东奔西跑，真的是用生命在经营企业。

那么，我们应该如何做到以身作则呢？以下是一些切实的做法，可供读者参考。

1. 明确主张，塑造观念

以身作则的前提在于明确自己的主张与指导原则，澄清自己的声音。

领导者要旗帜鲜明地提炼和总结团队共同的价值观，当有人违背此价值观时，要站出来批评与指正。

2. 言行一致，自我管理

在企业管理中，行为往往比语言更有力量。当语言和行为出现分歧时，人们会更注重行为。因此，作为领导者，只有言行一致，才能获得员工的信任。员工对组织或团队的信任度与其领导者履行承诺的频率存在正向关系，领导者履行承诺的频率越高，员工对领导者就越信任，如图 1-3 所示。

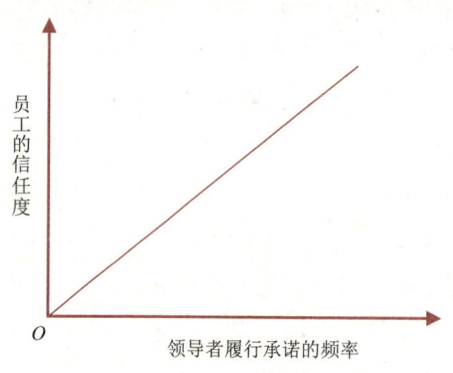

图1-3　领导者履行承诺的频率与员工的信任度之间的关系

3. 正确应对关键事件

即使最有经验的领导者也无法防止意外事件的发生。因此，领导者在处理关键事件时可以将行动和决策与企业价值观联系起来，利用关键事件展示自己的能力和想要传达的工作理念，创造向员工传递什么重要、什么不重要的机会。

4. 不断提高自身业务能力

人们通常愿意追随比自己强的领导者。因此，领导者必须不断学习更多的知识与技能，提升自己的核心竞争力，只有这样才能成为员工的榜样，带领员工前进。

"言传"千遍，不如"身教"一次。以身作则、率先垂范的领导者，更受人尊敬，更能感召员工砥砺前行。

1.3　领导力的三大作用

华为轮值 CEO 徐直军坦言，2019 年以来，华为在遭遇了多重打压后，尽管公司营收没有达到预期，但整体经营稳健，基本经受住了考验。华为稳健发展的背后，是以任正非为首的领导团队和干部群体调整了战略方向，带领华为人迎难而上，共克时艰。由此可见，高超的领导力可以指明发展方向，带领组织前进，决定组织气质。

1.3.1　初创迷茫期：指明发展方向

领导者的第一要务是指明发展方向。所谓指明发展方向，是指领导者要有长远的眼光，比其他人更清楚组织的发展方向在哪里，并朝着这个方向坚定航行。

只有在茫茫黑暗中，在大家都不知道朝哪个方向走的时候，作为领导者的你能够以大智慧和信念，带领大家找到正确的方向，组织成员才会信任你。

同时，企业在漫漫征途中，方向要绝对正确是不切实际的，只能大致正确。

第1章　领导力是企业战略落地的关键因素

大部分企业就是倒在了方向大致不正确的路上！

【案例】跌落神坛的诺基亚

曾经一提到诺基亚，很多人的印象就是质量好、时尚、潮流，它推出的每一款经典机型，都有上亿台的销量。20年前的诺基亚占据手机市场的半壁江山，风靡全球。但自2008年iPhone 3G出现以来，安卓系统迅速崛起，诺基亚在手机市场极速溃败。2013年9月，诺基亚的手机业务被微软收购，收购价仅为71.7亿美元。最终诺基亚被时代抛弃。

曾经风光无限的诺基亚究竟做错了什么？外界对此众说纷纭，大多数人认为这和诺基亚CEO斯蒂芬·埃洛普脱不了干系。

2010年，斯蒂芬·埃洛普从微软辞职，同年出任诺基亚总裁兼CEO。新官上任的斯蒂芬·埃洛普做了两个错误的决定，致使诺基亚跌落神坛。

第一，停用塞班系统，寄生微软Windows Phone 7。

诺基亚砍掉了塞班系统，选择与微软合作，使用Windows Phone 7操作系统，这让诺基亚丧失了在操作系统上的主动权，处境艰难。尽管塞班相对于当时的安卓稍显落后，但它操作简单，续航持久，拥有比较大的用户群体。

第二，拒绝安卓系统。

诺基亚跟不上时代的要求，很大一部分原因是拒绝了与谷歌安卓的合作。当时，众多手机厂商纷纷使用安卓系统，诺基亚却反其道而行之，最终错过了智能手机时代的风口。

至此，诺基亚因不能看到以安卓系统为代表的智能手机的大致方向而轰然倒地。

一位诺基亚前高管曾直言不讳地指出："斯蒂芬·埃洛普运营公司更像小气的CFO而非有远见的CEO。"

战略决定企业未来的发展方向。作为领导者，必须比其他人更具远见卓识，将团队带领到正确的道路上。相对于诺基亚大致不正确的方向与领导者缺乏战略的眼光，以任正非为首的华为领导者的高瞻远瞩让人们赞赏不已。

任正非清楚地知道华为的目标。30多年来，他始终坚持聚焦在电信市场的主航道上（见图1-4），坚持不走捷径，拒绝机会主义，踏踏实实，长期投入，厚积薄发。

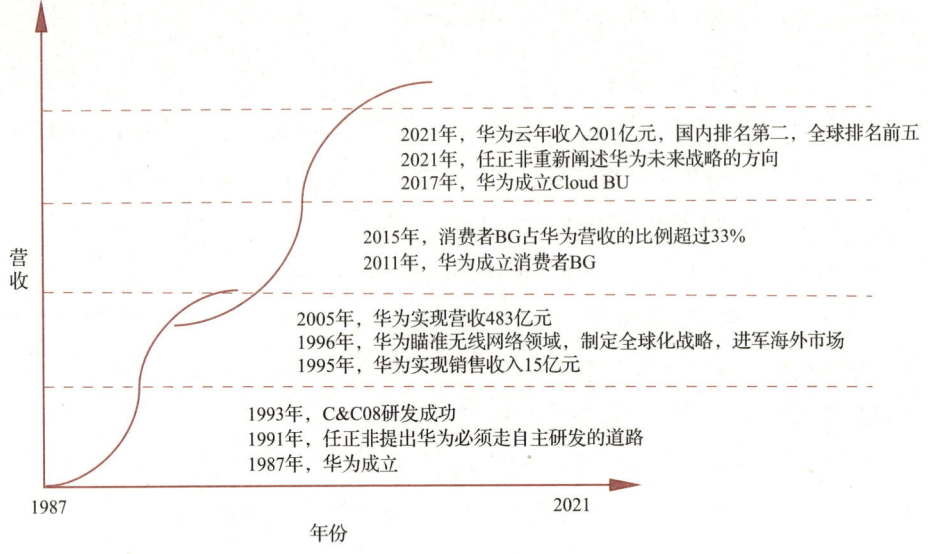

图1-4 华为的战略发展进程

1987年，华为成立。1991年，任正非意识到，想要长久生存，必须走自主研发的道路，生产完全拥有自主知识产权的产品。

1993年，华为2000门的大型数字程控交换机C&C08研发成功。为了迅速抢占市场，任正非采用"农村包围城市"的市场策略，主攻外资企业看不上的农网市场。1995年，华为实现销售收入15亿元。

1996年，华为在固定电话网络领域获得成功后，将方向瞄准无线网络领域并大获成功。同年，华为制定全球化战略，进军海外市场。

经过近十年的"征战"，华为于2005年实现营收483亿元，其中海外营收240亿元，占比49.7%。

2011年，华为成立消费者BG。在余承东的带领下，华为消费者BG成功崛起，逐步成为安卓智能手机的领头羊。

2015年，消费者BG占华为营收的比例超过33%。

2017年，华为成立专门负责公有云的Cloud BU，进军公有云市场。

2021年，华为云成为中国公有云市场中的最大黑马，年收入201亿元，国内排名第二，全球排名前五。

2021年，在华为举步维艰的关键时刻，任正非在一篇名为《星光不问赶路人》的文章中，全方位、系统地阐述了华为未来战略的方向。这篇文章像一座明亮的灯塔，为华为的发展指明了方向。其内容如下。

（1）华为要继续全球化。

（2）方向大致确定后，要不断激发组织坚持末位淘汰和纵向流动，在战火中选拔优秀员工。

（3）加强研发，大胆突破，重视客户需求，聚焦场景化应用。

（4）让听得见炮火的人做决策，快速高效地服务客户，让客户体验达到最优。

（5）继续培养人才后备力量。

没有航向的船，往任何方向开都是盲目的。企业能否获得成功，很大程度上取决于战略方向。只有真正具有敏锐洞察力、远见卓识的领导者，才能为企业指明前进的方向，引领企业不断走向成功与胜利。

1.3.2　困难攻坚期：带领组织前进

任何战略目标的达成，都不是一蹴而就的，通往目标的征途上布满荆棘、充满坎坷，领导力是整个组织永远向前冲的动力，带领组织朝着战略方向持续前进。

领导者带领组织前进主要表现在两个方面：一是组织业绩的逐步增长，二是组织整体领导力的提升。

领导者带领组织前进的一个显著标志，就是在困难时候，在关键时候，能够克服困难、产出结果。

有条件，要带领组织前进；没条件，创造条件也要继续带领组织前进。只有能够持续带领组织走向成功的人，才是真正的领导者。所谓沧海横流，方显英雄本色。

一家企业能不能活下来，能不能持续增长，即企业是否能够活得久、活得好，关键在于领导力作用的发挥。

从图 1-5 中我们可以看到：华为的人均产值和营收基本处于增长的状态，从 2011 年至 2020 年，华为的营收增长 6875 亿元，人均产值增长 295 万元，哪怕 2019 年在美国的全力打压下，仍保持着良好的发展势头。业绩增长的背后是华为领导力发挥了巨大的作用。

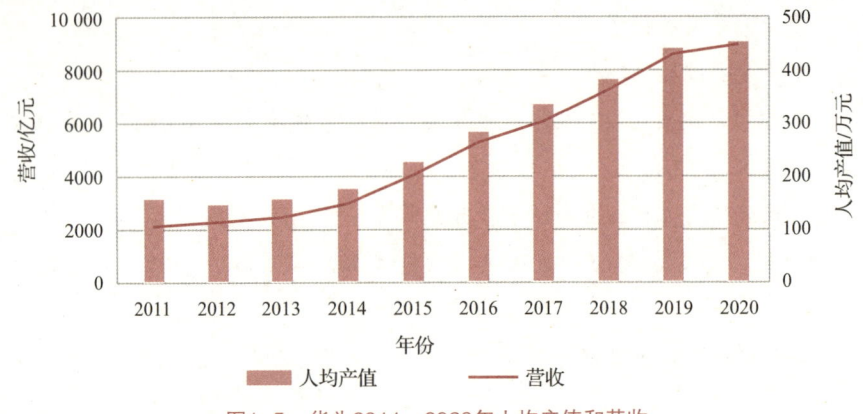

图1-5 华为2011—2020年人均产值和营收

【案例】华为的海外扩张之路

1995年，任正非对华为的产品和市场战略进行了调整。在产品方面，华为紧跟国际形势，开始朝产品多元化方向发展。1996年，华为成立了新业务部，主要做会议电视系统、光传输和数据通信。1997年，华为看准了无线通信的发展潜力，正式推出了GSM（全球移动通信系统）的解决方案。

除了拓宽产品研发路线，华为还在1996年提出了全球化战略。

1996年，华为进军海外市场的第一步迈向了俄罗斯。经过三年的坚持，华为在1999年从俄罗斯国家电信局获得了第一笔订单。

1997年，华为进军独联体国家市场。

1999—2000年，华为全面进军亚非拉地区。在亚非拉地区积累了项目经验后，华为又开始将目光转向欧洲市场，并于2004年获得荷兰运营商Telfort价值超过2500万美元的WCDMA 3G合同，成功切入欧洲高端市场。

在华为的主动进攻和不懈努力下，2006年，华为的销售收入达656亿元，其中海外销售额所占比例突破65%。这意味着，华为的全球化战略取得了初步胜利。

经过十余年的海外征战，任正非将没有任何海外经验的华为跌跌撞撞地带上了国际化的道路，并实现了直线式的业绩增长。火车跑得快，全靠车头带。一流的领导者，能够带领组织不断前进，达到新的高峰。

组织前进的另一个表现在于组织整体领导力的提升。在企业度过创业期，进入规模化发展阶段后，领导者必须将个人领导力转换为组织领导力，否则企业就难以长期发展。

【案例】余承东的转变

余承东的光辉履历众所周知，除了其自身在职场上的奋斗和努力，任正非的有心培养也功不可没。余承东就曾表示，是任总的一句话彻底改变了他的态度，使他走向了成功。

余承东在做普通研发工作时，经常是干完活就"闪人"，不会主动去想事情、找事情做。后来他晋升主管岗位，责任感还是不强。有一天，任正非专门叫余承东到办公室，告诉他一句话："尽心与尽力的干部是不一样的，尽力的干部就是你做了，尽心的干部是你能用心去做事情。"任正非说完这话就让他回去了。

自此以后，余承东开始用心思考工作该怎样做才能更好，并且不断改进工作方法。他不仅改变了自己的做事风格，也改变了整个团队的风格。余承东在一次新员工座谈中也和大家提到了这句话。他告诉新员工：态度决定一切，在华为员工培训中心（原华为大学）学什么不重要，重要的是以后坚持用什么样的精神和态度去工作。对待工作的态度和追求，决定你在事业上能走多远。

余承东的悟性很高，没有辜负任正非的期望。在带领无线通信部门成为世界行业第一后，他又被派往欧洲担任欧洲区总裁，用三年时间把欧洲的市场份额从不到3%做到接近10%。2010年他被调回国内，在他的带领下，华为终端业务做到了全国第一、全球前三。

好的领导者善于做"教员"，以提升员工的领导力水平为己任。不仅是余承东，郭平、徐直军、胡厚崑、梁华、陈黎芳、徐文伟等人都在任正非的培养和历练下成长为独当一面的精英，在各自负责的板块带领组织稳步前进。

1.3.3 日常运营期：决定组织气质

成熟的领导者非常清楚，要做业绩，先做团队。一家企业的基因与气质，很大程度上是由领导者或领导团队决定的。

马云是武侠迷，所以阿里巴巴团队讲义气、气氛活跃、有江湖侠气；中兴创始人侯为贵是技术员和老师出身，所以中兴团队相对谦虚、内敛、温和；任正非则是军人出身，在带领华为生存和发展的过程中，他时刻传递着攻山头、打硬仗、艰苦奋斗的气质。正如《亮剑》中所说："一支部队的气质是由这支部队首任军事首长的性格和气质所决定的。"

从图1-6中我们可以看到：领导者气质决定了其管理风格，而管理风格是领导力构成的重要因素，直接影响组织气质。但组织在不同的发展阶段，所需要的组织气质也会不同。

兵无常势，水无常形。因此，卓越的领导者要认识到组织发展的阶段和主要矛盾，并主动调整成符合组织需要的管理风格和气质，为组织发展提供软实力。

领导者气质 —决定→ 管理风格 —影响→ 组织气质

图1-6 领导者气质、管理风格、组织气质之间的关系

美国管理学大师麦克利兰提出了六种管理风格，分别是强制型、权威型、亲和型、民主型、定步速型、教练型，如表1-1所示。

表1-1 麦克利兰的六种管理风格

管理风格	首要目标	行为特点	情景应用
强制型	要求员工立即服从	不断下达命令，要求员工立即服从	简单明确的任务，或者确定指令正确时
权威型	为员工提供长远的愿景和目标	引导员工了解愿景及实现愿景的路径	组织需要一个新的愿景或清晰的目标时，或者新员工依赖上级指导时
亲和型	注重建立和谐的人际关系	更关注满足员工的情绪要求	员工绩效达标时，或者不同类型有冲突的人组建团队时
民主型	建立默契，产生新思想	让员工参与对其工作有影响的决议	员工有能力且拥有关键信息，能为组织发展提供方向时
定步速型	追求卓越、高标准	树立榜样，自己做	任务紧急，需要尽快出成果时
教练型	对员工有长期的职业发展培养	不断为员工提供辅导	员工的绩效水平与理想标准有差异时

强制型：首要目标是要求员工立即服从。通过不断命令员工做什么，让员工立即服从指令，并严格控制员工的行动，通常会强调不服从的消极后果，给员工施加压力。这种风格更适合简单明确的任务，如强制执行企业制度，或者确定指令正确时。

权威型：首要目标是为员工提供长远的愿景和目标。通过引导，让员工了解愿景，而不是动用权威。这种风格更适合组织需要一个新的愿景或清晰的目标时，如随着市场环境的变化，组织目标需要进行调整，或者新员工依赖上级指导时。

亲和型：首要目标是注重建立和谐的人际关系。领导者更关注和关心员工各方面的需求。这种风格更适合员工绩效达标时，或者不同类型有冲突的人组建团队时。

民主型：首要目标是建立默契，产生新思想。领导者让员工参与对其工作有影响的决议。这种风格更适合员工有能力且拥有关键信息，能为组织发展提供方向时。

定步速型：首要目标是追求卓越、高标准。领导者对员工施以援手，但无助于员工进步。这种风格更适合任务紧急，需要尽快出成果时。

教练型：首要目标是对员工有长期的职业发展培养。领导者根据员工的个人期望，帮助员工树立目标，并在实现目标的过程中不断指导。这种风格更适合员工的绩效水平与理想标准有差异时。

每种管理风格各有千秋，不能一概而论。管理风格越多，说明领导者的领导力越强，因为不同的环境、人和事需要匹配不同的管理风格。例如华为，在不同的组织阶段和发展环境下，管理风格也会有所调整。

【案例】任正非管理风格的转变

任正非和其他同时代的企业家一样，经历了社会的变迁，他们对目标的追求和对人生的理解更为清晰。再加上任正非曾是军人，因此华为初期的管理风格主要是强制型。在公司的发展战略、文化建设等重大决策方面，任正非坚持"大权独揽，小权分散"，在研发、干部任用、薪酬分配等方面充分放权，不明确的分权与分责激发了各级领导者的创造性和主动性，但也带来了组织管理上的随意性和混乱性。

在向西方先进企业学习了近20年后，华为在决策体系上越来越规范化和制度化。华为通过集体决策广泛地吸收了集体智慧，降低犯错误的概率。华为如今的管理体制形成了一种"有限民主＋适度强制"的风格，既避免个人独裁带来的"一言兴邦，一言丧邦"，也防止过度民主带来的效率低下、集体不作为现象。

世界上没有一成不变的真理。只有加强管理风格的灵活性，找到适合组织的管理风格，才能形成高绩效的组织气质。

1.4 领导力与SDBE领先模型

笔者结合在华为多年的战略管理实践经验，以及对外授课、研讨和管理咨询工作的经验,提出了 SDBE 领先模型。该模型注重领导力和价值观在企业从战略规划到高效执行的闭环管理中关键而独特的作用。

1.4.1 SDBE 领先模型致力于企业领先

在过去的职业生涯中,笔者辅导了几十家企业学习和应用战略管理模型。华为当年从 IBM 引进了 BLM(业务领先模块)(见图 1-7),但在实际应用与落地的过程中发现,中国许多企业,包括一些大中型企业,对战略的认知与理解不够、中高层的能力不足,导致 BLM 出现不易落地、无法闭环等问题。

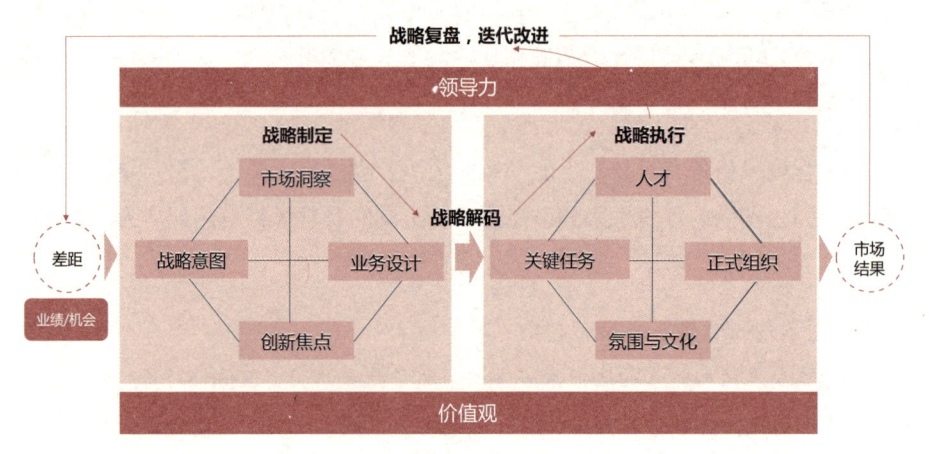

图 1-7 BLM

为此,笔者创造性地提出了 SDBE 领先模型(见图 1-8)。它既继承了 BLM 的众多优点,又弥补了 BLM 在应用过程中的不足,帮助众多企业完成了从战略规划到高效执行的闭环管理。实践证明,SDBE 领先模型相比 BLM,更贴近企业的实际运作,提供了更多的具体方法和工具,更符合中国企业的需要。

图 1-8 SDBE领先模型

SDBE 领先模型的起点和 BLM 一样都是差距分析。差距是指企业目前的经营状况和结果与目标值之间的差距，也可以是与标杆对象之间的差距。看到差距，可以使企业保持危机感和不满足，这是企业发展的第一驱动力。

1. 领导力

领导力是带领团队实现目标的能力，是 SDBE 领先模型应用的根本和关键。企业的转型和变革，从本质上说就是领导力的进化与蜕变。领导者要对业务结构负责，亲自领导企业的战略（规划）、解码、计划和执行，只有这样才能确保企业成功与领先。领导力的建设和发挥，直接关系到战略规划的科学性和可行性，以及战略执行的效率和结果的可保证性，是关键中的关键。

2. 价值观

在 SDBE 领先模型中，价值观与战略相辅相成，价值观是企业在追求经营成功的过程中，所推崇的基本信念和追求的目标，也是企业绝大多数员工赞同的关于企业存在意义的终极判断。作为业务和战略首要负责人的高层领导，要确保企业的价值观反映在战略之中，各级领导者要确保价值观是日常执行的一部分。

3. 战略

战略是指战略规划。在 SDBE 领先模型中，战略规划是指通过完整地执行价值洞察（五看）、战略构想（三定）、创新组合（四组合）等标准动作，将落脚点放在商业设计的整个分析过程和结论上。很多领导者认为战略规划是一次性行为，但包括 BLM、SDBE 领先模型等在内的现代战略规划管理框架均认为，战略规划是一个端到端、持续滚动、不断复盘与修正的动态过程。因此，领导者需要具备较强的战略思维能力，以持续优化战略规划。

4. 解码

解码，即战略解码，是将企业战略转化为各个部门及全体员工可理解、可执行的具体目标和行动措施的过程。战略解码是闭环管理的一个关键环节，战略解码的责任人不是一把手，而是整个高管团队。在战略解码的过程中，高管团队通常会用到 BSC（平衡计分卡）方法、BEM（业务战略执行力模型）方法和中期战略规划，以输出组织战略澄清图。

5. 计划

SDBE 领先模型中的计划，指的是年度经营计划。年度经营计划包括过去一年本企业的总体运营情况总结,以及未来一年各个部门的具体目标、产品策略、区域销售策略、客户拓展策略、服务策略、品牌策略、人力预算、人员培养等内容,是一整年的具体的、可实际操作的作战方案。各级领导者需要将作战方案分解、落实到团队和个人,明确责任和目标。

6. 执行

执行就是部署、落实战略规划和年度经营计划下的日常经营措施,即执行管理,涉及组织规划、人才管理、流程建设、组织氛围建设等内容。在执行管理的过程中,领导者是主力,带领组织成员全力实现年度经营目标。

领导力贯穿 SDBE 领先模型的每一个环节。企业各级领导者均需要具备一定的领导力,以进行价值洞察,识别新的市场机会,持续设计与解码业务战略,确保战略的落地与执行,最终实现战略目标。

1.4.2 领导力在 SDBE 中的作用与意义

企业在经营运作中,经常遇到以下这些问题。

(1)关注短期规划,无法洞察企业长期的战略机会。
(2)没有工作重心,哪里能快速获得利益就主攻哪里。
(3)企业战略高高在上,没有分解出可执行的举措。
(4)组织管理和战略目标不一致,部门间矛盾频出。
(5)制定的战略,没有合适的人承接与执行。

一家企业只要出现了以上问题中的任意一条,就意味着领导力出现了缺失现象。很多企业家对笔者讲,组织最大的迷失是战略迷失,但究其根本是领导力的缺失。因为领导力三大作用的第一条,就是指明发展方向。

笔者在这几年的咨询经历中发现,大部分企业都有一个共同的弱点,即缺乏一支能力强且各司其职的干部队伍,也就是没有一定的领导力。这就造成即使企业家能够确定大致正确的战略方向,但在实施的过程中也会经常陷入困境,导致最终的进度和结果不符合预期。

进度落后,我们称之为"起了个大早,赶了个晚集";结果不达标,所谓"看到了蛋糕,没切到蛋糕",即打了败仗。

大胆的战略常常要求在多条战线上取得突破,并且具有相应的领导力来"切蛋糕"。在 SDBE 领先模型中，只有在战略规划和执行上实现各级领导力的培养与充分发挥，才能使企业抓住战略机会，赢得市场，实现持续有效的增长。

因此，企业想要获得战略成功，必须重视各级领导力的培养与发挥。

通用电气前 CEO 杰克·韦尔奇对于领导力是这样说的："领导力就是，当你是员工时，你所有的努力就是要成为领导；在你成为领导后，你要尽全力帮助你的下属成为领导。"

同时，杰克·韦尔奇提出了著名的"数一数二"战略愿景，要求由领袖人才带领各个事业部，在不同的业务领域取得领导地位。

【案例】杰克·韦尔奇的战略管理

1981 年，美国面临严重的经济危机，45 岁的杰克·韦尔奇成了通用电气历史上最年轻的董事长兼 CEO。

杰克·韦尔奇在对市场环境、公司历史、文化及发展历程进行全方位的考虑后，大胆提出了"数一数二"战略愿景，即通用电气的所有业务都要成为行业第一或第二。在愿景确定之后，他砍掉了没有竞争优势的业务线，将有可能达到目标的业务整合，分为三个业务组：核心业务、高科技业务和服务业务。通过这种方式明确了未来的发展方向和战略目标的重心。

同时，为了保证战略目标的达成，实现通用电气的可持续发展，杰克·韦尔奇将领导力培养视为组织的头等大事，创造性地使用 4E 原则来培养和评估管理者，并把同管理者的每一次邂逅都当作评估、指导和帮助他们树立自信心的机会。例如，他会提前结束会议，将整个团队带到一些轻松愉悦的场所讨论业务问题，通过这样的机会深入了解下属，培养感情，获取信息，提供反馈意见。在评估时，他不仅评估下属的个性和能力，更重要的是考察他们对业务的理解。除此之外，他在每个季度的业务分析会、预算分析会、战略讨论会和与 15 位直接下属的定期谈心中，会和管理团队坦诚探讨公司遇到的种种问题，不断将其精深的业务分析能力传授给管理团队。

在杰克·韦尔奇的带领下，通用电气的市值由他上任时的 130 亿美元增长到 4800 亿美元，成为全球市值超高的公司之一，他本人也被誉为 20 世纪全球最杰出的 CEO 之一。

著名高管辅导师罗伯特·哈格罗夫曾经说过，比战略更重要的是领导力。杰克·韦尔奇作为一位出色的战略家和管理者，深知领导力在战略管理中起着至关

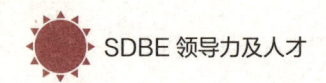

重要的作用，所以他在发挥自身领导力的同时，更帮助团队领导者迈向了领导力的巅峰，达成了企业战略目标。

1.4.3 领导梯队模型的六个阶段

在 SDBE 领先模型中，领导力贯穿了战略（规划）、解码、计划、执行的关键环节，通过控制、激励和协调群体活动，实现组织资源的最优配置，是战略规划与高效执行的关键。

在战略规划阶段，各级领导者需要运用一定的领导力进行价值洞察、战略构想、创新组合和商业设计。领导力的首要特征是前瞻性，即提前识别方向和趋势。

在多变的商业环境中，客户和市场始终是企业战略的出发点，领导者对这个出发点的前瞻和洞察，决定了企业战略制定的正确性。例如，字节跳动的战略制定者张一鸣，敏锐地判断出短视频的市场潜力，成功孵化抖音、火山小视频等高流量的社区软件；华为创始人任正非提出有质量地活下去，创新性地利用军团制，带领华为发力增量市场，绝地反击美国政府的打压。

正所谓"三分战略定天下，七分执行拿成果"。战略执行力的强弱决定企业战略的成败。在执行的过程中，往往会面临诸多不确定的因素与挑战，只有强势有力的领导者才能经得住执行路上漫长而艰难的考验。任正非曾说："如何使我们的高层干部主动抵制偏离主航道的利益诱惑呢？就是要树立公司的远大目标，树立成为世界产业领导者的宏伟目标，将实现公司远大目标作为高层干部的个人目标，而不把个人的名誉、出人头地，以及个人的利益看得很重。聚焦主航道，就是聚焦大方向，聚焦公司的远大目标。我们坚持在大机会时代拒绝机会主义的方针，坚持战略竞争力量不应消耗在非战略机会点上的方针。"所以，当诱惑或所谓的风口到来时，考验的是领导者的战略定力与战略决心。当"黑天鹅"事件突然发生时，企业领导者需要将精力聚焦于重点事项，这时考验的是领导者的授权与危机处理能力；当战略执行的效果低于预期，团队士气低落时，考验的是领导者自信、坚韧的品质和激发团队斗志的影响力。

战略最终能否实现，领导者的领导力是关键。想要拥有贯穿战略规划到高效执行的领导力，各级领导者需要清楚地知道组织对他们所在层级的期望、自己应扮演的角色及承担岗位责任所必需的核心能力。

我们在运用 SDBE 领先模型来衡量各个层级的领导力要求时，较为普遍地使用管理学大师拉姆·查兰提出的模型。他在《领导梯队：全面打造领导力驱动型公司》一书中详细分析了各个层级的领导力要求。

拉姆·查兰提出了领导梯队模型的六个阶段（见图1-9），每个阶段都有自己的关键任务和关键挑战，每次转身都需要学习和规划工作的方法，职位越高，责任越大。如何将自己从企业领导者转变成战略领导者，是一个长期的思考与锻炼过程。

L6 从集团高管到首席执行官
团结业绩出众的领导人才，建立企业的运行机制，确保企业长期目标的实现

L5 从事业部总经理到集团高管
有效管理与运营企业，实现战略目标，带领企业持续发展

L4 从管理职能部门到成为事业部总经理
兼顾长远目标与近期目标

L3 从管理经理人员到管理职能部门
制定职能战略，确保业务领先对手

L2 从管理他人到管理经理人员
超越部门利益，考虑全局性战略问题，连接高层和一线执行

L1 从管理自我到管理他人
转变工作理念和方式，获得团队认可

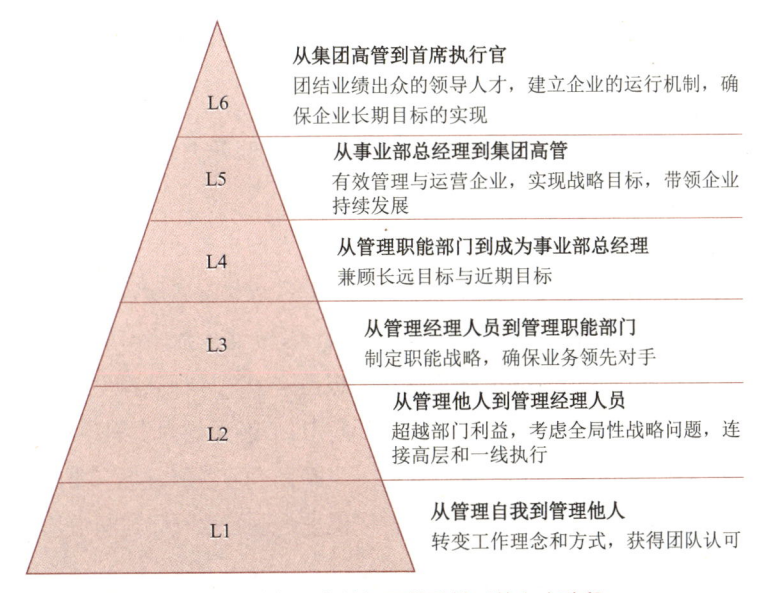

图1-9 拉姆·查兰领导梯队模型的六个阶段

1. 从管理自我到管理他人

在L1阶段，一线经理的挑战在于需要转变工作理念和方式，将时间用于帮助他人、制订计划、教练辅导等工作上。

2. 从管理他人到管理经理人员

在L2阶段，部门总监需要学会超越部门利益，考虑全局性战略问题，选拔人才、评估下属，分配管理工作，确保一线执行符合企业目标。

3. 从管理经理人员到管理职能部门

在L3阶段，事业部副总经理需要具备全局意识，兼顾多个部门的利益，一方面要与其他部门团结协作，另一方面因工作需要，要与其他部门争夺资源。

4. 从管理职能部门到成为事业部总经理

从事业部副总经理到事业部总经理的变化在于，事业部总经理要从盈利和长远发展的角度评估计划及方案，并且要兼顾长远目标与近期目标。

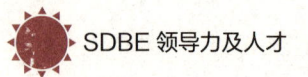

5. 从事业部总经理到集团高管

这个阶段要求领导者在四项关键技能方面进一步提升：一是评估资金调拨和人员配置的战略规划；二是培养事业部总经理；三是评估业务的投资组合策略；四是评估自身核心能力，不盲目乐观。

6. 从集团高管到首席执行官

这是领导力发展的第六个阶段，首席执行官（CEO）要善于洞察市场机遇，建立企业的运行机制，权衡取舍，做出有效决策，并不断培养与提拔优秀的领导人才。

从领导梯队模型的六个阶段中我们可以看到，领导力是从 CEO 到一线经理应具备的不同能力和要求的组合。

充分了解企业不同发展阶段、不同层级领导者的主要矛盾，有助于及时发现隐藏在每个层级中的领导力问题，以便准确培养各级领导者所需要的能力。华为正是基于领导梯队模型构建了干部管理的框架，建立起人才辈出的领导梯队的。

笔者所在的德石羿团队，也在实践中，根据这个领导梯队模型，根据华为员工培训中心的实践，基于 SDBE 六力模型，开发出 LDP（领导力发展项目）和 E-LDP（加强领导力发展项目）等系列训练课程，来帮助企业各级领导者不断提升所需要的能力，综合构建企业的核心竞争力，以促进企业的营收和利润增长。

第2章
企业领导力的基础是企业文化与价值观

资源是会枯竭的，唯有文化才会生生不息。企业文化与价值观是企业经营的基本准则，正确的企业文化与价值观是企业的根本竞争力。

企业文化与价值观互为表里，是推动企业发展的不竭动力。基于企业文化与价值观的领导力，更能引领企业的发展，更好地实现企业的愿景。

2.1 企业文化来源于正确的假设

"企业文化之父"埃德加·沙因认为，企业文化的本质是一种假设。

同理，华为的企业文化也来源于正确的假设，这是基于经营管理的假设，不断被提出，不断被验证，直至产生正确的结果。

任正非指出："正确的文化假设产生正确的理念，正确的理念导致正确的行为，正确的行为产生正确的结果。"价值闭环由此完成。

2.1.1 商道、天道和人道的辩证统一

SDBE 领先模型认为，任何企业的文化，都要回答商道、天道和人道的辩证统一问题。所有卓越企业的文化，都遵循基本的假设，即对商道、天道和人道的长期坚守和闭环。

商道解释企业存在的意义，天道解释企业和环境的关系，人道解释企业和利益相关者的关系。

以下以华为的文化假设为例进行简单阐述，以供大家进行类比。

1. 基于商道的假设——企业存在的意义

华为对于商道的定义是为客户服务，为客户创造价值，企业必须以客户为中心，企业的目标是为客户的利益而进行资源转换，这是亘古不变的真理。没有客户规模，企业就没有发展的基础。淘宝从 2003 年到 2008 年，连续亏损 6 年最后实现盈利；京东物流从 2007 年到 2018 年，连续亏损 12 年也才实现盈利；更早成立的亚马逊更是从 1995 年到 2014 年，连续亏损了 20 年。为什么这些企业连续亏损多年仍然是行业巨头呢？因为这种亏损模式是一种战略性亏损，亏损的背后是客户池的不断扩充、客户基数的不断增加，为的是让企业未来获得更多的现金流和利润。

以为客户创造价值为基础，华为提出以下三重假设。

（1）客户价值优先于股东价值。
（2）竞争力优先于增值。
（3）利润是经营的结果。

首先，在股东价值和客户价值之间，华为更注重客户价值。企业价值是由客户决定的，客户价值优先于企业的一切。在做出这条假设后，企业要明确客户对象，即谁是我的客户，客户的需求是什么。只有满足客户需求的产品才有价值。

【案例】谷歌眼镜的失败

2012年，谷歌发布了概念智能眼镜"谷歌眼镜"，该产品被业界赞不绝口，但在市场端却惨遭滑铁卢。

谷歌眼镜以其酷炫的科技感一时轰动全球，主要有以下几个创新点。

（1）高倍变焦拓展视距。谷歌眼镜能够帮助用户看到更远处、更开阔处的事物，还可以戴在头上让用户想拍照就拍照，操作简单。

（2）让盲人"重见"光明。谷歌眼镜所捕捉到的图像内容可以转换成声音信号传到盲人耳中，将虚拟抽象的东西具象化，在一定程度上对盲人起到了很好的引导作用。

（3）全息投影技术。谷歌眼镜通过与智能手机的连接，能够实现在手掌、玻璃镜子、汽车挡风玻璃上执行收发短信、浏览网页等操作。

（4）实景导航，走到哪看到哪。谷歌眼镜结合全息投影技术，方便用户使用和操作导航。

由此看来，谷歌眼镜确实是一款高科技产品，前景应当一片大好。但事实恰恰相反，谷歌眼镜在美国推出后，人们避之不及，甚至有公开场所明确规定禁止顾客佩戴谷歌眼镜进入。因为这款产品极易被利用，成为窥探别人隐私并拍照的工具。

为什么被业界如此推崇的产品却在市场端难以推行？究其首要原因，还是输在了客户需求上。企业的产品应以客户需求为主，客户需要什么，我就生产什么。否则，技术再高的产品，不被客户接受，也将毫无价值。

其次，竞争力优先于增值。根据华为2023年年度报告，其2023年研发费用支出再创新高，达到1647亿元，占全年收入的23.4%，过去十年累计投入的研发费用超过1.11万亿元。企业要将营收的一部分用于投资和打造未来的核心竞争力上，凡是不谋将来的企业都没有未来，只有夯实未来的能力，才能保持企业的持续增长。

最后，利润是经营的结果，而不是企业的目的。企业不能盲目地追求利润最大化，而是要通过一些必要的投资，追求企业的长期价值。例如，华为的商业模式是长期保持饥饿状态，不谋求赚大钱，但求持久赚钱。

2. 基于天道的假设——企业和环境的关系

物竞天择是一种自身求变、适者生存的变化过程，同样适用于企业内部管理。

管理学大师彼得·德鲁克说过："企业是社会的器官，企业正常运作，健全健康，社会就能变得更好。"企业是一个追求效率而非追求公平或福利的组织，所以企业对外要创造利润，对内要将外部市场压力渗透到各个业务单元，控制成本，提高管理水平与效率。

华为有一项规定：公司的中高层干部升职前，必须进入华为员工培训中心培训，但培训过程要求干部停薪且全程自费。

很多人对此表示质疑，大部分企业都将培训作为一种福利赠予员工，而华为却要停薪收费，而且针对的是要晋升的核心骨干或优秀干部。其实，任正非发布这项规定也有自己的考量。

任正非表示，之所以要收费，是因为只有交了学费，学员才会用心上课，公司才能得到更高水平的干部。同时，华为员工培训中心有了收益，才能更好地提供教学服务。

市场机制是激活各种价值创造要素的最好机制，华为将公司内部各个单元或职能部门划分成业务单元进行管理，让每个业务单元在市场机制下野蛮生长。

治中求乱，乱中求治。按照任正非的说法，所谓"治"是求规范、去无效，所谓"乱"是抓机会、求发展。"乱"与"治"的矛盾可以归结为企业的"扩张"和"精细化管理"的关系。扩张必然会给内部带来混乱，华为提倡用精细化管理解决这种混乱，从而为新的扩张提供基础。华为进军海外市场的初期就是治中求乱，IPD（集成产品开发）变革就是乱中求治。

只有将市场的外力导入企业内部管理中，才能促进企业各个业务单元不断改进与成长。这是自然规律，也是企业内部管理的规律。

3. 基于人道的假设——企业和利益相关者的关系

华为对人性的解释是：利益是每个人生存的机会，利益是大家走到一起的根本原因。所以，华为对人道的假设是：人性自私。

华为的校园招聘偏向于家庭条件差、聪明和有欲望的学生。因为只要有欲望就会有利益诉求，只要有利益诉求就愿意接受管理。华为从来不避讳谈利益这件事情，反而会建立一定规则下有利于自私的机制，如果这个机制不能让员工获得利益，那它肯定是失败和无效的。但同时，华为提倡用利他的方式实现利己，而不是损人利己。

企业和员工是利益共同体，员工贡献得越多，企业就越强，员工随之获得的利益也就越多。华为的员工持股制度，不仅让员工共享利润，也让其分担风险，员工的责任感更强了，从而形成了企业和员工的利益共同体。

信任以不信任和制度约束为基础。华为的管理既包含信任，也包含不信任，即"用人要疑，疑人要用"。华为在授权的同时进行制度的约束，让每个人做到随心所欲而不逾矩。

商道的逻辑告诉我们要以客户为中心，追求有持续现金流的利润；加大前瞻性、战略性投入，构建面向未来的核心竞争力。天道让我们用物竞天择的自然法则将市场压力传递给企业内部，并通过市场机制不断激活组织。在人性自私的假设下，企业应建立有助于员工获益的机制，只有这样才能最大限度地激发员工的潜能。这些都是华为企业文化的来源。

2.1.2 假设、行为和结果的文化闭环

思想权和文化权是企业最大的管理权，具体体现为假设权。

只有正确的假设，才有正确的思想，才能引导正确的行为，最后产生正确的结果。基于此，德石羿团队在华为多年管理实践的基础上，基于企业文化与价值观管理提出了多重假设（见表2-1），以引导员工采取正确的行为，产生正确的结果，目的是营造一种高绩效、高激发的正能量氛围。

表2-1 华为在企业文化与价值观管理上的多重假设

序号	正确的假设	错误的假设
1	责任与结果导向	员工满意
2	效率优先，兼顾公平	公平优先
3	尽心且尽力	尽力
4	洞察人性，以奋斗者为本	以人为本
5	自驱：使命、危机与责任	没有激励就没有激情
……	……	……

1. 责任与结果导向 vs 员工满意

在华为，永远强化的是员工的责任意识，要创新结果，而非员工满意度。

追求员工满意度是一个错误的假设，只会带来错误的行为与结果。

任正非反对在华为使用360度评估。360度评估有两个对企业来说致命的弊端：一是领导者不敢得罪员工，从而追求一团和气，致使企业内部的奖惩机制、

考核机制、加薪和晋升机制失效；二是因为360度评估是部门之间的相互考核，所以为了得到绩优的考核结果，谁都不愿意指出对方的问题，也就导致出现问题层出不穷，无人指正，组织绩效持续下降的现象。

2. 效率 vs 公平

在心理学中有一条自我认识定律，即人们普遍认为自己的能力比别人强，付出也比别人多，但回报比别人少。所以，一个组织（尤其是规模巨大的组织）是无法谈公平的，所谓的公平都是相对的，如果刻意追求100%的公平，那最终将导致对99%的人都不公平。企业的职责不是追求公平，而是追求效率。

1998年，华为的营收直线上升至90亿元。业绩的增长让华为员工受到了巨大的鼓舞，但任正非反而高兴不起来。他认为，尽管公司在高速发展，但背后的管理问题日益暴露，最明显的是工作效率下降，人均效益只有思科的1/6～1/3。

为此，任正非决定引入流程化管理，以提升公司的工作效率。

华为要求员工在开展工作前，要对工作进行大致的了解和分析，对工作按难易程度进行排序和分类，将容易解决的环节往前放，作为工作开展的切入点。然后，制订一份呈现工作难易程度的工作计划。在工作的过程中，随着容易的环节逐步得到解决，难度大的环节往往也会被顺势解决，从而加快整个工作的进程，提高工作效率。

此外，华为按四象限法则将紧急且重要的事情放在首位。在定义事情的重要性时，要遵循两个步骤：第一，衡量工作的价值，主要从两个维度进行衡量，一是预期工作成果的数量，二是完成事项后的个人成就感；第二，专注重要的事，运用二八法则，将80%的时间、精力与资源投入重要的工作中，剩余20%则分配到其他工作上。工作要分清主次和轻重缓急。只有合理地利用时间，才能提高整体工作效率。

3. 尽心且尽力 vs 尽力

任正非说过："尽力工作与尽心工作是完全不同的概念。"每个人的能力各不相同，所谓的尽力也没有固定的标准。尽力实际上是一种自我设限的行为，对不想执行任务或没有达到目标的人来说，尽力是他们的借口和托词，是不愿全力以赴的表现。尽心体现的是积极负责的态度，无论工作有多难、任务有多艰巨，都会用心解决，充分投入每一个环节中。

任正非说过："华为要培养一批用心的干部，用心的干部，即使技术上差一点，也会赶上来，因为他会积极开动脑筋，想方设法去工作。"

因此，华为所需要的干部和人才，是才能卓越、认真负责、管理有效，能够持续交结果的人；而不是少爷兵、太子兵或骄兵悍将，只能打顺风顺水战，或者骄横不讲道理，这样的人是不能持续获得成功的。

4. 以奋斗者为本 vs 以人为本

大部分企业都倡导以人为本的管理理念，而华为提倡的是以奋斗者为本。两者提倡的都是一种人本文化，区别在于以奋斗者为本聚焦到员工价值上。企业是一个讲求效率的组织，崇尚的是为企业创造价值的"强者"。在这种理念的引导下，华为员工深知唯有艰苦奋斗，才能获得回报。

5. 自驱 vs 没有激励就没有激情

到底是先有"激励"后有"激情"，还是先有"激情"后有"激励"？这个问题近似是先有鸡还是先有蛋。

对此，华为给出了明确的假设：激励是自己创造的，任何组织和个人，其得到的物质回报都来源于创造的价值和业绩。简言之，奖金是挣来的，不是必然的。华为轮值 CEO 胡厚崑也曾说过："让拉车的人永远比坐车的人拿得多，那么车就会越跑越快，这样华为的发展就有了'永动机'……让优秀人员都看到华为的分配机制，愿意进来，愿意奋斗。"事实也证明，奖金靠挣的方式让华为的利润增长很快，员工的积极性和干劲也被调动起来了。

企业应重视假设思想的引导作用，充分认识到正确的假设支配下的文化、方向与行为能牵引着企业砥砺前行，不断成长。

2.2 企业文化与价值观的内涵

经过反复验证的正确假设慢慢形成了企业文化与价值观。企业文化与价值观作为企业内在的精神特质，其内涵是否明晰，决定了企业是否具有强大的生命力，能否可持续发展。

2.2.1 企业文化与价值观的关系和框架

有关企业文化的内容构成，众说纷纭。其中，最为经典的是"企业文化之父"

埃德加·沙因的文化三层次理论和跨文化研究大师吉尔特·霍夫斯泰德的文化四层次理论。

埃德加·沙因的文化三层次理论认为，企业文化可以分为三个层次，分别为**表层的物质文化、第二层的制度文化、底层的隐性假设**（核心价值观）。

吉尔特·霍夫斯泰德的文化四层次理论认为，企业文化由物质层、行为层、制度层和价值观层构成，每一层之间不是独立存在的，而是相互影响的，具体如图2-1所示。

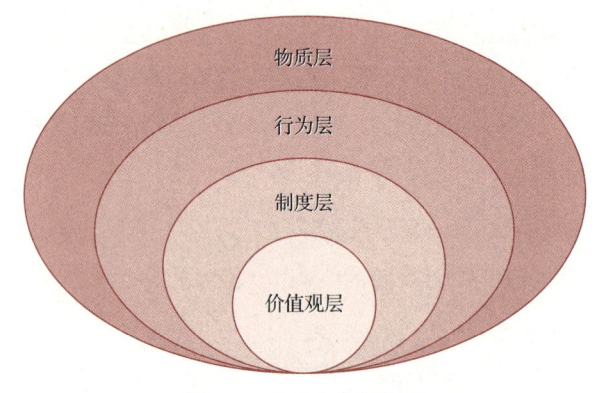

图2-1　企业文化的构成

最外面的一层是物质层，可以理解成外在表现形式，如名称、标识、宣传手册、办公环境、文化墙、文化衫等。透过这些表象，我们可以直观地看到这家企业的企业文化是什么。

谷歌不拘一格的自由式办公区让所有去过谷歌的人印象深刻。员工可以在随处可见的沙发上聊天开会，工作累了还可以在迷你游泳池游泳。谷歌的总部还配有子女托管中心、员工休闲娱乐室等。除此之外，谷歌免费三餐、免费医疗、洗衣服务、滑雪旅游等较为完善的福利制度，让人心生美慕。这些都是谷歌企业文化的外在形象，与谷歌轻松、活泼的创新文化相互印证。

第二层是行为层。它是企业经营作风和员工行为方式的动态体现。例如，客户第一的企业文化，表现出来的行为是企业和员工积极解决客户反馈的问题，服务周到、热情，想客户所想，急客户所急。

第三层是制度层。制度层是指包括管理机制、晋升机制、奖惩机制等在内的规章制度和纪律。例如，以奋斗者为本是华为的企业文化，其价值分配的指导方针是"以贡献为准绳、向奋斗者倾斜"。

企业文化核心层是价值观层。价值观是企业和员工在实现目标过程中的价值取向和共同的信念与坚守，包括价值观念、群体意识、员工素养和优良传统等，是一种更深层次的文化现象，也是制度层、行为层和物质层的基础与源头。

文化渗透于企业的一切经营活动之中，是一家企业的"DNA"。众所周知，阿里巴巴建立了强大的文化体系，推动着其在成功路上不断前进。其实，阿里巴巴的文化体系也是通过层层递进、持续优化才得以落地生根的。阿里巴巴的文化体系如图2-2所示。

价值观层	制度层
客户第一 员工第二 股东第三 因为信任 唯一不变 所以简单 的是变化 今天最好的 此时此刻 认真生活 表现是明天 非我莫属 快乐工作 最低的要求	阿里巴巴的绩效考核制度

制度层表格：

员工类型	占比	结果应用
超出期望的员工	20%	给予物质与精神的褒奖
符合期望的员工	70%	对其进行业务辅导
低于期望的员工	10%	优化淘汰

行为层	物质层
《阿里人守则》	企业标语、吉祥物、文化衫、工作环境、阿里表彰大会、阿里日、阿里集体结婚日、阿里客户日等

图2-2　阿里巴巴的文化体系

在价值观层，阿里巴巴确定了6个核心价值观：客户第一，员工第二，股东第三；因为信任，所以简单；唯一不变的是变化；今天最好的表现是明天最低的要求；此时此刻，非我莫属；认真生活，快乐工作。

在制度层，阿里巴巴的组织结构、管理制度与其价值观相适应。例如，阿里巴巴的绩效考核制度将员工的业绩评分标准划分为6档（3分：不合格；3.25分：需要提高；3.5分：符合期望；3.75分：部分超出期望；4分：持续一贯超出期望；5分：杰出）。每个层级贯彻"271"制度，即超出期望的员工，占全体员工的20%；符合期望的员工，占全体员工的70%；低于期望的员工，占全体员工的10%。其中，20%的员工将作为明星员工，给予物质与精神的褒奖，要让优秀的人得到优秀的奖励；70%的员工，公司要对其进行业务辅导，帮助其建立结果思维与目标意识；根据优胜劣汰原则，管理者要对剩下10%的员工进行淘汰，避免造成更大的损失。

在行为层，阿里巴巴有一套经过时间验证且完善的行为规范体系。例如，《阿里人守则》明确规定了各层级员工该做什么，清楚界定了公司的行为红线。

在物质层，阿里巴巴的企业文化通过鲜明的企业标语、吉祥物、文化衫、工作环境等进行广泛传播。同时，阿里巴巴还通过举办独具特色的活动，如阿里表彰大会、阿里日、阿里集体结婚日、阿里客户日等，让文化深入人心。

企业文化体系的形成不是朝夕之功，而是一项系统动态的、纷繁复杂的工程，需要时间的沉淀与积累。

2.2.2 理念体系：使命、愿景和价值观

杰克·韦尔奇曾经说过："**企业根本是战略，战略本质是文化。健康向上的企业文化是一家企业战无不胜的动力之源。**"企业的核心竞争力就是理念体系的塑造能力。理念体系包括使命、愿景和价值观，主要解决以下三个问题。

（1）我们会为社会提供什么样的价值？
（2）我们未来希望发展成什么样子？
（3）我们要如何做，才能达到以上两个目标？

1. 使命——我们会为社会提供什么样的价值？

使命是企业存在的根本原因和终极意义，明确了企业存在的目的，回答的是企业认为做什么是有价值的，它强调对社会的贡献。使命体现的是战略决策者的经营理念，可以为企业指明发展方向。使命一般描述为"致力于……""让……"。优秀的企业文化一定在企业内部塑造了强大的使命认同感，让企业的员工充满自豪感。

2. 愿景——我们未来希望发展成什么样子？

愿景是在使命的基础上，设定的前瞻性的、有挑战性的目标。企业愿景描述的是对未来发展的期望（未来10～30年的远大目标），能体现出企业家对行业趋势的判断和野心，能凝聚士气，激励员工为实现目标而努力。愿景一般描述为"成为……""建设……"。

3. 价值观——我们要如何做，才能达到以上两个目标？

价值观是获得企业全体（或大多数）员工一致认同的观念，是企业的价值判断体系。它回答的是企业要以何种行为方式才能正确创造价值，以实现企业的使命和愿景。

价值观具体包括两个方面的内容：一是企业和员工的行动指南与评判标准，二是共同的观念与认知。价值观的描述方式多种多样，经常围绕诚信、团结、创新、奋斗、敬业、卓越等主题。价值观是不断发展的，企业应根据自身不同的发展阶段和侧重点进行调整。在重塑或优化价值观时要注重核心员工的共同参与，使用简单易懂和激励人心的语言。

企业为了体现自身的精神内涵，形成凝聚人心、奋勇向前的合力，会搭建起完整的、独具企业特色的理念体系，从而让员工清楚地认识到企业的定位，企业倡导什么，自己应该做什么及遵守什么。以下是标杆企业对于使命、愿景和价值观的精确阐述。

华为的使命和愿景是"把数字世界带入每个人、每个家庭、每个组织，构建万物互联的智能世界"；核心价值观是"以客户为中心，以奋斗者为本，长期艰苦奋斗"。

通用电气的使命是"以科技创新改善生活品质"；愿景是"使世界更光明"；价值观是"坚持诚信，注重业绩，渴望变革"。

迪士尼的使命是"让世界快乐起来"；愿景是"成为全球的超级娱乐公司"；价值观是"创新、品质、共享、故事、乐观、尊重"。

格力的使命是"弘扬工业精神，掌握核心科技，追求完美质量，提供一流服务，让世界爱上中国造"；愿景是"缔造世界一流企业，成就格力百年品牌"；价值观是"少说空话、多干实事，质量第一、顾客满意，忠诚友善、勤奋进取、诚信经营、多方共赢，爱岗敬业、开拓创新，遵纪守法、廉洁奉公"。

京东的使命是"技术为本，让生活更美好"；愿景是"成为全球最值得信赖的企业"；价值观是"客户为先、创新、拼搏、担当、感恩、诚信"。

使命感召人，愿景激励人，价值观引导人。使命诉说着企业的终极任务，愿景让任务更明确、更聚焦，价值观引导企业和员工的决策方向与日常行为，确保企业使命和愿景的实现。几乎每家能够持续成功的企业都塑造了清晰的使命、愿景和价值观，以确保企业长期健康发展。

2.2.3 规范体系：制度规范与行为要求

无规矩不成方圆，制度规范与行为要求是企业文化与价值观落地的保障。简言之，在企业文化与价值观的指导下形成的制度规范与行为要求，可以规范员工的行为标准，在规范后的行为成了习惯后，企业文化与价值观将得以根植于员工的内心，无须他人提醒。

制度作为文化的重要组成部分，是文化软实力的依托。它通过显性的价值导向规定人们应该做什么、不应该做什么，让文化潜移默化地渗入员工的思维方式、价值观念和行为规范中。

【案例】杜邦深入人心的安全文化

杜邦是规模巨大的化学与能源集团，经过200多年的发展，它将安全视为企业的核心价值，并形成了自己独特的安全文化。

在杜邦看来，生产的安全不仅意味着成本，更意味着生命和企业信誉。安全是习惯化、制度化的行为，但杜邦的安全文化并不是一蹴而就的，而是通过严格的管理制度逐步贯彻与落实的（见表2-2）。

表2-2 杜邦安全文化的四个阶段

阶段	制度保障	文化的形成
第一个阶段：本能反应	员工没有或很少有安全意识	无
第二个阶段：严格监督	员工被动服从	安全规章制度
第三个阶段：自主管理	安全意识深入人心	安全管理体系
第四个阶段：团队互助	安全已经成为一种荣誉	安全管理体系

在本能反应阶段，企业和员工对安全的重视仅是一种本能的保护反应。企业也未设置科学的安全管理制度，员工没有或很少有安全意识。

在严格监督阶段，企业已经建立起安全规章制度。各级管理层对安全责任做出了承诺，制定了具体的安全目标。员工因害怕违反制度而受处罚，被动服从安全规章制度中的行为要求。

在自主管理阶段，企业具备良好的安全管理体系。企业上下所有员工都对安全责任做出了承诺，并按安全规章制度和标准进行生产。通过日常的工作行为习惯培养，安全意识深入人心。

在团队互助阶段，员工不仅自己遵守各项安全规章制度，还会提醒他人遵守。员工在观察自己岗位上的安全隐患的同时，还会留心他人岗位上的不安全行为，并将自己的安全知识和经验分享给其他同事，安全已经成为一种集体性的荣誉。

如今，杜邦已经成了"安全"的代名词。它有"两个10倍"的超凡安全业绩举世公认，即杜邦的安全记录优于其他企业10倍，杜邦员工上班时比下班后还要安全10倍。

科学、规范的管理制度是企业文化的基石。杜邦通过制度的令行禁止和立竿见影的约束力，让企业的安全文化融入每个员工的心中。

企业除了要建立以文化为核心的管理制度，还要将企业价值观转化为行为要求，明确员工在工作中所遵循的规则和准则，让员工践行价值观的行为导向，进而强化企业的文化氛围。

很多人认为，只有传统行业的企业才需要一些具体的行为规范，而高成长性、高知识群体的企业则需要弱化行为规范的管理。殊不知，一些数字经济和创新型企业，更需要企业文化与价值观的牵引和行为规范的打造，如腾讯、阿里巴巴等。

【案例】腾讯高压线

腾讯为了确保员工知行的高度统一，更好地指导员工的言行规范，在2013年发布了《腾讯阳光行为准则》（以下简称《阳光准则》）。《阳光准则》中明确了"腾讯高压线"，并表示腾讯员工一旦触及此线，一律开除。

"腾讯高压线"主要包括：泄露公司商业机密或泄露、打探薪资等保密敏感信息的行为，涉及信息、数据、费用的弄虚作假行为，与公司存在利益冲突或关联交易的行为，从事与公司有商业竞争的行为，收受贿赂或回扣的行为，其他违法乱纪行为。

2015年，腾讯重新修订《阳光准则》，进一步明确规定"腾讯高压线"和其他违规行为及处理流程，并注明员工一旦触及高压线，解聘后永不录用，以防止员工行为与正直的价值观相悖。《阳光准则》是腾讯员工的必修课，腾讯要求每个员工自觉遵守，共筑阳光健康的文化氛围。

制度规范与行为要求主要基于企业经验的沉淀，并以企业文化与价值观为核心进行总结和设计。制度规范与行为要求不是永恒不变的，而是随着企业的发展逐步更新的，企业文化与价值观也在这个过程中被深刻理解和认同。

2.2.4 文化宣贯：做好文化教育与传播

企业文化能否被深刻理解和认同，很大程度上还取决于文化的宣贯是否到位。

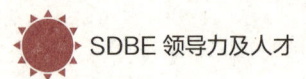

文化的宣贯方式主要体现为文化教育与文化传播。

文化教育是指企业通过培训、研讨、竞赛等方式，将确定的企业文化渗入员工的思维认知中，让所有员工认可企业文化，并遵循企业文化的指导。

企业文化的教育形式包括文化 PPT 培训、研讨与交流、主题演讲、主题竞赛、榜样/案例学习和体验式培训，如表 2-3 所示。

表2-3 不同的企业文化教育形式

序号	教育形式	具体内容	针对人群
1	文化 PPT 培训	以讲授的形式阐释文化理念，重点宣讲企业文化的历史、来源、具体内涵和意义	新员工
2	研讨与交流	针对文化的某一问题（如文化落地、文化与党建结合等），进行深入研究与探讨，以推动企业文化共建与提升	核心员工 领导干部
3	主题演讲	通过演讲的形式，让员工从自身角度理解文化、宣传文化	全体员工
4	主题竞赛	以文化知识问答或竞赛的形式，让员工进一步了解企业文化的内涵与价值	全体员工
5	榜样/案例学习	让员工学习经典的文化榜样/案例，通过介绍鲜活的事例和身边真实的榜样人物，让文化学习更具感染力	全体员工
6	体验式培训	针对企业文化的内容与特点，设计活动式、游戏式的团队培训，让员工感悟和体验文化的魅力	基层员工 中基层干部 高层干部

不同层次的人群，需要学习和关注的内容也是不同的。一般来说，讲授式的文化 PPT 培训适合新员工，侧重于宣讲企业文化的历史、来源、具体内涵和意义；研讨与交流适合核心员工和领导干部，侧重于推动企业文化共建与提升；主题演讲、主题竞赛和榜样/案例学习适合全体员工，侧重于对文化理念的认知与理解；体验式培训应以分层的形式进行，侧重于对企业文化的切实体验与感悟。

在开展文化教育的实践中，只有合适的教育形式才是好的形式。企业应结合自身需求，有针对性地选择不同的教育形式，只有这样才能确保文化教育取得实实在在的效果。

文化传播是文化宣贯的另一种方式，是指对企业文化的内涵进行全方位的呈现与推广。文化传播的形式多种多样，常见有效的形式主要为塑造企业的视觉形象、建立系统化的传播渠道、通过活动和仪式彰显风采。

1. 塑造企业的视觉形象

企业的视觉形象是企业的名片，是一种耳濡目染的导入方式。对内体现为良好的办公环境和员工形象，如办公大楼、园区环境、员工工装、员工工牌、员工名片等。办公环境应与文化理念相结合，在建筑的外观和室内装饰等方面应充分体现企业文化，让文化与环境相融。对外体现为企业标识、企业广告等。企业要在标识的设计中融入企业文化，塑造企业形象。另外，企业的宣传广告也有助于对外展示良好的企业形象。

华为松山湖园区，不仅湖光山色、风景优美，园区内更是配备了各种高科技设备，刷脸无感知通行，全无线网络覆盖，随时随地无线打卡，Wi-Fi 6 与 IoT 完美融合的无线智能会议等，为员工、访客带来了便捷智能的办公体验，体现着华为"构建万物互联的智能世界"的愿景。

华为的标识采用聚散的模式，八瓣花瓣由聚拢到散开，寓意着华为发展事业上的兴盛。方正的字体和红色的花瓣充分体现了华为持续为客户创造价值和蓬勃向上、积极进取的精神。

2. 建立系统化的传播渠道

为了更好地传播企业文化，企业要利用好文化墙、展厅、内部刊物和官方网站等宣传阵地，开展可视化的文化传播，让员工随时随地感受到文化的熏陶。

几乎每一家优秀的企业都有内部刊物，华为有《华为人》，阿里巴巴有《阿里人》，联想有《联想企业报》。企业内部刊物承载着传播企业的经营理念、管理理念和用人理念等重要任务。

除此之外，企业内部的沟通体系也是文化传播的重要阵地。企业可以根据内部员工的沟通习惯，强化"互联网+"思维，运用微博、微信、抖音等新媒体平台，打造内部传播的线上平台，加快企业文化的传播速度，提高企业文化的关注度。

3. 通过活动和仪式彰显风采

为了加强对企业文化思想和政策的宣传，华为要求各部门组织具有时尚和感性元素的文化活动，如声势浩大的青春赛歌会、篮球赛、读书会、电影赏析会等，每到周末各种沙龙活动令人眼花缭乱。随着国际化进程的推进，华为的文化活动主题也更加开放，新增了愚人节、情人节、圣诞节等具有国际特色的活动，将文化融入活动，润物细无声地传播文化，提高员工的思想觉悟。

美国著名的传播学者詹姆斯·凯瑞在《作为文化的传播》一书中提出了传播

的"仪式观"。他认为,传播不是一种单纯的传递信息的行为,而是共同信仰的创造、表征与庆典。因此,在传播文化时,企业要注重打造文化传播的仪式感(见表 2-4)。

表2-4 企业文化传播中的仪式

仪式类别	示例
社交仪式	阿里巴巴的花名仪式、腾讯新员工入职要提交英文 ID
管理仪式	沃尔玛周六例会、海尔 6S 班后反省
庆典仪式	阿里日、阿里集体结婚日、阿里客户日
颁奖仪式	华为特殊颁奖大会:"从零起飞"奖、"大锅饭"奖、"呆死料"大会

仪式如同表演价值观的"戏剧",提供了特定的地点与脚本,将员工带入这场"戏剧"的演绎中,体验"戏剧"背后丰富的文化内涵。

企业文化的教育与传播不是强制输入的,而是通过潜移默化的方式,让员工浸润在文化的海洋中,将文化理念转化为员工的共识与实际行动,不断强化企业的精神内核。

笔者之所以要在本书中用专门一章来强调企业文化与价值观的重要性,就是因为越大、越强的企业,想要持续获得成功,企业文化与价值观越要提前酝酿和筹划。没有远大理想和精诚灵魂的企业,肯定是没有持久生命力的。

2.3 标杆参考:华为的企业文化与价值观

从成立之日起,华为就开始精心培育自己的企业文化,在经历长期艰难曲折的历程后,总结与提炼了"以客户为中心,以奋斗者为本,长期艰苦奋斗"的华为核心价值观。

这种企业文化与价值观,促使华为内部不自觉地形成了一种强大的凝聚力和战斗力,支撑着华为不断发展壮大,激励着华为所有业务单元的团队奋勇向前,勇攀高峰。

2.3.1 华为企业文化的由来和演变

华为企业文化的形成不是一朝一夕的事情,而是一个在漫漫长路中不断汲取、碰撞和融合的过程。华为企业文化的演变是从"土狼"到群体奋斗者的转变,经历了创业生长期、国内开拓期、国际开放期和组织变革期(见图 2-3)。

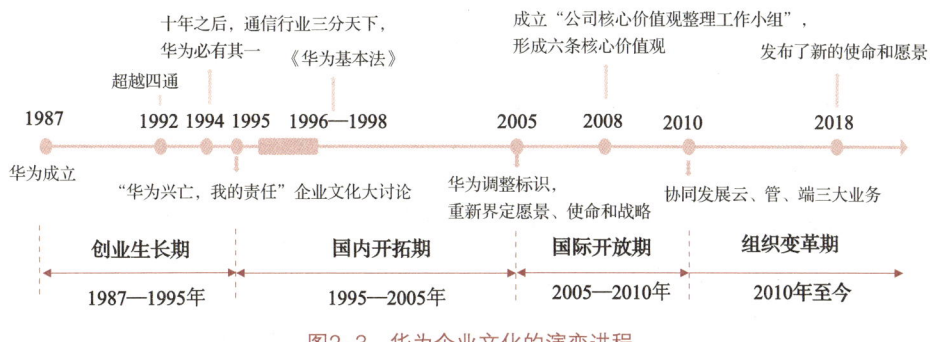

第 2 章　企业领导力的基础是企业文化与价值观

图2-3　华为企业文化的演变进程

时间轴信息：
- 1987 华为成立
- 1992 超越四通
- 1994 十年之后，通信行业三分天下，华为必有其一
- 1995 "华为兴亡，我的责任"企业文化大讨论
- 1996—1998 《华为基本法》
- 2005 华为调整标识，重新界定愿景、使命和战略
- 2008 成立"公司核心价值观整理工作小组"，形成六条核心价值观
- 2010 协同发展云、管、端三大业务
- 2018 发布了新的使命和愿景

阶段划分：
- 创业生长期　1987—1995年
- 国内开拓期　1995—2005年
- 国际开放期　2005—2010年
- 组织变革期　2010年至今

1. 第一个阶段：创业生长期（1987—1995 年）

在华为发展的初期，国内各大城市的电信市场已被几个国际电信巨头瓜分，华为想要分得一杯羹，几乎没有希望，但中小城市还有很大的市场空间。军人出身的任正非用"农村包围城市"的军事思想指导华为改变策略，在中小城市开拓市场。最终，华为在中小城市的市场上获得了丰厚的利润。

1992 年，华为提出超越四通的目标，在当年，华为的销售额仅有 1 亿元，四通的销售额达 20 亿元。1994 年，华为提出"十年之后，通信行业三分天下，华为必有其一"。在条件艰苦、竞争激烈的环境中，华为逐渐有了"狼性文化"的基因，以敏锐的嗅觉和为达目的不顾一切的决心，迅速发现"猎物"，时刻准备战斗。随后，"先生产，后生活"的大庆精神和"迎难而上、持续奋斗"的床垫文化也开始在华为出现。在这个阶段，华为的企业文化比较零散，没有一个系统化的价值主张。

1995 年，华为发起了"华为兴亡，我的责任"企业文化大讨论。最初的目的是总结华为的企业文化，但经过几轮辩论下来，任正非发现自己的观点与多数人大不相同。因此，任正非决定梳理华为的企业文化，起草《华为基本法》，统一华为的企业文化与价值观。

2. 第二个阶段：国内开拓期（1995—2005 年）

1996 年，随着华为业务的持续增长，任正非对华为的价值主张进行了理性的思考，提出要让员工的思想跟上公司的发展。于是，华为从中国人民大学请来了一批专家着手企业文化的总结与提炼。

历时两年多，《华为基本法》出台。《华为基本法》明确了华为的核心价值观，完成了对华为企业文化的系统思考，对华为未来发展的基本经营政策与管理规则具有指导意义。正如任正非所说，希望《华为基本法》能够像18世纪的美国宪法指导美国200多年的发展那样，即便多年后，也能规范和指导华为人的工作，将华为的经验和智慧传承下去。

3. 第三个阶段：国际开放期（2005—2010年）

在这个阶段，随着华为规模的扩大和国际化进程的加快，原来的"狼性文化"与西方国家独立、民主的自由主义文化相冲突，致使华为难以招募和管理国际化人才。为了与国际接轨，华为于2005年5月8日调整标识，将原来15根线的红太阳标识换成8根线的红菊花标识。随后，华为的愿景、使命和战略也被重新界定。

愿景：丰富人们的沟通与生活。

使命：

（1）华为的追求是实现客户的梦想。

（2）聚焦客户关注的挑战和压力，提供有竞争力的通信解决方案和服务，持续为客户创造最大价值。

战略：以客户为中心。

（1）为客户服务是华为存在的唯一理由；客户需求是华为发展的原动力。

（2）质量好、服务好、运作成本低，优先满足客户需求，提升客户竞争力和盈利能力。

（3）持续管理变革，实现高效的流程化运作，确保端到端的优质交付。

（4）与友商共同发展，既是竞争对手，也是合作伙伴，共同创造良好的生存空间，共享价值链的利益。

2008年，华为成立"公司核心价值观整理工作小组"。经小组提议、EMT（经营管理团队）审议，形成了六条核心价值观的讨论稿：成就客户、艰苦奋斗、自我批判、开放进取、至诚守信、团队合作。这个时期的核心价值观与愿景、使命、战略相结合，形成了一套比较完整的文化体系，也更符合国际表达，便于海外员工和客户理解与接受。

4. 第四个阶段：组织变革期（2010年至今）

2010年，华为意识到信息行业正在发生巨大的变化，提出"云—管—端"战略，即要实现数字化转型，必须协同发展云、管、端三大业务。在调整业务的同时，华为进入组织变革期，在运营商网络体系下，分出了企业BG、终端BG和其他业务组织。这时的华为早已不是一家小规模的公司，而是要管理十几万名员工的公司，这就要求华为逐渐向职业化的管理模式转变，淡化个人英雄色彩，强调组织效率的提升，提倡群体奋斗。面对这样的背景，华为确立了"以客户为中心，以奋斗者为本，长期艰苦奋斗"的核心价值观。2018年年初，华为发布了新的使命和愿景：把数字世界带入每个人、每个家庭、每个组织，构建万物互联的智能世界。

华为的企业文化是在发展中丰富、在实践中沉淀的。从零散的"狼性文化"到《华为基本法》，再到比较完整的文化体系，最后到新的使命、愿景和核心价值观，这是一个不断优化、总结和提炼的过程，也是华为对自己的核心价值观和经营哲学的深刻思考与把握的过程。

2.3.2 华为核心价值观的构成与内涵

是什么使华为快速发展的呢？任正非认为是一种哲学思维，是"**以客户为中心，以奋斗者为本，长期艰苦奋斗**"的核心价值观。它根植于广大骨干成员的心中，使以客户为中心的战略层层分解，融入所有员工的工作中。

1. 以客户为中心

在华为看来，企业活下去的根本是要有利润，但利润只能从客户那里来。因此，客户是企业生存的唯一理由，决定企业生死存亡的是客户，提供企业生存价值的是客户，企业必须理解客户需求、为客户服务。

不同客户的需求是不同的，同样的客户在不同阶段的需求也是不同的。理解客户的前提是要清楚谁是你的客户，**这是企业生存的首要问题**。在这个问题上华为想得很明白。早年华为有帮运营商贴牌的手机，也有自己品牌的手机。帮运营商贴牌的手机客户是运营商，自己品牌的手机客户是终端消费者。此外，关于内部客户这一概念，很多企业认为职能部门的客户是企业内部业务单元、老板，但在华为，其实不然。无论是职能部门还是业务单元，其客户只能是企业客户，所有的组织成员都应以企业客户为中心，持续提升经营绩效。

华为在理解客户需求时着重强调了客户需求导向优先于技术导向。企业的发展少不了技术，但只有将技术转化为产品，为客户服务才能体现价值。如果研发人员习惯性地将自己的想法强加到客户身上，未站在客户的角度思考问题，那其研发出来的产品往往是科学上的"精品"、市场上的"废品"。

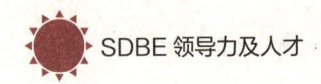

2000年，受互联网和 IP 业务的影响，下一代电信网络的发展出现了两种演进策略：基于电信的实时高可靠性传输技术和基于互联网的简单传输技术。

由于 C&C08 数字程控交换机（128 模块）获得了巨大的成功，在惯性思维下，华为坚持认为只有基于电信的实时高可靠性传输技术的综合交换机才能满足客户的需求，而基于互联网的简单传输技术的软交换不会引起客户的兴趣。2001 年，华为团队迅速研发了新一代综合交换机 iNET。当产品交到客户手中时，却听到了"华为根本不懂新一代电信网络"的批评声。随后，很多客户在试验工程选型中放弃了华为 iNET。

事后，华为团队认真反省，认为团队不仅没有及时听取客户的需求，还一味抨击客户的决策，导致解决方案无法满足客户的需求，两年多来的巨额投入付诸东流。

这次失败，让华为深刻地体会到远离客户需求的产品研发是毫无价值的。任正非在后来也反复强调，不要孤芳自赏，要做工程商人。华为的研发不能以技术为导向，要以客户需求为导向。

2. 以奋斗者为本

华为的发展是华为人围绕客户需求，不断努力和奋斗的结果。"以奋斗者为本"的核心价值观是华为人过去、现在和将来必须遵循的准则。

华为将员工分成三类：普通的劳动者、一般的奋斗者和有成效的奋斗者。

（1）普通的劳动者。对于这种人，应该按照法律相关的报酬条款，保护他们的利益，并根据公司的经营情况，给他们稍微好一点的报酬。这是对普通劳动者的关怀。

（2）一般的奋斗者。我们要允许一部分人不是积极的奋斗者，他们想让自己的小家庭多一些温暖，想每天按时回家吃饭。对于这种人，可以给予理解，这也是人的正常需要。

（3）有成效的奋斗者。他们要分享公司的剩余价值，公司需要这些人。分享剩余价值的方式，就是分发奖金与股票。

华为的价值分配机制就是围绕"以奋斗者为本"的核心价值观来设计的。对于真正做出贡献的奋斗者，华为绝不会亏待他们，愿意与他们共享利益，让更多的员工坚持做有追求、能创造价值的奋斗者。对于不做贡献的人，华为坚定实行末位淘汰制，以促进效益增长。

3. 长期艰苦奋斗

"长期艰苦奋斗"是华为长期的价值主张。奋斗难，长期坚持奋斗更难。艰苦奋斗的精神不是创业初期才有的，也不是困难时期才坚持的，而是华为存在一天，华为人就会艰苦奋斗一天。只有长期艰苦奋斗，才能让华为长期充满活力。

任正非认为，企业的繁荣是依靠奋斗者打拼出来的，为了将这种繁荣维持下去，华为必须长期艰苦奋斗。他对华为人说：

艰苦奋斗是华为文化的魂，是华为文化的主旋律，我们在任何时候都不能因为外界的误解或质疑动摇我们的奋斗文化，我们在任何时候都不能因为华为的发展壮大而丢掉了我们的根本——艰苦奋斗。

华为经过多年的艰苦奋斗，取得了巨大的成绩。但任正非提出，繁荣的里面，处处充满危机，奋斗更重要的是思想上的艰苦奋斗，只有长期保持积极进取、不甘落后的态势，企业才可以持续生存下去。

华为的核心价值观来自其成功实践的梳理与提炼，是华为人工作的信念，指引着华为人前进的方向。

2.3.3 华为企业文化的管理应用

任正非曾用生动形象的比喻，刻画了文化与管理的关系："文化与管理的关系犹如土壤与种庄稼的关系。文化为华为发展提供土壤，其使命是使土壤更肥沃、更疏松；管理是种庄稼，其使命是多产粮食。"

文化与管理之间是密不可分的，华为将公司的"魂"扎根于人力资源管理、客户服务管理和研发管理中，体现于公司及管理者的日常管理行为中。

1. 文化导向下的人力资源管理

首先，企业文化对华为的人才招聘具有导向作用。认同华为的企业文化是华为人才招聘的一个重要标准。无论是校园招聘还是社会招聘，华为都会从人力资源的入口进行一轮又一轮的考察，筛选出符合任职要求、认同华为的企业文化、符合华为价值观的人才，以减少后期因文化不适应而引起的人才流失问题，从而降低人才成本。

其次，优秀的企业文化必然会重视人才的培养。华为认为，人力资本不断增值的目标优先于财务增值的目标，先人后事，先有人才，后有业绩结果。人才培养是一项战略性投入，是一项长期且持续性的工程，在短期内很难快速看到效果。因此，华为在培训板块持续投入了大量的资金，倾注了所有的热情，通过在职培训与脱产培训相结合、自我开发与教育开发相结合的形式，建立了完善的员工培训体系。

华为建立了全球性的分类分层、系统完善的培训网络。目前，在国内，华为除设立了深圳培训总部外，还在北京、广州、南京、杭州、昆明和重庆等地建立了区域培训中心。在亚洲、美洲、非洲等海外地区，设立了30余个培训点。

再次，基于文化的要求，华为在用人上坚持德才兼备，践行企业文化与价值观的核心要求。通过文化、制度和流程建立越来越科学化的管理机制，在放权的同时，加大对干部及员工的监控力度。

最后，华为价值分配的总原则是多劳多得，向奋斗者倾斜。这也与华为提倡的奋斗文化高度契合。

2. 文化决定以客户为中心的服务理念

在以客户为中心的文化影响下，华为要求全体员工时刻保持灵敏的嗅觉，快速响应客户的需求，为客户提供高质量的产品和服务。华为每年都会聘请第三方机构来调研客户对华为的满意度，为改善公司的产品和服务提供指导方向。

2017年，因华为P10手机的闪存不符合宣传的规格，华为终端CEO余承东在网上发布了一份《反省倡议书》。《反省倡议书》主要表达了三大内容：第一，华为终端部门要深刻反思，重新审视"以客户为中心"的标准，并"坚持自我批判"；第二，华为将组建"特别行动小组"，专项聆听客户的声音；第三，华为高管团队将亲临一线，与客户面对面零距离沟通，从而改善华为的工作流程、服务态度，用实际行动不辜负全球客户对华为品牌的信赖。

3. 文化推进以客户为导向的研发管理

在研发层面，华为坚持理想主义与现实主义并重，客户需求与技术创新双轮驱动，帮助华为把握机会，规避风险。理想主义就是将金钱转化为知识。例如，华为加大研发投入，成立研究院、实验室，联合外部科学专家做基础研究。现实主义就是将知识转化为金钱。例如，华为具有庞大的专家及工程师团队，负责承接产品的具体开发任务。

2010年，华为在深圳市民中心召开了一次"呆死料"大会，参与者是2000

多名网络产品线的员工。这次会议的重点是产品线总裁为相关团队和个人颁发各项"大奖"（见表2-5）。

表2-5 "呆死料"大会部分奖项

奖项	奖项含义
埋雷奖	某些生产环节只想着自己，做出来的产品给后面的生产埋了雷
最差CBB奖	不考虑自己研发的部件能不能被兄弟部门共用，导致重复研发、浪费资源
架构紧耦合奖	将系统做得太严密，以至于客户无法单独升级其中的模块
……	……

"呆死料"大会是早年华为研发体系组织的一场"质量大会"。通过隆重的"颁奖"仪式，华为将由于工作不认真、测试不严格、盲目创新造成的大量废料，以及研发、工程技术人员因此奔赴现场"救火"的往返机票成箱成盒地包装成特殊的奖品，发给了相关产品的负责人，以激发他们对质量不合格的强烈羞耻感，让所有研发人员重视这些问题，解决这些问题。

企业文化展现了企业对市场和业务的理解，企业只有将优秀的文化应用于管理之中，才能让管理更加高效、更具执行力。

2.4 企业文化与价值观的引领作用

杰克·韦尔奇曾表示，百年的卓越企业运作，终究还是靠企业文化与价值观建设。推动通用电气不断高速发展的法宝就是其独特的企业文化与价值观，因此企业要充分发挥企业文化与价值观的引领作用，以保持企业长盛不衰。

2.4.1 企业文化与价值观是企业经营的基本准则

一家优秀的企业一定有着优秀的企业文化，优秀的企业文化能汇聚人心，激励员工奋发向上，提高团队的作战能力，提升企业的经营业绩。

哈佛商学院两位著名教授约翰·科特和詹姆斯·赫斯克特在《企业文化与经营业绩》一书中，对200家重视与不重视企业文化的企业的经营业绩进行了深入研究，结果表明：企业文化与企业长期的经营业绩成正比，即企业越重视企业文化建设，其经营业绩就越高（见表2-6）。由此可见，企业文化对企业的发展有着重要的影响。

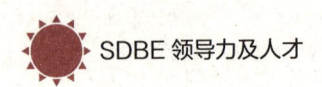

表2-6 重视与不重视企业文化的企业的经营业绩对比（1977年至1988年数据）

经营业绩表现	重视企业文化的企业	不重视企业文化的企业
总收入平均增长率	682%	166%
员工增长率	282%	36%
企业股价	901%	74%
企业净收入增长率	756%	1%

约翰·科特和詹姆斯·赫斯克特提出，企业长期经营业绩的高低与企业文化的强弱无关，而与企业文化是否适应市场环境的变化有关。这一观点与"企业文化之父"埃德加·沙因的观点不谋而合。埃德加·沙因曾指出，一家企业的企业文化是否优秀，取决于依据企业基本经营理念所制定的发展战略，能够在多大程度上帮助该企业应对多变的市场环境。

【案例】华为运用文化解决国际化问题

随着国际化进程的不断深入，华为遇到了诸多管理问题。第一个问题是如何使不同的文化进行恰当的融合。比如，沙特阿拉伯办事处2005年的员工人数就已经超过300人。我们知道，沙特阿拉伯是伊斯兰国家，其工作人员每天都会在固定的时间放下手上的工作去参加礼拜，如果华为员工也这样做，就会给沙特阿拉伯办事处的日常运营带来比较大的挑战。而类似的困扰同样发生在其他国家办事处。这就要求华为在国际化进程中，既要尊重不同国家和地区的文化，也要向外籍员工灌输企业的价值观，通过文化融合找到两者的平衡点。

第二个问题是语言问题。在海外的中国籍员工和外籍员工因语言不通，造成了非常大的沟通困扰，不仅严重影响了工作效率，还使外籍员工无法融入华为。

为了解决这些问题，华为一方面对企业的愿景、使命、价值观和战略进行了重新定义与梳理，让文化的表达方式更贴近国际的规范。此外，华为在各国外代表处选拔优秀员工到中国总部参加文化培训，让外籍员工切实理解和感受华为的企业文化，待回到工作岗位后更好地影响其他外籍员工。

另一方面改革了总部的工作方式，成立了语言改革小组，旨在帮助员工提升语言能力，同时将语言标准作为华为员工的任职要求。比如，2007年后，华为要求所有中国区员工都必须以英文的形式向海外发送邮件和报告，收到英文邮件，也必须用英文回复；某些特殊的岗位必须实现全英文化，包括会议、工作汇报等。

企业文化与企业经营业绩的关系如图2-4所示。良好的企业文化可以促进企业经营业绩的良好发展。在企业的发展过程中，外部环境的不确定性影响了企业经营环境，在企业经营环境急剧变化时，如果企业文化变化迟缓，则必然导致企业经营业绩恶化。

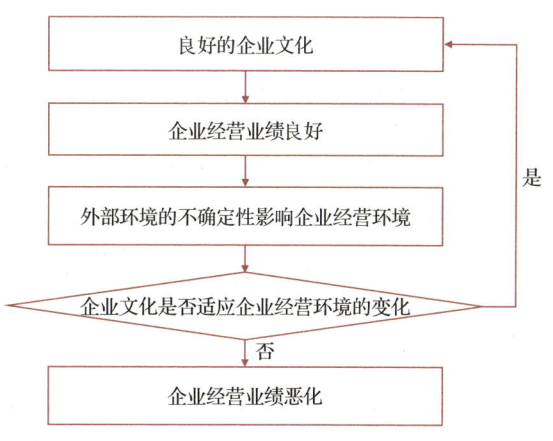

图2-4　企业文化与企业经营业绩的关系

企业文化与价值观作为企业经营的基本准则，不是固定不变的。只有当企业文化与企业经营环境相适应时，文化才能促进经营业绩的增长，而且二者的适应性越强，企业的经营业绩越高。

2.4.2　制度刚性与文化柔性要相互补充和融合

任正非说过："企业文化不是宣传口号，它必须根植于企业的组织、流程、制度、政策，以及员工的思维模式和行为模式之中。"

简言之，制度与文化相融相生，企业文化滋养着制度标准，制度标准通过强制约束，使企业文化得以落地与强化。

企业文化是一种被企业内部共同认可的价值观，属于柔性的理念和精神范畴。制度标准是执行层面的规章条款，本身具有强制性与刚性。文化凝聚人心，制度驾驭人性，二者相辅相成、协调共生（见图2-5）。

1. 企业文化指导制度标准的建立，促进制度标准的落实

企业文化是制度标准的出发点和立足点，只有与企业文化相匹配的制度标准才能激活组织，推动组织高效达成业务目标。

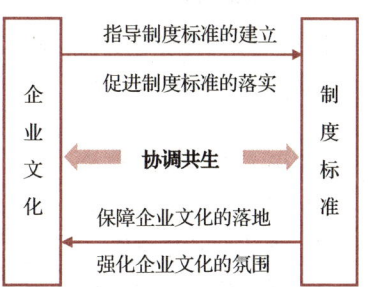

图2-5　企业文化与制度标准的关系

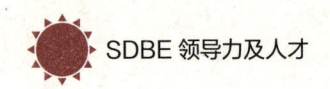

【案例】华为股权制度的变化

1998年，华为高层赴美考察期权激励和员工持股制度，一种名为虚拟股的激励制度进入了华为的视野。虚拟股的持股人可以获得一定比例的分红，但没有所有权、表决权，也不能进行转让和出售。

2001年7月，华为推出了虚拟股制度。通过虚拟股，华为将核心管理人员、技术人员与公司利益捆绑在一起，降低了管理成本，激发了员工工作的积极性，真正将"人力成本"变为"人力资本"。同时，在当时获取银行融资较为困难的背景下，华为通过虚拟股的方式获得了一定的内部融资。

随着虚拟股制度的实行，其弊端日益暴露。工资与奖金对华为许多持股的老员工来说不值一提，虚拟股的收益才是他们重要的收入来源。于是，华为内部出现了安于现状、混日子的"食利者"阶层，这一部分人要么已经不具备继续前进的能力，要么已经失去了奋斗的动力。这种现象与华为提倡的"以奋斗者为本"的文化完全相悖。

2013年，华为实施"时间单位计划"（Time Unit Plan），即现金奖励型的递延分配计划，属于中长期激励模式。时间单位计划主要根据员工的岗位、级别和业绩为员工配置相应数量的期权。这个期权的持有期是5年，收益逐步兑现，员工在持有期届满时进行结算。5年期满，权益清零。该项制度的实行，不仅拉开了"坐车人"和"拉车人"的收入水平差距，激发了员工的斗志，还践行了华为"长期艰苦奋斗"的核心价值观。

企业只有通过文化指导制度建设，才能使制度充分体现企业的使命、愿景和价值观。当制度无法支撑文化的落地时，企业应该像华为一样，及时调整制度标准，使制度与文化保持一致，避免出现制度与文化"两张皮"的现象。

2. 制度标准保障企业文化的落地，强化企业文化的氛围

如果缺乏制度，文化就会失去载体，流于形式，落不到实处。与文化相匹配的制度，能通过刚性的规定激发员工的自律意识，让员工在思想和行动上践行企业文化与价值观。

【案例】《华为员工手册》助力形成奋斗文化

《华为员工手册》明确规定，员工不得迟到、早退，上下班要打卡。如果员工在一个月内经常迟到、早退，或者上下班不打卡，又没有在工作时间考核表上签字，就会受到一定的处罚。这是华为关于奋斗文化的规章制度。

制度实施的初期，很多新员工因为害怕受到处罚而遵守规定，但多年后，新员工成了老员工，他们已经开始自觉遵守这项规定。不仅如此，老员工们还会为了多做贡献主动加班。这一点在华为的规章制度中是没有明确规定的，但是华为对奋斗者的激励，让他们心甘情愿用工作之外的时间为公司创造价值。久而久之，华为形成了浓厚的奋斗文化。

华为通过制度的设计与执行，让华为人成为守纪律、有抱负的员工，同时保障了企业文化的代代相传。

2.4.3 少谈情怀，多谈价值，刺激野心和潜能

任正非认为，管理的本质就是洞察人性，并且顺应人性。因此，华为认为<u>员工有欲则刚才是真理</u>。欲是人的本能，是驱动人进取拼搏的动力，只有保持员工对物质的饥饿感和成长的野心，才能激发其斗志。有欲则刚的另一面是"壁立千仞，无欲则刚"。华为的<u>干部要无欲则刚</u>，当一个干部不把功劳归于自己，能够公正评价下属与协作部门的贡献时，就一定能激发出群体强大的力量，从而战无不胜。

与懒惰相比，贪婪并不可怕，懒惰才是最大的敌人，这是任正非对人性的认同。任正非常说："少谈情怀，多给钱，谈钱是对员工最好的尊重。"他提倡大家先一起把"饼"做大，再一起分"饼"。只要管理好员工的欲望，激励到位，员工自然会全力奋斗，与企业同欲。华为的激励制度也遵循了"顺人欲"这一原则，即多劳多得，激励要向奋斗者倾斜，干部提拔也要向奋斗者倾斜。

有欲则刚最好的示例就是任正非自己。任正非最大的欲望是让华为成为全球最有价值的通信品牌。所以，30多年来，华为抵挡住了各种诱惑，始终专注于自己的核心业务。有欲是强者的本能，是奋斗的原动力。

总而言之，相较于员工的有欲则刚，华为对干部的要求是无欲则刚。任正非时常告诫华为的干部，一定要克服贪婪，管理好自己的私欲，只有克服了自私的"小我"，才能成就无私的"大我"，为公司创造更大的价值。

【案例】华为干部的无欲则刚

华为尼日利亚代表处前代表谢国辉是尼日利亚市场的开荒者，在他的带领下，尼日利亚代表处从空无一人到团队不断扩大。将尼日利亚市场从零业绩做到将近4亿美元的规模，谢国辉为华为尼日利亚市场的拓展立下了汗马功劳。

2001年，华为将高学历人才李健派驻到尼日利亚市场，作为售前引导的李

健将尼日利亚市场做得风生水起。有一次,李健费尽周折约见了客户公司的总裁,但等了3个多小时未果,最后在总裁上厕所时将其堵在了厕所门口才见上对方一面。从此,李健的脸皮一点点变"厚",意志力一点点变强,靠着这股拼劲儿把尼日利亚市场的规模做到了10亿美元,销售额连续几年全球第一。最终,李健成功当选了西非地区部的总裁,作为开荒元老的谢国辉成了副总裁。谢国辉作为尼日利亚市场的开荒功臣并没有居功自傲,而是一如既往地服从公司的安排,全力配合李健的工作。

后来,任正非感慨道,华为的干部真正做到了舍弃小我,一切以团队、公司的利益为重,正确阐述了"壁立千仞,无欲则刚"的真谛。

无论是谢国辉的胸怀与格局,还是李健的工作当前、脸面朝后,都体现着华为干部无欲则刚的精神风貌。卓越的领导者在领导他人之前,首先要能领导自己,克服意识里偏见、自私与嫉妒的干扰,只有这样才能追求无我、大我的状态,带领团队干出一番大事业。

2.5 企业文化与价值观的具体管理

企业文化学的奠基人劳伦斯·米勒曾经说过,今后的500强企业将是采用新企业文化和新文化营销策略的企业,文化管理已经成了企业生存与发展的必要条件。本节将以华为和阿里巴巴为例,简单说明企业文化与价值观的具体管理。

华为的企业文化与价值观,是所有华为人永不枯竭的精神力量。它之所以能历久弥新、生生不息,源于华为对企业文化与价值观高效和系统化的管理。

2.5.1 创造土壤:打造企业文化培训体系

文化管理的关键在于打造系统化的企业文化培训体系,从根源上发挥企业效能,让企业文化对员工的行为做出正确的引导,从而提升企业的创新力和凝聚力。

华为企业文化培训体系的打造主要包括三个方面的内容:一是建立强而有力的文化培训师资队伍,二是开发实用、生动的文化培训内容,三是搭建网络化的文化培训平台。

1. 建立强而有力的文化培训师资队伍

文化培训不是一次性工程,而是需要持续、反复多次开展的工程。因此,企业必须建立一支强而有力的文化培训师资队伍。华为的文化培训师资队伍来源于两条线：一是返聘科研院所的老专家，华为会让这些老专家与员工进行亲切的互动和交流，使文化基因嵌入每一个华为人的心中；二是在内部选拔优秀的讲师和导师，讲师负责文化授课，导师负责新员工的思想沟通工作。

华为会给每一个新员工安排一名绩效高、充分认可华为企业文化的导师，这名导师不仅要在业务和技术方面承担起传、帮、带的责任，还要给新员工讲文化、讲传统、解决思想问题，为其输入正确的企业文化，引导其形成正向的价值观。

导师是最好的文化教员，相较于其他人员的文化沟通与培训，导师的身体力行往往使文化培训更具感染力，是新员工学习华为企业文化最好的教材。

2. 开发实用、生动的文化培训内容

为了满足不同人员的培训需求，华为会开发多种形式、多种主题的文化培训内容。华为新员工的文化课程有四门，每门课都包括各种文章和案例，以讲授型为主；针对老员工，华为重视案例教学，通过真实生动的案例，让学员身临其境，引发学员的共鸣。

【案例】华为的高研班

华为员工培训中心高研班的培训周期为9天，其使命是传承哲学、发酵文化，促进华为的中高层干部对华为的企业文化和管理哲学的理解与应用。高研班的培训分为三个阶段。

第一个阶段，组建团队，开展磨炼意志的15千米徒步活动。学员要从入口停车场开始，沿湖滨路行走15千米左右，最终到达目的地松山湖大学城。这对平时不怎么运动的学员来说是一项非常难的考验，但所有学员都会坚持参加。徒步结束、午餐完毕后，学员们会开展"风雨人生路"的团队拓展活动，以此传递团结互助、相互信任的精神。

第二个阶段，在华为员工培训中心的教室里进行重点学习。这一阶段的学习采用的是案例教学，没有老师，大家自主学习，围绕公司的管理纲要，通过理论自学、案例研讨、大辩论、高层领导引导等多种方式进行交流与学习。学员主要学习源于华为核心价值观的管理哲学，通过思想的碰撞和启发，将管理哲学应用于业务实践。

第三个阶段，学员要至少撰写一篇真实发生的案例，以强化对理论学习的现

实分析和应用。这些案例会在公司内部进行公示，接受全体员工的监督，防止造假。同时，也会在内部网络中展开讨论，触发员工的深度反思。

在众多培训形式中，案例教学是保证培训实用性和生动性的重要方式。华为通过《华为人》报、心声社区、高研班等多种方式收集案例，总结与提炼能够体现华为企业文化的优秀经验和成果，并将其重新整理和编辑成案例集，进行全员推广与培训，持续强化文化的表现力和感染力。

3. 搭建网络化的文化培训平台

随着互联网技术的飞速发展，企业文化培训的场所已经不再局限于线下教室。比如，华为通过 E-Learning 平台，让员工随时随地在线学习华为的企业文化。

【案例】华为的 E-Learning 平台

华为的 E-Learning 平台在功能上主要包括以下五个模块。

第一，学习管理平台，即 LMS（学习管理系统）。这个学习管理平台支持全球在线学习的管理、课程交付、流程管理、学习档案管理和数据报表统计分析等功能。

第二，考试系统。在华为员工培训中心的学习发展项目中，考试是一个非常重要的环节。这个考试系统支持试卷开发、学员在线考试、成绩评阅等功能。

第三，直播平台。为了连接不同区域的学员，实现远程教学和在线直播，这个直播平台可支持数千人在线实时观看。

第四，案例平台。华为庞大的案例库也是通过 E-Learning 平台进行管理的。这个案例平台支持案例上传、发布、传播、分享、互动、评论等功能。目前，该案例平台已经积累了上百万个案例。

第五，慕课模块。华为的慕课以视频形式为主，辅以测试、作业、考试等多种学习活动。这个慕课模块为学员提供全程的服务支持，并对学员的学习过程进行跟踪管理。

华为充分利用网络化学习平台，让员工结合自身情况灵活进行自学，有效推动了员工对企业文化的广泛学习。

2.5.2 身体力行：各级主管的传承和践行

领导者的重要才能是影响文化，华为干部的首要职责是传承和践行企业文化与价值观。这就要求领导者的行为和企业文化与价值观的导向保持一致，用自己的言行举止感染员工，使员工发自内心地对文化产生自豪感和认同感，从而能自觉传承和践行企业文化与价值观。

【案例】华为干部践行企业文化与价值观

2011年3月11日，日本发生9级地震，引发福岛核泄漏。当时人心惶惶，别的电信设备供应商已经陆续撤离日本，华为日本代表处代表阎力大面临着艰难的去留选择。在巨大的压力下，他冷静地进行了风险评估并做出决策，决定将日本代表处所有后勤、非相关人员及部分家属迁移到日本边远城市，留下40名工程师由自己带队留守当地。因为他考虑到，日本福岛需要有人供应设备、恢复网络和保障通信，华为有义务和责任在危急时刻帮助灾区。

3月15日晚，阎力大给所有员工发了一封情真意切的全英文邮件。邮件中说道，华为承载着对社会的责任，希望大家坚守岗位，和客户在一起。公司领导层对目前的安全形势进行了判断，认为风险是可控的，万一有不可控的风险发生，公司也做好了准备，会安排大家离开。组织在，人就在，大家不要怕。

于是，在阎力大的带领下，华为的工程师穿着防护服，走向福岛，抢修通信设备。与此同时，当人人都想着逃离日本时，孙亚芳、孟晚舟从香港直接飞往日本，去前线做动员，鼓舞士气。在困难面前，华为人一直都是逆行者。

面对地震、核泄漏等可能危及生命安全的灾难事件，华为人没有丝毫畏惧，华为的干部更是永远冲在前线，带头践行公司客户第一的价值观。据经历该事件的员工回忆，在那段特殊时期，正是华为领导层的无畏与坚定，给了他们莫大的勇气，让他们主动留下来抢险救灾。

任正非曾在内部谈话中指出：一家企业怎样才能长久发展，这是古往今来最大的问题。我们要研究推动华为前进的主要动力是什么，怎样使这些动力长期稳定运行，而又不断自我优化。大家越来越明白，促使核动力、油动力、煤动力、电动力、沼气动力……一同努力的根源，是企业的核心价值观。这些核心价值观要被接班人承认，同时接班人要有自我批判能力。接班人是用核心价值观约束、塑造出来的，只有这样才能使企业长久发展……我们要使各个岗位都有接班人，且接班人都要承认这个核心价值观。

文化是需要层层落实的，一家企业的文化与价值观往往源于一把手或领导团队，而各级主管作为培养接班人的第一责任人，除了要提高接班人的业务能力，还要以身作则、带头示范，让接班人认可并践行企业文化。只有这样，企业文化的力量才能生生不息、永不枯竭。

2.5.3　严格考核：价值观对干部的一票否决

华为的企业文化与价值观的传递不仅靠企业的培育和各级主管的传承、践行，更是靠制度的牵引，其中就包括价值观考核。

任正非和马云在不同场合都曾表达过，文化和导向都是考核出来的，包括显性和隐性的考核。

华为认为，随着企业规模的快速扩大，大量涌入的新员工会不断稀释和异化企业文化与价值观，从而使新老员工难以达成文化上的共识，增加企业的运营风险。因此，华为通过价值观考核（见图2-6），将企业文化与价值观具体化、客观化和强制化，使全体员工在考核过程中强化对文化的认知与践行。

考核目标 → 考核原则 → 考核内容
强化对文化的认知与践行，侧重长期表现，考核过程较粗

考核内容 → 考核标准：责任心、团队精神、敬业精神和奉献精神等对应的五个等级
考核依据：关键行为事件
考核方式：客观等级评价
考核周期：一个季度一次，一年五次（含总评）

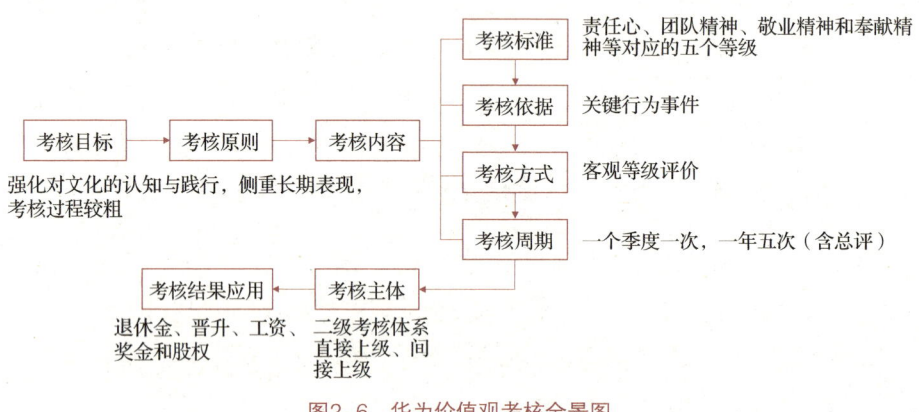

考核结果应用 ← 考核主体
退休金、晋升、工资、奖金和股权
二级考核体系 直接上级、间接上级

图2-6　华为价值观考核全景图

首先，华为的价值观考核侧重于员工的长期表现，考核过程较粗，员工针对每项评价内容只需选择做到或未做到。另外，考核要素的侧重点会随着公司不同阶段的成长要求而变化。

其次，华为的价值观考核采用的是第三方能够验证的客观指标，主要体现为工作态度。华为的工作态度指标包括责任心、团队精神、敬业精神和奉献精神等。各项工作态度划分为五个等级，每个等级都有对应的描述和分值，通过员工的关键行为事件，来推导与考察员工的行为与考核表中的哪个级别的行为相符合。

再次，华为价值观考核的主体有两级：被考核者的直接上级是考核的主要责任人，间接上级负责监督和审核直接上级的考核工作，人力资源部负责人负责组织和协调。

最后，华为价值观考核的周期一般是一个季度一次，一年五次，最后一次是总评。总评的结果会影响华为员工退休金的发放、职位晋升、工资调整、奖金和股权的分配。

华为对干部价值观考核的要求非常高，实行的是一票否决制，即在价值观考核中得分低的员工是不会被提拔为干部的，只有绩效结果排名前25%的员工才有机会进入中高层干部后备队。此外，进入后备队的员工还要依次接受以思想品德和自我批判为核心的文化考察。总之，无论能力多强的员工，只要价值观这道关卡通不过，就无法成为华为的干部。

除了华为，阿里巴巴也认为价值观考核是推行价值观的有力方式。彭蕾在早年接受采访时提到，阿里巴巴之所以将价值观和绩效考核挂钩，原因在于公司发展太快了，快到如果不用一些矫枉过正的方式去推，公司的价值观就会像手里抓的沙子一样，一点点流失。再加上阿里巴巴里的年轻人很多，因此需要在企业文化与价值观方面及时补课，有时甚至要强化，以确保公司的干部和人才主体不变质。

【案例】阿里巴巴的价值观考核

阿里巴巴的价值观考核方式是"通关制"，公司将"六脉神剑"，即六条关键的核心价值观分成五个行为层级（见表2-7），员工要先做到较低分数的行为，再进阶至较高分数的行为，以此类推。若没有做到较低分数的行为，则无法得到更高的分数。

表2-7　阿里巴巴"客户第一"价值观行为分级

分数	行为层级
1分	尊重他人，随时随地维护阿里巴巴的形象
2分	微笑面对投诉及其受到的委屈，积极主动地在工作中为客户解决问题
3分	在与客户交流的过程中，即使不是自己的责任，也不推诿
4分	站在客户的立场思考问题，在坚持原则的基础上，最终使客户和公司都满意
5分	具有超前的服务意识，防患于未然

阿里巴巴的价值观考核采取"one over one plus HR"的方式，即被考核者的直接上级、间接上级和一位人力资源部负责人一起对员工的价值观进行考核，并由人力资源部负责人对考核结果进行审核。

考核时，员工先进行工作述职，述职内容为自己对价值观的理解和行动，述

SDBE 领导力及人才

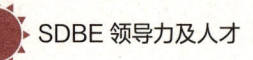

职完按照 30 条价值观考核细则进行自评，其直接上级、间接上级和人力资源部负责人再根据员工的表现打分。如果评分低于 0.5 分或高于 3 分，则需要书面说明具体的案例。

阿里巴巴的价值观考核按季度进行，年度总分根据员工在四个季度的平均分及其价值观改进趋势，再通过"one over one plus HR"的方式得出。价值观考核和绩效考核各占 50% 的权重，考核结果用于奖金发放和职位晋升。

优秀的企业文化与价值观必然可以进行深度诠释，从而形成行为参照，规范员工的行为模式和做事标准，最终促使员工深度践行企业文化与价值观。

阅读心得

第3章
SDBE六力胜任度评估和诊断

在复杂多变的形势下，一家企业发展的基本逻辑为，方向要大致正确，组织必须充满活力。前面论述过，面对已经选定的赛道，企业自身的能力和活力如何，直接关系到企业是否能够在竞争中分到蛋糕，实现增长。

因此，企业的核心竞争力成为关键：方向正确，不一定能得到结果；企业的能力，包括企业各层次的领导力、执行力、协同力等，成为关键因素。

对企业的组织能力进行有效诊断，能帮助企业采取合适的发展路径和节奏，督促企业采取培训辅导等发展方式全面提升组织能力，使企业持续焕发活力。

本章将集中论述德石羿团队基于SDBE六力模型，对企业各级主管及团队进行胜任度评估的理念、方法和工具。

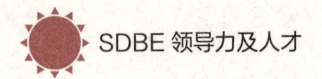

3.1 企业不同发展阶段的领导力展现

领导力是企业综合实力的体现，它不是独立存在的，而是需要在特定的情境中发挥作用。领导力随着企业性质、发展规模和人员结构等因素的变化而有着不同的展现。

3.1.1 中国企业领导力发展状况与差距

近十年以来，中国经济得到了飞速的发展，中国企业也驶入了高速增长的快车道，在充满机遇与挑战的市场环境中，企业对领导者的素质提出了更高的要求。因此，领导力的全新升级已经成为大势所趋，并对企业的发展产生了深远持久的影响。

笔者及其团队一直无比重视企业领导力的评估和建设，因为我们深知，一家企业的发展能够达到的高度，是由企业最高管理层，甚至是由企业最高领导的认知、格局和能力决定的。在大多数时候，我们的咨询团队与其说是对整个企业进行辅导，不如说是对企业最高管理层进行定向辅导。最高领导的认知、格局和能力天花板一旦被打开，产生的企业效能将是巨大的。

DDI基于自2009年以来积累的海量中国企业领导者的评鉴数据的匿名统计，分析了不同层级领导者的转型关键点及领导力发展差距。

【案例】中国企业领导力发展差距

《中国领导者十年领导力图鉴》报告显示，中高层领导者作为企业的领路人，需要站在组织业务的角度思考长远，平衡短期与未来，纵观全局，但并非所有的领导者都为此做好了准备。

DDI将领导者归类为四种：各项能力均领跑的"全能领路人"，执行力特别强的"强劲发动机"，在团队中善于鼓动别人的"团队润滑剂"，以及各方面都不突出的"热心的新手"。

其中，"全能领路人"是组织中最为优秀的领导者，其在各项领导技能上的平均表现比他人更为突出，尤其在制定战略方向这项技能上与其他三类人拉开了巨大的差距。这项技能会影响到日常工作中诸如做决策、找机会、带变革等方方面面的表现，也最终会助力他们获得更高的工作成效。相对而言，"全能领路人"在辅导和发展他人方面尚有很大的提升空间。

企业的中基层领导者是组织战略解码与推进落实的中坚力量。这个层级的领导者关键的角色转变在于，从自己达成目标到推动他人达成团队与组织的目标。中基层领导者从平庸到合格的关键能力是计划与组织能力，即调度资源，确定任务的优先级，完成任务；从合格到优秀的关键能力是影响力的展现，即运用管理策略，说服员工积极主动地达成目标。

根据企业的性质，DDI 又将中国市场中的领导者数据来源分成四个部分，分别为国企、民企、外企和中外合资企业。在辅导、授权、计划与组织的能力上，外企领导者展现出了明显的优势。而民企领导者在这一关键能力上处于劣势地位。

执行力是民企的代名词，也是民企领导者形成行动计划、推进工作、确保责任就位、追踪成果落地的立身之本。与之相比，外企领导者的执行力出现了断层。

在定战略、做决策这一能力上，国企领导者和外企领导者表现出了不一样的特点。随着外企在中国本土化进程的不断推进，在华外企的领导者获得了更大的决策权，被更充分地授权，这也推动了外企领导者决策能力的提升。国企领导者则在经历过体制改革、市场环境骤变的环境下，在定战略这项能力上有了新的突破，更能思考长远与宏观，兼顾短期与未来，但与外企领导者相比仍有差距。

纵观当今社会，众多标杆企业的领导者无一例外都在提升领导力，以加强自身的核心竞争力，引领企业不断发展与进步。中国企业领导力的发展建设与国外相比仍有较大差距，需要领导者们不断学习与实践摸索，以便在时代的洪流中乘风破浪，迎接新的征程与挑战。

3.1.2 不同的发展阶段需要差异化辅导

成功的领导者具备强大的领导力，这种能力会在企业不同的发展阶段随时调整和变化，以支撑企业阶段性战略目标的达成。

领导力主要展现为企业家精神、管理流程、目标与激励、文化四种能量。在企业不同的发展阶段（初创期、成长期、成熟期和转型期），需要的管理能量是不同的，即不同比重的能量驱动企业实现不断成长，具体如图 3-1 所示。

在企业初创期，企业家精神是最重要的，其次是目标与激励。什么是企业家精神？企业家精神是企业家特殊技能（包括精神和技巧，如独特的个人素质、价值取向、思维模式、经营理念等）的集合与抽象表达，是一种重要而特殊的无形生产要素，是对企业家理性和非理性逻辑结构的一种超越与升华。"现代管理学之父"彼得·德鲁克认为，企业家精神是企业家表现出来的战略前瞻性、市场敏感性和领导力。企业家通过战略前瞻性和领导力进行创新、创造,实现了企业从 0 到 1 的发展。因此,在企业初创期,企业家精神是最重要的能量。

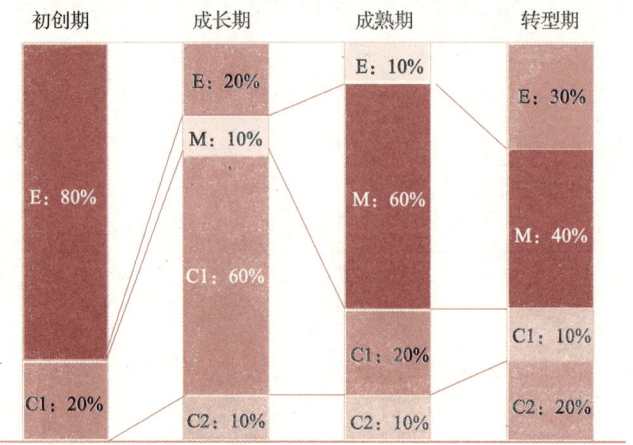

	初创期	成长期	成熟期	转型期
E：企业家精神	80%	20%	10%	30%
M：管理流程		10%	60%	40%
C1：目标与激励	20%	60%	20%	10%
C2：文化		10%	10%	20%

E：企业家精神；M：管理流程；C1：目标与激励；C2：文化

图3-1 驱动企业成长的四种能量

在企业进入成长期后,也就是行业有红利时,目标与激励成了最重要的能量,其次是企业家精神。因为在企业创立后,需要激励领导者与员工围绕同一个目标去奋斗,让所有人有一个强有力的奋斗动机。而当企业家精神、目标与激励共同发挥作用时,企业文化也就开始慢慢形成。企业文化是一种软性的力量,能弥补管理流程的不足。

在企业进入成熟期后,行业红利减少且走向集中,企业间的竞争加剧。此时,企业只有拥有比竞争对手更强大的管理能力,才能存活下去。因此,管理流程是这一阶段驱动企业实现持续增长的最重要能量。想要长久地生存下去,企业就要构建强大的管理能力,并使其伴随着整套完善的体系在企业中运行。

在企业转型期,管理流程依旧是驱动企业发展的最重要能量。不过,此时企业家精神再次兴起,因为企业要探索新的市场空间,以找到新的生存方式。同时,文化的比重有一定的提升,最主要的原因在于,企业需要通过文化改变员工的固有观念,用文化营造变革、开放的氛围,以进行管理创新,提升管理效率。

企业家精神、管理流程、目标与激励、文化四种能量对企业的发展壮大起着关键的作用,只是这四种能量在企业不同的发展阶段起的作用及作用程度不同。几乎所有企业大体上都符合该逻辑。

3.2 企业领导力现状诊断和相关方法

通用电气 CEO 杰夫·伊梅尔特曾说："领导力的发掘是深入自我的旅程，你可以用自己的风格解决一切问题，领导力关乎自我认知。"

企业的领导者在制定战略规划和执行安排时，除了要了解竞争对手和外部环境变化，还要加强对自身能力状况的了解。

3.2.1 领导力测评的方法和工具

没有理想状态的领导者，每个领导者都是多维度、立体化的个体。因此，评估领导力有诸多的方法和工具，每种方法和工具都有其缺点和优点。

一般可以通过 360 度评估、述能会、自我评估等测评方法，诊断出领导者实际的领导力素质与标准之间的差距，从而有的放矢地帮助领导者确定未来的改善方向，并采取明确的改善步骤。

1. 360 度评估

360 度评估也称多评价者反馈法，是指评估者对被评估者及其周围群体（上级、下级、平级和第三方）进行访谈后得出综合评价，以帮助被评估者了解其自身领导力的优劣势的方法。该测评方法的重点在于比较与分析被评估者的自我评估和他人评估之间的相同点或不同点，并针对发展的领域提出建议，生成评估报告，为领导者制订发展计划提供参考。

关于对 360 度评估的评价，《财富》杂志曾表示："老板、同级和下属对你的真实看法可能会刺痛你，但面对事实则能使你成为优秀的管理者。" 360 度评估会促使被评估者关注别人对自己的看法，从而认真审视自己的优缺点与发展机会，促使自身得到提升与改善。

2. 述能会

述能会是指被评估者通过叙述具体事件，展示自己最近一段时间的成长和取得的成就，并分析自身今后的发展趋势和能力提升，再由多位评委根据被评估者讲述的内容进行提问，并根据评价标准做出评价的方法。

述能会的实施分为六个环节，分别是准备、述能、评委提问、发展反馈、评价讨论、会议总结（见表 3-1）。其中，发展反馈环节可以根据企业的实际情况进行取舍。

表3-1　述能会的环节及具体任务

环节	具体任务
准备	组织方需要提前发布述能会通知、内容模板、评价标准，准备被评估者的个人简历、评委的结构化提问模板和评分表。 被评估者准备述能材料
述能	被评估者个人基本情况介绍； 工作实践案例分享； 个人负责业务的复盘与规划； 领导团队的复盘与规划； 个人能力发展与行动计划
评委提问	关注个人负责业务和领导团队的复盘与规划，结合组织方提供的结构化提问模板进行提问
发展反馈	现场反馈被评估者的优势和不足，并给出发展建议
评价讨论	评委集中讨论被评估者能力的优势和不足以及过往的绩效水平，给出实用建议和发展计划。 • 通常由被评估者的直接上级先发言，对其能力和业绩进行补充说明； • 当评委的观点存在差异时，须举例说明，尽量达成共识； • 评委根据讨论情况进行评分
会议总结	确认得分排序，输出关键人员后续工作建议／计划

【案例】联想集团的"述能会"和"圆桌会"

"述能会"和"圆桌会"是联想集团每年度领导力人才测评的重要机制。述能会是分层级、分序列召开的，如图3-2所示。述能的核心是"能力"，被评估者会邀请4～6名与自己有紧密业务往来的同事参加，通过具体的行为事件对自己在一定阶段内的优劣势和能力发展进行总结，并分析今后的发展趋势及能力提升的方法与手段。

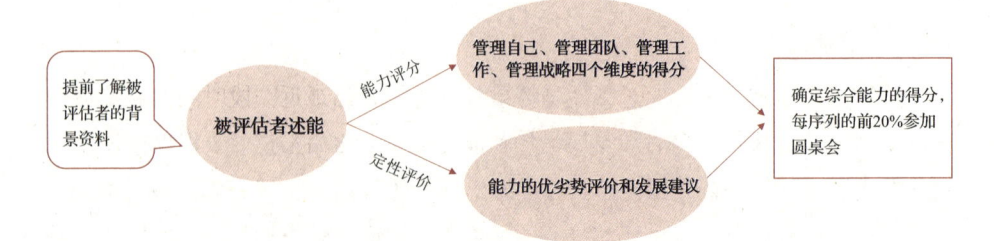

图3-2　联想集团的述能会流程

述能会结束后，每序列将推荐前20%的人参加圆桌会。圆桌会主要是对业绩和潜力进行评估，参会对象包括被评估者的直接上级、间接上级和其他相关评估者，被评估者不参会。会后，对于优秀的领导人才，将划入公司的人才池，公司将投入资源对其能力的培养制定规划并实施。杨元庆和郭为等就是在两会制度下脱颖而出，经培养后成长为联想的领军人才的。

3. 自我评估

被评估者可通过填写领导力自我测评清单（见表 3-2），对自己目前行为所表现出的内在特质进行测评与挖掘，以真正做到认知自我，找准改进的方向，实现个人领导力的提升。

表3-2 领导力自我测评清单

序号	行为标准	从不	很少	有时	经常	总是
		评价标准 / 分				
1	我在帮助下属了解其工作方面投入时间和精力	1	2	3	4	5
2	我致力于帮助他人在工作中做出最好的贡献	1	2	3	4	5
3	我会将合适的工作授权给合适的人	1	2	3	4	5
4	帮助团队成员成长是我的优先工作	1	2	3	4	5
5	我允许被授权者按照自己的方式开展工作	1	2	3	4	5
6	我倾向于用新的方法来开展工作	1	2	3	4	5
7	我喜欢在环境迫使自身改变之前，由自己来驱动改变	1	2	3	4	5
8	我能接受不同的观点，鼓励团队成员创新	1	2	3	4	5
9	我会在公司之外的范围学习创新的管理理念	1	2	3	4	5
10	我经常练习反思，并从行动中学习	1	2	3	4	5
……	……	……	……	……	……	……

分析：

1～5 题 培养他人 你的得分是_____。

6～10 题 创新思维 你的得分是_____。

……

任何一种测评工具的信效度都是有限的，百分之百的准确是不存在的。为了提升领导力测评的准确率，我们需要以实际应用场景为导向，对这些测评工具进行有效组合，使其发挥出最佳的应用效果。

3.2.2 多维度分析和诊断领导力

评价领导力的核心维度是什么？根据麦克利兰的冰山模型（见图 3-3），我们可以了解到，一个人的领导力来自冰山之上胜任干部岗位所需的知识、技能，以及冰山之下的内驱力、个性特质和动机。

笔者在综合分析了各家学派的领导力理论，深刻体会与理解了华为的领导力标准后，结合多年的管理咨询经验，总结出领导力的分析和诊断必须关注的几个核心维度。

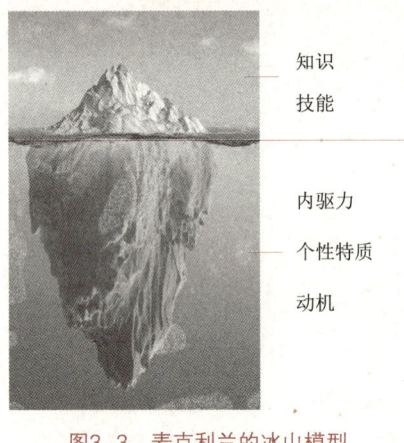

图3-3 麦克利兰的冰山模型

1. 领导意愿（想不想）

这是领导力分析和诊断最核心的部分。领导意愿是一个人最深层次的思考方式，决定着其是否有承担领导职责的意愿与动机。领导者内心的意愿必须非常强烈且持久，才能表现为外在的行为变化。

2. 领导技能（会不会）

这个维度评估的是领导者是否有管理团队的技巧与能力。领导技能表现为，领导者运用工作行为和关系行为，对不同能力层次和资历的员工进行管理与领导的效果。

3. 领导特质（适合不适合）

这个维度主要评估领导者的个性特质是否适合领导者这个角色。领导者要具备影响他人、感召他人、驱动他人等优秀特质。

4. 组织承诺（企业目标和价值观）

组织承诺是指领导者对企业的忠诚度和归属感，具体表现为其对企业目标和价值观的认同与信任，即是否愿意在行动上尽己所能为企业贡献价值，是否时刻维护企业的集体利益，是否愿意与企业共进退。

5. 阻碍因素（负面素质）

这个维度主要评估领导者身上是否具有阻碍其领导力发挥的素质，如优柔寡断、目光狭隘、自私、偏激等都将对其领导工作产生消极作用。

关于领导力分析和诊断的具体标准，每家企业各不相同，可以根据业务发展需求设计与制定。必要时，可以借鉴和参考标杆企业成熟的领导力模型，来构建自身的领导力分析和诊断维度。

【案例】标杆企业领导力模型

（1）通用电气领导力模型：4E+P，包括 Energy（活力）、Energize（鼓动力）、Edge（决断力）、Execute（执行力）、Passion（激情）。

（2）IBM 领导力模型：三环模型，"对事业的热情"处于环心，"致力于成功""动员执行""持续动力"三大要素围绕环心运转。

对事业的热情：充满热情地关注市场，能描绘出一幅令人振奋的 IBM 未来图景，接受企业的现实，并以乐观自信的方式做出反应，表现出对改造世界的技术潜力的理解，表现出对 IBM 解决方案的兴奋感。

致力于成功：对客户的洞察力、突破性思维、渴望成功的动力。

动员执行：团队领导力、直言不讳、协作、决断力和决策能力。

持续动力：发展组织能力，指导、开发优秀人才，个人贡献。

（3）宝洁领导力模型：5E，包括 Envision（高瞻远瞩）、Engage（全情投入）、Energize（鼓舞士气）、Enable（授人以渔）、Execute（卓越执行）。

（4）百度领导力模型：战略思维、事业激情、业务敏锐、凝聚团队。

（5）联想领导力模型：设定挑战性的目标、有效领导和发展他人、庆祝成功、直接沟通、快速执行。

以上是对领导力分析和诊断维度的总结。构建合适的领导力分析和诊断维度不仅能确保战略发展重点与人才发展方向的一致性，还有助于企业领导力发展计划的实施，以弥补领导者个性化的素质与能力短板。

3.2.3 差异化的领导力发展计划

笔者在《SDBE 战略六力：将战略做实的 6 个关键》一书中曾经表述过：企业发展具有较强的周期共性，在不同的发展阶段，对企业能力的要求是不一样的。因此，领导力发展既是一种稳定态，又是一种发展态。

企业应针对员工和组织个性化的发展需求，运用专业且系统化的方法和工具来制订领导力发展计划，加速推进领导力的持续升级与发展。

从内部自我发展的层面来说，企业应鼓励与要求领导者保持终身学习的理念，加强自我塑造，通过与他人的沟通与交流提升自我，借助优秀的管理书籍和互联网信息拓宽思维；同时，对所学的知识和技能进行反思与领悟，并寻找有挑战性的机会进行实践，挑战自己的弱点，进一步优化和提升领导力。

从外部组织学习的层面来说，为了实现组织的战略目标，企业需要思考如何设计训战结合的领导力发展计划，思行结合。一方面，通过课堂教学的方式传授先进的管理知识和技能；另一方面，帮助领导者将所学落实为现实的领导活动，通过具体的实践来验证和践行领导理论。

【案例】腾讯的领导力发展培养体系

腾讯结合公司的领导力模型打造了全面的领导力发展培养体系。无论是基层干部、中层干部还是高层干部的后备培养，都可以在腾讯的领导力发展培养体系中找到对应的培养方案（见图3-4）。

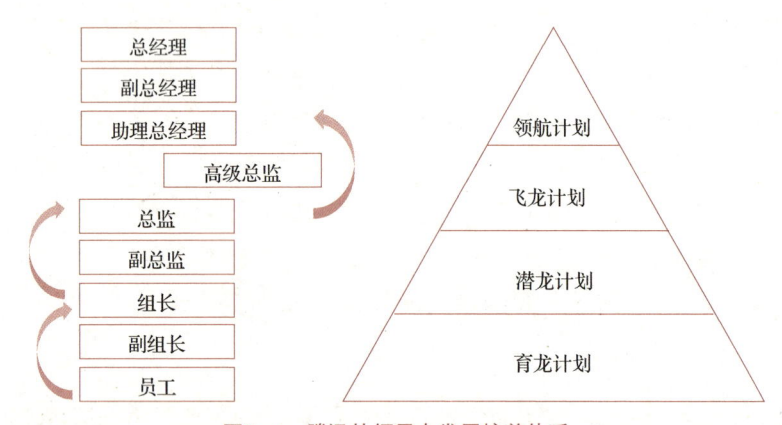

图3-4 腾讯的领导力发展培养体系

其中，"育龙计划"是针对管理发展方向的高潜质员工设计的领导力发展项目。设计该计划的主要目的是帮助这些高潜质员工转变角色定位、打造高效团队、学会工作管理，从而为他们未来的管理职业生涯打下坚实的基础。

"潜龙计划"是针对未来一年内计划晋升的储备干部设计的领导力发展项目。参加该计划的学员需要参加三天的面授、研讨、案例分析、考试交流等学习环节，深入学习角色转变、领导力素质模型、组织运营、个人素质和核心使命等模块的课程内容，中途还会有高管进行经验分享。除此之外，腾讯为学员配备了全程跟踪辅导的导师，安排了挑战性的任务，帮助学员在实践中持续学习。

"飞龙计划"的主要目标是为公司储备中层干部。参加该计划的学员通常进行为期6～8个月的非脱产学习，在这期间共有三次集中学习，学习内容包括评鉴中心、高管对话、沙龙分享、辅导实践、课堂培训、行动学习等核心环节。在这十多年间，腾讯已经培训出了 500 余名核心管理干部，为腾讯的高速发展提供了充足的人才储备。

"领航计划"是一个旨在提升公司高层领导力和战略管理能力的综合性项目。该计划的具体内容和实施方式根据公司的战略调整与组织变革而有所不同，每年都会按照公司的战略方向设计专题赋能内容。

学习是贯穿一生的修行，领导力发展计划也是一项长期的战略性工程。无论哪个层级的干部都应持续学习，创新发展方式，加强对领导力的修炼。

3.3 SDBE 六力模型：组织能力胜任度评估

针对企业或组织的能力评估，笔者及其团队提出了 SDBE 六力模型，即对企业或组织的领导力、战略力、洞察力、运营力、执行力和协同力这六大能力要素进行考察与评估。

3.3.1 领导力：建团队、练作风、善转型、打胜仗

SDBE 六力模型认为，领导力的本质就是率领组织实现既定目标的行为过程。这是一种非职务的影响力，更是一种承担更多责任、压力和风险，带领团队达成目标、实现愿景的意愿。因此，具有领导力潜质的人，必然具备较强的领导意愿。

领导力的评估包括是否认同企业文化与价值观，是否能为企业目标奋斗，是否具有领导力技能，是否拥抱变革，是否能创造性地使用数字化提升企业竞争力（见表 3-3）。

表3-3 领导力的评估要素及行为定义

评估要素	行为定义
企业文化与价值观	无论是作为基层员工还是作为干部，对内、对外都能践行企业文化与价值观，把企业整体利益和长期利益放在个人利益之前，不搞小团队和分裂，注重企业的长期、健康发展
干部与领导力	作为干部，能独立或指导他人推动实现数字化转型的愿景和中长期目标，有热情和强烈的意愿承担更多的责任，做出承诺并致力于努力达成。 作为基层员工，能主动在团队中号召/引导同事朝着目标努力，并营造积极的团队氛围

续表

评估要素	行为定义
领导力技能	在语言、行动和态度上，能尊重并平等地对待每一位同事，倾听他们的需求，做好上下沟通的桥梁；能营造相互信任、积极的团队氛围，提升团队士气
管理变革	无论是作为基层员工还是作为干部，都对企业管理变革有充分的认识和强烈的意愿，在自己的岗位上创造性地采取行动，工作勤奋，态度积极，致力于达成最优秀的结果，助力企业管理变革的实现
数字化转型	具备数字化转型的认知与理念，认同数字化转型的本质就是能力的提升，只有业务与技术双轮驱动才能助力企业实现数字化转型；在日常工作中能积极推动业务部门进行数字化转型

企业文化与价值观的考核点和关键事项：是否践行企业文化与价值观？当个人利益与企业整体利益发生冲突时，被评估者是从哪一利益方的角度做出决策的？

干部与领导力的考核点和关键事项：能否通过指导他人来实现目标？是否愿意承担更多的责任？能否凝聚团队成员的信念和力量，使大家朝着目标努力？

领导力技能的考核点和关键事项：能否关注、尊重、激发奋斗者？是否营造积极的团队氛围？

管理变革的考核点和关键事项：能否在自己的岗位上提出创造性的策略，并采取具体的行动来达成结果？

数字化转型的考核点和关键事项：是否意识到数字化转型的重要性？能否有效利用数字化技术推进工作，提高工作效率？

在评估环节，评估者可采用访谈的方式，围绕领导力的五个评估要素对被评估者实施访谈，聚焦被评估者过去真实发生的行为事件，反复提问，追究细节，以确保评估的准确性。比如，企业文化与价值观的核心内容是什么？你是否认同？如果个人利益与企业整体利益发生冲突，你会如何选择？针对这个问题，请分享一个在工作中真实发生的事例并具体描述你当时是怎么做的……

访谈结束后，评估者要根据从被评估者所描述的事例中提炼出来的有效信息，对其进行打分（1~5分），具体评分标准如表3-4所示。同时，评估者需要在不同要素后对应填写对被评估者的评语，并统计出领导力的平均分值。

表3-4 领导力考核评估表

评估要素	评分标准	分值	评估得分	评语
企业文化与价值观	清楚企业文化与价值观的核心内容，总能践行企业文化与价值观并主动影响身边的同事，主动牵引把企业文化与价值观融入干部考核、员工绩效评定等流程中	5分		
	清楚企业文化与价值观的核心内容，在工作中个人总能践行企业文化与价值观，在各种场合也能主动影响身边的同事践行企业文化与价值观	4分		
	清楚企业文化与价值观的核心内容，在工作中个人基本上能践行企业文化与价值观	3分		
	基本清楚企业文化与价值观的核心内容，在工作中个人有时能践行企业文化与价值观	2分		
	不清楚企业文化与价值观的核心内容，或者不太认可企业文化与价值观	1分		
干部与领导力	总能独立或指导他人营造积极的团队氛围，推动团队做出承诺并采取行动来达成团队目标	5分		
	除了以身作则影响团队/身边的同事，有时还能主动指导他人营造积极的团队氛围，推动团队达成团队目标	4分		
	总能以身作则并主动通过影响团队/身边的同事来达成团队目标	3分		
	有时能通过影响团队/身边的同事来达成团队目标，但这只是偶然性的，缺乏持续性	2分		
	基本没有体现出通过影响团队/身边的同事来达成团队目标的思想或实践	1分		
领导力技能	在团队内营造出相互信任、公平公正、积极向上的氛围，受到团队成员的尊重和认可	5分		
	已经在团队内营造出较为信任、公平公正、积极向上的氛围	4分		
	通过有效的团队沟通，团队氛围较为轻松、活跃	3分		
	有做团队沟通，但效果不太好，团队氛围一般	2分		
	没有体现出有效的团队沟通，团队内不透明，气氛有点压抑	1分		
管理变革	理解企业的变革，表现出热情的支持态度，不仅主动参与到变革中，还主动动员团队成员积极参与变革	5分		
	理解企业的变革，表现出热情的支持态度，个人主动参与到变革中	4分		
	理解企业的变革，表现出支持的态度，但并没有很多实践或实际的参与	3分		
	理解企业的变革，不过对变革项目没有体现出明显的支持	2分		
	对企业的变革项目基本说不太清楚，或者明显持抵触的态度	1分		

续表

评估要素	评分标准	分值	评估得分	评语
数字化转型	对数字化转型能带来的价值非常清楚，主动引领企业或部门的数字化转型	5分		
	对数字化转型能带来的价值有比较清楚的认知，热情支持数字化转型，在工作中有一些实践	4分		
	对数字化转型能带来的价值有比较清楚的认知，对数字化转型比较支持，但在工作中实践比较少	3分		
	基本清楚数字化转型能带来的价值，但在工作中并没有什么实践	2分		
	不清楚数字化转型能带来的价值	1分		
领导力的平均分值				

【咨询案例】A公司成员领导力画像

2022年9月，笔者及其团队对A公司开展了组织能力胜任度评估，其中关于领导力的评估结果如下（见图3-5）。

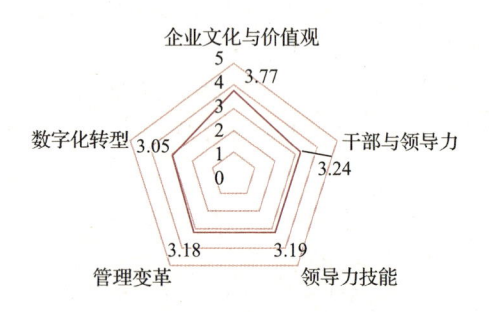

图3-5 A公司成员领导力画像

企业文化与价值观（团队平均分3.77分）：A公司的多数主管能够适应企业文化，且高度认可公司的核心价值观，愿意和公司一起奋斗。

干部与领导力（团队平均分3.24分）：多数主管有业务成功和团队管理的经验，有意愿和热情带领团队达成工作目标。

领导力技能（团队平均分3.19分）：多数主管能够做好上下沟通的桥梁，团队氛围融洽，团队内部有信任感，但整个团队还未形成合力，未做到令出一孔，力出一孔，利出一孔。

管理变革（团队平均分3.18分）：多数主管拥护公司的管理变革，认识到新业务变革的必要性，也支持公司在业务转型中变革，但并不熟悉如何落地。

数字化转型（团队平均分 3.05 分）：多数主管认识到数字化及数字化转型的重要性，部分主管清楚自己领域对数字化的需求，但在实际工作中有实践经验的人很少。

通过诊断与分析可见，A 公司的主管在领导力维度上，企业文化与价值观的得分最高，干部与领导力的得分一般，领导力技能、管理变革和数字化转型的得分较低，说明 A 公司的主管有业务成功的意愿，但在管理变革和数字化提升方面欠缺经验。

良好的领导力是为企业创造价值的重要推动力，企业要对全体员工进行领导力评估，以发掘优秀的领导人才，与其共同奋斗，成就非凡事业。

3.3.2　战略力：理方向、定节奏、设业务、筑优势

领导者的战略力决定了企业的经营水平，会对企业的长远发展产生重要影响。SDBE 六力模型认为，战略力是指对市场环境内重大事件发展走向的认知能力，是对趋势性风险和机会进行预判的能力。

战略力是战略决策、洞察和设计的基础，体现了领导者的认知。战略力的评估包括是否熟悉战略框架，是否做过价值洞察，是否参与或理解企业的战略构想，是否参与或理解企业的创新组合设计，是否参与或理解企业的商业设计（见表3-5）。

表3-5　战略力的评估要素及行为定义

评估要素	行为定义
战略框架	作为干部，熟悉企业整体的战略目标和框架体系，并系统地理解各个方面，能够看清方向并指导下属推动工作稳步开展。 作为基层员工，熟悉企业及部门的战略大方向，并协助部门领导共同推动战略目标落地
价值洞察	作为干部，熟悉价值洞察的方法和工具，会运用该方法和工具在所属领域以"五看四定"对价值主张进行详细阐述，组织输出价值洞察报告，并指导他人完成此项工作。 作为基层员工，能够有意识地根据相关理念/维度理解所开展的业务，并得出一些能指导自身工作的思路和方向
战略构想	作为干部，熟悉战略构想的内容，能够从价值洞察的发现中系统地描述企业的愿景、使命、战略目标和阶段里程碑。 作为基层员工，能够理解企业的愿景、使命、战略目标和阶段里程碑
创新组合	作为干部，熟悉常见的创新组合方式，有在工作中尝试采用一定程度的创新组合来应对竞争或提升自身的竞争力。 作为基层员工，能够理解企业的创新组合及其竞争力

续表

评估要素	行为定义
商业设计	作为干部，熟悉商业设计的基本模型和系统架构，可独立或指导他人进行商业设计。 作为基层员工，能够理解企业商业设计的主要内容（用户选择、价值主张、盈利模式等）

在评估环节，评估者可围绕战略力的五个评估要素对被评估者实施访谈，访谈时的提问应层层递进。比如，企业今年的战略重点是什么？你认为在制定战略时要考虑哪些因素？你是否参与或主导过团队的战略制定，当时的情形是怎样的？战略制定后，你是如何推进落实团队的战略目标的……

访谈结束后，评估者要根据从被评估者所描述的事例中提炼出来的有效信息，对其进行打分（1～5分），具体评分标准如表3-6所示。同时，评估者需要在不同要素后对应填写对被评估者的评语，并统计出战略力的平均分值。

表3-6　战略力考核评估表

评估要素	评分标准	分值	评估得分	评语
战略框架	深度参与或主导了战略制定过程，并指导团队稳步落实战略目标	5分		
	作为干部，参与了战略制定过程，清楚战略制定的框架体系，非常熟悉企业或部门的战略；作为基层员工，非常熟悉企业或部门的战略，并协助部门领导共同推动战略目标落地	4分		
	作为干部，虽然没有参与企业或部门的战略制定，但非常清楚企业或部门的战略，也对战略制定的方法有一些了解；作为基层员工，对企业或部门的战略比较清楚	3分		
	作为干部，没有参与企业或部门的战略制定，比较清楚企业或部门的战略；作为基层员工，基本说得清楚企业或部门的战略	2分		
	没有参与企业或部门的战略制定，也说不太清楚企业或部门的战略	1分		
价值洞察	深度参与或主导了本领域的价值洞察或市场分析过程，曾指导团队进行相关策略的分析并推动落实	5分		
	非常清楚价值洞察的方法和工具，或者在本领域进行市场分析的方法，做过比较多或比较深入的实践	4分		
	比较清楚价值洞察的方法和工具，或者在本领域进行市场分析的方法，但只做过有限的实践	3分		
	大致清楚价值洞察的方法和工具（以"五看四定"为参考），大致清楚在本领域是如何做市场分析的，但没有实践过	2分		
	不太清楚价值洞察的方法和工具，也不太清楚在本领域是如何做市场分析的	1分		

续表

评估要素	评分标准	分值	评估得分	评语
战略构想	深度参与或主导了战略构想	5分		
	有参与战略构想，很清楚企业的愿景、使命、战略目标和阶段里程碑	4分		
	没有参与战略构想，不过能够较清楚地描述企业的愿景、使命、战略目标和阶段里程碑	3分		
	没有参与战略构想，大致能说得清楚	2分		
	没有参与战略构想，也说不太清楚	1分		
创新组合	深度参与或主导了创新组合设计	5分		
	有参与创新组合设计，很清楚企业或部门的创新组合及其竞争力	4分		
	没有参与创新组合设计，不过较清楚企业或部门的创新组合及其竞争力	3分		
	没有参与创新组合设计，大致清楚企业或部门的创新组合及其竞争力	2分		
	没有参与创新组合设计，也说不太清楚企业或部门的创新组合及其竞争力	1分		
商业设计	深度参与或主导了商业设计	5分		
	有参与商业设计，很清楚企业或部门的商业设计内容	4分		
	没有参与商业设计，不过较清楚企业或部门的商业设计内容	3分		
	没有参与商业设计，大致清楚企业或部门的商业设计内容	2分		
	没有参与商业设计，也说不太清楚企业或部门的商业设计内容	1分		
战略力的平均分值				

【咨询案例】A公司成员战略力画像

在笔者及其团队对 A 公司开展的组织能力胜任度评估中，关于战略力的评估结果如下（见图3-6）。

战略框架（团队平均分2.96分）：总体较弱，只有中高层主管才清楚战略框架，参与或了解战略制定过程，但思考也不太全面；而基层员工以执行为主，基本不了解战略规划的方法论。

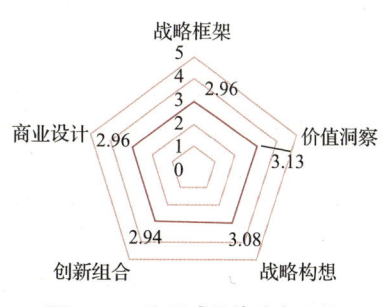

图3-6 A公司成员战略力画像

价值洞察（团队平均分3.13分）：得分不高，但在战略力中最高，大部分主管和员工对其行业的发展有一定的认识，能看到一些大致的趋势和零星的机会，但无法为业务选择提供较为全面的信息。

战略构想（团队平均分3.08分）：总体偏弱，核心骨干有参与企业的愿景、使命、战略目标和阶段里程碑的讨论,但战略构想描绘不够具体;多数员工并不清楚事业部的战略构想,更不具备进行战略构想的能力。

创新组合(团队平均分 2.94 分):总体较弱,几个新业务都是后进入者,对创新的要求更高,多数主管目前还处于积累经验的阶段,创新能力还有较大的提升空间。

商业设计(团队平均分 2.96 分):总体较弱,中高层主管在商业设计方面有思考,但不够系统,商业设计六要素考虑不齐全;多数骨干对商业设计没接触,不清楚。

通过诊断与分析可见,A 公司战略力的总体得分不高,尤其是创新组合的得分最低,意味着主管对创新的思考比较欠缺,创新能力还有较大的提升空间。

战略力的缺乏和弱化必然导致决策的失误与方向的偏离,致使企业失去市场先机。因此,战略力是领导者必备的能力,能够将人们带到没想到但应该去的地方。

3.3.3 洞察力:看趋势、找差距、识价值、积经验

什么是洞察力?在 SDBE 六力模型中,洞察力是指企业深刻洞察行业内领先标杆及行业整体发展趋势,从而制定发展路径,把握市场节奏和风险的能力。领导者想要在激烈的行业竞争中获胜,必须依靠敏锐的洞察力。

洞察力是一种认知,洞察力的评估包括能否找到与标杆对象之间的差距,能否顺应本行业或领域的发展趋势,能否洞察客户需求,能否深入了解竞争对手,能否把知识和经验积累起来持续改进(见表 3-7)。

表3-7 洞察力的评估要素及行为定义

评估要素	行为定义
标杆管理	能够基于所在岗位/区域,知道学习的标杆对象(包括行业、部门等标杆)是谁,对标杆对象有比较清楚的认识和分析,并能通过标杆管理相关方法论分析出自己或本部门与标杆对象的差距,并提出改进方法
技术洞察	作为干部,熟悉数字化技术在本行业或领域的发展趋势,能够前瞻性地将数字化技术应用到本业务领域的流程中。 作为基层员工,了解数字化技术在本行业或领域的发展趋势
客户洞察	作为业务条线的干部或员工,熟悉客户洞察的方法论,可独立或指导他人运用客户洞察的手段,把客户的规划或需求转变成企业的销售或服务。 作为其他员工,在工作中有把内外部客户的规划或需求转变成自己的服务内容的方法和实践

续表

评估要素	行为定义
竞争洞察	各级干部和员工能基于领域/产品/区域识别主要竞争对手,描述竞争对手的优势和劣势,评估竞争对手的战略选择,并预测竞争对手在短期、中期和长期内分别会做什么
知识管理	能认识知识管理的作用和价值,熟悉知识资产的管理办法(如知识的获取、分析、积累,以及知识传播的特性),能够在工作中将知识资产与组织能力建设结合起来,有意识地推进包括知识平台在内的知识管理建设,将相关知识集成在业务流程中并固化在IT系统里面,并在组织中形成生态循环

围绕洞察力的五个评估要素,评估者可对被评估者进行访谈,访谈内容诸如:同行业的先进企业有哪些?它们的优劣势有哪些?本企业与对标企业最大的差距是什么?你采取了哪些措施推动团队学习对方的优点……

访谈结束后,评估者对被评估者过去发生的关键事例进行打分(1～5分),具体评分标准如表3-8所示。同时,评估者需要在不同要素后对应填写对被评估者的评语,并统计出洞察力的平均分值。

表3-8 洞察力考核评估表

评估要素	评分标准	分值	评估得分	评语
标杆管理	熟悉所在业务领域或区域的标杆对象及其优劣势,或者主导了标杆对象管理,识别出需要学习的优势,并组织了内部改进	5分		
	熟悉所在业务领域或区域的标杆对象及其优劣势,识别出需要学习的优势,但还没有组织改进	4分		
	熟悉所在业务领域或区域的标杆对象,比较清楚对方的优势,但还不知道怎样学习	3分		
	基本清楚所在业务领域或区域的标杆对象,但需要学习对方哪些优势说不太清楚	2分		
	不太清楚所在业务领域或区域的标杆对象	1分		
技术洞察	主导了所在业务领域或区域的技术发展趋势研究与分析,对当前行业应用情况了如指掌,在本领域已开始进行相关尝试或实践	5分		
	熟悉所在业务领域或区域的技术发展趋势,对当前行业应用情况比较清楚,在本领域已开始进行相关尝试或实践	4分		
	熟悉所在业务领域或区域的技术发展趋势,对当前行业应用情况比较清楚,在本领域还没有进行相关尝试或实践	3分		
	能说得上一些所在业务领域或区域的技术发展趋势	2分		
	不太清楚所在业务领域或区域的技术发展趋势	1分		

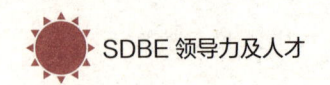

续表

评估要素	评分标准	分值	评估得分	评语
客户洞察	会主动搜集、分析对方的规划或需求，主动牵引内部的规划，把客户的规划或需求转变成企业的销售或服务	5分		
	会主动搜集、分析对方的规划或需求，不过并没有很好地应用到内部的规划中，对销售或服务的帮助还比较有限	4分		
	会听取对方的需求，并反馈给内部，做一些分析后能满足对方的部分需求	3分		
	会听取对方的需求，并反馈给内部，不过基本上还是有什么给什么	2分		
	没有客户洞察，自己有什么就给对方什么	1分		
竞争洞察	熟悉所在业务领域或区域的主要竞争对手，或者主导了竞争对手分析，比较清楚对方的优势，对对方接下来如何应对我们的竞争也比较清楚	5分		
	熟悉所在业务领域或区域的主要竞争对手，比较清楚对方的优势，并对对方接下来如何应对我们的竞争有一些想法	4分		
	熟悉所在业务领域或区域的主要竞争对手，比较清楚对方的优势，还没想过或想不出对方会采取哪些措施来应对我们的竞争	3分		
	基本清楚所在业务领域或区域的主要竞争对手，但不太能说得清楚彼此的优劣势	2分		
	不太清楚所在业务领域或区域的主要竞争对手	1分		
知识管理	认为知识管理非常重要，对现状认识也很清楚，采取有组织、系统的方法推进知识管理	5分		
	认为知识管理非常重要，对现状认识也很清楚，有采取一些措施推进知识管理	4分		
	认为知识管理非常重要，对现状认识也比较清楚，不过对推进知识管理的贡献有限	3分		
	认为知识管理比较重要，基本说得清楚现状，不过对推进知识管理没什么贡献	2分		
	基本没有表现出认识到知识管理的重要性	1分		
洞察力的平均分值				

【咨询案例】A 公司成员洞察力画像

在笔者及其团队对 A 公司开展的组织能力胜任度评估中，关于洞察力的评估结果如下（见图 3-7）。

标杆管理（团队平均分 3.15 分）：得分不高，大部分主管对行业标杆有一定了解，但获取的信息及思考碎片化，不清楚标杆对象背后的能力支撑因素，缺乏系统的对标方法论和实践。

技术洞察（团队平均分3.27分）：得分在洞察力中最高，大部分主管和骨干对新业务的技术底层逻辑及发展趋势有所了解，但对各行业需要的技术积累还不够，需要加强学习。

客户洞察（团队平均分3.10分）：得分不高，多数主管与客户接触少，客户信息主要通过销售人员和对口一线的研发人员获取，客户洞察不够深入。

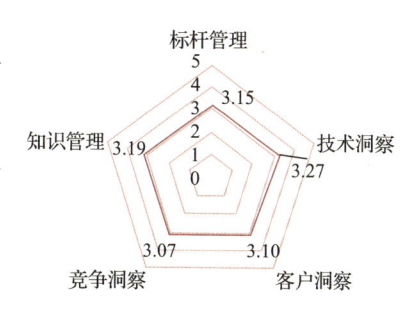

图3-7 A公司成员洞察力画像

竞争洞察（团队平均分3.07分）：整体偏弱，部分主管（销售人员、研发人员）有一定的竞争意识，但还没有形成系统的竞争对手分析方法，也没有形成系统的竞争对手分析报告。还有部分主管对竞争对手了解很少。

知识管理（团队平均分3.19分）：大部分主管能认识到知识管理的重要性，但知识的积累和分享缺乏高效的手段，多数能力位于个别人身上。

通过诊断与分析可见，A公司的主管在标杆、技术、客户、竞争等方面有一定的理解，但不够深入，竞争洞察能力有很大的提升空间。

在战略目标的制定过程中，洞察力起到了关键作用：明确行业发展趋势与市场变化，确定产品发展方向与客户服务范围，抢占竞争制高点。企业的每一场变革与创新都是对领导者洞察力的检验。

3.3.4 运营力：解战略、控质量、优流程、管项目

运营是对运营过程的计划、组织、实施和控制，常说的运营管理是指对生产和提供企业主要产品或服务的系统进行设计、运行、评价和改进的管理工作，包括战略运营管理、人力资源运营管理、市场营销运营管理、生产运营管理等多种职能类型。

运营力是通过不断实践、学习和知识积累而形成的一种经验。运营力的评估包括能否进行战略解码以分解目标，能否把质量管理融入工作流程中，能否遵循并优化流程，能否管好项目，能否做好运营（见表3-9）。

表3-9　运营力的评估要素及行为定义

评估要素	行为定义
战略解码	作为干部，熟练使用诸如 BSC、TOPN 等常见的战略解码方法，能够运用这些方法进行战略解码，输出相应的目标分解任务清单和 KPI（关键绩效指标），并落实到责任主体。
	作为基层员工，能够理解任务清单和 KPI 与部门/企业目标的衔接关系
质量管理	作为干部，有强烈的质量意识，熟悉企业的质量方针、目标和职责，能够独立或指导他人策划质量目标，制定质量措施，并把质量措施融合到各流程节点中，达成符合客户要求的目标结果。
	作为基层员工，能够主动将企业的质量管理方法与标准应用到工作中，达成符合客户要求的目标结果
流程管理	作为干部，熟悉基本流程，有流程意识，知道干部是流程的第一责任人，能够在流程的指导下进行高绩效运营，能够独立或指导他人持续优化流程，降低运作成本。
	作为基层员工，能够理解并遵循企业的业务流程，在流程的指导下高效地开展工作
项目管理	熟悉项目管理的关键要素（范围、时间、成本、质量、风险等），计划性强，勇于承担责任，能够灵活调动周边一切可调动的资源，抓大放小，把握部门工作或自己工作的重点
卓越运营	作为干部，能够对企业或所属部门的业务和流程进行系统的运营管理，并形成战略运营闭环。
	作为基层员工，对自己所属岗位及部门的业务和流程运营的整体管理情况比较了解，愿意配合，懂得战略运营闭环管理机制

围绕运营力的五个评估要素，评估者可对被评估者进行访谈，访谈时要有目的、有技巧地进行提问。比如，针对流程管理这一评估要素，可以提问：你的日常工作流程是怎样的？你在执行现有的工作流程时遇到过什么问题？对于这些问题是如何解决的？其他人在进行流程优化时有向你求助过吗？当时的情形和最后的结果是怎样的……通过提问诸如此类的问题，挖掘出想要的深度信息。

访谈结束后，评估者对这些信息进行分析与处理，并根据表3-10中的评分标准进行打分（1～5分），同时在不同要素后对应填写对被评估者的评语，并统计出运营力的平均分值。

表3-10　运营力考核评估表

评估要素	评分标准	分值	评估得分	评语
战略解码	熟悉 BSC、TOPN 等常见的战略解码方法，深度参与或主导了企业的战略解码过程，并主持了本部门的目标分解过程	5分		
	熟悉 BSC、TOPN 等常见的战略解码方法，参与了企业的战略解码过程，深度参与或主导了本部门的目标分解过程，很清楚这些工作任务和指标与企业战略和目标之间的关系	4分		

续表

评估要素	评分标准	分值	评估得分	评语
战略解码	了解BSC、TOPN等常见的战略解码方法，参与了本部门的目标分解过程，比较清楚这些工作任务和指标与企业战略和目标之间的关系	3分		
	比较清楚部门与自己的主要工作任务和KPI，主要工作任务和KPI是通过上级分解下来的，没有参与分解过程，大致了解这些工作任务和指标与企业战略和目标之间的关系	2分		
	基本清楚部门与自己的主要工作任务和KPI，但不太清楚这些工作任务和指标与企业战略和目标之间的关系	1分		
质量管理	非常清楚企业对本领域的一些质量管理要求，能够结合本领域的工作情况，独立或指导他人策划质量目标，制定质量措施，并把质量措施融合到各流程节点中，达成符合客户要求的目标结果	5分		
	非常清楚企业对本领域的一些质量管理要求，这些质量管理要求和措施大都落实到了工作的各个环节中，并能对一些不足之处提出优化意见和建议	4分		
	非常清楚企业对本领域的一些质量管理要求，这些质量管理要求和措施大都落实到了工作的各个环节中	3分		
	比较清楚企业对本领域的一些质量管理要求，也参与了本领域的一些质量管理实践	2分		
	基本清楚企业对本领域的一些质量管理要求，本领域的质量管理实践有限	1分		
流程管理	非常熟悉并理解所在工作的流程指引，除应用于工作中外，还能独立或指导他人持续优化流程	5分		
	非常熟悉并理解所在工作的流程指引，能够按照流程指引来工作，对存在的偏差会提出优化意见和建议，并持续跟进	4分		
	熟悉并理解所在工作的流程指引，能够按照流程指引来工作，对存在的偏差能够自己灵活处理，不过一般不会提出优化意见和建议	3分		
	比较熟悉并理解所在工作的流程指引，基本能够按照流程指引来工作	2分		
	基本熟悉并理解所在工作的流程指引，不过大都没有按照流程指引来工作	1分		
项目管理	清楚重点工作，明确按照项目管理的方式运作，已经形成例行机制对项目进行全方位的审视和回顾，并进行相应的调整和改进	5分		
	清楚重点工作，明确按照项目管理的方式运作，已经形成例行机制对项目的关键要素进行审视和回顾	4分		
	清楚重点工作，大致按照项目管理的方式运作，会定期对一些关键要素进行审视和回顾	3分		

续表

评估要素	评分标准	分值	评估得分	评语
项目管理	基本清楚重点工作,有一定的项目管理意识,会关注项目管理的一些关键要素,有时候会进行审视和回顾	2分		
	没有重点区分,也没有太多项目管理意识	1分		
卓越运营	已经建立了分层的例会或不定期的会议机制,对不同的问题进行讨论和跟进,闭环、高效	5分		
	已经建立了分层的例会或不定期的会议机制,对不同的问题进行讨论和跟进,但落实还有待改进和优化	4分		
	已经建立了例行的会议机制,不过内容比较杂,效果不太好。对个人,基本上会定期向领导汇报进展或寻求帮助	3分		
	已经有相对确定的会议机制,但执行得不是很好。对个人,会不定期向领导汇报进展或寻求帮助	2分		
	目前还没有明确的会议机制,有事了就召集会议进行讨论和跟进。对个人,有事就找领导,没事不向领导汇报进展	1分		
运营力的平均分值				

【咨询案例】A公司成员运营力画像

在笔者及其团队对A公司开展的组织能力胜任度评估中,关于运营力的评估结果如下(见图3-8)。

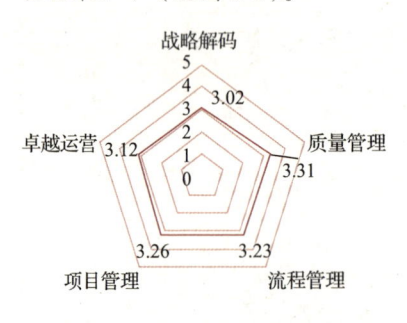

图3-8 A公司成员运营力画像

战略解码(团队平均分3.02分):部分主管有一定的战略解码能力,但具体指标的分解和目标之间的关联并不清晰,对于系统化的战略解码落地能力需要加强专项学习。

质量管理(团队平均分3.31分):得分在运营力中最高,有较好的质量体系,多数主管有较好的质量意识,但端到端质量保证的能力目前还有提升空间。

流程管理(团队平均分3.23分):得分较高,多数主管的流程意识较好,但结合新业务的端到端流程优化落地能力还有提升空间。

项目管理(团队平均分3.26分):大部分主管过去有项目运作经验和项目管理能力,但是目前面向终端的业务多变,要求主管具备更高效的项目迭代能力,其项目管理能力还有很大的提升空间。

卓越运营（团队平均分3.12分）：得分不高，多数主管还停留在大职能管理的方式中，各自做自己的本职工作，运营协同能力还比较欠缺，运营效率较低。

将以上五个评估要素进行对比分析后发现，A公司的战略解码和卓越运营得分较低，意味着从战略到解码的过程不清晰，业务失焦，团队资源耗散导致运营效率偏低；质量管理的得分较高，意味着主管有较好的质量意识。

运营力是解战略、控质量、优流程、管项目的能力，是领导者必备的能力。运营力强的领导者能使企业高效运营，在商业竞争中获得巨大的效率优势。

3.3.5　执行力：明职责、掌技能、熟流程、善攻坚

在SDBE六力模型中，执行力是指高效实现组织战略、达成组织目标的能力，是组织战略成功的关键，也是企业竞争力的直接体现。组织的执行力与企业员工的个人执行力密切相关。在个人目标与组织目标一致的情况下，如果个人的执行力强，组织的执行力就可以得到很好的强化；如果个人的执行力弱，则势必会影响和制约组织的执行力。

因此，执行力的评估包括员工对岗位是否有清楚的认知，是否具备岗位所需的知识、技能和经验，对工作流程的熟悉程度，能否解决复杂问题，是否在工作中具备创新性思维和方法（见表3-11）。

表3-11　执行力的评估要素及行为定义

评估要素	行为定义
岗位认知	清楚所在岗位的各项职责，清楚本岗位短期和中长期的工作目标与重点任务
知识技能	具备岗位所需的专业知识、技能和经验，甚至是跨领域的相关知识、技能和经验，并在工作实践中灵活应用
工作流程	熟悉本岗位或领域的业务流程及上下游环节/接口，能够顺利按照流程完成相关工作
攻坚克难	作为主管，面对疑难的复杂问题或偶发例外事项，能够抓住重点，协调一切资源及时解决问题。 作为专家，具备深厚的领域知识，能够识别疑难问题的根因，快速解决问题
业务创新	在工作中勇于提出有创意的解决方案，尝试用新的方式、方法解决工作问题，实现企业价值最大化

围绕执行力的五个评估要素，评估者可对其本人、上级和下属等进行访谈，了解其在日常工作中的行为表现，访谈的问题诸如：你推行过哪些创新性管理方法？当时的具体情形是怎样的？在过去，你为团队或针对自身的工作提出了哪些

建议，是否被采纳……

评估者在对访谈结果中的关键行为进行分解后，应根据表3-12中的具体评分标准对被评估者进行打分（1～5分），而不是给出"岗位认知较好""工作流程较熟悉"这种模棱两可的描述。同时，评估者需要在不同要素后对应填写对被评估者的评语，并统计出执行力的平均分值。

表3-12 执行力考核评估表

评估要素	评分标准	分值	评估得分	评语
岗位认知	深度参与或主导了岗位职责设计，以及对目标和重点任务的确定	5分		
	熟悉当前岗位职责，对短期和中长期的工作目标与重点任务认识较好，明显体现出对工作目标与重点任务的重视，投入了更多的资源/精力	4分		
	熟悉当前岗位职责，但对短期和中长期的工作目标与重点任务认识一般，没有明显体现出对工作目标与重点任务的重视，没有投入更多的资源/精力	3分		
	基本说得清楚岗位职责，对短期和中长期的工作目标与重点任务也基本清楚	2分		
	基本说得清楚岗位职责，但对短期和中长期的工作目标与重点任务说不太清楚	1分		
知识技能	熟悉对应岗位员工的素质要求，在本领域有不少于8年的积累和经验，对相关的专业知识、技能的掌握达到专业级，在上下游领域也有丰富的经验积累	5分		
	熟悉对应岗位员工的素质要求，在本领域有5年以上的积累和经验，精通相关的专业知识、技能，也有一些上下游领域的经验积累	4分		
	比较清楚对应岗位员工的素质要求，在本领域有2年以上的积累和经验，熟悉相关的专业知识、技能	3分		
	基本清楚对应岗位员工的素质要求，在本领域只有1年左右的积累和经验，对相关的专业知识、技能掌握还不太够	2分		
	不太能说得清楚对应岗位员工的素质要求，或者明显不太全面	1分		
工作流程	非常熟悉所在岗位的工作流程及与周边部门的接口，还能独立或指导他人持续优化相关业务流程	5分		
	熟悉所在岗位的工作流程及与周边部门的接口，也知道如何灵活处理流程没有兼顾或不匹配的例外情况	4分		
	熟悉所在岗位的工作流程及与周边部门的接口	3分		
	基本清楚所在岗位的工作流程，也大致了解需要与周边哪些部门对接	2分		
	不太清楚所在岗位的工作流程	1分		

续表

评估要素	评分标准	分值	评估得分	评语
攻坚克难	经常负责解决企业或部门的疑难问题，绝大多数问题都得到及时解决，效果较好	5分		
	负责过企业或部门疑难问题的解决，多数问题得到及时解决，效果较好	4分		
	遇到一般疑难问题可以自己解决，特殊疑难问题在他人的协助下也可以及时解决	3分		
	遇到疑难问题一般向上求助，在大家的努力下解决	2分		
	基本没有解决过疑难问题	1分		
业务创新	总是有尝试，其中多数收到不错的效果	5分		
	有一些尝试，其中有一些收到不错的效果	4分		
	偶尔尝试过一些新的方式、方法	3分		
	偶尔尝试提过一些，不过没有得到采纳	2分		
	基本没有尝试过	1分		
执行力的平均分值				

【咨询案例】A 公司成员执行力画像

在笔者及其团队对 A 公司开展的组织能力胜任度评估中，关于执行力的评估结果如下（见图 3-9）。

岗位认知（团队平均分 3.53 分）：多数主管清楚所在岗位的职责及工作的重点，但对中长期目标的重视程度还有提升空间。

知识技能（团队平均分 3.54 分）：多数主管具备岗位所需的知识和技能，部分关键岗位由于人员变更，新上岗的主管还在积累经验和技能。

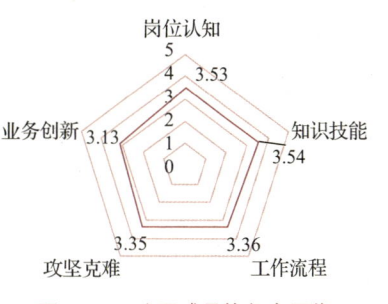

图 3-9 A 公司成员执行力画像

工作流程（团队平均分 3.36 分）：多数主管清楚自己岗位的工作流程，能与上下游做好配合，但端到端拉通的能力还比较欠缺。

攻坚克难（团队平均分 3.35 分）：整体有一定的攻坚克难能力，在目标清晰的情况下解决问题快，但对于目标不太明确，或者探索性问题的解决能力还有待提升。

业务创新（团队平均分 3.13 分）：整体偏弱，多数主管与客户接触少，客户和竞争对手的信息来自销售人员和前端研发人员，导致创新方向不明确，创新动力不足。

由此可见，A 公司的成员岗位认知、知识技能、工作流程、攻坚克难的得分较高，业务创新的得分一般，意味着创新能力不足。

执行力是每位员工必备的基础能力，其中包括研发创新、品牌营销、采购供应、服务与制造、财经与风控等各种专业人员必须具备的技能，是员工开展工作的必备条件。组织的执行力反映了组织的整体素质。

3.3.6 协同力：强组织、管人才、促绩效、明激励

在 SDBE 六力模型中，协同力是指组织成员相互协调共同完成某一目标的能力。在相同的条件下，组织成员协同合作所创造的价值往往远大于他们独立、分散所能创造的价值之和。协同合作也是组织成员达成组织目标的必经之路。

效率来自协同而非分工，企业可以从人才、组织、绩效、激励四个方面着手，采取相应的管理措施牵引员工协同合作，以提高团队的工作效率。协同力的评估包括企业干部能否管理好员工，能否拥抱组织变革，能否做好绩效管理、目标管理，能否利用薪酬激励团结多数员工（见表 3-13）。

表3-13 协同力的评估要素及行为定义

评估要素	行为定义
HR 管理	熟悉企业的人力资源管理政策和流程。 作为干部，清楚自己在人力资源管理方面的定位，能够在企业人力资源管理政策和授权范围内做好人才的"选、用、育、留、管"。 作为 HR 工作者，能够协助业务部门和干部实现从业务目标到人力资源需求的转化，从而制定相应的人力资源解决方案并执行。 作为基层员工，坚持按标准、制度工作，不弄虚作假，可以及时采取正确的行动，工作态度积极，不漠视纵容、不包庇，并且能重视、包容其他人的意见
组织变革	作为干部，清晰所在组织的发展方向、定位，对本组织和岗位的职责有清晰的认识，能够认清组织变革的方向，对组织变革持积极态度，能够拥抱或推动组织变革
绩效管理	认可企业对本岗位的工作职责、工作绩效的衡量方法，工作积极主动，以结果为导向，勇于承认绩效结果并主动改进，懂得总结经验
目标管理	有目标管理意识，知道自己要实现的目标在哪里，有阶段性的工作目标计划，并能够根据设定的计划践行自己的工作
薪酬激励	作为干部或 HR 工作者，能够掌握薪酬福利方案设计的逻辑思维、工具和基本技巧，能够根据不同部门的特点，主动设计本部门的薪酬福利方案并执行

在开展访谈前，评估者可针对不同的评估人群，提前列出涵盖这五个评估要素的访谈提纲。例如，针对干部的访谈提纲可以是：你以前是通过什么渠道和方

式了解企业的人力资源政策的？请举例具体说明，在工作中用到了哪些政策呢？有和人力资源部一起协商制定过相关政策吗？当时的情况是怎样的？这项政策是否落地实施了……要注意的是，评估者访谈的是被评估者过去已经发生的行为事件，而非未来的计划。

访谈完毕后，评估者对收集的行为事件进行处理与分析，然后根据表3-14中的评分标准进行打分（1～5分）和填写评语，并统计出协同力的平均分值。

表3-14 协同力考核评估表

评估要素	评分标准	分值	评估得分	评语
HR管理	对企业的人力资源政策和流程有深入理解，对如何将其应用到部门人力资源管理中也比较有经验，还能结合本部门的实际情况，与人力资源部协商制定相应的政策并落地	5分		
	对企业的人力资源政策和流程比较熟悉，对如何将其应用到部门人力资源管理中也比较有经验	4分		
	对企业的人力资源政策和流程比较熟悉，能将其应用到部门人力资源管理中，但还需要一些辅导与支持；个人积极支持企业的相关政策	3分		
	对企业的人力资源政策和流程比较熟悉，不过还没有将其应用到部门人力资源管理中；个人基本没有违反相关政策的情况	2分		
	对企业的人力资源政策和流程不太熟悉；个人时有违反相关政策的情况	1分		
组织变革	结合企业的战略方向，主动推动组织变革	5分		
	主动拥抱变革，能够结合企业的战略方向，明确所在组织的发展方向和定位，并进行相应的调整和优化	4分		
	服从组织变革的安排，按照变革方向更新本组织的发展方向和定位	3分		
	对本组织的发展方向和定位有一些想法，不过与组织变革的思路不太一致	2分		
	对本组织的发展方向和定位不太清晰	1分		
绩效管理	熟悉绩效管理的相关设计原则和方法，深度参与或主导了本部门绩效管理方案的设计，对组织管理改进和员工工作改进起到了较好的作用，并对过程进行审视和优化	5分		
	很认可目前的绩效管理办法，对组织管理改进和员工工作改进起到了较好的作用	4分		
	较认可目前的绩效管理办法，对组织管理改进和员工工作改进起到了一些作用	3分		
	基本认可目前的绩效管理办法，不过应用效果还比较有限	2分		
	不太认可目前的绩效管理办法	1分		

续表

评估要素	评分标准	分值	评估得分	评语
目标管理	熟悉OKR相关设计原则和方法，深度参与或主导了本部门OKR管理的方案和目标制定，并对过程进行审视和优化	5分		
	有清晰的目标和计划，比较严格地执行并对过程进行审视和优化	4分		
	有一些目标，也有计划，不过没有严格执行或执行得一般	3分		
	有一些目标，但没有计划	2分		
	不太清楚目标，比较模糊	1分		
薪酬激励	熟悉企业的薪酬激励政策，掌握相关设计原则和方法，主动设计本部门的薪酬福利方案并执行	5分		
	熟悉企业的薪酬激励政策，掌握相关设计原则和方法，在人力资源部的协助下进行有针对性的方案设计	4分		
	熟悉企业的薪酬激励政策，了解相关设计原则和方法，在人力资源部的协助下进行有限的方案调整	3分		
	比较熟悉企业的薪酬激励政策，尽管认为政策与现状不是很匹配，但还是执行了	2分		
	对企业的薪酬激励政策不太熟悉	1分		
协同力的平均分值				

【咨询案例】A公司成员协同力画像

在笔者及其团队对A公司开展的组织能力胜任度评估中，关于协同力的评估结果如下（见图3-10）。

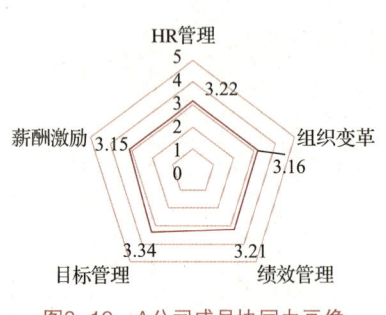

图3-10 A公司成员协同力画像

HR管理（团队平均分3.22分）：多数主管理解公司的人力资源政策，基本都在做人才梯队培养、基本的人员技能提升、企业文化与价值观宣导等工作，但也存在部分人才流失情况，在组织氛围建设方面还有提升空间。

组织变革（团队平均分3.16分）：多数主管能看到组织的一些不合理现象，但意识不到真正的问题，对组织变革的方法论不熟悉，缺乏实践。

绩效管理（团队平均分3.21分）：多数主管能理解公司的绩效考核制度，能按制度对下属进行考核，但提升组织及下属绩效的能力还有提升空间。

目标管理（团队平均分3.34分）：大部分主管的目标感较强，能把目标分解到责任人并定期跟踪，但在运营过程中的跟踪和辅导还有待加强，端到端的目标管理能力还有提升空间。

薪酬激励（团队平均分3.15分）：多数主管清楚公司的激励政策，认可公司当前大部分的激励机制；部分主管清楚新老业务之间的激励差距，能提出一些改进建议。

通过诊断与分析可见，A公司成员的目标管理得分最高，意味着多数主管有目标感和目标监控能力；组织变革的得分较低，意味着微观的个体关注比宏观的协同做得好，主管对组织间的协同思考还有所欠缺。

协同力意味着有技巧、有温度、有灰度的管理能力，能在企业中营造良好的组织氛围，使员工迸发出强大的创造力，让组织生机勃勃。

3.3.7　SDBE六力模型的综合分析

六力分析是在对组织员工能力评估之后进行的综合分析。对六力的分析主要包含两个维度。

一是意愿和认知（X）。该维度包括领导力、战略力和洞察力，这些能力体现了一个人的意愿和认知，可以看出一个人的发展潜力。该维度分值的计算方式如图3-11所示，即领导力、战略力和洞察力的分值分别为其对应的五个评估要素汇总后的平均分，意愿和认知（X）维度的分值则为领导力、战略力和洞察力汇总后的平均分。

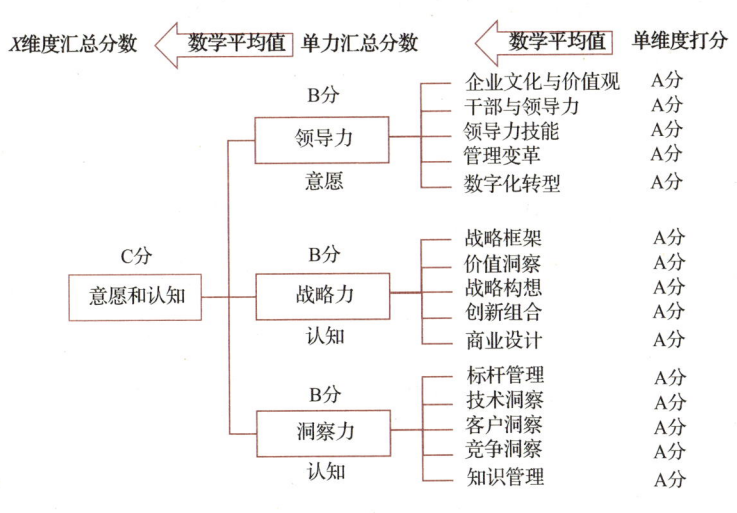

图3-11　意愿和认知（X）维度分值的计算方式

二是能力和经验（Y），又称专业和技能。该维度包括运营力、执行力和协同力，这些能力体现了一个人的能力和经验，可以看出一个人的工作能力。该维度分值的计算方式如图3-12所示，即运营力、执行力和协同力的分值分别为其对应的五个评估要素汇总后的平均分，能力和经验（Y）维度的分值则为运营力、执行力和协同力汇总后的平均分。

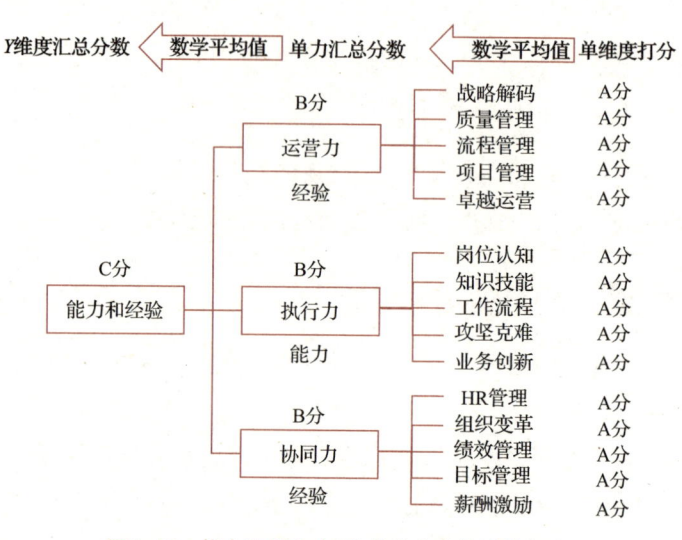

图3-12 能力和经验（Y）维度分值的计算方式

以意愿和认知为横轴，以能力和经验为纵轴的人员岗位胜任度四象限模型，将员工划分到四个不同的象限中（见图3-13），可以为组织发展和员工任用/发展提供指导。关于四象限的划分标准及发展建议如下。

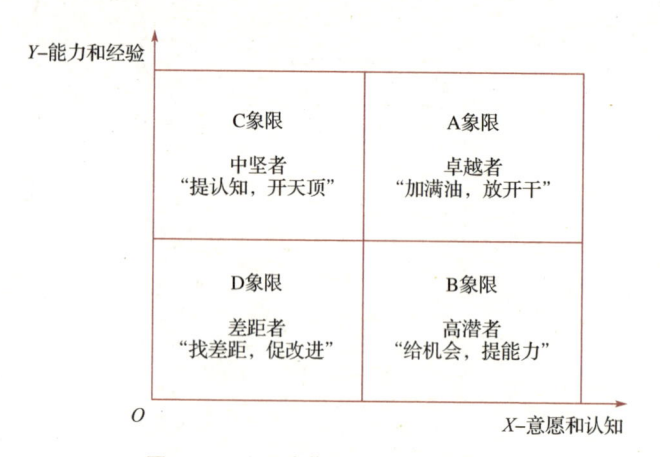

图3-13 人员岗位胜任度四象限模型

（1）A象限：高意愿和认知、强能力和经验的卓越员工（$3 \leq X \leq 5$，

$3 \leqslant Y \leqslant 5$），属于卓越者，要给其加满油，让其放开干。

（2）B象限：高意愿和认知、弱能力和经验的潜力员工（$3 \leqslant X \leqslant 5$，$1 \leqslant Y < 3$），属于高潜者，要给予其工作机会，提高其技术及岗位能力，使其逐步成为A象限员工。

（3）C象限：低意愿和认知、强能力和经验的审慎员工（$1 \leqslant X < 3$，$3 \leqslant Y \leqslant 5$），属于中坚者，要给予其锻炼机会，提升其认知水平，使其逐步成为A象限员工。

（4）D象限：低意愿和认知、弱能力和经验的待改进员工（$1 \leqslant X < 3$，$1 \leqslant Y < 3$），属于差距者，要帮助其找到差距，辅导其改进或提升。

根据员工在不同象限的分布比例，可以看出一家企业的组织能力。因为优秀的企业一定是由A/B/C象限占绝对主导地位的自驱型员工组成的。经过多年的实践验证，笔者及其团队发现卓越企业的员工在A/B/C象限的占比通常为80%~90%，且大部分骨干员工在X/Y两个维度的得分呈现双高的状态。

【咨询案例】A公司人员岗位胜任度评估结果及分析

笔者及其团队在对A公司六力的评估结果进行统计后得出，A公司全员意愿和认知（X）维度的平均分为3.15分，能力和经验（Y）维度的平均分为3.26分，整体属于技能较强、认知一般的胜任度模型。

根据人员岗位胜任度四象限模型的划分标准，笔者及其团队将A公司全员划分到四个象限中（见图3-14）。从图3-14中我们可以看到：A公司成员在A象限的占比为36%，意味着A公司对于实现战略目标有一定组织基础和能力基础，但在支撑挑战性战略目标的实现上的人才储备不足。

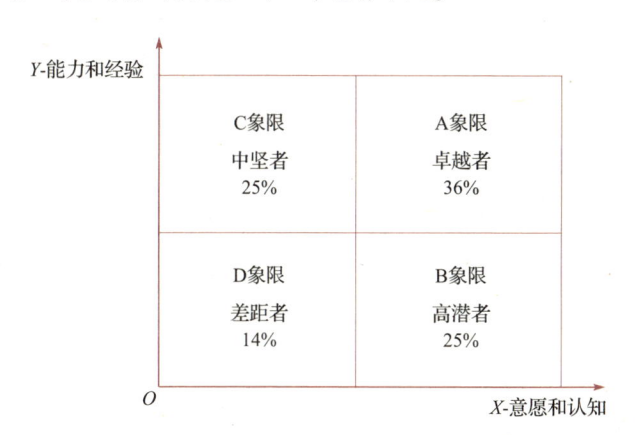

图3-14 A公司人员岗位胜任度四象限模型

同时，笔者在访谈中发现，A 公司大部分成员对公司战略和愿景的实现充满信心，但对战略和愿景的实现路径不清晰。

结合 A 公司的实际业务情况，笔者及其团队发现 A 公司在老的业务领域有深厚的技术储备，但在新的业务领域，目前的人才储备和胜任度不能完全匹配业务需求，需要尽快完善员工学习与发展通道，提高员工工作的胜任度。

组织能力是一个组织所发挥的整体战斗力，决定了团队能否支撑战略的实现与落地。因此，企业应定期开展组织能力胜任度评估，明确组织能力的发展方向，制定行之有效的发展措施，使组织充满活力与斗志。

阅读心得

第4章
一号位的个体修炼，从将兵到将帅

《史记·淮阴侯列传》中记载，汉高祖刘邦在与韩信评论手下各将领的才能时，问道："你看我能带多少兵？"韩信答："陛下不过能带10万人。"刘邦又问："你能带多少？"韩信答："多多益善。"刘邦又问："既然你的带兵能力比我强，为什么会为我所用呢？"韩信说："陛下，您和我不一样，我不过是善于将兵，您却善于将帅。"

经营企业好比打一场没有尽头的持久战，主将是团队的一号位，智、信、仁、勇、严，缺一不可。

千军易得，一将难求。企业各层级合格主将的缺乏，是无数企业发展和壮大乏力的最主要原因。笔者及其团队在延续了这一定位（智、信、仁、勇、严）的同时，为主将的这五项能力要素赋予了新的时代内容，因此开辟专门一章来进行详细论述。

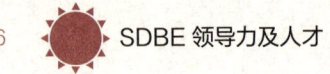

4.1　智：战略与业务管理的"智慧、权变和灰度"

为将之人，其智足以通权变，其谋足以衡灰度。

笔者认为，作为各级组织的一号位，领导者（主将）既要根据内外环境谋略全局，又要平衡管理中的灰度。

换句话讲，领导者既要能把握组织前进的方向，又要能把握组织前进的节奏，防范风险，还要综合能力强，没有突出短板，有勇有谋，敢打胜仗，能打胜仗。

4.1.1　仰望星空，寻找增长方向、机会和威胁

在《六韬》中，姜太公曾教导周文王，要警惕"七种坏人"，其中第一种"坏人"就是"无智略权谋的人"。因为这类人强勇轻战，轻视战略战术的运用，靠侥幸取胜而立功。

鉴古知今，在企业管理中也是如此。任正非要求，华为的高层干部要开放自己，主动与外界碰撞交流，拓宽视野，增长知识和见识，以保证方向大致正确。

2014年，任正非以"仰望星空，把握产业脉搏"为主题发表讲话。任正非指出，华为现在的高层干部要学会仰望星空，未来的石墨烯革命、量子革命、全光架构的系统等，华为都要去面对。只有开放自己，多走出去，多和专家"喝咖啡"，才能看清正确的方向，知道正确的理论，制定正确的战略。当然，方向只能大致正确，不可能完全正确。

目前华为还不够开放，没有仰望星空，没有足够的全球视野。如果华为的高层干部看不清世界的样子，就无法把握未来世界的发展机会，就容易被未来抛弃。

未来二三十年，世界会变成什么样子，华为不知道，苹果也不知道，谷歌也不会知道，但是苹果和谷歌的人借助开放平台，获得了全球视野去仰望星空，那就很厉害了。当然，不是说苹果和谷歌在未来一定会跑在前头，但是它们是最有可能跑在前头的。而华为呢？华为要赶上去才行，起码不能跑在后头。

任正非表示，华为的高层干部要有战略思维能力，要懂方向。他曾多次公开谈到，华为缺少战略家和思想家，因为大家都来自"上甘岭"，喜欢一手拿枪、一手握镐，都想有实权，不愿意"望星空"。但华为想要在全球的市场中运筹谋划，占据领先地位，就不能停留在英勇奋战的将兵层面，而是需要大智慧、大思路的将帅人物，需要能仰望星空的思想家，假设未来，唯有如此，才能立足于未来。

任正非说："我们很多干部都很忙，实际上大部分时间干的不一定是正确的事。大家累得很、忙得很，却不产生什么价值。怎么能当主管？我在英国代表处的讲话中讲，领导一定要抓住主要矛盾和矛盾的主要方面。领导要干什么？领导其实就是要抓住主要矛盾，抓住矛盾的主要方面，工作就是要找准方向。所以主管要谋定而后动，想清楚再干。我们公司有很多草莽英雄，提着盒子枪，还没想清楚怎么干，就先站起来了。如果事情没弄清楚，就会浪费很多精力，这种习惯极大地伤害了我们的员工。"

正所谓"将帅无能，累死三军"。如果领导者缺乏战略思想，没有全局意识，员工的工作就难以开展，甚至徒劳无功。战略思想从哪里来？主要靠思考、吸收和实践，对人和事进行深层次的理解。为此，任正非建议企业的高层干部要读一读哲学，哲学是提升思考力最好的办法，几乎所有成功的战略思维背后都蕴含着深厚的哲学理论。正如戴高乐所说："在亚历山大的行动里，我们能够发现亚里士多德；在拿破仑的行动里，可以发现卢梭和狄德罗的哲学。"只有懂哲学，才能懂人心，才能仰望星空，知道从哪里来，要到哪里去。

领导者的思想高度决定了整个团队的高度与格局，唯有以长远的眼光考虑团队的发展，才能在变化中抓住趋势，带领团队前进，实现永续经营。

4.1.2　全面理解战略，明确路径，导向胜利

战略决策关乎方向，方向错误，速度越快就越容易翻车。基于这一观点，任正非强调高层干部要共同研讨华为的战略方向与要求，全面理解战略，以达成战略共识。只有这样，才能团结起来，"令出一孔，力出一孔，利出一孔"，朝着一个目标共同努力。

战略务虚会是华为帮助高层干部达成战略共识的载体，被华为内部称为"老板的思想发动机"。

【案例】华为的战略务虚会

华为的战略务虚会一年召开两次，会议参与人为任正非和华为的高层干部，会议的地点选在风景区，尽量让大家放松心情、各抒己见。

每次会议的主题都不一样，但大体分为两种类型，即确定性的专题和不确定性的专题。确定性的专题主要是影响战略方向和执行的重大战略专题。例如，昇腾的生态如何打造？欧洲战略如何开展？不确定性的专题主要是研究对公司发展

可能造成影响的不确定性问题,从而将这些不确定性的问题变成确定性的问题,以规避风险。例如,华为要不要进入汽车行业?华为数字化转型的节奏是怎样的?

会议一般召开两天,第一天上午漫谈,采取"头脑风暴"的方式,大家畅所欲言,下午参会者会聚焦会议主题进行开放式讨论。在这期间,参会的每位成员都是平等的,甚至可以与任正非和其他高管进行争辩。第二天,参会者首先会对议题进一步收缩,聚焦到几种代表性的观点上展开充分的讨论,然后形成会议纪要,下发至相关部门主管手中,听取他们的建议,再进行讨论和修改,经过多次上下反复的循环,最终形成决议。很多人认为通过这种形式形成决议的速度太慢了,效率低下,但任正非不这么认为。好事多磨,战略性的重大决策一定要慢慢得出,慢慢发酵。

最终,战略务虚会的研讨成果会在会后三天形成最终的会议纪要,将会议决策和主要的观点传递给每位参会者,以便开展后续的规划与落实。

战略思想和战术的执行密不可分。一位出色的将帅必须明确企业的战略方向,确定目标,只有这样才能便于员工将目标落实到具体的工作中,达成结果。

松下幸之助是世界著名电器公司松下电器的创始人,被誉为"经营之神"。早在第一次创业纪念日时,松下幸之助就根据公司的情况及未来的发展方向制订了战略计划。他召集公司的全体员工,公布了250年的企业愿景战略规划:以25年为一个阶段,用10个阶段完成战略目标。

第一个阶段,第二次世界大战带来了严重的经济危机,但松下电器目标明确,在战后迅速重建并重新崛起。第二个阶段,松下电器依据松下幸之助的计划内容开展公司业务,使其营业额突破1000亿日元,其员工工资水平赶超欧美企业的员工工资水平。

也许长达250年的企业计划让人觉得匪夷所思,但松下幸之助并没有随意决定公司的运营方向,而是依据公司定位和松下电器的发展情况明确了战略目标,并将250年的目标逐层分解到每个25年,在每个25年内的每一年、每一个月都明确了要完成的目标,并逐步去完成。

松下电器后来的管理实践也证明了明确战略方向与目标的价值——松下电器成为全球最大的电器制造集团之一。

战略是一种智慧,是一种谋略。高明的决策者能够站在全局的视角,强化未来意识,开展新的战略思考,把握发展机遇,开创新的发展局面。

4.1.3 管理不能非黑即白，一号位要有灰度

一位领导者重要的素质是找准方向、把握节奏、平衡灰度。妥协、宽容和开放就是任正非运用灰度思维的手段。

妥协是一种非常务实、通权达变的大智慧。一位优秀的领导者，应懂得在恰当的时机向别人妥协，或者接受别人的妥协。企业要生存，要发展，靠的是理性，而不是意气用事。领导者在处理员工之间的矛盾时，将事情的对错分辨清楚的处理方式看起来很公平，但如果不能化解矛盾，使其达成一致意见，就可能会让事情变得更糟。

关于宽容，任正非做过生动的阐述："宽容是领导者的成功之道……任何工作，无非涉及两个方面：一是同物打交道，二是同人打交道。不宽容，不会影响同物打交道。一位科学家，性格孤僻，但他的工作只是一个人在实验室里同仪器打交道，那么他不宽容也无伤大雅。一位车间里的员工，只是同机器打交道，那么即使他同所有人都合不来，也不妨碍他施展技艺制造出精美的产品。但是，任何管理者，都必须同人打交道。有人把管理定义为'通过别人做好工作的技能'。一旦同人打交道，宽容的重要性立即就会显示出来。"领导者的宽容，可以为企业营造一种和谐的发展环境。

一次，孙亚芳在内部高层会议中直接否定了任正非的说法，而且是在不了解事情真相的情况下。但让人意外的是，任正非并没有批评孙亚芳，而是当作什么也没有发生。

事后，孙亚芳在了解到事情真相后，向任正非道歉："任总，之前是我没有弄清楚事实，是我相信自己的主观判断了，我不应该在会议室里用糟糕的态度对待您……"

没等孙亚芳说完，任正非便诧异道："你大清早找我来就是为了说这个？我早就把这事儿丢到珠江水里去了，现在估计都被水冲到入海口了，你怎么还放在心上？"

在任正非看来，宽容是一种气量，是领导者在管理实践中必备的素质与原则，但宽容并不等于软弱，而是有目的、有计划地将主动权掌握在自己手中，团结不同性格、不同特长、不同偏好的人，坚定不移地在正确的道路上前进。

同时，领导者也要保持开放的心态，"一杯咖啡吸收宇宙能量"。开放意味着不因循守旧、不自以为是，要敢于自我否定、自我批判，接纳他人的意见。

2008年，任正非在核心网产品线表彰大会上发表了对自我批判的看法："没有自我批判，我们就不会认真听取客户的需求，就不会密切关注并学习同行的优点，就会陷入以自我为中心的境地，必将被快速多变、竞争激烈的市场环境淘汰；没有自我批判，我们面对一次次的生存危机，就不能深刻自我反省、自我激励，用生命的微光点燃团队的士气，照亮前进的方向；没有自我批判，就会故步自封，不能虚心吸收外来的先进东西，不能打破自身的局限和习性，把自己提升到全球化大公司的管理境界……"

责任越大，面临的灰度问题也就越多。如果不能合理地掌握恰当的灰度，就会在管理的过程中遇到较大的阻力。因此，领导者要掌握妥协的艺术，学会宽容、保持开放的心态，以真正达到灰度的境界，展现出自身的风范。

4.2 信：打造"言必信，行必果"的高绩效组织

执行力是企业运营的关键因素。只有在正确的战略决策下，有效执行，说到做到，做就做好，企业才会政令畅通，上行下效，实现高速发展。凡是取得辉煌成就的领导者，都会经常强调要"言必信，行必果"。

4.2.1 以结果为导向，强化团队执行力

任正非曾坦言，好的企业，不是看领导者有多英明神武，而要看其在执行力上的建树。因此，领导者不仅要强化自身的执行力，还要重视并打造执行力强的高绩效组织，只有这样，他的战略和决策才会得到贯彻与实现。

迈克尔·戴尔的执行力

戴尔电脑的创始人迈克尔·戴尔就是一位执行力强的领导者。戴尔亚太地区前采购负责人方国健曾评价迈克尔·戴尔的特质之一是极有远见，他通常在认定一个大方向以后就亲自披挂上阵，带领全公司执行。

最典型的一个例子是戴尔电脑推动国际互联网的深度运用与普及化。迈克尔·戴尔很早就意识到，互联网将彻底改变人们的生活方式与工作习惯，因此他非常重视互联网推广与宣传。迈克尔·戴尔说干就干，亲自带队在公司内部到处张贴宣传互联网的海报，还在好几次公开演讲中慷慨激昂地表达他对互联网的看法。一番操作下来，戴尔电脑有70%的营业额通过网络下单成交，公司大多数

的管理制度及工具也在网络上推行。

特斯拉的团队执行力

特斯拉的掌舵者埃隆·马斯克非常重视团队执行力的建设，他要求员工以"特种部队"的形式完成工作。比如在 2008 年，为了应对金融危机，特斯拉工程师以超常速度研究和改造了 Smart 汽车，并获得了德国奔驰的认可和 5000 万美元的合作协议合同，化解了金融危机对公司的冲击。

执行的最终导向是为了得到预期的结果，所以领导者要有结果思维。在下达任务时，要强调团队成员不能只想着如何完成任务，而是要思考如何拿到结果。结果好就意味着执行力强，结果不好就意味着执行力弱，没有结果思维的执行将大打折扣，以结果为导向的执行能够帮助团队在工作过程中时刻修正自己的方向。

百事可乐的高层就十分强调"以结果决定员工成就"，一直以来推崇的是一种深入持久的执行力文化，要求公司员工主动执行工作任务，100%地去完成它。业绩结果优秀的员工可以获得公司的嘉奖，而业绩结果不佳的员工则会被淘汰。正是这种"以结果论成败"的文化，为百事可乐塑造了一支战斗力强、执行力强的队伍。

优秀的业绩结果是个人价值乃至整个团队价值的最好体现，以结果为导向衡量的是团队和员工的价值理念，不能只挂在嘴边，而是要采取具体的措施落地。

1993 年 4 月 1 日，郭士纳从美国最大的食品烟草公司老板转变为 IBM 董事长兼 CEO。当时的 IBM 可谓千疮百孔，前任 CEO 给郭士纳留下的只有亏损。

郭士纳上任后，采取的最重要举措就是把沃森父子的"家庭文化"改造为"高绩效文化"，以务实的态度，在不到 6 个月的时间里果断裁撤了 4.5 万名绩效考核不达标的员工，彻底摧毁了过去陈腐的生产模式，以高标准的绩效考核重新激发了 IBM 员工的热情和创新精神，重拾了团队的创造活力。

到了 1994 年年底，也就是郭士纳上任后的第 21 个月，IBM 获得了自 20 世纪 90 年代以来的第一次盈利，盈利值高达 30 亿美元。

比尔·盖茨说过："没有执行力，就没有竞争力。"一个高绩效的团队一定是一个执行力强的团队。为此，领导者必须强化团队的执行力，下移管理中心，严防有令不行、有禁不止的现象。

4.2.2 立规章制度，确保组织高效运营

团队执行力的缺失，一定程度上归因于规章制度的欠缺。如果没有健全的规章制度，团队成员在执行的过程中就无法做到"有章可循，有法可依"。长此以往，管理上会越来越混乱，团队也会如同一盘散沙，毫无战斗力。

想要引导团队主动自发地完成任务，制定科学有效的规章制度是关键。 制定制度的目的不是约束员工，而是确定具体的工作标准和要求，帮助员工更好更快地拿到结果。

张瑞敏刚接管海尔的时候，海尔还是青岛一家没人愿意去的国有企业，效率低下，管理松散，员工完全没有规则意识。员工8点上班，9点就不见踪影了。领导不知道员工在哪儿，员工也不关心领导在干什么。用一位老员工的话来形容——10点随便往大院丢一颗手榴弹也炸不到人。由于管理混乱，因此公司生产的产品质量低劣，根本没有市场，客户也越来越少。在这种恶性循环下，海尔连员工的工资都发放不出来，眼看就要破产。

张瑞敏接手的海尔便是这样一种状况。他到海尔的第一件事就是制定严格的规章制度，从小事管起，规范到每一个细节，约束每一道工序、每一个环节的工作行为。严格的管理让海尔焕发出活力，员工的工作态度和效率很快得到提升。就这样，张瑞敏将濒临破产的海尔从悬崖边上拉了回来。如今，海尔不仅在国内赢得了众多消费者的青睐和认可，在国际上也享有盛誉。

如果一种规章制度能反映规律、符合规律、遵循规律，就能赢得员工的广泛理解和认同，从而给团队带来正向的指导作用。

事实上，华为也是从缺乏规章制度的环境中一路摸爬滚打成长起来的。在华为创立初期，任正非一直崇尚个人英雄主义。随着李一男的出走，团队精英的不断流失，营收的持续下跌，任正非意识到了在不确定环境下成功的偶然性。于是，他在1999年花费数亿美元引入IBM专家，开始进行管理体系建设和变革。在经历了"穿美国鞋"的痛苦过程后，华为最终实现了在不确定环境下通过制度化的管理体系可持续推出满足客户需求、有市场竞争力的成功产品的转变。

为了规范管理，联想创始人柳传志也制定了相当细致的行为准则，并让所有员工意识到制度是要执行的，并且是不讲任何借口，不因个人身份而有所区别地执行。

联想集团有这样一条规定：凡是开会迟到的都要罚站。联想创始人柳传志在接受媒体采访时曾说："公司规定，如果不请假，那么迟到就一定要罚站。我也被罚过三次，其实这三次都是在无法请假的情况下发生的，有一次我被关在电梯里面，很无奈。虽然罚站看起来是一种没什么惩罚力度的措施，但这是一件很严肃的事情，而且是很尴尬的事情。因为这不是随便站着就可以敷衍了事的。在20个人开会的时候，迟到的人进来后，会有几十个人的双眼注视着你。这不是一件很容易接受的一件事情，尤其在大的会场。制定这个制度之后，第一个被罚站的是我的一个老领导，他被罚站的时候，站了一身汗，我坐着也出了一身汗。后来我找到他说，今天晚上我到你家去，给你站一分钟。这个制度不好做，但我们硬是坚持下来了。"

联想的这个制度虽然简单，惩罚力度也较轻，但柳传志通过这个制度让公司全体员工意识到严格执行制度的重要性。领导者要培养员工对规章制度的敬畏，规章制度制定出来就必须遵章守纪、按章操作，强化员工的"红线"意识，杜绝违章乱纪、有章不循的现象。

按照管理学大师彼得·德鲁克的说法，管理要解决的问题，有90%左右是共同的。所以，我们可以总结与归纳这些共同问题的规律，建立统一的规章制度，统一管理语言，让管理更简单、更有效。只有这样，领导者才能将更多的精力聚焦于战略问题，以面对未来的不确定性。

4.2.3 建正向氛围，持续牵引价值创造

价值评价是对员工为客户和企业创造的价值进行评价，它是价值分配的依据。领导者要在团队内建立一套客观、合理、可衡量的价值评价体系，营造一种良好、正向的工作氛围，以确保价值创造的最大化和价值分配的公平公正，保障组织能够持续和高绩效运行。

企业是一个功利组织，团队和个人的绩效必须以工作成果为依据。一个部门、一个员工，即使再努力，但如果没有效率，没有成果，那么对企业来说都是没有价值的行为，是不被认可的。任正非强调，价值评价要看结果和贡献，不能光凭考试和加班的多少来评价员工，也不能为学历、认知能力、工龄、工作中的假动作、内部公关等因素付酬。

任正非说："对员工的评价，看贡献，而不是看加班加点，有些员工很快把

活干完，质量还很高，贡献也很大，但就是不加班。说明他可能是一个潜力很大的人，可以给他换一个岗位，多分配一些事，看是否可以提拔他，让他发挥更大的价值。我们不能搞形式主义。因为我们食堂每天晚上9点可以领消夜，因此有些员工开玩笑说：'晚上老板请我吃饭。'有人就奇怪，老板怎么会请你吃饭？员工就说：'不管我是否真的加班，只要熬到9点，就有7块钱的消夜拿，难道不是老板请客吗？'因此，我们不要太多形式主义的东西，要减轻员工的负担，让员工有更多的时间聚焦工作，要减少会议、减轻考核……考核不要看亮点，找亮点的过程其实就是对程序的破坏。"

由此可见，如果员工没有为企业解决问题，不能为企业创造价值，员工的劳动就是没有意义的。同时，员工努力付出不仅是为了给团队做出贡献，还期望自己创造价值后能获得相应的回报，如果付出的努力与获得的回报是对等的，员工就会感到满足，从而更加努力地为企业创造更大的价值，这是一个良性的循环。

任正非为了激励员工为自己的收入而奋斗，在华为激励导向和激励原则汇报会上公开表示，获取分享制应成为公司价值分配的基本理念。

【案例】华为的获取分享制

华为的获取分享制是由轮值CEO胡厚崑首先提出来的。获取分享制是指使任何组织与个人的物质回报都来自其创造的价值和业绩，作战部门（团队）根据经营结果获取奖金，后台支撑部门（团队）通过为作战部门提供服务分享奖金。同时，获取分享制也让员工可以通过自己的劳动所得来算出自己的收益。

通过获取分享制，华为不仅调整了员工的分配结构，让员工都能享受到公司成长的收益，还控制了拉车人和坐车人的分配比例，让拉车人比坐车人拿得多，同时区分了时间段，让拉车人在拉车时比不拉车时要拿得多。最后，强化了后台对前台部门的支持力度，提升了前后台岗位之间的配合效率。

美国前总统肯尼迪在就职演说中表示，不要问国家给了你什么，要问你们为国家做了什么。这在企业中是同样的道理。员工获得的薪酬往往取决于他为企业创造的价值，激励员工、牵引员工持续艰苦奋斗的最好方法就是正确评价员工的价值，让员工的收入来源于自己创造的价值。

因此，领导者要通过各种方法和途径，让组织中的每个团队和每个人，相信"相信"的力量，共同致力于高绩效组织的打造。

4.3 仁：重视软性力量，建立打胜仗的导向

企业文化与价值观是组织及其成员的价值取向，是组织在追求成功、取得胜利的过程中所推崇的信念和思想取向。

杀身成仁。仁，是一种软性因素，具备强烈的道德引导和集体氛围构建意义。而现代组织行为学的实证研究告诉我们，良好而正向的组织氛围，能够让组织绩效得到极大的提升，甚至超过物质激励的效果。

因此，领导者要重视员工精神文化和组织氛围的建设。

4.3.1 言传身教，建立想打仗、打胜仗的导向

人是环境的产物，领导者的言行就是组织的土壤，潜移默化地影响着组织内的每一位成员。领导者要通过言传身教，以自身的经历或体验引导员工理解企业文化与价值观，将企业文化与价值观有效地植入组织中，让其生根发芽。

《庄子·外篇·天道》有云："语之所贵者意也，意有所随。意之所随者，不可言传也，而世因贵言传书。"所谓言传身教，是指用言行影响和教导别人。言传身教是中国自古以来的传统，体现在家庭教育中——父母通过自己的善言、善行教育儿女为人处世的道理，体现在学校教育中——范仲淹在应天书院讲学时就与学生共同生活，言传身教指导学生。言传身教的最大特点，就是通过润物细无声的语言交流、行为示范，使教育对象受到感染、熏陶，以达到见贤思齐的效果。华为的许多高层管理者都非常善于用言传身教的方式将企业文化与价值观传递给员工。

华为消费者BG CEO余承东与新员工座谈时，有员工问："深圳的房价这么高，应届毕业生初来深圳，多长时间才能买一套房子？"余承东以自己的例子做了示范："1993年我加入华为，当时的工资是800元人民币，住在深圳大学教工宿舍楼那一带。深圳大学对面有一个楼盘，我计算了一下，以我的工资，我一辈子都在深圳买不起房子。后来你们也看到了，我不仅买得起那里，更贵的房子也买得起。今天你刚到深圳来，你计算了一下，你这辈子可能都在深圳买不起房子。但事实上，只要你努力奋斗，为公司不断创造价值和贡献，公司也不会亏待你，给你的回报也在不断增长，没有什么是不可能的。华为是一家有潜力、不断进取的公司，对于员工个人的发展也是如此。"

余承东通过描述自己的亲身经历，向华为的新员工们传递着"只要你努力，一切皆有可能，华为不会亏待任何一位艰苦奋斗，为公司创造价值和贡献的员工"的理念。

众所周知，华为是一家以客户为中心的公司，任正非作为华为人的行动教练，一直将以客户为中心的价值观展现在与客户的每一次互动中。

2004年，华为与文莱电讯公司在文莱的一家酒店举行华为承建文莱NGN（下一代网络）的开通仪式，这是当时全球规模最大的商用NGN之一，华为特意邀请了全球40多家运营商共同出席会议。4月22日一大早，任正非就站在会议大厅门口，手持名片，面带微笑，毕恭毕敬地挨个向入场客户发放名片，并说道："您好，我是华为的，我姓任。"一些初次与任正非见面的客户，看到名片上的姓名、头衔及任正非本人时，都惊讶不已。任正非如此重视客户的态度，感动了每一位客户，也影响着每一位华为人。

在任正非的观念里，企业文化与价值观的传承和建设是企业的首要任务，领导者的一言一行对塑造员工的价值观与行为标准至关重要。任正非在尼泊尔与员工座谈时说道："我承诺只要我还飞得动，就会到艰苦地区来看你们，到战乱、瘟疫……地区来陪你们，我若贪生怕死，何来让你们去英勇奋斗。"

战国时期的名将吴起，跟最下等的士兵穿一样的衣服，吃一样的伙食，睡觉不铺垫褥，行军不乘车骑马，背着捆扎好的粮食和士兵们同甘共苦。有一个士兵生了恶性毒疮，吴起就替他吸吮脓液。这个士兵的母亲听说后，放声大哭。有人问："你的儿子是一个无名小卒，将军却亲自替他吸吮脓液，你怎么还哭呢？"那位母亲回答："不是这样啊，往年吴将军替他的父亲吸吮脓液，他的父亲在战场上勇往直前，死在敌人手里。如今吴将军又替我的儿子吸吮脓液，我不知道我的儿子又会在什么时候死在什么地方，因此我才哭啊。"

领导者只有珍视和善待员工，员工才会回报以忠诚和绩效。古代思想家荀子曾说过："口能言之，身能行之，国宝也。"

领导者不能让企业文化与价值观仅仅停留在墙上、纸上，甚至变成员工为应付企业而背诵的口号，而要率先垂范，用言语和行动来贯彻企业文化与价值观，成为企业文化与价值观的代言人。

4.3.2 营造激发型的组织氛围，迸发团队力量

SDBE 领先模型认为，组织氛围来源于企业文化与价值观，它是一个复杂的综合体，会对个人及群体行为模式的规范、期望、政策、流程等产生重要影响。**良好的组织氛围能使员工情绪高涨，激发其内在潜能，使其做出积极的行为，从而为组织带来更好的绩效。**

Hay Group 研究发现，组织氛围对组织最终绩效产生 30% 的影响（见图 4-1）。也就是说同一个员工，在其技能和可调配的资源没有发生变化的情况下，受不同组织氛围的影响，他的绩效既可以达到自己正常水平的 130%，也可以达到自己正常水平的 70%。这也是那些朝气蓬勃、富有活力的团队能产生高绩效，而那些死气沉沉、毫无斗志的团队则效率低下的原因。

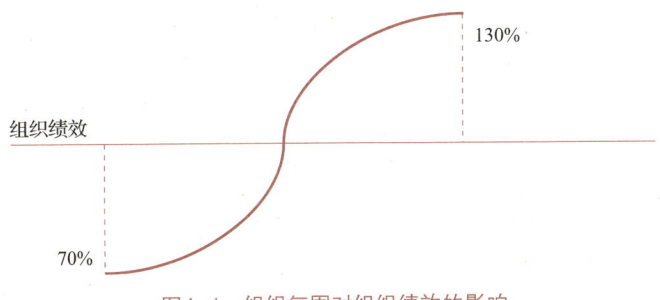

图4-1 组织氛围对组织绩效的影响

组织氛围方面的提升将导致不同的绩效结果。

组织氛围提升 10% 可使净营收提高 7.9%（跨国石油公司）。

组织氛围提升 14% 可使第一年收入增长 5.1%（美国寿险公司）。

组织氛围提升 12% 可使销售额提高 5.1%（跨国消费品公司）。

组织氛围提升 13% 可使利润提高 8.8%（美国寿险公司）。

组织氛围提升 10% 可使员工流失率下降 2.4%（综合数据）。

一种积极向上且健康的组织氛围往往会让员工产生归属感和信任感，使其真正地融入团队，从而以主人翁的心态为团队做出贡献。

既然组织氛围对组织和个人有如此显著的影响，那么作为团队的一号位，要如何判断这种看不见、摸不着的氛围呢？

领导者要做"敏感的雷达"，对组织氛围保持高度的觉察。马云有一个习惯，他喜欢亲自到不同的事业部去转一圈，看看每个团队的工作氛围、工作状态如何，

如果哪个团队"味道"不对，没有阿里味儿，就要做调整。当然，马云的"闻味道"是一种说不清、道不明的感觉，无法复制和学习。我们可以运用盖洛普Q12问卷，对员工的敬业度开展调查，以评估组织的氛围和状态。

受访者需要针对问卷中的4个维度、12个问题进行打分（非常同意5分，比较同意4分，差不多3分，有一点同意2分，不同意1分），如表4-1所示。

表4-1　盖洛普Q12问卷

维度	序号	题目
基本需求	1	我清楚上级对我的工作要求
	2	在工作中我得到了必备的资源支持
价值实现	3	在工作中我能经常得到发挥才干的机会
	4	在过去的一个月，我的工作得到了上级的认可
	5	我能充分感受到组织的信任和关心
	6	我觉得有人在帮助我进步
团队归属	7	我认为在工作中有人重视我的意见
	8	我觉得我的工作对团队很重要
	9	我在的团队，每一位成员都聚焦于高质量地工作
	10	在团队中我有非常好的朋友
共同成长	11	在过去的半年，上级和我谈及过我的进步
	12	在过去的一年，部门为我提供了学习和成长的机会

接下来就是分数的统计，根据不同维度的得分，组织氛围可以分为高效型、激发型、中立型和消极型四种类型，如表4-2所示。

表4-2　组织氛围类型与判断标准

氛围类型	组织特征	判断标准（同时满足）
高效型	能够使员工发挥最大的潜力，表现为员工全力投入并且尽最大努力完成组织交代的任务	4、5分的比例在80%及以上 5分的比例在20%及以上 1、2分的比例在5%以下
激发型	能够促进（帮助）员工尽己所能完成组织交代的任务	4、5分的比例在70%及以上 5分的比例在15%及以上 1、2分的比例在10%以下

续表

氛围类型	组织特征	判断标准（同时满足）
中立型	员工并非尽己所能完成任务，通过组织氛围的改善可以极大地提高组织绩效	4、5分的比例在60%及以上
消极型	可能导致员工的离职率和缺勤率较高，并且会限制员工的努力，导致员工不能以最佳状态工作	4、5分的比例在60%以下

基于组织氛围的调研结果，领导者可以采取以下两种措施来改善组织氛围。

1. 建立定期表达的窗口

比如，企业总经理与员工的现场座谈会、团队例会、总裁信箱、团建活动等，在沟通会上，每位员工都有充分表达意见和建议的权利，相关领导进行回答。会议结束后，对未解决的问题进行跟踪与监督，并公布问题最后的解决结果，形成平等、开放、自由的工作氛围。

2. 构建学习型组织

一方面，领导者要鼓励和带领员工加强学习、持续学习，对工作中遇到的问题进行总结与沟通交流，共同分享经验，使员工的思考方式变得更加开放；另一方面，将目光投向外界，开放学习，吸取有利于团队发展的理论知识与方法论，并赋能团队。

任正非在《华为基本法》的序言中说："我们要用十年的时间使各项工作与国际市场接轨。特点是淡化企业家的个人色彩，强化职业化管理。把人格魅力、牵引精神、个人推动力变成一种氛围，使它成为一个场，以推动和导向企业的正确发展。"

每位领导者都会有自己人生的高峰和低谷，也无法保证自己可以一直处于最佳的状态。因此，领导者要营造一种良好的组织氛围，持续激发团队活力，只有这样才能使团队的精神与力量生生不息，这是"仁"的要求、作用和力量。

4.4 勇：一号位的责任担当和亮剑精神

领导者是团队的引领者、组织者和推动者，敢于担当、冲锋在前是其职责所在，也是其立身之本。

领导者只有敢于担当、不畏艰难与困苦、勇往直前，带领团队挑战并完成不可能完成的任务，才能在长期奔跑中取得傲人的成果。

4.4.1 勇担重担，挑战不可能，带领团队持续打胜仗

正所谓逆境绝境看能力，大事难事看担当，有多大担当才能干多大事业，尽多大责任才会有多大成就。

对领导者而言，自己的身后就是悬崖，没有退路。在日常工作中，领导者会遇到各种艰巨繁重的任务，每天都在扛。没扛住，队伍摊子就散了；扛住了，便有丰功伟业。

因此，领导者作为一号位，是团队中的最高领导人，他的担当决定了整个团队的战斗力。如果领导者有担当，团队成员就会一心一意、踏实地完成自己的工作；如果领导者没有担当，团队成员在工作时就会瞻前顾后、患得患失，无法最大限度地发挥自己的能量。

【案例】敢于担责的美的集团董事长方洪波

2012年8月25日，美的集团正式宣布，创始人何享健不再担任美的集团董事长，由方洪波接棒出任美的集团董事长，并同时担任美的电器董事长和总裁。

方洪波执掌美的以来，将美的带到了新的高度，方洪波接棒前后美的的发展情况如表4-3所示。

表4-3　美的2012年与2021年营收和利润对比

指标	2012年	2021年	增长率
营收	1027亿元	3434亿元	234%
利润	32.6亿元	285.7亿元	776%

在美的的这些年间，方洪波的可圈可点之处非常多：带领美的实现整体上市、收购库卡和东芝家电、进军医疗设备和电动汽车部件领域、私有化小天鹅和威灵、进行智能化数字化转型……

方洪波曾谈到自己担任美的集团董事长后的感受："一开始接任董事长，就是无知者无畏。但是真正站在这个岗位上，面临巨大的挑战时，才发现最重要的就是理想、责任、使命这三大因素。"方洪波认为，作为企业的一把手，既要有远大的理想，将企业带到新的高度，又要勇于承担自己的责任与使命。只有做到这些，才能全身心地投入工作中，才能拥有无比的激情、无穷的动力和决心。事

实上，他也是这样做的。

有一次，麦肯锡在给美的做流程优化的时候，发生过一个插曲。麦肯锡的培训顾问在给美的的项目组培训时，由于年纪较小没有实战经验，很多关键的地方没有讲清楚。本来大家对流程优化这个项目就心存埋怨，这下更加不满了。培训后，大家你一言我一语，争论着是否还有开展下去的必要。得知此事后的方洪波立马召集项目组开会，斩钉截铁地说："这个项目成功了，你们都是功臣，如果失败了，是我方洪波的责任，你们不要有负担，但不能阻挠或抵抗，一次讲不清，可以讲两次，这个讲不清，可以换个人讲，但必须跟着顾问的方法走。"此话一出，大家都知道这次改革没有退路，也就不再折腾，而是按照麦肯锡的方法快速执行下去了。

可以说，美的的每一次变革都是在方洪波敢于把责任揽过来、把担子挑起来的勇气下推进的。松下电器创始人松下幸之助曾说过："**作为一个经营者，一定要有担负绝对责任的心理准备才可以。不管员工有 100 人还是 200 人，就算聘用了 1000 人或 2000 人，责任还是由他一个人负。自己既然站在最高的位置上，一切就是自己的责任了，这个道理应是古今通用的。**"责任无处不在，担当义不容辞，勇于担当应是领导者的本色。

4.4.2 面对强敌，可能不敌；但敢于竞争，勇于亮剑

行军作战需要胆识，企业管理更需要胆识。这种胆识是面对竞争，敢于胜利，善于胜利的亮剑精神。

笔者在咨询工作中经常讲，对于 SDBE 领先模型，难道学习一个模型，企业就能领先？行业现有的老大，心甘情愿就会让出老大的位置给你吗？真正的行业老大，往往是踩着原有老大的躯体、艰难实现超越的。

我们经常讲，"眼界决定境界，定位决定地位，思路决定出路"。如果一个组织的领导者唯唯诺诺、畏手畏脚，他带领的队伍就不可能取得骄人的战绩。

"亮剑精神"一词来源于我国一部极具影响力的军事题材的影视作品——《亮剑》。主人公李云龙面对日军的包围，毫不畏惧地一次次发起冲锋，带领独立团奋勇杀敌，浴血奋战。这种胆略与气魄让敌军望而生畏、深感佩服。他的身上所展现出来的就是一种亮剑精神——面对强大的对手，明知不敌也要毅然亮剑；即使倒下，也要成为一座山、一道岭。

主人公李云龙说了这样一句话:"狭路相逢勇者胜,亮剑精神就是我们这支军队的军魂!剑锋所指,所向披靡!"亮剑精神是一种面对强敌、战胜强敌的领导艺术,也是整个军队迎难而上、无坚不摧、无往不利的气质。

"要么就不做,要做就要做到全球第一",这是任正非领导下的华为亮剑精神。在他的影响下,华为的高层干部带领团队在前进的道路上,打败了一个个看似不可战胜的强大对手。

【案例】再次出征的余承东

余承东是华为一名敢闯敢拼的猛将,从1993年加入华为至今,在华为由弱到强的发展历程中写下了浓墨重彩的篇章。

1996年,余承东向任正非主动请战,进军无线通信业务。当时爱立信、西门子等国际巨头早已凭借领先的技术和地理优势占据了绝大部分市场份额,没有无线通信技术基础的华为想要虎口夺食,就不得不花费巨额成本。彼时无线业务部负责人余承东带领团队开始奋起直追,在推出GSM产品后,又将华为的身家和自己的仕途押在了第四代通信基站上。2008年,华为第四代通信基站研发成功,大幅度地简化了爱立信等巨头布置设施的冗杂流程,这一成果让华为在技术领域超越了爱立信,成为行业内当之无愧的霸主。

2012年,余承东临危受命,开始负责华为的智能手机业务。此前,余承东早就发帖说华为将做出比iPhone5更好的手机。在那个时候,苹果是手机行业的翘楚,所以他的帖子遭到了大家的嘲笑。这一年,余承东断臂求生,宣布不再代工,要做自己的品牌。他大刀阔斧斩断了3000万台运营贴牌手机和非智能手机的型号,毅然决然迈向中高端市场,开启了他人生中的第二次巅峰挑战。仅用了几年的时间,华为就成立了自己的品牌,华为手机也从默默无闻逐步做到全球销量前列。

2021年,在美国的持续打压下,华为的终端业务持续走低。任正非再次钦点余承东兼任智能汽车BU CEO,这也意味着余承东在向华为新的关键业务发起挑战。

谁越强,余承东就瞄准谁;哪里越难,余承东就往哪里冲。每一次的绝地反击都是他对任正非那句"胜负无定数,敢搏成七分,要向命运挑战"的完美诠释。

狭路相逢勇者胜,余承东是一位不喜欢"安分"的领导者,热衷于不断接受新的挑战。正是凭借着勇往直前的精神，余承东才越来越受任正非的器重。战术千万条，敢打第一条。领导者要有足够的勇气与魄力面对挑战和艰难险阻，只有这样才能带领团队无所畏惧、勇往直前。这才是真正的领导者，团队真正不屈的脊梁！

4.5 严：爱兵切，用兵狠，一切以打赢为最终目标

我国著名管理学家吴春波教授曾表示，根据他的长期观察与了解，曾是军人的任正非，对待员工无外乎六个字："爱兵切，用兵狠"。

"爱兵切"说的是尊重员工的能力和个性，真正关心他们的前途与利益，着重于培养和发挥他们的长处，做到人尽其才；"用兵狠"说的是以高标准严格要求员工，在员工犯错时敢于批评，要求他们创造高价值。

4.5.1 尊重与理解员工，为其提供发展空间

员工是团队最基础的组成部分，团队的发展离不开每一位员工的努力和付出。只有尊重与理解员工，为每一位优秀的员工提供发展空间，让员工真切地感受到自己的重要性，才能让员工全心全意地为企业谋发展。

任正非曾表示，古往今来凡能打仗的部队，无一例外，都是长官爱惜士兵的部队，不然就不会有"士为知己者死"。如果领导者设身处地地为员工着想，理解员工，对员工表示出关心，那么自然而然，员工也会由衷地敬重领导者。被称为"经营之神"的松下幸之助曾讲过这样一个故事。

一个周末的晚上，一名课长和下属在加班，当时已是深夜，课长年龄偏大，感到非常疲惫，他望向还在文件堆里奋力工作的下属，由衷感叹："年轻真好！"

此时，课长突然想起这名员工刚有了女朋友，今天是周末，自己还留他加班到深夜，顿时觉得不好意思，于是对员工说道："真是不好意思，这么晚留你在这里加班，耽误你约会了吧？"员工心中一暖，回答道："不碍事，课长的年龄这么大了，工作还这么拼，要注意身体呀。"这种换位思考，是一种情感上的交流，不仅拉近了领导者与员工的心理距离，还给了员工莫大的鼓舞，使其因为加班造成的疲惫感烟消云散。

哈佛商学院教授罗莎贝斯·莫斯·坎特曾说过这样一段话："尊重员工是人性化管理的必然要求，是回报率最高的感情投资。尊重员工是领导者应该具备的

职业素养,而且尊重员工本身就是获得员工尊重的一种重要途径。"只有尊重员工的领导者才能获得员工的认可,员工感受到应有的尊重,也会心甘情愿地为企业付出。

IBM 创始人托马斯·沃森曾表示:"我十分讨厌不尊重员工的行为,公司最重要的资产不是金钱或其他东西,而是由每一位员工组成的人力资源。"IBM 的行为准则之首就是"必须尊重个人",包括董事会成员在内的任何人都不能违反这一准则。

此外,对员工来说,工作是展示自我的一个良好机会,领导者要通过各种项目和机会牵引员工主动从事具有挑战性的工作,激发他们的潜能,使其获得更大的发展空间。

2010 年,成立 6 年之久的 Facebook 出现了很多颇具影响力的早期员工离职的现象。其中很多员工都是大学刚毕业就加入了该公司,并与公司一起成长的。经过调研分析发现,这些员工离职的原因主要是,随着 Facebook 走向成熟,员工的上升空间变得非常有限,而这些有影响力的早期员工认为他们已经站在公司的顶端,是时候出去发挥才干了。有的员工离职后创办了和 Facebook 相关的公司,有的员工加入了竞争对手的阵营。

由此看来,越是优秀的人越注重工作的发展空间。为此,领导者要充分了解优秀员工的个人发展需求与方向,为其提供空间与机会,放大他们的作用,使其愿意在工作中付出更多的努力,为企业赢得更多的利益,驱动企业向前发展。

4.5.2 切实指导员工,帮助其快速成长

在发展初期,企业的成功主要靠创始人个人的驱动,在企业逐渐走向规模化和成熟化后,创始人无法事事亲力亲为地支撑庞大的管理体系。这时,领导者的重要课题就是通过指导员工,帮助其快速成长,从而提升整体的组织能力。

任正非说:"中高层干部任职资格中最重要的一条,就是看他能否举荐和培养出合格的接班人。不能培养接班人的领导,在下一轮任期时应该主动引退。**仅仅使自己优秀是不够的,还必须使自己的接班人更优秀。**"

敢于并善于培养员工,帮助其在工作中做出最好的贡献,是每个团队领导者的重要职责。

阿里巴巴会要求 M4(总监)层级的干部为自己的岗位寻觅和培育接班人,

如果这点做得不好，即便日常业绩很好，其年终绩效也会大打折扣。

通用电气衡量一位领导者是否成功，不仅看他在任期内创造的业绩，还看他能否选出优秀的接班人来保持通用电气的基业长青。

在通用电气，每一个重要的岗位都要实施接班人计划，该计划一共分为四个步骤。

（1）在现任总裁卸任前8年启动接班人计划，拟定数十人的候选人名单。
（2）启动接班人职务锻炼计划，让董事会对候选人进行全面了解。
（3）对名单进行进一步筛选和考察。
（4）董事会选出最后的获胜者，使其在原总裁的带领下度过适应期。

一位领导者不仅要对企业和上级负责，也要对员工负责，指导他们完成任务，提升他们解决问题的能力。同时，领导者也要界定清楚，自己该在什么样的时机下，借助什么样的方式帮助与指导员工。

笔者在做咨询服务时，经常会遇到这样的问题：有许多领导者抱怨，明明自己已经在手把手教员工了，为什么他们在下一次处理同样的问题时还会出错？

通过询问他们是如何指导员工的，我们发现大多数领导者在指导员工时都存在同样的问题，即倾向于将自己的做事方式一股脑儿地"告知"员工。如此一来，员工就成了领导者"听话"的执行利器，而非问题的思考者。这就造成领导者自认为毫无保留地将自己的技能传授给了员工，教得也很仔细，但员工遇到同样的问题时仍然不会处理的困扰。

后来，我们为他们总结了培养员工的四个关键步骤：一是分析，二是纠偏，三是容错，四是复盘。

分析：在任务进行前，询问员工完成任务的解决方式与方法，提前分析会遇到的困难和所需的资源支持。

纠偏：在任务进行中，及时跟踪与监督员工的完成情况，在其方向走偏时，进行干预和纠正，并引导员工发现可预见的问题与风险。

容错：如果员工在完成任务的过程中犯了错，不要急于指责和发难，要引导其思考出错的原因，并给出进一步的解决方案。

复盘：任务完成后，帮助员工及时总结经验与方法，优化不足之处和沉淀优秀经验。

由此可见，领导者在不同的时间段有不同的方式为员工提供帮助，可以是推动员工思考、给予员工资源支持、及时纠偏，也可以是帮助员工总结经验与方法等，而不是单一告知员工应该做什么。

4.5.3　管理要高标准、严要求、敢批评

作为一位负责任的领导者，要高标准、严要求、敢批评，帮助员工克服惰性，促使其不断成长，提升其工作能力。

"高标准"是指领导者必须要求员工以超出组织期望的标准为目标来完成任务，这是一种追求极致的卓越。

唐太宗《帝范》卷四有云："取法于上，仅得为中；取法于中，故为其下。"一般而言，要求越高，员工进步的速度就越快。但需要注意的是，要求不能不切实际。

"严要求"是指在员工执行任务的过程中，不能轻易降低工作标准，要加强过程管理，严格监控任务进度，促成员工完成任务目标。

"敢批评"是指领导者在管理的过程中，对员工做得不好的方面应该直接指出，不能因为"面子问题"什么都不说，这样对员工和组织来说都是有百害而无一利的。

张一鸣是一位在细节上严要求的管理者，在给团队施加压力、严格要求团队产出上，他曾有过犹豫。后来，他想明白了："之前的老板都对我不太苛刻，否则我当时能做得更好。当然很可能是他们认为，已经做得够好，太苛刻人就跑了，其实对于会自我驱动的人来说是不会跑的。"在进行换位思考后，他认为有自我驱动力的人是不会被这种压力与严苛吓跑的。

一次，在抖音爆火后，有记者问张一鸣："抖音并没有太多创新，短视频的模式一直都有，为什么抖音能在国内外抢占这么多市场？"张一鸣其中的一个回答是，抖音的不同之处在于，我们跟本土结合得很好。这句话看似简单，背后却蕴含着张一鸣对团队高标准、严要求、敢批评的工作观念。用张一鸣的话来说，将事情做满，还是将事情做好，其实是很不一样的。我们容易看到将事情做满，但是容易忽略将事情做好。所以，张一鸣要求团队做不好就别做了，要做就必须做到非常好。

正是基于张一鸣严苛的工作要求与工作标准，字节跳动相继推出今日头条、抖音、西瓜视频等热门应用，也因此成为备受全球瞩目的互联网巨头之一。

除了张一鸣，还有许多优秀的企业家都表明了自己对员工高标准、严要求、敢批评的态度。比如任正非，他的原则是越值得重用的员工，要求越高，员工犯错误的时候，也批评得越狠。

当年，任正非在批评华为产品战略规划的研究过于超前时，说道："我们的战略规划办，研究的是公司 3～5 年的发展战略，不是一二十年的发展战略。我不知道公司是否能够活到 20 年之后，如果谁能说出 20 年之后华为做什么的话，我就可以论证：20 年后人类将不吃粮食，我的道理是……"

马云也认为，企业给员工最大的安全感是通过要求、考核，逼迫他们不断成长。松下幸之助说："如果有人肯批评你，对你来说是莫大的幸福。"当然，松下幸之助的批评只对事不对人，他从不否定员工的人格。

良药苦口，忠言逆耳。员工在工作中犯了错后，严厉的批评会给他留下深刻的印象，让他意识到自己的错误，并从中吸取教训。但批评也要注意方式和方法，要保持对员工的基本尊重，不能辱骂员工，上纲上线。

SDBE 领导力及人才

阅读心得

第5章
华为领导力实践与能力发展

著名管理学大师詹姆斯·库泽斯曾说过:"领导力是将自己和其他人的最好状态发挥出来的一个过程,当你把自身的领导力释放出来的时候,你就能成就非凡的事业。"

华为所取得的巨大成就是其广大干部领导力的实践与探索。笔者作为曾经的华为人,在此章中,试图对华为在领导力发展方面的经验进行粗浅的总结。

5.1 领导力的本质：带领团队成功

战争打到激烈的时候，高级将领的作用是什么？就是要在茫茫黑暗中，点燃自己，发出微光，照亮前进的路，带领团队走向成功！

5.1.1 各级主管是战略规划的第一责任人

不谋全局者，不足谋一域。**战略规划是一把手工程，各级主管是战略规划的第一责任人。**

通常来说，企业的高层领导主要做好战略决策，而战略执行、评估等工作则由各级主管来完成。但各级主管应该参与到战略决策的过程中，如参加战略研讨会，只有这样才能获得足够的内部经营信息，统一认知，站在企业的层面思考并推动战略的规划与执行。

【案例】华为"三三制"原则

华为重视来自一线和组织内部"微弱的声音"，认为这些声音中可能蕴藏着组织的正确方向。因此，华为认为战略的规划和制定必须让各级主管和部分优秀的"二等兵"参与进来，他们没有参与就不理解，不理解就不会达成共识，没有达成共识就难以创造性地执行战略。

任正非曾提出"三三制"原则，即最高层司令部的"战略决策"，允许少量新员工参与，下一层的"战役决策"，如区域性决策、产品决策等，不仅是新员工，低职级员工也要占一定的参会比例。

总之，战略要落地，不能仅靠顶层来制定，还要有自下而上、自上而下的多次反复对齐的过程。如果没有让一线能听到"炮火"的人将声音传给高层的过程，那么制定出来的战略是无法落地的。

在战略方面，华为更加注重制定的过程，强调只有上下同欲，左右同频，才能让英雄辈出，战略落地。任正非希望华为的干部能从繁杂的事务中抽离出来，主导公司的方向。**埋头苦干的事情要分配下去，领导者必须是思想家和战略家。**

在惠普，各事业部的管理团队都要参加为期5天左右的集中封闭式的战略规划会议，对本事业部未来3~5年的战略进行规划。该会议提前一个月就定好日期和地点，不允许任何管理人员缺席。同时，为了保证大家集中精力专心做战略，不被日常工作打扰，会议期间不允许携带任何通信工具。

战略规划完成后，所有的参与人员都将获得一份战略规划文件，作为今后工作方向的指南针。其中，每份文件都进行了署名，署名者（各事业部负责人）必须和下属充分沟通该文件的内容，下发工作任务，监督执行，以确保战略目标的达成。

战略思维是一种素质，任何一位优秀的主管都必须具备这种素质。只有这样，才能明白战略规划的意义，加强规划的自觉性与主动性；才能精准地理解和扎实地贯彻落实战略规划，保持大方向上的正确。

5.1.2 对战略结果负责，带领团队攻坚克难

人力资源管理的开创者戴维·尤里奇曾在其著作《结果导向的领导力》中，提出了一个在日常管理中常见的问题：企业中的很多领导者不以结果为导向地去工作。不注重结果，就会缺乏明确的目标，所有的努力都将白费，难以让现状发生实质性的改变。为此，戴维·尤里奇定义了一个公式：**领导力有效性 = 领导力特性 × 领导结果。领导结果是衡量领导力有效性的重要因素。**

华为同样认为，一位合格的领导者必须对战略结果负责，缺少结果导向，一切都是无用功。

2003年，张强（化名）被调到华为南非片区跨国运营商拓展部任客户经理，负责拓展片区第一大移动运营商A。该岗位前两任客户经理在与这个客户打交道的过程中，都以零绩效惨淡收场。

在与客户直接接洽失败后，张强从客户的各个子网入手，但子网客户认为其隶属于集团公司，想要进子网，必须先得到南非团队的认可。张强只好重新从客户南非团队入手。其实，客户不过是希望利用华为的报价压低其他厂商的报价，并不是真心想与华为合作。因此，张强一直无法取得突破，压力非常大，这时张强的上级不断鼓励他，给了他坚持下去的动力。最终，在张强的不懈努力下，华为终于在2006年与运营商A签订了采购订单，并争取到了继续合作的机会。

作为领导者，要敢于直面困难，带领团队攻坚克难。只有攻下一场场导向胜利的战役，自己才能不断进步，团队才能在磨炼中成长。

华为向来不唯上，不唯下，只唯实。"以结果论英雄"是华为一直以来坚持的价值评价标准。对于取得优异结果的干部和团队，华为一定给予合理的回报，

只有这样才会有更多的人为公司做出贡献；对于最终结果没有达到预期的干部和团队，华为也会秉承公平公正的原则，妥善处理。

2013年1月14日，华为召开了2013年市场大会，对过去的一年进行总结。在会上，华为对取得优秀经营成果的办事处进行了隆重表彰，分别为它们颁发了荣誉奖牌和高额奖金。此外，在这场市场大会上，还有一项特殊奖项——从零起飞奖，获奖人员为徐文伟、张平安、陈军、余承东、万飚。

尽管在2012年华为终端取得了巨大的进步，企业业务BG也取得了重大的突破，但这些进步并没有达到这五个人最初的设想。因此，这些高层干部践行了当初"不达底线目标，团队负责人零奖金"的承诺，来鞭策自己在日后获得更大的进步。

同时，华为2012年的销售收入任务差两亿元没有完成，轮值CEO郭平、胡厚崑、徐直军，CFO（首席财务官）孟晚舟，片联总裁李杰，甚至包括任正非和孙亚芳，都没有年度奖金。

2012年，华为员工的年终奖金高达125亿元，但多位高管没有拿到一分钱。没有达成既定的目标结果，就没有一分钱的奖金，这是华为自始至终坚持的以结果为导向，向奋斗者、贡献者倾斜的分配方针。这个方针牵引着华为的干部对战略结果负责，为结果而奋斗。

5.2 华为干部的行为画像：干部九条

华为在干部选拔四个维度的基础上，建立了华为领导力模型。该模型将干部的能力与素质表达为"持续表现出来的关键行为"，即"干部九条"。干部九条是对干部能力更为细致的一种划分，使华为人才选拔与晋升的标准更加明晰。

5.2.1 华为关键行为画像与干部九条的由来

2005年以前，华为以能力为导向的干部选拔方式过于模糊、难以落地，给人才的选拔与晋升带来了比较大的困难。为此，2006年，华为在外部顾问公司的帮助下，开发了华为领导力模型。

这个模型分为三大核心模块：发展客户能力、发展组织能力、发展个人能力。其中，又包含九项关键素质，分别为关注客户、建立伙伴关系、团队领导、塑造组织、跨部门合作、理解他人、组织承诺、战略思维和成就导向。后来，这九项关键素质成为华为评价干部能力的标准之一，被简称为"干部九条"（见表5-1）。

表5-1 华为的干部九条

核心模块	关键素质	说明
发展客户能力	关注客户	致力于理解客户的需求，并主动用各种方法满足客户的需求。"客户"是指现在的、潜在的客户（包括内外部客户）
	建立伙伴关系	愿意并能够找出华为与其他精心选择的企业之间的共同点，与它们建立互利的伙伴关系，以更好地为华为的客户服务
发展组织能力	团队领导	运用影响、激励等方式引导团队成员关注要点，鼓励团队成员解决问题，激发团队智慧
	塑造组织	辨别并发现机会，在业务的驱动下，不断提升组织能力，优化业务流程和结构
	跨部门合作	为了形成端到端的全流程解决方案而愿意主动与其他部门合作，提供支持性帮助并获得其他部门的承诺
发展个人能力	理解他人	准确地捕捉和理解他人没有直接表达或只是部分表达出来的想法、情绪和对其他人的看法
	组织承诺	为了支持华为的发展需要和目标，愿意并能够承担任何职责，接受任务挑战
	战略思维	在复杂、模糊的情境中，用创造性或前瞻性的思维方式，识别潜在问题，制定战略性解决方案
	成就导向	关注团队的最终目标，以及可以为华为带来最大利益的行动

任正非曾表示："这九条是经过对公司几十位成功高级领导进行访谈，对他们的各方面进行归纳与总结，即他们为什么成功，他们具有哪些素质而得出来的，是成功干部需要的九条。因此，这九条不是凭空从哪本书上抄来的，也不是从海外搬来的，是从我们华为的干部身上归纳与总结来的，是对教育与培养员工，引导干部进行自我学习与总结的好方法。"

华为的干部九条是对成功干部身上优秀行为特征的归纳与总结，能应用于干部招聘选拔、培训发展、晋级晋升、考核评估等环节，有助于加速干部能力的开发与培养，快速实现组织目标。

5.2.2 发展客户能力，践行华为价值观

众所周知，华为的企业文化是以客户为中心，华为的干部更是将"以客户为中心"作为一切工作的"魂"、一切工作的"纲"。发展客户能力是领导者必备

的素质之一，涵盖关注客户和建立伙伴关系两项关键素质，具体体现为对客户需求理解的深度、采取行动的难度，以及用开放的心态与重要上下游建立紧密的伙伴关系。

发展客户能力的第一项关键素质是关注客户。

任正非在一次干部座谈会上强调："现在社会上流行的一句话是追求企业的最大利润率，而华为的追求是相反的，华为不需要利润最大化。坚持客户利益最大化才是华为永恒不变的经营策略。"

华为要求干部永远保持谦虚，与客户近距离交流，听一听客户的心声，从客户的视角定义解决方案的价值主张，帮助客户解决他们所关心的问题，为客户创造价值。

业务线是一线作战团队，华为的每一位客户经理每天都会面临实战和竞争。为了做到理解客户、想客户所想，以及匹配客户的商业诉求，华为某年轻客户经理设定了目标：三年内，一定要拜访 100 位客户的高级管理人员，通过与客户面对面沟通和交流，理解业界趋势和客户诉求，发现和识别可能的机会点。同时，他也给自己立了工作规矩：自己参与准备交流材料，每次亲自讲解，以快速拉近与客户的距离。

设定目标后，这位客户经理开始积极行动，抓住一切可能和客户见面交流的机会，与他们直接沟通。通过这样的方式，这位客户经理对业务的熟悉度不断提升，也不断获得客户的第一手信息。日积月累，这位客户经理可以准确地把握客户的需求，以及什么对客户实现商业成功最重要。三年中，他完成了与 120 多位客户的面对面沟通和交流。

客户的需求往往会受内外环境的影响而不断变化，只有关注客户，与客户随时保持良好的沟通，才能敏锐地捕捉到客户最真实的想法与需求，为客户提供更好的产品解决方案与服务，构筑企业护城河。

发展客户能力的另一项关键素质是建立伙伴关系。任正非曾表示，华为要与其他企业合作，不能做"黑寡妇"，不能小肚鸡肠，内心要开放一些，谦虚一点，看问题再深刻一些，多栽花少栽刺，与合作伙伴携手共赢。

华为在印度主要的销售融资合作伙伴是中资银行，尤其是国家开发银行（以下简称"开行"）。华为与开行的接触始于阿尔及利亚。2006 年，阿尔及利亚电信的订单是华为与开行合作的全球第一单保理业务。开行的工作组初次到达阿尔及利亚，人生地不熟，华为的项目负责人就请工作组成员吃饭，协助他们找办公室、招聘员工……

那几年，开行陆陆续续向全球派了 80 多个工作组，华为的海外拓展销售融资业务与开行"走出去"的战略合拍，所以不管开行的工作组到了哪里，工作组成员都会找华为。开行走出国门伊始没有多少海外客户，而华为有大量的海外客户资源，华为没有藏着掖着，而是将这些资源与开行共享，力求共同打造一条强健的销售融资产业链。

2007 年，华为大量的海外融资项目如潮水般涌入开行，华为与开行就此结下深厚的战斗友谊。

华为与开行之间没有强烈的甲方和乙方的区别，也没有企业和银行的"疏离"感，而是一个战壕里的兄弟。华为与开行的合作好比从涓涓细流变成奔腾的大河，一起奔向广阔的大海。

《道德经》有云："天地所以能长且久者，以其不自生，故能长生。是以圣人后其身而身先，外其身而身存。非以其无私邪？故能成其私。"利他和利己并不是矛盾对立的关系，而是和谐统一的关系。商业活动的基本规律是等价交换，利他往往能够转化为利己。领导者更要胸怀格局，带领团队在竞争与合作中实现长远的发展。

5.2.3 发展组织能力，建设高绩效组织

所谓组织能力，是指团体作战力，即一群平凡的人聚集在一起成就非凡事业的能力。企业的组织能力不是一时之间就能形成的，而是一个长期持续性的过程。领导者是企业的核心骨干，也是发展组织能力的重要主体。发展组织能力包括团队领导、塑造组织、跨部门合作。

华为监事会副主席李杰在一次论坛会上说道："过去，我们对项目经理的要求比较具体：要懂业务场景，比如 Turnkey、站点集成；要有沟通能力，保证客户界面的沟通连接；要懂策略管理，而不是简单的执行的角色。今天，公司对项目经理的要求是专业、责任和荣耀，进入了一个新的阶段。"这意味着华为的干部要抓住组织建设，要从自己做出业绩向带领团队做出业绩转身。也就是说，干部要逐渐实现从做事到管理的转变，要完成从自己做出业绩到带领团队做出业绩的进阶。

张军（化名）是华为的项目经理，在利比亚实施 Turnkey 项目时，一位名叫 M 的本地实施经理遇到了非常多的问题，如分包商发货不对、团队成员能力不行、团队成员之间配合不畅等。张军在听完他的抱怨后，耐心地说道："问题已经发生了，最重要的是如何解决问题，并且规避同样的问题再次发生。我们应该分析根因、制订计划，一步步解决。"经过两三次的沟通，M 重新整理了他的工作方式，将团队的月/周计划目标拟定好，清晰地分发给团队成员，成员各司其职，对准目标，精准执行。后来，该团队果然因为 M 而在项目中取得了优异的成绩。

还有一次，张军团队有两位员工的考评被打了 C。其中一位是本地员工，之前负责 PMO（项目管理办公室）管理工作，因为对业务流程不熟悉，在工作了一段时间后，他提出了调岗的想法。张军了解情况后和他进行了一次深入的沟通，并表示，不要因为一次考评结果，就认为公司彻底否定了他，要找出自己的不足，做出改进计划，并且发挥自己的长处，不断坚持。最后，这位员工在他的鼓励下，认真反思了自己，并且加强实践，考评结果从 C 提升为 A。另一位员工在张军的推荐下转到了新的岗位，也在新的岗位做出了突出的贡献。

张军认为："人是需要组织关注的，每个主管多看几个人，就能关注到每个人了。业务做好了，同时兄弟们一起成长了，那才是我们真正的成功。"他所带领的团队也在多个项目中完成了既定的经营目标，获得了客户高层的赞扬。

管理团队就像指挥交响乐团，每个部分都很重要，领导者的责任就是培养好每一位成员，建立梯队，带领团队冲锋陷阵，拿下战果。

戴维·尤里奇曾说："组织必须有一个跨职能的指导委员会，其职责就是做出一个跨职能的共同认可的决定。例如，某家企业的指导委员会由来自设计、生产、财务、市场营销和质量等部门的领导者组成。每当项目团队面临一个重要的决定时，项目领导者就会召集指导委员会寻求支持。"如今，"部门墙"已经成了众多企业的通病，是企业顺畅运行的主要障碍。领导者作为部门负责人，应提高自身的跨部门合作能力，打破部门间的壁垒，实现部门间的协同作战，从而保证工作的高效率及高回报率。

当部门间发生冲突时，领导者更应怀着博大的胸襟，包容与接纳一些部门间的摩擦和争论，以谦逊的态度做好部门间的"润滑剂"。正如任正非所说"适者生存"的道理，适当的理解及互相的忍让是必需的。"不舒适"是永恒的，"舒适"只是偶然，遇到困难和挫折要从更宽、更广的范围来认识。

5.2.4 发展个人能力，保障高价值产出

企业最大的危机来源于领导者能力的缺失。企业的发展要跟上时代的步伐，不然就会被市场大潮淹没；同样，领导者个人能力的进步也要跟上企业发展的要求，否则就会面临被淘汰的命运。因此，华为对领导者个人能力的发展提出了要求：领导者要理解他人，实现组织承诺，具备战略思维，以成就为工作导向。

任正非曾公开表示，华为最主要的人力资源精神是要保持奋斗，奋斗精神永远都不能改变。不断奋斗的本质就是走出舒适区，利用外界的磨炼，不断发展个人能力。心理学研究也表明，走出舒适区，进入新的目标领域，会增加人们的焦虑感，从而让人产生应激反应，其结果是提升人们对工作的专注程度，改善人们的工作表现，优化人们的工作技巧。

2013年年底，周涛（化名）主动申请调往非洲艰苦地区，从西欧的产品副代表转身成了北非A5代表处的代表。这次工作调动是一次相当大的跨越，也无疑是一项巨大的挑战。

当时，周涛的儿子刚满一周岁，机关领导给了他一些其他的选择，可以不必去最艰难的地区，但他在得到了妻子的支持后，坚持前往最需要的地方贡献自己的力量。

A5代表处的工作充满挑战，政治动荡、竞争激烈、环境艰苦、文化差异等困难没有让他倒下，他在困难面前看到了发展个人能力的机会。在A5代表处的两年，是对周涛的创造性思维激发得最成功的两年。面对复杂的业务环境，他带领团队创造性地想出了很多解决办法，最终解决了A5代表处好几个"老大难"问题。2015年，A5代表处在北非KPI赛马中排名第一，并拿到了片联代表处经营绩效一等奖。

若繁荣后不再艰苦奋斗，则必然失去繁荣。若身居要职，能力却止步不前，则必将被替代。领导者只有走出舒适区，将复杂环境和工作看成自我发展的契机，不断直面问题、解决矛盾，其个人能力才能获得真正的锤炼和提升。

在这瞬息万变的世界中，领导者作为企业发展的中坚力量，应有长远的眼光，抱着为自己的未来而工作的态度，和团队一起成长、共生共赢，创造辉煌价值。

5.3　华为干部任用选拔模型：干部四力模型

在持续取得高绩效的过程中，华为用三句话高度概括了"干部四力"对不同层级干部在能力上的侧重要求：高层干部要有决断力和人际连接力，中层干部要有理解力，基层干部要有执行力。

华为认为，军队是高度专业分工的机器，企业也是一样，各部门员工只有各司其职、各尽所能，才能形成攻无不克、战无不胜的团队。

5.3.1　华为干部四力模型的构建与发展

华为的干部九条是对内部优秀行为特征的提炼和总结，在经过一段时间的实践检验后，"干部九条"被高度概括成了更加精练的"干部四力"，即决断力、执行力、理解力和人际连接力（见图5-1），具体阐述如下。

1. 决断力

决断力包括两个层面：<u>战略决断和战略洞察</u>。企业高层干部或业务部门一把手，需要在各方利益纠缠不清时勇于承担责任并指明企业的战略方向，带领团队最终实现战略目标。由此可见，决断力是一项非常重要的能力，是一种对于直觉的把握能力和缜密思考的判断能力的综合。

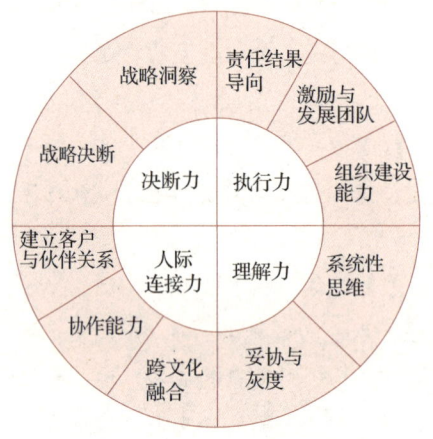

图5-1　华为干部四力模型

早年，任正非认为微波技术的用处不大，因为该项技术不仅落后于市场发展，还占用了不少的企业人才和资源。于是，他下令将这条线撤掉，但时任微波产品线总裁的彭智平依靠自己敏锐的市场嗅觉，认为微波技术日后大有发展，因此悄悄在自己的团队中调配了十几人，继续研究微波技术。

两年后，华为在开拓非洲市场时，发现当地光纤通信的成本非常高，而微波是性价比最高的通信方式。在任正非万分后悔将微波产品线撤掉时，彭智平站出来将成熟的微波产品交给公司使用，帮助公司一举拿下非洲市场。

高层干部具备了决断力后，就能为企业指明进攻的方向，稳定进攻的节奏，协调作战的资源，为企业实现基业长青打下基础。

2. 执行力

执行力包括三个层面：**责任结果导向、激励与发展团队、组织建设能力**。明确的目标与责任人、及时的激励、严格的考核、有效的辅导等都是培养执行力需要注意的方面，最终目标的达成、责任人的落实、标准的明确和利益的分配是执行力的考核指标。

3. 理解力

理解力包括两个层面：**系统性思维、妥协与灰度**。具体来讲，理解力可以表现为理解业务（对商业敏感，能够理解业务的本质，洞悉业务的技术）、理解文化（认识和尊重文化差异，积极融合不同文化，让不同文化背景的人成为同路人）、理解环境（有横向思维能力）。正如任正非所说："一个干部，他都听不懂你在讲什么，那怎么去执行、怎么能做好呢？"

为什么理解力如此重要？如果前线呼唤飞机，后端理解成大炮，那么不知有多少前线兄弟要成为"炮灰"。因此，干部要有超强的理解力，必须理解"作战"场景，甚至在前线员工还未意识到下一步的"战情"是怎样的时，干部就要有预见性地补给超配的"弹药量"，确保前线作战胜利。

也就是说，干部既要能领会上级的意图，又要能清楚下属的工作需求和计划，还要能理解其他部门的协作请求，更重要的是能明白客户的潜在需求。

4. 人际连接力

任何一家企业，无论其组织结构是项目式、矩阵式、事业部式的还是直线式的，它都是一个复杂的综合体。虽说每个岗位都有其职责描述，但通常情况下，任何一件跨部门的事情都需要责任人的持续推进和跟踪，这就要求责任人具备足够的人际连接力。在华为，人际连接力是各级干部必须具备的能力，包括三个层面：**跨文化融合、协作能力、建立客户与伙伴关系**。

干部四力是华为对干部核心能力的期望和要求，也是华为评价干部的重要标准，指导干部未来获得可持续的成功。

5.3.2 华为干部四力模型对主官和副官的要求

独具特色的干部四力模型是华为在 30 余年发展过程中的结晶，基于干部四力模型，华为对不同岗位干部的不同能力要求进行了详细阐述。

主官要有战略洞察能力与战略决断能力，要敢于进攻，善于胜利。

副官要具备强大的执行力，在组织撕开口子后，精耕细作，扩大胜利果实。

后端职能部门的主管，也就是机关干部，要做好为一线的服务，善于倾听，具备理解力。

所有的干部要有人际连接力，在擅长斗争的同时，善于团结，发挥协作能力。

在企业中，管理者通常有正职和副职之分，正副职的工作重心和能力要求各不相同。华为将正职称为"主官"，定位为"狼"的角色，将副职称为"副官"，定位为"狈"的角色，并要求业务干部正副搭档，即"狼狈计划"。

狼具备敏锐的嗅觉、强烈的进攻意识和团队合作精神，是开拓业务不可或缺的力量。所以，主官要有鲜明的特质：清晰的方向感、正确的策略、周详的策划，擅长组织和能力建设，敢于承担责任，具备决断力。文质彬彬、温良恭俭让、事无巨细、眉毛胡子一把抓，而且越抓越细的人，是不适合做主官的，因为他无法带领团队交出结果。

从2005年到2011年，华为的李飞（化名）在伊拉克度过了他人生中最光荣的六年。2005年年初，由于伊拉克的工作环境十分艰苦，还可能遭遇炮弹袭击，但伊拉克的市场潜力巨大，且急需人手，于是华为决定选派一批自愿去往伊拉克开拓市场的员工。李飞为了取得事业上的成绩，毅然选择了飞往伊拉克。

2006年年底到2007年年初，李飞经历了巴格达最乱的时候，接连不断的枪战、爆炸、绑架事件让人心惊胆战，华为市场部的人员决定临时搬到中国大使馆所在的曼苏尔酒店。那段时间，每天早上6点左右李飞一行人都是在枪声、爆炸声中醒来的，偶尔飞过的战斗机的轰鸣声让大家感到异常不安。

就在这样极度不安全的环境中，李飞带领团队攻坚克难，满足了伊拉克人民无线通信的需求，也为华为在伊拉克的事业开拓贡献了不容忽视的力量，他的团队也成为最优秀的团队之一。在2011年，李飞离开伊拉克时，当地办事处已经发展到150人的规模。

华为的主官所拥有的是一种亮剑精神，这是所有强者必备的气质，也是明知前方艰难险阻，仍义无反顾向前冲锋的精神。

大大咧咧的人不适合做副官。因为一位优秀的副官，不仅承担着简单的助理责任，更应具备高效的执行力，善于精细化运作，以实施和贯彻组织或主官的决策，帮助组织稳固"江山"，让主官在前线攻占城池时无后顾之忧。

副官的主要职责如下。

（1）落实经营管理。思考成本的优化空间，以最大限度地节约成本，为主官的排兵布阵提供财务考量。

（2）做好团队管理。通过了解员工的优劣势，为主官在用人方面出谋划策；监督员工各项流程、制度的执行情况；对组织价值观进行宣导，营造良好的组织氛围，提高团队的积极性和凝聚力。

（3）组织经验沉淀与优化。帮助主官梳理每一次"出征"后的经验，整理成可供员工参考和学习的素材；优化与完善组织中的各类制度、流程；收集有利于主官做决策的信息与资料，帮助主官减少决策失误。

主官和副官的搭配就像电视剧《亮剑》中的李云龙和赵刚，华为的任正非和孙亚芳，微软的比尔·盖茨和巴尔默，苹果的乔布斯和库克等。这两种不同的角色可以在能力、经验、性格等方面实现互补，共同推动组织的发展。

5.3.3　全营一杆枪，团结一致，夺取胜利

在华为，有一句非常著名的口号：**胜则举杯相庆，败则拼死相救**。不管谁胜了，都是我们的胜利，我们一起庆祝；不管谁败了，都是我们的失败，我们拼死相救。这是一种团队文化，是一种群体意识，也是全营一杆枪的合作精神。时至今日，这句口号依旧在华为发挥着至关重要的作用。

有人曾这样描述华为："它的营销能力很难被超越。"人们刚开始以为难以超越的是华为人较强的能力，但竞争对手换了一批能力同样高的人过来，还是难以超越华为，之后大家才明白与它们作战的，远不止前线上几个冲锋的华为人，还有他们背后强大的后援团队。

华为采取的是大平台管理模式，分别是销售和服务平台、财务平台、生产和供应链平台、研发平台。在这些平台共享的基础上又分为四大产品线和20多个地区部。各个地区部的管理模式是矩阵式管理，如当地的财务主管，在行政上归当地的主管考核，但在业务上由公司财务部进行考核。考核的目标是一致的，只是重点有所不同。在这种管理模式下，可以实现内部信息和经验的共享，相互既有合作也有牵制，各个业务单元很难形成"土围子"，同时资源能最大限度地共享，因此适合大兵团作战。

正如任正非所说："我们公司后方机关的平台，要及时、准确、有效地完成

一系列调节，调动资源和力量，为一线输送'弹药'和'炮弹'。今天我们的销售、交付、服务、财务都是通过远程支援的。"

华为的一线之所以能够不断打胜仗，关键在于各级干部带领下的各个团队、成员之间相互配合，在遇到困难时，共同聚焦一个目标，拼死相救、共同御敌。华为铁三角组织就是聚焦客户需求、协同作战的完美演绎。

【案例】华为铁三角组织的构建

2006年，苏丹电信邀请了华为和另一家供应商参加移动通信网络的招标，华为的苏丹团队在冒着酷暑披星戴月干了两个月后，换来的却是另一家公司独家中标，华为彻底出局的结果。这对华为无疑是巨大的打击，来自客户线、产品线、交付线的团队都在思考问题出在哪里。

经过各个部门伙伴的复盘和总结，苏丹团队发现了一个关键的问题：当客户召开网络分析会时，华为有七八人参会，每个人都在向客户解释各自领域的问题。客户CTO（首席技术官）当场抱怨道："我们要的不是一张数通网，不是一张核心网，更不是一张TK网，我们要的是一张可运营的电信网！"

真理在反思中越来越明了，华为的组织和客户的组织是不匹配的，华为还在按照传统的模式运作，客户线不懂交付，交付线不懂客户，产品线只关注报价，所有的队伍只关注自己的一亩三分地，它们忘记了自己的存在价值是来满足客户需求的。

在惨败后，华为的苏丹团队重新振作起来，提出要建立以客户经理、交付经理、产品经理为核心的业务核心管理团队（见图5-2）。饶晓波负责客户关系，王锷统负责交付，王海清负责产品与解决方案，这个铁三角组织使团队在面对客户的时候，实现接口归一化。

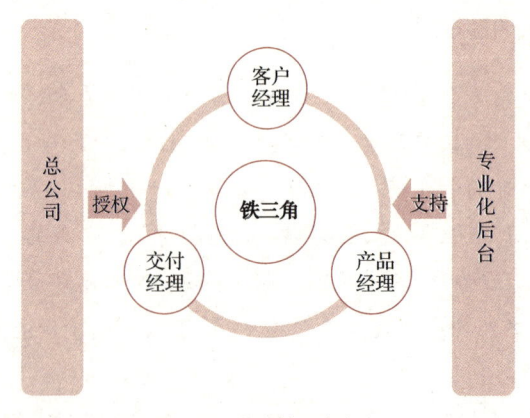

图5-2 华为铁三角组织

经历了三年的磨炼后，华为的苏丹团队在 2009 年获得了苏丹运营商的全国 G 网最大的项目。后来，这个团队在向华为高层领导汇报时写下了这样一句话："三人同心，其利断金"。于是，这个威力巨大的三人运作机制被称为"铁三角"。

铁三角的第一责任人是客户经理，也就是这个团队的领导，交付经理和产品经理则负责全力协助。尽管三人属于不同条线的干部，但是在面向客户需求时，三人凝聚成了一个整体，聚焦一个目标，互助协同、共担荣辱。

独行快，众行远。在企业经营和管理中，各级领导者只有团结队伍，精诚协作，全营一杆枪，方能攀登集体主义的高峰，最终实现把能力建设在组织上的卓越目标。

5.4 华为骨干人才行为规范：《二十一条军规》

无产阶级革命家毛泽东曾说过："这个军队之所以有力量，是因为所有参加这个军队的人，都具有自觉的纪律。"

一家企业同样如此，不仅要建章立制让全体员工无条件服从，还要要求干部自我批评、自省自查，让纪律建立在自觉性上。

5.4.1 华为《二十一条军规》的由来

要建立有战斗力的组织，高明的企业都是从严肃法纪着手的。经过长年累月的积累，华为在 2016 年 8 月以军规的形式，建立了一整套员工守则，即《十六条军规》。其中，有最质朴的价值观，也有日常行为规范。

2017 年 1 月，华为将此军规扩充到 21 条。《二十一条军规》是一套针对全体员工，更细致、更全面、更简单易行的行为标准，能够帮助干部和基层骨干更好地进行自我管理及员工管理。

《二十一条军规》的内容如下。

（1）商业模式永远在变，唯一不变的是以真心换真金。
（2）如果你的声音没人重视，那是因为你离客户不够近。
（3）只要作战需要，造炮弹的也可以成为一个好炮手。
（4）永远不要低估比你努力的人，因为你很快就需要去追赶他（她）了。
（5）胶片（PPT）文化让你浮在半空，深入现场才是脚踏实地。

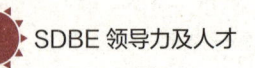

（6）那个反对你的声音可能说出了成败的关键。

（7）如果你觉得主管错了，请告诉他（她）。

（8）讨好领导的最好方式，就是把工作做好。

（9）逢迎上级1小时，不如服务客户1分钟。

（10）如果你想跟人站队，请站在客户那队。

（11）忙着站队的结果只能是掉队。

（12）不要因为小圈子而失去了大家庭。

（13）简单粗暴就像一堵无形的墙把你和他人隔开，你永远看不到墙那边的真实情况。

（14）大喊大叫的人只适合当啦啦队，真正有本事的人都在场上呢。

（15）最简单的是讲真话，最难的也是。

（16）你越试图掩盖问题，就越暴露你有问题。

（17）造假比诚实更辛苦，你永远需要用新的"造假"来掩盖上一个"造假"。

（18）公司机密跟你的灵魂永远是打包出卖的。

（19）从事第二职业的，请加倍努力，因为它将很快成为你唯一的职业。

（20）在大数据时代，任何以权谋私、贪污腐败都会留下痕迹。

（21）所有想要一夜暴富的人，最终都一贫如洗。

纪律的观念培植和自觉遵守，都是源于建章立制。《二十一条军规》句句简短有力，这是华为铁军每个成员必须遵守的规章制度和行为规范，提醒着华为人如何做正确的事情。

5.4.2 华为的批判与自我批判

任正非曾说："我一生有过这么多经历，我批评别人很多，自我批评更多，每天都想哪些事情做对了，哪些做错了。我认为一个善于自我批评的人、有素质的人、有成功经验的人，你越批评他，他的事会做得越好。"

关于批判，华为主张干部要有"自我批判"的精神，要经常"拿着鸡毛掸子掸灰尘"，但人性往往侧重于批判别人，不喜欢自我批判。马云曾表示："面对错误，人的本能就是找借口，其实这是人性。但是如果我们要成功，就必须学会反人性，学会克制自己内心脆弱的自尊，勇于先把自己打碎，再重建认知，这个过程，就是你成长的过程。"如果将军不知道自己错在哪里，就永远不会成为将军，将军是不断从错误中总结，从自我批判中成长起来的。

【案例】华为孔令贤事件

2017年9月，任正非在华为内网"心声社区"转发了"寻找加西亚"的帖子。任正非也以个人名义表达了华为对离职员工孔令贤的愧疚和歉意，呼唤该员工回来。

任正非转发的"寻找加西亚"的帖子，生动表明了公司的诚意，内容十分动情：

"加西亚，你回来吧！孔令贤，我们期待你！2014年孔令贤被破格提拔三级后，有了令人窒息的压力，带着诚意离开了华为。周公恐惧流言日，更何况我们不是周公。是公司错了，不是你的问题。回来吧，我们的英雄。

"我们要形成一个英雄辈出的机制、英雄辈出的动力、英雄倍辈出的文化。要紧紧揪住英雄的贡献，盯住他的优点，而不是纠结英雄的缺点。回来吧，加西亚，是公司对不起你。"

任正非对此写了按语：

"为什么优秀人物在华为成长那么困难？破格升三级的人为什么还要离开？我们要依靠什么人来创造价值？为什么会有人容不得英雄？华为还是昨天的华为吗？胜则举杯相庆，败则拼死相救，现在还有吗？有些西方公司也曾有过灿烂的过去。华为的文化难道不应该回到初心吗……"

这是任正非，一位70多岁的商界著名领袖向一位离职的普通员工的认错，并以总裁办电子邮件的形式将致歉信群发给全体员工，这与以往众多商界大佬想方设法维护自己"伟光正"形象的行为大相径庭，实属罕见，让不少华为员工为之动容。

在任正非的按语中，既表达了任正非作为华为领导人对孔令贤及孔令贤这类人才的爱惜，表明了其求贤若渴的态度，又以孔令贤为例提醒全体干部，华为是尊重人才和唯才是举的平台，这是华为的生存哲学和永久的企业文化。

任正非此举，是对华为干部的警示，也让大家看到了一个敢于自我批判的领导人。

一家企业只有形成自我批判性的氛围和机制，才能真正及时地暴露问题，并解决问题。华为的自我批判是全方位的，从过去到现在，从干部到员工，从市场到管理等。为此，华为建立了一套健全的自我批判体系（见表5-2），让自我批判变成一种长效机制。

表5-2　华为的自我批判体系

序号	组织/机制/平台	职责
1	道德遵从委员会	监督、监察公司内部和外部的道德遵从是否合规，包括精神文明建设、文化遵守、干部的自律与监督等
2	员工自我批判委员会	为全公司及相关部门自我批判的制度建设、活动的有效实施和监督提供政策与方向等方面的指导并组织实施等
3	自我批判大会	以大会的形式、规模、影响力促使相关部门改进工作，教育全体员工引以为戒
4	民主生活会	每年有不同主题，分为对组织的自我批判和对个人的自我批判，高层干部进行自我批判，与会领导提出意见和建议
5	红蓝对抗	采用辩论、战术推演、模拟实践等方式对当前的战略思想进行反向分析和批判性辩论
6	心声社区	让大家免费免责提意见，使华为文化得到普及和理解，强调客观公正、实事求是

达维多定律告诉我们，想要保持领先，就必须时刻否定和超越自己。自我批判是一种扬弃，不是为了批判而批判，而是站在客观与事实的角度，直面失败，找到错误的原因，总结经验。自我批判是一种武器，也是一种精神。只有具备牺牲精神的人，才有可能最终成长为将军；只有长期坚持自我批判的人，才会有广阔的胸怀。

第6章
欣赏个体差异，打造高桶团队

华为常务监事陈黎芳在谈到员工个性的差异时，说道："把全体员工的个性改造成一样无异于把煤洗白，是没有价值和意义的。在工作中，主管要留意员工的个性，针对员工的个性特点来为其安排工作，从而减少团队磨合的时间，提高工作效率。"

这个时代复杂多变，个体的力量已经无法应对时代的挑战，传统意义上的圣人和百科全书式的专家已经无法出现。只有通过一定方式形成的组织和团队，才有更大的概率取得成功。

因此，领导者要尊重和欣赏员工的个体差异，对其加以引导，从而激发他们的潜在能力，打造更好、更强的团队，共同创造更大的价值。

6.1 学会欣赏，打造团队

任何团队都存在个体差异。想要让团队上下同心，实现整体目标，就要尊重每位员工的差异，用人所长，让团队和个人各有所成。

6.1.1 对个体差异的认知和实践

这里所说的个体差异更多地体现在心理上，主要归结为两个方面：一是个性倾向的差异，包括需要、动机、信念、兴趣和世界观方面的差异；二是个体特征的差异，包括能力、气质和性格方面的差异（见图6-1）。

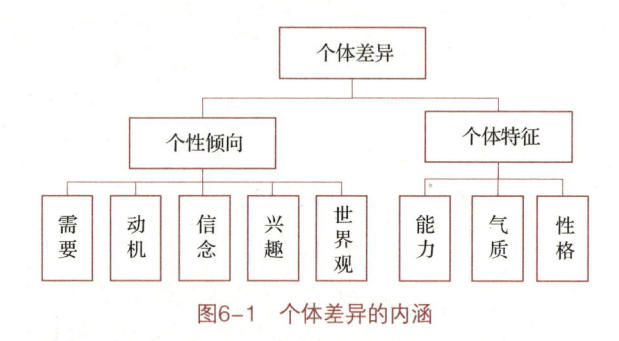

图6-1 个体差异的内涵

首先，领导者要正确认识个体差异，准确了解团队中每位员工的差异，采取不同的方法实施领导行为。

我们常常会听到的一种抱怨是，千篇一律的激励方式让员工感觉缺乏真诚和不受重视，致使正向的激励难以激发员工的积极性。优秀的领导者会通过了解每位员工的动机来进行个性化的表扬。比如，当员工急切想获得领导者的认可时，领导者可给予口头表扬、颁发证书等精神上的激励；当员工对经济上有所需求时，领导者可通过发放奖金、给予分红等经济上的激励来激发员工的动力。

其次，"长板理论"已经代替了过时的"短板理论"。也就是说，一只桶可以通过倾斜来装更多的水，而所装的水是由最长的木板决定的。这就要求领导者认识到每位员工的能力有高低、性格有差异，只有将员工安排在合适的岗位上，才能发挥其最大的潜力与能力。因此，领导者要善于了解和把握员工的个体特征，将合适的人放在合适的岗位上，使人力资源得到最大限度的开发与利用。

最后，领导者要站在全局的角度，发挥每位员工的个性特长，取长补短，聚集团队优势。没有完美的个人，只有完美的团队。通过结合每位员工的优劣势，可以形成一股合力，实现个体无法达到的目标。因此，领导者应有意识地以互补增值为原则，选择合适的团队成员，建立高效的团队。

大千世界丰富多彩，找不到两片完全相同的叶子，也不存在两个完全相同的人。人与人之间必然存在差异，同一个人在不同的阶段也存在差异。因此，领导者要承认个体差异，要容人之异，用的新思想和方式管理差异。例如，企业对不同人才的聘用和选拔就是正视与承认个体差异。

一次，华为海洋网络有限公司COO（首席运营官）毛生江与新员工展开座谈，有人问毛生江："在团队中碰到喜欢挑刺的人，如何和他们合作？"

毛生江回答："一个人对别人的适应或者别人对你的适应就像一个扇形一样，你能适应的就是一个扇形，而不是一整个圆。在工作中需要不断修炼自己对不同人员的适应能力，欣赏个体差异。"

当下，市场竞争越来越激烈，企业面对的不确定性因素越来越多。领导者应该重视差异，聚焦他人长处，容纳他人短处，实施差异化管理，只有这样才能调动一切积极因素，为实现目标而服务。

6.1.2 欣赏差异，用人所长

在华为和一些标杆企业，骨干在被提拔为主管后，接受辅导的第一门课程就是如何欣赏个体差异。

优秀的领导者要尊重和欣赏员工的差异，使员工发挥其长处，在用人所长的同时，也要容人所短。华为就是通过"不完美"的人才观，使其5G技术在世界上遥遥领先的。

【案例】不善交际的华为数学家

任正非在接受央视专访时透露，华为曾经用高薪挖来一位非常优秀的俄罗斯数学家，这个小伙子不善交际，也不会谈恋爱，只会数学，每天只是玩电脑，也没有说过几句话。

一次，一位管理着5万名研发人员的华为高层去莫斯科看他，他只打了个招呼，说了一句话就完事。任正非在给他发院士牌时，他也只说了三个字"嗯，嗯，嗯"。默默干了十几年，这位数学家也没有做出过什么成果。有很多员工质疑："他到我们公司来，十几年，天天在玩电脑，不知道在干什么。"但华为没有淘汰他，而是一直坚持用他。

突然有一天，在华为所有研发人员都对无法突破全球研发的3G技术感到绝望时，这位数学家拿着一套自己的算法找到了任正非，兴奋道："2G到3G的算法突破了。"于是，华为立即在上海进行试验，结果大获成功。3G技术的突破，大大降低了华为通信产品的成本，极大地提升了产品的核心竞争力。正是这些"不完美"的人才让华为实现了领先。

金无足赤，人无完人。任正非认为，完美的人就是无用的人，华为从不用完美的人，而是大胆使用个性鲜明的人，这些人也被称为"歪瓜裂枣"。但"歪瓜裂枣"很甜，他们在别人看来也许不完美，但有突出才能，能够完成别人完成不了的任务，能够带来业绩上的重大突破。苹果公司创始人乔布斯也非常善于用人所长，他认为，自己的成功得益于发现了许多才华横溢、不甘平庸的人才。

【案例】乔布斯的用人之道

20世纪70年代，美国职场竞争非常激烈，公司员工稍有失误就会被辞退。有一位软件工程师因为工作三年没有任何开发成果而被解雇，这位软件工程师被开除后，在很短的时间内收到了另一家公司年轻老板的聘用书。圈内许多好友规劝年轻老板："他会把你的公司拖垮的。"但这位年轻老板还是坚持自己的选择。

多年以后，那家辞退软件工程师的公司老板在一次酒会上好奇地问年轻老板："您能告诉我那位好几年都没开发出成果的软件工程师，在为您做什么吗？"年轻老板答道："他现在是我的市场推广总监和培训讲师！虽然他欠缺软件开发的才能，但他精通电脑的使用和功能的介绍，并且能精确地了解客户需求，提供针对性的解决方案。同时，我也让他将这些知识和技能传授给其他员工，让越来越多的员工拥有这项才能。"年轻老板接着说道："这个世界没有完人也没有全才，但总有一部分是他们最优秀的，而我用的，就是他们最优秀的那一部分！"这位年轻老板，就是苹果公司创始人乔布斯。

著名管理学大师彼得·德鲁克指出，倘若所用的人没有短处，其结果最多只是一个平平凡凡的组织。样样都好反而可能意味着一无是处。有高峰必有深谷，才干越高的人，其缺点往往就越显著。因此，领导者要能注意到每个人的长处，在工作上运用他们的长处，而非只想着刻意逃避其短处。

6.1.3 塑造多元互补的团队

尺有所短，寸有所长。物有所不足，智有所不明。

哪怕个人再强大，也有完成不了的事情，因此才有了团队的产生。一个高效且战斗力强的团队，必定有着优势互补的"班子"结构，各中成员因为共同的目标聚集在一起，奋勇向前。

【案例】携程的黄金创业团队

携程的四位创业者组成的管理团队被业内视为最理想的团队搭配。在创办携程前，梁建章是甲骨文公司的中国区咨询总监，做过技术和管理；沈南鹏在花旗和德意志银行从事风险投资；季琦有非常丰富的管理经验；范敏作为上海旅游局的总经理，具备资深的行业经验。在外人看来，这是一种专业技能的互补，但梁建章认为这种互补更多地体现在他们四人的性格、做事风格和思维方式等方面。

梁建章属于内向型的性格，缺乏激情，却韧性十足，会站在长远的角度看待问题，善于组织，但对于突发事件的应变能力不强；沈南鹏因为长期在银行工作，所以重视细节，且对数字非常敏感，但也正因为拘泥于细节，其大局观念和全局意识不足；季琦性格外向，富有激情，但组织力略显不足；范敏作为国企管理者，沉稳、低调，执行力非常强，不过思维较为传统，做事中规中矩。

尽管四人的性格不同，差异十分明显，但大家的理想和目标是一致的，在目标一致的前提下，哪怕团队产生矛盾与冲突，大家也会用理性的态度来分析并选择最佳方案。

同时，正因为四人风格迥异，所以在创业初期，他们的分工非常明确，各有侧重。梁建章和季琦担任联席CEO，季琦负责对外找投资商，商谈合作收购，梁建章做内部管理；沈南鹏担任董事长，负责财务和融资；范敏担任执行副总裁，协助梁建章进行内部运营。于是，这个典型的精诚合作、优势互补的团队帮助了上亿个用户，让他们的旅行更简单，也成就了携程的辉煌。

领导者在创建团队时，要充分考虑员工之间专业、能力和行事风格等方面的互补性，发挥每位员工的优势，使之成为整个团队的正向合力，促进团队目标的有效达成。那么，一个结构合理、优势互补的团队需要哪些角色呢？

剑桥产业培训研究部前主任贝尔宾博士和他的同事们，在经过多年的研究和实践后，提出了著名的贝尔宾团队角色理论。该理论认为，一个高效的团队应该由智多星、协调者、外交家、鞭策者、审议者、凝聚者、执行者、完成者、专业师九种角色组成，如表6-1所示。

表6-1　贝尔宾团队角色理论

团队角色	优势	劣势	对团队的贡献
智多星	创造力强，能出谋划策，富有想象力	高高在上，不重细节，不拘礼仪	提供建议，提出批评并有助于引出相反意见
协调者	沉着自信，看问题较客观，知人善用	在智能和创造力方面并非超常	明确团队中的角色分工
外交家	热情，善于交际和发掘、利用资源	须持续激励，兴趣易转移	提出建议，并引入外部信息
鞭策者	渴望取得成就，有干劲，追求高效率	冲动，急躁，容易给人带来压力	寻找或发现讨论中的可行方案，推动团队达成一致意见
审议者	具备批判性思维，谨慎理智	缺乏想象力，缺乏激情，不易被激发	对繁杂材料进行简化，并澄清模糊问题
凝聚者	温和，擅长交际并关心他人	优柔寡断，缺乏主见	给予他人支持并帮助他人，处理团队的分歧
执行者	有组织能力，工作勤奋，有强烈的自我控制力和纪律意识	缺乏主动性，显得一板一眼	把谈话与建议转换为实际行动，能可靠地执行
完成者	坚持不懈，注重细节，内驱力强	不够包容，更偏好自己独立完成	在方案中寻找并指出错误、遗漏和被忽视的内容
专业师	专注，一心一意钻研	对其他专业领域所知甚少	提供专业支持

注：一位员工可匹配多种角色。

贝尔宾博士曾经说过："高效的团队工作有赖于默契协作。团队成员必须清楚其他人所扮演的角色，了解如何相互弥补不足，发挥优势。成功的团队协作可以提高生产力，鼓舞士气，激励创新。"每个角色都有其不同的特点和贡献，这九种角色要相对均衡，各有分工，力求对团队的贡献最大化，发挥团队协作的威力。

6.2　认知自我，MBTI 测评

管理学大师彼得·德鲁克认为："如果管理者不在用人之前询问对方'你能做什么'，然后问自己'他能做什么'，那可以肯定这位管理者的下属很难有贡献。"

人与人的个体差异是巨大的，讲究效率和效益的领导者势必会去了解员工，也会帮助员工更好地了解自己。

6.2.1 测评工具选取和方法介绍

在现实生活中，每个人都有不同的人格特质，它是一种相对稳定持久，且具有独特倾向的心理特征，反映了区别于他人的个体行为特质。关于人格特质的测评，目前主要有三种方法，分别是心理问卷测评、情景模拟测评和访谈测评。

1. 心理问卷测评

心理问卷测评是指运用大量的行为题、图形题、自陈题等对被测评者进行考察。通常采用文字叙述的方法，可以由测评者列出问题，后面附带多种回答供被测评者选择，也可以由测评者通过日常观察，对被测评者的行为特质进行不同程度的评分。待被测评者填写完毕后，测评者统计回答数据，分析与判断被测评者的人格特质。心理问卷测评可以用于自评，也可以用于他评，根据问卷内容和测评需求进行选择即可。

目前，采用心理问卷形式的测评方法有 MBTI 职业性格测评、DISC 职业性格测评、PDP 职业性格测评和霍兰德人格与职业兴趣测评等。该测评方法的优点是题量大、实施方便，可通过 PC 端、移动端快速施测。但由于其中多为封闭式题目，因此在灵活性和个性化定制等方面有所不足。

MBTI 职业性格测评主要用于了解被测评者的处事风格、特点、职业适应性、潜质等，从而提供合理的工作及人际决策建议。其应用范围为人才选拔、人才招聘、职业发展、团队建设等。

DISC 职业性格测评能对每种人格的特征、团队价值、所适宜的工作环境给出详细说明，并根据被测评者的行为模式给出职业发展建议。其应用范围为组织人才测评、人才招聘、岗位调整、领导力提升、培训需求分析等。

PDP 职业性格测评主要用于衡量个人的行为特质、活力、动能、压力、精力及能量变动情况，以便针对性地对人才进行分类。其应用范围为日常工作管理、职业发展等。

霍兰德人格与职业兴趣测评能通过测评了解被测评者对某种事物、某项活动的感兴趣程度，定位出一个人最感兴趣、最能够得到满足感的职业类型。其应用范围为人才招聘、职业发展等。

2. 情景模拟测评

情景模拟测评是指让被测评者处于某种特定的情景中，通过观察被测评者在该情景下的行为表现来进行评分与判断。常见的方法有角色扮演、模拟工作会议、无领导小组讨论等。相较于心理问卷测评，在情景模拟测评中，测评者和被测评者、被测评者和被测评者之间的互动与问答，能够充分展现个人的沟通能力、团队协作能力、创新能力等，因此大多用于人才选拔。但该测评方法也存在一些局限，如开发成本高、实施时间长、需要专业的测评师进行引导等。

3. 访谈测评

访谈测评是指通过一对一或多对一的访谈了解被测评者的各项特质。在访谈过程中，测评者主要聚焦于被测评者的真实行为事件，以深度挖掘与了解被测评者的各项特质。该测评方法的信度和效度较高，因为测评者与被测评者是面对面进行直接的语言交流，被测评者无法进行长时间的思考，所以其回答往往更加真实。当然，访谈测评也存在一些诸如实施成本高、访谈结果分析困难、访谈技术难度大等缺点。

6.2.2 MBTI测评，形成内生觉悟

MBTI职业性格测评（以下简称"MBTI测评"）是应用十分广泛的职业性格测评工具，它的理论基础来源于瑞士心理学家卡尔·荣格有关知觉、判断、人格、态度的观点，后经美国心理学家凯瑟琳·布里格斯和她的女儿伊莎贝尔·布里格斯·迈尔斯深入研究，发展成心理测评工具。

德石羿团队在咨询和培训中经常采用这一工具来分析企业家与管理者，以评价和欣赏个体的性格差异。

MBTI将人的性格划分为四个维度，即精力支配、认识世界、决策方式和生活方式，每个维度又被分成了两种不同的方向，共计八个方面，也就是八种人格特质：外倾（E）和内倾（I）、感觉（S）和直觉（N）、思考（T）和情感（F）、判断（J）和知觉（P），如表6-2所示。

表6-2 MBTI测评的分类及特点

维度	类型	特点	维度	类型	特点
精力支配	外倾（E）	·热衷于外部世界和人际交往 ·行动先于理解 ·在与人交往时精力充沛 ·偏好新鲜刺激	决策方式	思考（T）	·重视事物之间的逻辑与规则 ·倾向于理智思考 ·希望获得成就

续表

维度	类型	特点	维度	类型	特点
精力支配	内倾（I）	・注重自己内心的体验 ・理解先于行动 ・在独处时精力充沛 ・偏好静态环境	决策方式	情感（F）	・重视自己和他人的感受 ・倾向于感受内心 ・希望获得认同
认识世界	感觉（S）	・着眼于现实与常规 ・习惯用感官获取外部信息 ・喜欢使用已知的技能	生活方式	判断（J）	・重视计划和结果 ・倾向于管理控制 ・时间观念强
	直觉（N）	・着眼于未来与想象 ・习惯用直觉推测事物 ・偏好学习新的技能		知觉（P）	・重视弹性和过程 ・倾向于自由发展 ・时间观念弱

MBTI测评是针对个人性格类型的测评，性格类型没有好坏之分，被测评者应放松心情，轻松答题，展现真实的自我。根据测评结果，对八种人格特质进行排列组合，可以得到十六种不同类型的人格，如表6-3所示。

表6-3 十六种人格类型及对应的角色和适合的职业特点[1]

人格类型	角色	适合的职业特点
ISTJ	检查者	要求详尽、精确、勤劳、关注细节、具有系统性的职业
ISTP	操作者	要求注重实用性、尊重事实、寻求有利方法、具有现实性的职业
ISFJ	保护者	要求仁慈、忠诚、体谅他人、善良、乐于助人的职业
ISFP	艺术家	要求温和、体贴、灵活、具有开放性的职业
INFJ	咨询师	要求自信、有同情心、有洞察力、有影响力的职业
INFP	治疗师	要求开放、灵活、理想主义、有洞察力的职业
INTJ	科学家	要求独立、个性化、具有专一性和果断性的职业
INTP	设计师	要求注重合理性、喜欢理论和抽象的事物、具有好奇心的职业
ESTP	发起者	要求行为定向、讲究实效、足智多谋、注重现实的职业
ESTJ	监督者	要求理智、善于分析、果断、意志坚定的职业
ESFP	示范者	要求友好、开朗、活泼、善交友的职业
ESFJ	供给者	要求乐于助人、机智、富有同情心、注重秩序的职业
ENFP	激发者	要求热情、有洞察力、具有创新性、多才多艺的职业
ENFJ	教导者	要求理解、宽容、赞赏他人、善于沟通的职业
ENTP	发明家	要求具备创新思维、战略眼光和分析型思维，多才多艺的职业
ENTJ	调度者	要求具有逻辑性、组织性、客观性、果断性的职业

[1] 任康磊：《人才测评：识别高潜人才，提升用人效能》，人民邮电出版社2021年版。

不同的人格类型分别对应不同的角色和职业类别，领导者可根据员工的测评结果发挥其长处，并帮助其做出更好的职业选择。MBTI测评已经被运用了30多年，从多年的实践结果来看，其测评结果具有一定的时效性，会根据个人的成长及其心态的变化而产生新的变化。

6.3 有效沟通，及时反馈

有效沟通是实施管理决策的重要渠道之一，只有沟通清楚了，才能避免很多不必要的管理矛盾。同时，沟通是一个信息交换的过程，在这个过程中领导者要及时反馈，让员工了解自己的想法，以提升沟通效果，提高团队的工作效率。

6.3.1 高效沟通的力量与关键要素

沃尔玛公司创始人山姆·沃尔顿说过这样一句话："如果一定要将沃尔玛的管理浓缩成一种思想，那可能就是沟通。"他还将企业比喻成一幢建筑物，墙壁分开了职务，地板区分了层级，沟通能把所有人聚集在一间打通的大房间里，为了共同的梦想而打拼。

对企业的领导者而言，沟通是管理的重要技能。领导者每天要与不同的人沟通，同事、客户、合作伙伴等。同时，还要在不同场景下灵活地转变自己的沟通方式，所以高效沟通是卓越领导力不可或缺的部分。

任正非曾不止一次告诫华为管理层，想要决策顺利推行，就必须学会运用沟通的力量，不沟通便无法达成团队成员间的信息互通。

任正非说："我们的管理者，特别是大批年轻的基层管理者，要努力提升自身的管理能力，加强学习，积累管理经验。在对事的管理上……在对人的管理上，要加强对下属的关心和爱护，多一些沟通和辅导，润物细无声，帮助下属提高技能和效率，培养他们在工作中的自信心、成就感。"

随着组织机构的日益复杂，领导者与员工之间的沟通难度也逐渐加大。例如，基层员工的建设性意见要通过层层关卡才能反馈到管理层，管理层在传递决策信息时总会遇到各种信息壁垒，这都降低了信息的准确性。为此，领导者必须掌握沟通的三大关键要素。

1. 明确沟通目的，厘清沟通重点

领导者在沟通前应从庞杂的信息中，厘清传达信息的主题、重点和逻辑，列出优先次序，用精练的语言表达出想法。具体按以下步骤进行。

（1）确定本次沟通需要达到的目的。

（2）确定本次沟通的框架内容，并根据重要性进行优先级排序。

（3）根据二八原则，合理分配沟通的时间。

（4）根据沟通对象的年龄、文化背景、经验等情况，将沟通内容归纳并重构成对方可以理解的语言进行表述。

2. 建立沟通渠道

领导者应该积极拓展与员工的沟通渠道，根据沟通信息的类型、重要程度、紧急程度等选择恰当的沟通方式，包括但不限于面谈、线上聊天工具、电子邮件、视频会议、工作汇报、社区贴吧等，以实现与员工之间畅通无阻的交流和沟通，保障信息传达到位，从而提高企业的整体运营效率。

IBM公司前总裁郭士纳在刚进入IBM时，就意识到与员工沟通的重要性。他认为，为公司员工的交流和沟通建立明确且连续的渠道非常必要。于是，郭士纳在上任的第六天，就给公司全体员工写了一封信，信中说道："在未来的几个月中，我打算走访尽可能多的公司营业部门和办公室，而且，只要一有时间，我就会去和你们见面，以共同商讨如何巩固和加强公司的力量。"

此外，郭士纳经常通过电子邮件的形式向全体员工传达他的规划，员工也会在电子邮件中坦率地表达自己的想法。就这样，郭士纳在这种坦诚互动的交流和沟通中加深了对IBM公司及员工的了解。

对于IBM这样规模巨大的公司，想要实现和每位员工面对面沟通，显然是不可能的。因此，郭士纳选择走访重点部门和电子邮件的沟通渠道，与员工进行有效沟通。

3. 营造良好的沟通氛围

很多时候，员工不是不想沟通，而是不敢沟通。无论哪种性格的员工，在长期压抑的沟通氛围下，多少都会害怕交流。因此，领导者应该在团队中营造良好的沟通氛围，让员工敞开心扉、畅所欲言。

华为为了让员工勇于发表自己的意见，曾在2009年发布过一份倡议书，倡

议公司内部称呼简单化，不要动辄用"总"的称呼，以避免等级观念的形成。

众所周知，阿里巴巴盛行花名文化，入职阿里巴巴的员工都要取一个花名，作为在公司内部的称呼，如马云的花名为"风清扬"、张勇的花名为"逍遥子"、彭蕾的花名为"林黛玉"。这些花名不仅能提升员工之间的熟识度，还能有效缓解上下级之间的距离感和层级感，营造了一种平等、和谐、轻松的沟通氛围。

松下电器创始人松下幸之助曾说过："企业管理过去是沟通，现在是沟通，未来还是沟通。"沟通是企业管理的重要一环，有效的沟通不仅能让领导者与员工之间的关系更加融洽，还能增强企业的凝聚力，提高全员的执行力。

6.3.2　从心开始，做最好的倾听者

沟通的关键技巧，不仅在于表达，更重要的是倾听。正如苏格拉底说："自然赋予人类一张嘴和两只耳朵，就是让我们少说多听。"倾听是沟通的前提和基础，领导者要通过倾听了解员工的真实想法和意见，提升与员工之间的沟通效果。

早年，美国加利福尼亚州立大学对企业内部的沟通做了一次研究。通过反复对比发现，企业内部的沟通存在一种"位差效应"：

来自领导层的信息，只有20%～25%被下级了解和正确理解；

来自基层的信息，不超过10%被正确传达到上级；

同级之间平行沟通的信息，传达效率超过90%。

由此可见，领导者想要顺利听到员工真实的心声，就要学会放低姿态，保持平等的心态。任正非经常和华为的干部强调，员工的感受对公司的管理和发展至关重要，管理层想要顺利听到员工的心声并不容易。只有主动站在员工的位置，与员工平起平坐，从员工的角度了解员工的心理，员工才能对你畅所欲言。

华为在开拓海外市场时，会雇佣很多当地员工。但是在项目开展的过程中，当地员工经常完不成任务，华为不得不调派更多的中方人员。因此，华为海外的本地化程度很低。

华为业务总裁冯伟雄花了半年时间，与当地骨干员工进行深入交流和沟通，发现了问题所在。由于语言不通，加之文化差异，中方人员极少与当地员工进行交流，因此当地员工往往得不到信任，无法施展才干，甚至消极怠工。而中方人员又对当地员工抱有偏见，认为他们能力低、态度差。而且中方人员来到项目组

马上就当了领导，而已经在这里干了三年的当地员工连一官半职都没有。

原来，当地员工并非能力低、态度差，而是中方人员摆架子，不屑与当地员工沟通，只是一味地发号施令。冯伟雄在看到问题后，用平易近人的态度与当地员工深入沟通，同时花费更多的时间倾听当地员工的想法，并为他们的工作绩效、职业成长提供积极的帮助。这就是华为的管理之道。

一位卓越的领导者往往会花许多时间倾听每位员工的心声，当员工确信你在认真倾听时，他们会感受到极大的尊重和信任，从而在工作中付出更多的努力作为获得认可的回报。

倾听是一门艺术，也是一门技术。想要成为一位好的倾听者，不仅要理解倾听的内容，还要展示正确的肢体语言对员工的话做出回应。

- 在谈话的过程中，以自然的微笑和不时的点头表示尊重与认同。
- 用三分之二的时间来注视对方两眼与嘴之间的三角区，表示关注。
- 将身体微微向前倾，表示对员工话题的兴趣。

【案例】倾听需要给予回应

本田宗一郎是20世纪杰出的管理者，曾有这样一件事让本田宗一郎终生难忘。

一次，来自美国的技术研发人员罗伯特来找本田宗一郎，当时本田宗一郎正在办公室休息。罗伯特兴奋地把自己的设计拿出来讲解，但还没讲解完，罗伯特就发现本田宗一郎并没有在听，于是带着失望离开了办公室。第二天，罗伯特向本田宗一郎请辞，他对本田宗一郎说："尊敬的总经理，我已经买好了回美国的机票，谢谢这两年您对我的关照。我离开的原因是您自始至终都没有听我讲话。我说我设计的这个车型很棒，上市之后肯定会畅销，但是您当时没有任何反应，还低着头闭着眼睛在休息。您根本不尊重我花费一年时间设计的车型！"

后来，罗伯特带着他设计的车型回到了美国，加入了福特汽车公司，福特汽车公司的高层领导很看重罗伯特的设计。这款汽车上市销售，果然引爆了市场，人们纷纷购买。也就是从那件事以后，本田宗一郎才真正领悟到倾听的重要性。他感慨，如果企业的领导者不能自始至终倾听员工讲话，不能认同员工的心理感受，不能给予员工积极的回应，则后果不仅是失去一位技术骨干，甚至整个企业都有可能走向衰落。

所以，领导者要有一颗平等的心，主动倾听员工的声音并给予回应。只有广泛收集基层的真实信息，及时沟通，领导者才能做出正确的决策，顺利地开展管理工作。

6.3.3 优秀的领导者往往善于反馈

完整的沟通过程既包括倾听想法，也包括对想法做出回应或反馈。领导者对员工想法的反馈，达成了沟通工作的闭环。

作为领导者，要对员工的建议积极反馈，即使暂时没找到解决的办法，也一定要让员工知道，你在关注这件事，否则就会打消员工提出想法和建议的积极性，也无法使他们的工作得到改进。

2017年，京东在内部发布了《京东人事与组织效率铁律十四条》，其中第十条"24小时原则"明确规定：所有管理者对任何工作请示及需要批复的邮件24小时内必须回复，所有管理者必须保证电话24小时开机并接听电话，保持沟通渠道的顺畅。不能做到"24小时原则"的管理者，一律免职。

京东创始人刘强东解释说，如今的时代，是信息时代，市场瞬息万变，企业想要快速响应，应对市场变化，就必须保持内部沟通的畅通，"24小时原则"并不是随意制定的标准，而是京东管理层多年积累下来的经验。

任正非在华为内部也多次强调及时反馈的重要性，他倡导华为的干部要积极深入员工内部，倾听与咨询员工的意见，并对员工提出的问题给予及时解决和反馈。领导者的及时反馈不仅能让员工在第一时间了解领导者的真实想法，还能加强员工对领导者的尊重与信任。

反馈一般分为两类：一类是纠正调整式反馈，称为负面反馈；另一类是表扬鼓励式反馈，称为正面反馈。领导者在进行反馈时应更多地选择正面反馈，即多鼓励、多表扬、多建议，少指责、少埋怨、少谩骂。

【案例】"反馈效应"实验

美国心理学家赫洛克曾做过一场著名的"反馈效应"实验，通过实验发现，不管是表扬还是批评，都是一种反馈方式，不同的反馈方式会影响人们的行为。

106名四、五年级的小学生参与了赫洛克的实验，赫洛克把他们分成4组，让他们练习做数学题，这些题目的难度相同，练习时间为5天，每天15分钟。学生完成第一天的练习后，按照不同的组别，分成4种不同的情况继续实验：

第一组为受批评组，每次练习后严加批评；

第二组为受表扬组，每次练习后给予鼓励和表扬；

第三组为被忽视组，每次练习后不给予任何评价，让其旁观其他两组挨批评或受表扬；

第四组为控制组，不给予任何评价，还把他们与前三组成员相隔离。

实验结果如下：第一组至第三组的练习效果均优于控制组，第一组和第二组的练习效果明显优于第三组，第二组的学生成绩始终在不断提升。

适当的表扬明显要比批评好，而批评的效果又优于不给予评价。在企业中是同样的道理，领导者对工作及时给予评价，能强化员工的工作动机，促进其工作效率的提高。同时，也要根据实际情况提出建议，以帮助员工更好地成长。

想要取得良好的反馈效果，领导者可以借助"三明治"反馈法进行有效的反馈。顾名思义，"三明治"反馈法就是像三明治一样进行正面、负面和正面三个层次的反馈（见图6-2）。

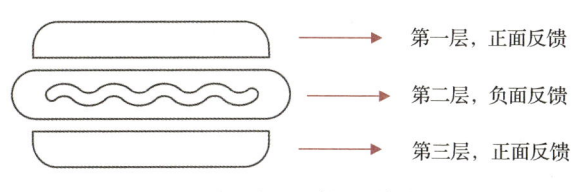

图6-2 "三明治"反馈法

第一层：表扬，如被反馈者具备哪些优势和能力，做得好的地方在哪里。

第二层：小批评，如哪些方面还可以提升，哪些潜力没有被挖掘出来，哪些能力未能得到发挥。

第三层：鼓励，如今后努力和改进的方向。反馈者可以谈谈自己的感受和经验。

实施"三明治"反馈法的最终目的，是让领导者和员工双方都进入正向激励的循环，既能让领导者形成一种积极的思维方式，又能最大限度地激发员工的工作热情，使其为企业奉献更大的价值。

6.4 教练辅导，激发潜能

优秀的团队不是管出来的，而是带出来、辅导出来的。

笔者一贯的意见是：低阶的领导者以权威压人，驱使员工拿结果；高阶的领导者培养人，驱动员工拿结果。

6.4.1 用优秀的人去培养更优秀的人

任正非曾表示,华为的事业要兴旺,就要有源源不断的接班人涌入华为的队伍。华为的干部要有博大的胸怀,培养事业的接班人,没有这种胸怀,何以治家?不能治家,何以平天下?

因此,华为主张用优秀的人去培养更优秀的人,让高端专家及干部担负起导师的责任,指导、教育、培训、考评与监管,帮助新一代成长,让其发挥更大的价值。

【案例】华为全员导师制

华为全员导师制是全员性、全方位的,不仅新员工有导师,所有员工都有,不仅营销系统实行这一制度,生产、客服、行政等所有系统都实行,华为认为所有员工都需要导师指导。对于调整到新工作岗位的老员工,不管资历多深、级别多高,在进入新的岗位后,公司都会为其安排导师。

正所谓名师出高徒,华为在导师的选择上,设置了诸多条件。

(1)司龄满一年以上。

(2)工作业绩好,有能力进行业务辅导。

(3)理解并认同华为的文化,能进行思想引导。

(4)责任心强,为人正直热情,有较强的管理能力,能辅导新员工制订合理的计划、安排相应的工作。

(5)参加过导师相关培训,并通过考试。

其中最主要的两条原则是:工作业绩好和理解并认同华为的文化。华为的导师职责比较宽泛,不仅有业务、技术上的"传、帮、带",还有思想上的指引,更有生活细节上的照顾等。

马云曾公开表达了自己对人才管理的看法,他认为企业不应该费力"挖人",而应该努力培养自己的年轻人,并且认为最好的人才一定是自己发现、培养和训练出来的。团队也是如此,作为团队的领头羊,必须注重人才的培养和保留,只有培育出能力更强的团队成员,才能带领团队更上一层楼。

李国(化名)是华为企业业务通信领域的技术"大牛",不仅在公司内部有着强大的技术影响力,而且客户都对他赞赏有加。

"打仗"只是李国擅长的一方面,他更擅长的是"带兵"。李国认为,一个优质的团队才是保持常胜的关键。他说:"我想把自己的团队打造成一个'埋雷者'

为零，而个个都是'扫雷'和'拆雷'突击手的团队。"

李国非常爱惜人才，特别是新员工。每当有新员工加入时，李国都会为他们推荐入门学习资料，并组织大家召开研讨会，鼓励新员工在研讨会上多发言，与老员工多进行技术交流。一般而言，新员工只需要两个月就能在技术讨论会中非常自如地发表自己的看法和意见。

不仅如此，李国还关心大家的生活状态，他习惯了在餐桌上与团队成员聊天，了解大家在生活和工作中遇到的困难与烦恼，并为他们提供一些建议。团队成员小沈说："李国为人和蔼，技术精湛，工作勤奋，看到"大牛"都这么努力，自己工作和学习的动力就更足了。与李国交流更是受益匪浅，他对问题的见解、他思考问题的方式常常让我脑洞大开，能够与他共事是一种幸运和福分。"

领导者不能仅成为业务高手，更要承担人力资源管理的责任，加强对员工的指导和培养，创造条件，促进人才的进步，打造一流团队。

6.4.2 基于员工类型匹配辅导风格

一位普通的领导者和一位成功的领导者之间最大的区别，在于教导他人的能力。领导者不能只让自己拥有丰富的经验和高超的能力，还要能够将这些经验和能力传授给员工，培养优秀的接班人。

领导力大师保罗·赫塞提出，领导者应随组织环境及个体变化而改变领导风格及管理方式。简言之，**领导者要根据员工所处的发展阶段，采用与之相匹配的辅导风格，来帮助员工提高工作能力。**

根据员工的工作意愿和工作能力分析，员工在企业内有四个不同的发展阶段，如图 6-3 所示。

S1- 热情高涨的生手：刚加入企业，对工作和学习有浓厚的兴趣与热情，但缺乏技能和经验。

S2- 憧憬幻灭的学习者：工作能力较差，在接到工作任务后，因遇到挫折，工作热情减弱。

S3- 工作能力强但缺乏信心的执行者：工作一段时间后，业务能力逐步提升，但缺乏信心，担心犯错。

S4- 独立自主的能手：工作能力突出，

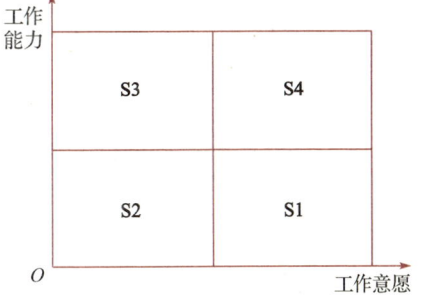

图6-3 员工不同的发展阶段

能够独当一面，自信地完成工作任务。

明确了员工所处的发展阶段后，领导者可以匹配不同的风格对员工进行辅导，通常有指令式、支持式、引导式和授权式四种辅导风格（见图6-4）。

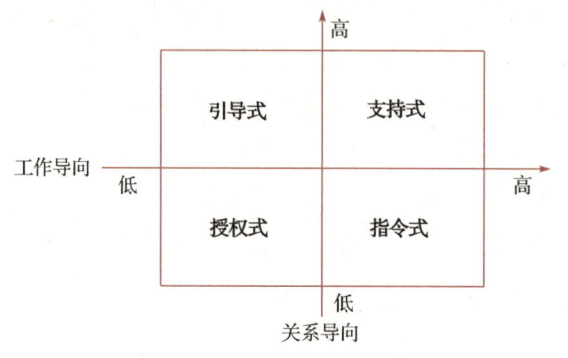

```
              高
              ↑
    ┌─────────┼─────────┐
    │         │         │
    │  引导式 │  支持式 │
    │         │         │
工作导向───────┼─────────→ 高
 低 │         │         │
    │  授权式 │  指令式 │
    │         │         │
    └─────────┼─────────┘
              低
           关系导向
```

图6-4　不同类型的辅导风格

辅导风格有两个行为维度，分别是指导行为和双向沟通行为。

当员工处于S1阶段时，领导者可采取指令式的辅导风格，事无巨细、手把手地教导员工做什么、何时做、怎么做，同时对员工的工作成果进行频繁沟通与反馈。

当员工处于S2阶段时，领导者可采取支持式的辅导风格，与员工共同探讨工作目标，鼓励其多表达自己的想法，帮助员工做出决策，并进行阶段性复盘与沟通。

当员工处于S3阶段时，引导式的辅导风格会更适合。领导者要推动员工主动思考，并给予鼓励与支持，积极倾听员工的想法与意见，与员工共同做出决策。

当员工处于S4阶段时，授权式的辅导风格效果非常明显。这个阶段的员工工作能力非常强，工作意愿非常高，领导者应该为其提供资源，充分授权。

大多数领导者都会有其特别偏好的一种辅导风格，但管理无定式，领导者必须根据员工的实际情况灵活变换自己的辅导风格。

杰克·韦尔奇曾说：" 在你成为领导者之前，成功的全部就是自我成长；在你成为领导者之后，成功的全部就变成了帮助他人成长。"显然，团队的成长更多地来自领导者，只有当领导者的辅导风格与员工的工作能力、工作意愿相匹配时，辅导的效果才能最大化。

6.4.3　利用教练辅导工具激发个体潜能

工欲善其事，必先利其器。辅导是一个互动且长期的过程，领导者想要提高辅导效率，就需要熟练地利用教练辅导工具。

GROW 模型是 IBM、华为等标杆企业普遍使用的成熟的教练辅导工具。它是由四个英文单词的首字母组合而成的，代表四个不同的步骤，分别为 Goal——聚焦目标、Reality——分析现状、Options——选择方案、Will——强化意愿。领导者可通过富有技巧性的提问和结构清晰的工作流程帮助员工加强认知、释放潜能。

1. 聚焦目标

GROW 模型的第一步是聚焦目标，以辅导结果为导向，确定一个终极目标和一个绩效目标。终极目标即最终的目标，如成为行业的佼佼者，成为某个部门的市场总监等。终极目标的大部分影响因素在掌控之外。绩效目标是一个有很大机会能实现的目标，如下个月的业绩突破 100 万元，11 月底前退货率低于 5% 等。绩效目标的影响因素基本在掌控之内。设定终极目标的意义是促进长期思考，鼓舞人心，赋予员工强大的动力；而绩效目标定义了详细的内容，让结果可衡量和可行动化。

在聚焦目标时，领导者可以进行以下提问。

你希望从此次辅导中获得什么？
你认为这次辅导可能带给你最大的帮助是什么？
你的长期目标是什么？

2. 分析现状

在确定了各种目标后，就需要客观分析现状了。现状是指与目标相关的当前的状况。在这个阶段，领导者尽量不要问"为什么"，因为这类提问容易获得员工防御性的回答，通常用"是什么"来提问，以获得更加准确的回答。此外，领导者应尽可能地鼓励员工使用描述性的词语，而不是评判性的词语，以保持在分析现状时的客观状态。

在分析现状时，领导者可以进行以下提问。

现状与目标的差距在哪里？
你已经拥有了哪些资源？
你在做的哪些事情能支持你实现自己的目标？
你在做的哪些事情会阻碍你实现自己的目标？

你为实现这个目标做了哪些努力？

3. 选择方案

这个阶段的目的是选择以实现目标为导向的最优行动方案。在这个阶段，领导者要引导员工思考和罗列尽可能多的可供选择的方案。

在员工提出创造性解决方案时，领导者切忌使用"这不可能完成""他们绝对不会同意""我们花不起这个时间"等隐含性的语句，应该使用"如果没有这些障碍，你会怎么做""这个路径是最优的吗""还有什么其他的方法"等提问方式，以激发员工思考更多的创造性想法。

4. 强化意愿

GROW模型的最后一步是强化意愿，目的是将讨论转变为决策和计划，并开展行动。这个阶段可以分为两个步骤：一是设定责任，二是跟进与反馈。

设定责任是指领导者要帮助员工制定适当的实施措施和责任构成，确定完成目标期内的具体决定和行动步骤。

在设定责任时，领导者可以进行以下提问。

你打算怎么做？什么时候做？

在实施过程中，你可能遇到什么困难？

我如何才能了解你的行动进展？

你需要什么支持？

你对于这个计划还有什么顾虑？

跟进与反馈是指行动方案执行一段时间后的沟通及核对。领导者要根据行动方案中约定的时间段与员工沟通方案的执行情况和目标的完成进度。领导者应围绕"发生了什么""你从中学到了什么""未来你将怎样应用它"这几个关键问题来跟进与检查员工的学习收获和将来的行为举措，并针对已实施的行动进行总结，更新或完善行动方案。

在辅导面谈结束后，领导者可根据表6-4中的内容进行效果自检。

表6-4　GROW模型应用效果检测表

序号	问题	自检
1	在辅导面谈中是否有人打扰	□是　□否
2	在辅导面谈中我是否经常打断员工的表述	□是　□否

续表

序号	问题	自检
3	我是否使用了隐含性的语句	□是 □否
4	当我不同意员工的观点时,是否克制了自己的情绪	□是 □否
5	我对这次辅导面谈的目标实现是否充满信心	□是 □否
6	我对这次辅导面谈的过程是否满意	□是 □否
7	此次辅导面谈是否达到了我的目的	□是 □否
8	下一次辅导面谈时,我的方式是否有需要改进的地方	□是 □否
9	辅导面谈结束后,员工是否感到信心十足	□是 □否
10	通过此次辅导面谈,我是否与员工之间加深了对彼此的了解和认识	□是 □否

GROW 模型为领导者提供了结构化的教练对话框架,清晰阐述了教练辅导的理念和技巧。正如职场教练应用先驱约翰·惠特默所说:"提问既能激发人的思考能力,也能激发人的潜在能力,还能让人主动承担责任,因为提问给予了一个人生命的自由。"GROW 模型就是通过有效对话激发个体潜能,帮助员工找到解决问题的答案的。

6.5 有效授权,借事修人

美国经济学家默顿·米勒曾说过:"真正的管理者要做的不是事必躬亲,而是为员工指出路来。"优秀的领导者应该敢于授权、善于授权,只有这样才能培养出精干的员工,提升团队的战斗力。

6.5.1 授权:激发全员领导力

团队发展到一定的规模后,分支机构和人员不断增加,领导者难免会分身乏术。合理有效的授权不仅可以节省更多的时间和精力,使领导者投入战略决策等重大事项中,还能激发员工的主人翁精神,有效培养和锻炼员工的管理能力。

谷歌模式的核心是授权。在谷歌,上级和员工之间并没有强烈的职位等级区分,员工可以随时表达自己的想法,甚至提出与上级不同的建议,上级也会支持提出新想法的员工去尝试和实践。

有一位谷歌的员工在评价其经理时说道:"当我还是一个新人的时候,我的经理就大胆让我着手一个多功能团队组建及团队目标制定的项目。现在她也是让我们自己拿主意、发挥创意,在必要的时候才介入进来给我意见,避免项目方向跑偏。"

在这种模式下，谷歌的员工能够快速建立起责任感，并像管理者一样思考，发挥主观能动性，为组织创造更好的业绩。

领导者的职责是引领而非运营。在任何一个组织中，领导者的职责都是要最大限度地发挥沟通和协调的作用，联合各方力量调动组织资源并进行最优配置，以实现组织的目标。因此，领导者要学会授权，让自己从繁杂的事务中脱离出来，不必事必躬亲，但要对事负责。

从某种程度上说，授权也是衡量领导者能力的重要标准。百度公司创始人李彦宏在日常管理中就非常注重对员工的授权。

李彦宏认为，只有在企业内部实行授权，让员工高度自治，才能激发员工的工作热情。百度一直以来都在强调对每一个管理阶层的授权和信任，并允许员工犯错误，甚至提供机会给员工试错。李彦宏曾经在企业内部公开表示："如果下属和我的意见不符，我会让他按照自己的想法尝试一遍，如果行不通，再按照我的想法走一遍。"

2017年1月，李彦宏做出了自百度成立以来的最重大架构调整，让陆奇担任百度总裁兼COO，直接向李彦宏汇报，之前向李彦宏汇报的副总裁们一一向陆奇汇报。李彦宏几乎把百度所有业务的管理和运营都交给了陆奇，自己卸下了日常的管理事务，将更多的精力花在战略的制定、文化的塑造、人才的培养和吸引上。

当然，李彦宏不是毫无理由地授权。陆奇曾被微软前CEO斯蒂芬·鲍尔默评价为集资深的专业技术知识、出色的领导能力和广泛的商业知识于一身的奇才，正是陆奇杰出的专业能力和较强的商业思维才让李彦宏能够放心大胆地授权。

授权并不是盲目地进行无效授权，而是有目的、有选择地进行有效授权。所谓有效，在于领导者的授权策略有效，既相信员工的品德和能力，又相信自己能够解决授权带来的问题。因此，领导者不仅要有授权的意识，还要掌握授权的技巧。

6.5.2 有效授权的艺术与技巧

授权是一门艺术，是领导者能力的扩展和延伸，也是领导者的一项重要管理技巧。一位明智的领导者应该学会有效授权，借力成事，培养出能独当一面的人才。那么，如何进行有效授权呢？可以按照以下三个步骤进行。

1. 判断能否授权

并非任何工作都适合授权，领导者必须对自己的职责进行明确的划分，按照职责大小及重要程度将工作事项分为不能授权的事项和可以授权的事项，其中可以授权的事项又分为必须授权的事项、应该授权的事项和酌情授权的事项，如表6-5所示。

表6-5 领导者不能授权的事项和可以授权的事项

不能授权的事项	
选人用人	关键部门的人事任用权、罢免权
资金支配	重大财务开支的裁决权
彰显身份	这类工作非本人做不可
制定标准	工作规则、重大奖惩标准制定
重大决策	企业面临关键时刻（如转型、确定发展方向等）的重大决策
战略研究	关系企业战略研究层面的工作
检查评估	监督工作成效、检查工作状态、绩效考核评估

可以授权的事项		
必须授权的事项	应该授权的事项	酌情授权的事项
• 授权风险小的简单工作 • 重复性的程序工作 • 员工完全能做好，甚至比领导者做得更好的工作	• 员工有能力处理的工作 • 有挑战性但风险不大的工作 • 有风险但领导者可控制的工作	• 突发紧急事项，领导者有更重要的事去处理 • 必需但不影响部门核心业务和业绩的工作

2. 评估授权对象

领导者要寻找既有能力完成任务，又有责任心的员工作为授权对象，选择授权对象的原则是人事相宜、责权对等。

在与授权对象沟通授权内容前，领导者可以先问自己以下几个问题。

我为什么要授权给这位员工，他具备哪些能力？

我认为对这位员工最有效的管理方式是什么？

我认为这位员工在完成授权任务时需要哪些支持？谁可以提供支持？

3. 责权利相统一

授权不仅是派发任务，只有职责、权力和利益的统一才能保证授权对象有效地完成任务。

（1）明确职责范围。

授权时，领导者要明确告知授权对象任务完成的时间节点、具体内容、交付目标和绩效标准等，征询授权对象的意见。双方要协商一致，达成共识。

（2）界定权力范围。

领导者要向授权对象明确其工作边界和权力范围，让授权更加具体化，防止过度授权或授权不到位的现象。必要时可以在公开场合授权，避免授权对象在后续开展工作时遇到不必要的阻力。

（3）做好失误的思想准备。

失误是授权的一部分，授权对象在完成任务的过程中出现一些失误是难免的。领导者应宽容对待，不要害怕失误，并及时为授权对象提供帮助。

（4）了解授权价值。

领导者要肯定授权对象的能力，让其明白授权的目的和意义，以及完成任务会给组织或个人的成长与发展带来什么样的帮助。同时，可以给予适当的激励和认可，激发授权对象的积极性与内在动力。

此外，授权不等于放任不管，领导者仍然要承担授权任务的责任。正如"石油大王"洛克菲勒所说："无论授权到何种程度，有一种东西永远不能放下，就是责任！授权就是责任的加大，不仅对自己，更要对下属的工作绩效负全部责任。"

6.5.3 建立授权的督导反馈机制

授权是为了让员工在权责范围内，减少内部阻力，灵活自主地完成任务。但如果授权后不加以督导与限制，任由员工随意使用权力，则将导致管理上的混乱，完全背离授权的初衷。

【案例】过度授权的后果

克里斯·高尔文是摩托罗拉创始人保罗·高尔文的孙子。在克里斯·高尔文接任摩托罗拉 CEO 之初，摩托罗拉面临严峻的内外部挑战，在外部，各家手机厂商竞争激烈，而在摩托罗拉内部也存在机构臃肿等问题。为了应对这些挑战，也为了体现自己的开明和知人善任，克里斯·高尔文决定将公司大部分权力下放给各级管理者，让那些高层主管充分发挥他们的管理天赋。

克里斯·高尔文坚信自己在用人上的正确性，公司事务无论大小都不予过问，结果导致他根本不了解自己公司的运营状况。个别高层主管为了讨好克里斯·高尔文，过分美化公司的运营状况，甚至鼓动克里斯·高尔文在2000年公开宣布摩托罗拉要售出一亿部手机的目标。

此外，过度授权、缺少监管，导致公司内部各个部门缺少协调，总是各自为政。比如，不同的产品线界限不清、定位冲突、功能重叠等，极大地影响了摩托罗拉的运营。

2000年以后，摩托罗拉的市场占有率、股票市值、公司获利能力连续下降。作为手机行业曾经的龙头，摩托罗拉的市场占有率只剩下13%，只有诺基亚的三分之一；股票市值也缩水72%。15年来，摩托罗拉第一次出现亏损。

显然，克里斯·高尔文的授权是不成功、无效的，虽然授权要建立在充分信任的基础上，但是对下属再信任，授权也应该有一个限度。授权并不意味着彻底放权和放任自流，领导者应该对授权对象在完成任务的过程中进行监督，对偏离目标的行为进行纠正，对滥用职权者进行处罚。

任正非常说："授权不等于彻底放权，把权力都放出去了，企业还要管理者做什么？"稻盛和夫也在管理中总结出一些经验，他认为，适当的监督与必要的指导是保证员工工作进度和效率的重要手段。

为了更好地适应公司内外部的变化，华为从2017年开始在部分代表处进行"合同在代表处审结"试点。

华为将在战略客户、战略产品和竞争方面对代表处进行指引和要求。对资金、账务、审计三项重要的职能中央集权，将战略洞察、规则制定、关键干部任用、监督四项中央权力作为"合同在代表处审结"的边界。同时，代表处作为"小华为"，要做到对外守法，符合所在国家和地区相关的法律法规，对内合规，做到内控和BCG（商业咨询集团）的要求全公司统一。子公司监督型董事会是监督者，负责对试点代表处进行对内和对外合规的监督；同时，CFO对高风险项目仍然有否决升级权，履行服务与监督职能。

华为通过有效的监督机制，充分保证代表处在自主决策的同时，杜绝可能损害公司利益的情况出现。

授权不是分权，授予出去的是决策权，保留下来的是监督权。任正非"对权力加以监督和干涉"的管理手段，有效确保了华为内部在出现权力分歧的时候，公司高层能够在第一时间做出相应的策略调整，从而保证华为的健康运营。

6.6 综合管理，业财人模型

企业必须保持长期有效的增长，才能永葆活力。在任正非看来，判断是否保持长期有效的增长，当期看财务指标，中期看财务指标背后的能力提升，长期看格局及商业生态环境的健康状况、产业的可持续发展等。

因此，领导者要以长远的眼光来经营企业，既要懂业务，又要懂财务，还要懂 HR，在积极进攻中实现稳健经营的目标。

在这种要求下，华为强调组织中台能力，在实际工作中，除一号位外，还有组织中台的业财人 3-BP 模型。

6.6.1 配置组织中台，追求长期有效的增长

发展才是硬道理，没有发展，企业就会矛盾重重。企业实现长期有效的增长是持续发展的前提和基础。

因此，领导者应树立追求长期有效增长的管理理念，并将这种理念渗入日常管理工作中。

华为认为，长期有效的增长包括六个方面的内涵。

（1）经营结果健康，即追求有利润的收入及有现金流的利润，不重资产化。

（2）不断提升公司的核心竞争力。在资源配置上，要求加大前瞻性、战略性投入，构筑公司面向未来的技术优势，引领行业发展；在驱动要素上，明确提出以技术创新和管理变革双轮驱动。

（3）构建健康友好的商业生态环境。要有战略思维，在合理的利润追求下，将部分利润让给合作伙伴、让给客户，从而使合作得以长久。

（4）追求公司的长期价值，价值表现为公司现实的获利能力和未来潜在获利机会的货币化，遵循"长期保持饥饿状态，不谋求赚大钱"的商业模式。

（5）资本与劳动分享利益。做蛋糕重要，分蛋糕同样重要，华为始终坚持"令出一孔，力出一孔，利出一孔"的厚积薄发的原则，贯彻资本与劳动的分享机制。

（6）通过无依赖的市场压力传递，使内部机制永远处于激活状态，从而驱动公司实现持续增长。

作为领导者，应该高瞻远瞩，适当放弃短期利益，只有这样才能获得长期有效的利润增长。然而，为完成短期指标而牺牲未来利益的现象在各大企业中比比皆是。2015 年，华为中亚、俄区域专职董事徐志东在履职思考时提到了这种现象。

2010 年，H 代表处在巨大的竞争压力下，赢得了 T 项目。起初几年，盈利状况尚可。但是，合同条款中埋藏着巨大的隐患，价格逐年下降 $x\%$，并且从 2014 年开始，实施赠送 y 台基站。这就造成从 2014 年开始，H 代表处在此项目中亏损，并且后面几年会出现可预见的持续亏损。

任正非曾多次强调："如果眼前的利益是以损害企业的长期利益，甚至危及企业的生存为代价而获得的，就不能认为管理决策做出了正确的权衡和取舍，这种管理决策就是不负责任的。"

只关注当期而不关注长期，只关注现在而不关注未来，该投入的不敢投入，长此以往，企业将面临淘汰。目光短浅的领导者就是不担责的领导者，只有关注企业战略，追求价值长期增长的领导者，才能提高服务质量，提升企业的工作效率和盈利能力。

2011 年 4 月，华为新任主管王瑞（化名）来到青海，当时仅 20 名成员的团队却要服务全省的通信。因此，各种问题层出不穷，终端和企业业务开展缓慢，客户问题反馈通道不畅。为了更好地服务客户、拓展市场，王瑞向公司申请成立西宁办事处，并配备了 40 多名相关人员。

2011—2012 年，王瑞成立了问题清零项目小组，以客户界面区域铁三角为作战单位，深入倾听客户的声音，收集、响应客户的问题，打造客户服务闭环。由于西宁办事处只有办事处主任和员工两层组织，因此每个人都要承担多个角色的工作，如客户经理兼任系统部主任、产品经理兼任 SR（解决方案经理）和产品部主管。在王瑞的带领下，西宁办事处不仅提升了客户满意度，还挖掘了市场中的新机会点，为青海市场的稳定增长提供了持续的保障。

2011 年之前，西宁办事处人少、销售额低，同时由于历史原因，当地的 3G 格局较差，需要不断平衡大额投入和后期收益的问题。2011 年之后，西宁办事处着眼于未来规模和格局，进行了有效的投入和开拓，为实现有效增长奠定了基础。西宁办事处针对收入监控制定了集成的收入计划表，将机会点、订货、发货、收入、回款拉通进行监控和滚动刷新，以便清晰地看到整个环节中哪里出了问题，及时纠偏，并通过集成的收入计划表，明确系统部、产品部等各个部门的目标和职责。

在王瑞的精细化运作下，西宁办事处于 2012 年实现了收入、利润、现金流同比显著增长。

保持长期有效的增长是领导者的永恒追求。领导者要坚定不移地把握良好的战略机遇，平衡短期经营绩效提升和长期有效增长之间的关系，敢于进行战略投入、战略布局，为组织的未来发展奠定良好的基础。

另外，组织的能力配置要均衡，不能只配备业务干部。一般而言，华为在各级业务单元，均配备较强的运营 BP（合作伙伴）、HRBP 和财经 BP，以支撑业务干部在打胜仗的同时，建设均衡的组织能力，保证组织长期持续发展。

6.6.2　专业拥抱业务，业财人打造高绩效组织

"经理就是经营理财，如果既不会经营，也不会理财，那你为什么叫'经理'？"任正非多次在内部会议中发表对华为财务管理方面的意见，提出财务部门和业务部门的干部应当互换互通，财务人员要懂业务，业务人员也要懂财务。

按照打仗的思维，一支军队的合格主将，一般要有若干助手。在华为，这些助手一般"挂"在各级组织的"脖子"上，属于 BP 型干部。

运营 BP，相当于古代军队中的司马、现代军队中的作战参谋，分管上传下达。在企业运作中，主要负责管理组织 KPI 和日常运营，帮助主将实现日常作业。

HRBP，相当于古代军队中的监军、现代军队中分管干部和思想工作的政委或政治部主任。在企业运作中，主要负责干部和人才的选拔与建设，解决各级组织从战略规划到执行中的"组织和人"的问题。

财经 BP，相当于古代军队中的粮草官、现代军队中的后勤保障。在企业运作中，主要负责提供财经和风控信息，确保企业的现金流和运营安全。

同时，各类 BP 型干部都要懂业务，与业务部门组成"混凝土"结构，共同对作战负责。只有由主将和各类 BP 型干部形成的、面向作战的组织，才能高效、及时、稳健地抓住机会点，在积极进攻中实现稳健经营的目标。

2015 年，华为《管理优化报》上的一篇名为《一次付款的艰难旅程》的文章引发了华为内部员工的激烈讨论。该篇文章主要反映了华为内部的财务审批流程复杂、对一线不信任等问题。任正非看到后，盛怒之下以总裁办电子邮件的方式做出了批示，并发给华为董事会、监事会和全体员工。批示内容如下：

据我所知，这不是一次偶然的事件，不知从何时起，财务人员忘了自己的本职是为业务服务、为作战服务，什么时候变成了颐指气使。皮之不存，毛将焉附？
…………

财务作为后勤保障部门，是为一线服务、为客户服务的，应该成为助力业务

发展的推力，而非背离业务的阻力。归根结底，出现这种现象的原因在于，以财务干部为代表的专业干部，不懂业务，难以和一线人员同频共振。因此，华为要求财务干部要懂业务、理解业务，只有这样才能更好地服务于管理业务。

2011年9月，林飞（化名）被任命为华为南美南地区部CFO，工作重心是开拓巴西市场。华为自1998年进入巴西市场后，发展了十余年，利润从来没有"转正"。

林飞肩负着组织的厚望，来到了巴西。在了解到巴西市场的艰难后，林飞花了整整两个月的时间，与当地管理团队进行多次务虚研讨，寻找能扭转局面的"钥匙"。幸运的是，林飞在不断摸索中找到了解决方案。

首先，林飞清楚地认识到自己应该及时"转身"。当时，林飞身兼数职——变革项目组组长、流程质量运营管理委员会主任，职务的变化让林飞管理的事务不再局限于财务，而是整个内部体系。

其次，巴西市场无法盈利的原因在于流程系统没有跑通。为了理顺、疏通流程，林飞将各个部门集中在一起，每周用半天的时间研究整个巴西的变革，从各个方面提升由采购订单到开票整套流程的能力。

最后，面对开票错误率高导致客户经常退票的问题，林飞坚持重新启用ERP（企业资源计划）系统。在使用一段时间后，巴西市场开票的准确率和效率大大提高，开票的人也从200多人减少到60多人。

随着流程的逐渐疏通，以及端到端供应能力的提升，华为逐渐赢回了巴西市场客户的信任。尽管巴西市场的情况正在渐渐好转，但仍然处于亏损状态。2013年，经过与管理团队的研讨，林飞向大家明确，放弃巴西的代维和微波项目，因为华为在巴西没有能力也没有精力开展代维和微波项目，而且在当时的情况下，项目成本高，团队还不具备低成本交付的能力，只有先练好内功，才能拓展。自此之后，华为在巴西市场迎来了盈利的"春天"，2014年、2015年利润节节攀升。

后来，林飞和朋友回忆起在巴西的日子，感慨万千："我深刻感受到，做CFO是一项'技术活'，因为这个岗位不单单需要了解会计的专业知识，还需要了解公司的业务，掌握全面的业务技能；同时这也是一项'艺术活'，因为CFO需要和公司内部、外部积极沟通，处理和掌控风险。"

总之，对于BP型干部，华为的要求就是服务一号位，服务业务单元的发展，组成高绩效组织，用组织的确定性来共同面对业务环境和经营结果的不确定性。

最后，笔者用华为 CFO 孟晚舟对 BP 型干部的能力和作风要求，给本章做个结尾：

"打开作业边界，责任在哪里，我们就在哪里；

"打开管理边界，机会在哪里，我们就在哪里；

"打开组织边界，人才在哪里，我们就在哪里；

"打开思想边界，方法在哪里，我们就在哪里；

"打开能力边界，工匠在哪里，我们就在哪里。"

阅读心得

第7章
拥抱管理变革，系统进行熵减

管理学大师彼得·德鲁克说："我们无法左右变革，我们只能走在变革的前面。"变革是组织实现动态平衡的重要手段，能够帮助组织突破桎梏，持续向前。

同时，SDBE领先模型一直强调领导力要坚持两个导向：一是要有组织导向，要坚持把成功建立在组织和团队之上，而不是个人；二是要有变革导向，墨守成规式的干部不是好干部，只有通过创新和变革，创造更大价值的干部，才是好干部。

因此，领导者要将变革视为机会，拥抱变革，引领企业成功变革。

7.1 熵减：激活组织与人才

一切事物发展的自然倾向，都是从有序走向混乱无序，直至灭亡。在这个过程中，领导者要持续进行管理变革，逆向做功，不断熵减，以激活组织与人才。

7.1.1 宇宙之熵，是万物运行的自然法则

熵增定律被称为宇宙第一定律。熵增定律是指，整个宇宙是一个孤立系统，随着时间的流逝，如果没有外力做功，宇宙中有用的能量将不断被消耗，混乱程度（熵）会不断增大，最终走向终结。

因此，熵增定律被认为是有史以来最令人绝望的物理定律，英国化学家阿特金斯曾将它列为"推动宇宙的四大定律"之一。

1854 年，德国物理学家鲁道夫·克劳修斯首次提出了"熵增"的概念。他认为："在一个封闭的系统内，热量总是从高温物体流向低温物体，从有序走向无序，如果没有外界向这个系统输入能量的话，那么熵增的过程是不可逆的，最终会达到熵的最大状态，系统陷入混沌无序。"

根据熵增定律，自然界和人类社会中的很多现象都能得到解释。比如，水烧开后，在自然状态下，会慢慢冷却；庭院不打理会杂草丛生；自律总是比懒散痛苦。

管理学大师彼得·德鲁克曾把"熵"的概念引入组织的研究中。他认为，一个组织是由一群人所形成的单位，它具有绝对的陷入混乱状态的倾向。如果对组织不采取任何干预措施，那它将持续处于混乱之中。因此，领导者需要施加外力来介入，阻止其陷入混乱。正如澳大利亚前总理陆克文写过的一段话："任何国家间关系的体系都会自然趋向混乱；任何国际秩序一旦建立，但后期不再维护和投入，便会自然走向衰退和败落，最终回到无序状态。"

任正非也将熵增理论用于企业经营管理中，在 2015 年的"花园谈话"中，他说："封闭系统内部的热量一定是从高温流到低温的，水一定是从高处流到低处的。水流到低处不能再回流，那是零降水量，那么这个世界全部是超级沙漠，最后生命就会死亡。"

从组织的角度来看，熵增关乎企业的发展、变革和生死存亡；从个体的角度来看，熵增关乎一个人的自律情况、能力、获得的财富与成就。

比尔·盖茨说："微软离破产永远只有 18 个月。"任正非曾经在《华为的冬天》

里说道:"十年来我天天思考的都是失败,对成功视而不见,也没有什么荣誉感、自豪感,而是危机感。也许是这样才存活了十年。"

彼得·德鲁克表示:"管理要做的只有一件事情,就是思考如何对抗熵增。"只有这样,企业才能永续经营和发展,否则如逆水行舟,不进则退。

7.1.2 对抗熵增,企业要不断进行变革干预

熵增几乎是所有系统的宿命。物理学家薛定谔说:"人活着就是在对抗熵增定律,生命以负熵为生。"随着企业的不断发展,熵增会使企业逐渐退化和僵化。想要确保企业健康、可持续发展,领导者必须用创造性思维,主动变革,以变求生,对抗熵增。

【案例】亚马逊是如何对抗熵增的

1998年,在亚马逊的致股东信中有这样一句话:"我们要对抗熵增。"此后,"对抗熵增"这个管理理念贯穿了亚马逊20多年的发展全过程,亚马逊也成为企业界对抗熵增的楷模。

亚马逊CEO杰夫·贝索斯对抗熵增的方法是将公司打造成一个流动开放的系统,让其保持强进化,持续超越,不断拓展业务边界。他认为,公司的自由现金流和长期可持续增长是公司运营的核心。因此,他不在意积存公司利润,更在意自由现金流,他认为只有让钱不断流动起来,才能产生更长远的收益。于是,杰夫·贝索斯坚持20多年不断将自由现金和更多的资源投入长期增长性支出中,投入创新的第二曲线中。

市场研究公司IDC发布的报告显示,早在2018年,亚马逊在技术上的投入就超过了谷歌、微软、苹果和沃尔玛。同时,杰夫·贝索斯不断进军新的领域,使亚马逊从一家零售商,跃迁成为顶尖的AWS云服务商,成为顶尖的科技公司。此外,杰夫·贝索斯还发起了太空计划,准备对太空旅行服务进行商业化运作。

亚马逊的发展过程就是一个流动的过程。我们可以想象,如果亚马逊只停留在自营的电商业务中,那么尽管它可能在一段时间内能获得丰厚的利润,但随着时间的推移和新兴技术的兴起,公司终将陷入自由的熵增状态,越来越缺乏活力,最终走向末路。

反观诺基亚,其末代CEO斯蒂芬·埃洛普秉承"诺基亚已经有很多的钻石,但是没有好好打磨,我现在的任务就是把这些钻石切割、打磨得熠熠生辉"的管

理理念，让一代手机王者走向没落。

没有衰落的行业，只有衰落的企业。企业想要活下去，就必须开放，要激活正能量，以保持组织活力。华为之所以能在竞争激烈的国际市场中脱颖而出并强大起来，离不开任正非为华为打造的活力引擎模型。

任正非很早就意识到，华为与其他企业一样，始终存在一种巨大的威胁——熵增。华为想要对抗熵增，长期保持活力，就要建设耗散结构，对内激发活力，对外开放，与外部交换物质和能量，不断提升华为的发展势能，不断拓展业务发展的作战空间。于是，任正非与思想研究院的同事经过多次研讨，打造了以耗散结构为基础的华为活力引擎模型，如图7-1所示。

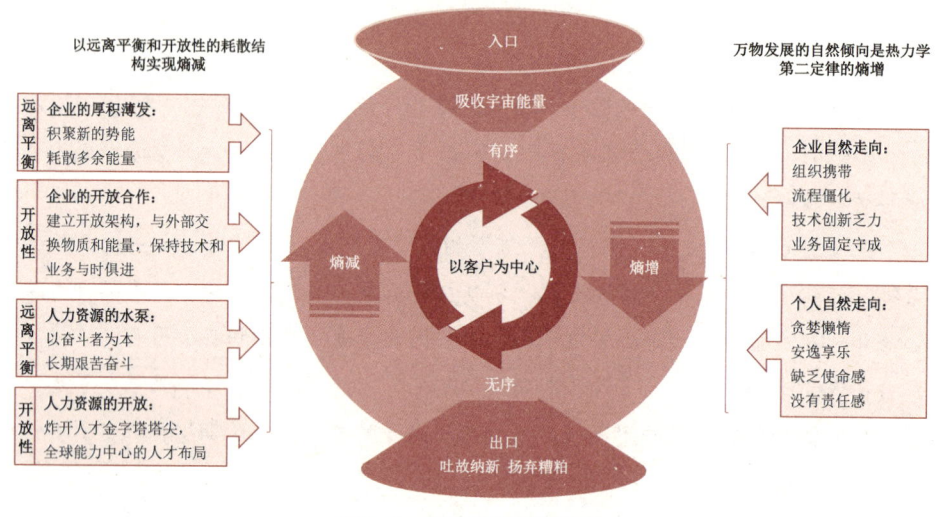

图7-1 华为活力引擎模型

开放性、远离平衡、非线性是耗散结构的三个特征。ICT（信息通信技术）产业本身的发展规律就充满了非线性发展的不确定性和挑战，无须为企业刻意营造非线性环境。

一方面，华为通过企业的厚积薄发、人力资源的水泵实现远离平衡的耗散结构特性，使企业逆向做功，让企业从无序混乱转向有序发展。

另一方面，华为通过企业的开放合作、人力资源的开放实现耗散结构的开放性，从模型的入口和出口吐故纳新，吸收宇宙能量，为企业带来有序发展的外部动能。

例如，华为从1997年开始就持续引进来自外部的管理经验，包括与IBM、埃森哲、合益集团等合作，建立起市场、研发、供应链、财务、人力资源、信息化等各方面的流程体系。华为对研发的投入也是惊人的，2021年华为以174.6亿欧元的研发投入排名世界第二，仅次于谷歌母公司，成为唯一进入前十的中国企业。

封闭系统终究是要"熵死"的，没有活力的封闭企业必将灭亡。企业作为复杂的综合体，必然要在纷繁复杂的环境中，以对抗熵增为根本，持续改进生存和发展的模式，实现基业长青。

7.1.3 激活组织，系统熵减，保持长期活力

企业中有不少领导者在取得一定的成就后，就会满足于现状，这是人的本能，也是个体生命的熵增定律。但是如果领导者能抱着成长型的思维，走出舒适区，将自己打造成一个开放和流动的生命体，就能对抗工作中的熵增，从而实现熵减。

美国心理学家诺尔·迪奇提出了一种行为改变理论，他将个人行为改变的等级分为舒适区、学习区和恐慌区，如图 7-2 所示。

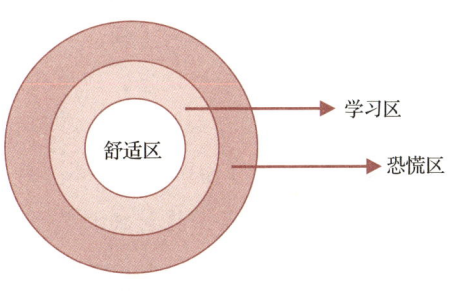

图7-2　三圈行为改变理论模型

舒适区：没有压力、没有挑战、没有负担的一种状态，要做的事都在个人的能力范围内，不需要再去学习和努力。

学习区：介于舒适区和恐慌区之间，一方面面临挑战和压力，另一方面虽然感到焦虑，但愿意通过学习、思考和试错来解决目前面临的难题。

恐慌区：面临各种各样的挑战，所拥有的知识和能力无法应对当下的问题，心中总是感到焦虑和不安，无所适从。

为了避免陷入懒惰、逃避、放纵的状态，领导者要走出舒适区和恐慌区，不断迎接新的挑战，直面自己知识老化和能力衰退的现状，进入更有建设意义的学习区。

于超（化名）回首自己在华为多年的工作时说道："这八年，我在维护、交付、项目管理、销售、客户经理多个岗位上摸爬滚打，从业务的末端到前端，看似走

了很多的'弯路',但正是这弯弯曲曲的一步步,让我学习,让我成长。"

当年,于超在SSD(华为内部负责固态硬盘研发、生产和销售的部门)工作一年之后,可以选择做SSD主管,或者转做S客户的客户经理。由于历史超长期的应收账款问题,华为和客户的关系降到了冰点。面对萎缩的网络投资和业绩惨淡的局面,前任客户经理离开时,意味深长地告诉于超:"这个岗位(客户经理)的风险很大。"主管客户线的领导也给他打了"预防针":"如果选择这个岗位,有80%的可能性会失败,你什么也得不到;20%的机会,你可能会成功,成为英雄。这个风险,你要考虑清楚。"

面对职业生涯的转折点,于超思考了一番,他认为做SSD主管,是一个稳健的选择,职业发展也有上升通道,风险较小;转岗做客户线意味着一切清零,得从头再来。但是考虑到客户经理这个岗位更有挑战性,能锻炼自己的能力,在事业上能帮助自己产生重大突破,所以于超决定挑战自己,转身做客户经理。

由于客户的合作意向不强,所以一直处于"不接电话、不回邮件、不接受拜访"的状态,于超在这种情况下,坚持每两天拜访一次客户,从基层客户开始交流感情。同时,他悄悄了解客户CEO的相关信息,掌握了客户CEO的喜好,并逐步掌握了与客户CEO沟通的方法和思路。最终,于超邀请到客户董事长和CEO参加世界移动通信大会,探讨双方下一步的合作战略。

经过三个多月持续几十轮的艰苦谈判,于超在这个项目中付出的一切终于得到了回报。当年6月,华为和客户成功签署了债务重组方案。最终,困扰华为多年的S客户超长期应收账款实现了清零。

华为常务监事陈黎芳在高研班分享时说道:"无论是组织还是个人,都需要不断努力和投入,只有这样才能保持未来的存续,这个共同的努力和投入就是熵减。"显然,华为与S客户的关系正在熵增,正是于超的不断做功,才帮助华为完成了一次熵减。对于超个人来说,这也是一次自觉向熵减演进的过程。

一家健康发展的企业,不仅需要领导者激活自己的负熵,更需要企业采取一系列激发领导者活力的熵减措施。

华为针对干部个体提出了相应的熵减措施:一是建立驱动奋斗的机制,如华为采取向奋斗者和贡献者倾斜的价值分配机制、轮岗制度和干部培养制度等;二是建立个体退出的机制,让不适合的员工有序离开,如辅业分流、角色转换、提前退休、内部创业等。

企业就是一个小宇宙，熵增定律是很难被打破的。因此，企业和领导者应主动做熵减，以激发个体能量，造就组织势能。

7.2 领导力和变革的管理与推动

熵减是对抗熵增的有效方法。熵减的本质是管理变革，即企业和领导者要保持开放与学习的心态，不故步自封，不断革新与调整。

7.2.1 变革是衡量领导力的标志

在易变（Volatile）、不确定（Uncertain）、复杂（Complex）、模糊（Ambiguous）的 VUCA 时代，管理变革已经成为企业的常态，没有一家企业能够在维持现状的情况下长久生存与发展。

管理变革是指当企业的战略发生调整或外部环境发生变化时，企业需要对业务结构、组织方式、流程、IT 等进行适时有效的调整和修正，使其与企业的战略或外部环境相适配。

管理变革的主要目标是：优化组织功能，提升组织的人力资源管理效能，为组织目标的实现打下坚实的基础；通过实现组织管理改进和提升，促进组织经营业绩的大幅提高；使组织更有竞争性，让组织得以重塑，以巩固组织的市场地位。因此，伟大企业的铸就，需要不断实现管理变革。

【案例】海尔的管理变革之路

海尔曾表示，在互联网时代，它面临的最大风险是"谁会颠覆我们的核心业务？它们会从哪颠覆"。为了应对随时出现的风险，海尔的选择是进行"自我颠覆"，即进行管理变革。

海尔的变革从 1984 年就开始了，如今仍然在轰轰烈烈地进行。从张瑞敏带头砸毁不合格冰箱到重组企业架构，海尔历经名牌战略、多元化战略、国际化战略、全球化品牌战略、网络化战略五大发展阶段，一直在变革中探索企业长远发展的道路。

1984 年，张瑞敏临危受命担任青岛电冰箱总厂厂长，他面对的不仅是 147 万元的亏空，更是一间人心涣散的工厂。张瑞敏的第一次变革，便是推出了包含"不准在车间随地大小便"在内的 13 条规定。1985 年，张瑞敏带头砸毁 76 台质量不合格的冰箱，带领海尔迈向名牌战略。正是在张瑞敏砸冰箱的三年后，海尔获得了中国冰箱史上的第一块金牌。

1992—1993 年,海尔工业园的建立、海尔冰箱股票上市等一系列事件,让外界看到了海尔的活力。然而,张瑞敏不是一个"因循守职,无所改作"的人,他沿着多元化战略探索新时期的变革。张瑞敏以"吃休克鱼"的方式,输出海尔文化,盘活那些被兼并的企业,使海尔得以不断壮大。

2001 年,中国加入 WTO(世界贸易组织),海尔及时响应国家政策,加入"走出去"这股浪潮。在国际化战略阶段,张瑞敏坚持出口创牌、海外建厂,推动海尔走出了国门。

2005 年,在全球海尔经理人年会上,张瑞敏首次提出了"人单合一双赢"的模式。在这种全新的管理方式下,企业更加关注人的价值,强调用户核心,认为员工第一,企业不再只有一个 CEO,而是人人都是 CEO。从这一年起,张瑞敏凭借"人单合一双赢"的模式,正式向传统科层制发起了挑战,海尔也正式开启了全球化品牌战略。

2011 年,随着全球规模的逐步扩张,海尔开始打造生态品牌,采取网络化战略。2011 年,收购日本三洋电机的多项业务;2012 年,收购新西兰国宝级品牌斐雪派克;2016 年,收购通用电气家电(GEA)。与此同时,张瑞敏将"人单合一双赢"的模式应用于这些收购业务,并大获成功。从 2015 年开始,为实现企业与用户融合的大范围落地,张瑞敏全力推动海尔"从大规模制造向大规模定制的转型",将海尔分解为数千个"小微",形成了一个创新力、执行力更强的网络型组织,并鼓励内外部人员在海尔的平台上创业。2019 年,海尔以唯一"物联网生态品牌"入榜 BrandZ 全球最具价值品牌 100 强。

正如张瑞敏所说,没有成功的企业,只有时代的企业。改革开放以来,中国企业历尽千帆,海尔始终坚持在成功的过程中努力拥抱变革,在百舸争流中不断成长。

企业的管理变革历程是循环往复、没有终结的。企业应将管理变革作为长期管理提升的一部分,不断改进和适应行业与环境的持续变化。只有这样,企业才能持续成长,走向成功!

7.2.2 领导力是管理变革的核心

企业的成功离不开领导者的真知灼见。领导力是推动管理变革的原动力,离开了卓越的领导者,企业就无法进行真正的管理变革。笔者及其团队在收集和分析了众多企业管理变革失败的原因后,发现大多数企业的管理变革之所以失败,关键在于缺少"从我做起,身先士卒"的变革领导团队。

华为管理变革的成功就是来自以任正非为首的高层团队的推动。他们站在战略的高度统揽全局、贯彻落实,在建设进度受阻时坚持推进,破除阻碍。

【案例】华为领导力推动 IPD 变革

1997年,华为的研发体系陷入恶性循环,产品研发周期越来越长,市场成功率越来越低,管理变革迫在眉睫。

1998年8月,任正非召集了上百位副总裁和总监级干部参加管理会议,会上宣布华为与 IBM 合作的 IPD 变革项目正式启动。

在 IPD 变革项目刚启动时,一些干部存在抵触心理,他们认为华为的业绩是自己做出来的,应该用自己的管理理念,不接受这些"外来和尚"的指手画脚。对此,任正非明确表示,IPD 变革由顾问全权负责,不服从指挥、耍小聪明的,开除出项目组,并做降职、降薪处理。不积极配合的干部被免职的有十来个人。任正非强硬的态度对干部们产生了巨大的威慑力,在后面的变革中,大部分干部端正了自己的学习态度,虚心接受了顾问的培训。

为了最大限度地发挥顾问的价值,华为安排了最好的资源给顾问。IPD 变革项目实施到关键的时刻,IBM 接近300位资深顾问入驻华为,这些顾问都是能独当一面的好手,其中有不少在 IBM 做过研发项目的资深经理。

尽管在项目开展期间有不少高层领导、有功之臣离职,但华为对 IPD 变革项目的投入没有中断,反而以体系的力量扛起了运作的重任。任正非表示,花5亿多元请全球顶尖的200多位专家工作还是值得的,如果给他们发工资,费用肯定比这个高。

正是在高层领导的大力支持下,华为的 IPD 变革取得了显著成果:2008年,在 IPD 变革实施十年之后,华为的销售收入增长20倍,研发周期缩短近一半,研发成本降低30%。

如果没有任正非的铁腕推进和华为领导团队的坚定变革意志及决心,华为的 IPD 变革项目不会如此成功。管理变革的道路注定是艰难和痛苦的,在这场管理变革中,华为有100多位中高层领导因为阻碍变革被降职、撤职或主动离开了公司。但 IPD 变革项目带来的收益和价值也是巨大的。

任正非曾说:"危机的到来是不知不觉的,如果说你没有宽广的胸怀,就不可能正确对待变革。如果你不能正确对待变革,反而抵制变革,公司就会衰亡。"

这句话不仅是说给华为人听的，也是对所有领导者的告诫。如果你没有勇气面对变革，主动尝试变革，那么你的组织就会被时代淘汰。这并不是危言耸听，而是历史发展的必然趋势。

7.2.3　变革下的领导力发挥与发展

领导力是一种历久弥新的管理理念，随着市场环境的高速变化，领导力的要求也与之前大相径庭。面对企业的变革，领导者必须投身其中，并动员组织成员拥抱变革。

"领导变革之父"约翰·科特指出，在这个时代，要成为一位职业上的成功者，一条重要的准则就是"不要依靠惯性"，因为旧的模式、道路和经验在新的环境下是无效的。因此，领导者在变革时需要展现不同的领导力，以推动变革的顺利开展。

领导者在变革中需要扮演以下角色：士气鼓舞者、实施推动者和个性关怀者。

1. 士气鼓舞者

在变革中，领导者要运用团队精神和情感诉求凝聚员工，让员工对变革怀有积极的态度、饱满的热情，树立对变革的紧迫感、使命感和必胜的信心。

任正非指出，变革驱动不能光靠物质激励，也要靠精神激励，只要把士气鼓舞起来，变革就容易成功。钱还是会有的，但是，精神激励，这一茬过了，不能重演，不会有第二次了。时间、地点、人都不对，怎么可能呢？

变革团队的口号是什么？你们要自己想。变革训战班要有一场毕业庆典，有一首歌曲，有一场变革自己的活动，让大家群情激昂，然后聚一聚，高高兴兴放松一下。整个过程录个像，给每个人送张光碟。虽然需要用半天时间来做这件事情，但是它会产生一种精神激励。

在变革后发个纪念章，给人家一个人生记录，还可以在公司找个空地立个纪念碑，把变革历史和参与变革人的名字都刻上，按照工号排。

大家唱着变革的歌，做做变革的活动，把变革带到全世界。变革有这么庞大的队伍，为什么不声势浩大起来呢？

2. 实施推动者

高效的领导者会在理解企业变革的本质后，梳理出清晰的组织行动目标，化解员工的畏难情绪，让员工通过改变看到预期的回报。同时，落实和监督员工的变革行动，为成功变革做出贡献。

3. 个性关怀者

对员工而言，变革常常是令人畏惧的，因为变革所产生的结果并不明朗。领导者要关注员工在变革中的心理状态和需求，并根据员工的不同情况和需要进行区别性的沟通与疏导，帮助员工在应对挑战的过程中成长。

此外，面对变革，领导者需要履行自己的职责（见表7-1），只有这样才能确保企业取得成功。

表7-1　面对变革，领导者所需履行的职责

序号	职责	说明
1	制订变革计划	领导者要认清变革的目的和意义，在特定的时间内制订变革计划和具体的实施措施
2	激发员工潜力	通过激励措施，调动和激发员工的积极性，获得员工的支持；启发员工发表新见解，鼓励和辅导员工用新手段、新方法解决工作中遇到的问题
3	引导变革方向	积极引导变革的方向，推动变革的力量，把变革的要求切实落实到自己的日常行为中，用自己的表率行为感染、引导团队中的每位员工

变革的成功来自领导者的推动，变革的失败也来自领导者的怀疑和犹豫。因此，领导者要以企业利益为重，用积极、开放的心态来支持和领导企业的各项变革，并按照变革的要求提高管理技能，改变和调整工作习惯，坚定不移地把变革进行到底。

7.3　持续推动变革，引领价值创造

变革是一个永恒的主题。每家企业，无论其经营效益是每况愈下，还是在行业中成绩斐然，都要进行持续变革。

华为就是因为敢于变革、持续变革，才造就了在全球通信行业的领先地位的。

7.3.1　变革是企业管理中永恒的不变，建设耗散结构

变则兴，不变则衰；变则生，不变则亡。变革是企业管理中永恒的不变。只有持续变化，才能让企业顺应时代的发展，始终处于高效运作的状态，构建核心竞争力。

【案例】柯达衰败背后的真相

2012年，曾经的世界500强、占据全球三分之二的胶片市场、利润高达90%的传统胶片巨头柯达正式申请破产保护。是什么导致了这一巨头的陨落呢？

20世纪末，柯达成立，其后发展可谓空前绝后。2000年是数码相机在主流市场普及的元年，可就在这关键时刻，柯达没有针对市场需求的变化做出积极响应，选择仍在利润丰厚的传统胶片市场"吃老本"。

柯达并不缺少创新和变革的能力，但其当时的胶卷业务如日中天，年增长率达到14%，若加大对数码相机的研发投入，自身的传统业务必定会受到牵连。为了保住柯达在传统胶片市场的垄断地位，赚取超额利润，柯达管理者决定搁置数码相机的研究成果。21世纪初，柯达的利润开始下跌，其后更是走向土崩瓦解。企业被迫开始转型，但为时已晚，数码相机市场早已被其他公司的产品抢占，传统胶片行业日暮西山。

柯达衰败的原因是多方面的，领导者缺乏对市场需求的敏锐感知，坐在功劳簿上睡大觉，这些原因都可以归为没有持续变革和创新，致使企业在时代浪潮的冲击下，失去核心竞争力，以至于被后来者追赶和超越。由此可见，只有适应变化的企业才能生存，只有不断学习的企业才能发展。

华为监事会主席郭平曾表示，诺基亚、摩托罗拉、柯达这些曾经处于巅峰的企业，因为没有跟上时代发展的步伐而衰落甚至灭亡了。面对未来，华为没有选择，必须不断适应变化的环境，顽强地生存与发展。为此，华为提出了七个"坚决反对"的原则，坚持从实用的目的出发，进行持续变革。

（1）坚决反对完美主义。任正非说："我们搞流程的人不存在完美，流程哪来的完美？流程是发展的、改变的，外部世界都在变，你搞完美主义我等不起，你可能要搞一年，但是我希望你半年搞出成果！"

（2）坚决反对烦琐哲学。不要烦琐，尽量简化，能够两步走的就两步走，不要增加三步、四步。对客户来说，越简单越好，管理内容也是越简单越好。

（3）坚决反对盲目创新。有很多创新是被允许的，但是不支持盲目创新，没有经过实践验证的创新是要反对的。只有经历数年充分认证，才能进行必要的革命。

（4）坚决反对没有全局效益提升的局部优化。不能只看自己那一块，没有全局观念。华为强调，如果这项变革只能给你一个部门带来利益，对华为整体却毫无益处，那就保持稳定，不要去修改它！

（5）坚决反对没有全局观的干部主导变革。参与变革的人一定要有全局观，如果连主导变革的干部都不理解变革的目的，那他还适合站在这个位置上吗？不适合！不适合就要让路。

（6）坚决反对没有业务实践经验的人参与变革。变革就是把以前的成功经验进行复制、建立体系，如果参与变革的人不懂业务，那他能有成功的经验吗？他都是失败的经验，这是不行的，所以参与变革的人是要有业务实践经验的。华为强调，主导变革的干部需要有丰富的业务实践经验。

（7）坚决反对运用没有充分论证的流程。在正式推出流程之前要先找一些部门或团队做试点，再去做适当推广，最后做全球推广。

这七个"坚决反对"是华为在持续的变革中总结出来的实践经验，值得广大企业学习和借鉴。

7.3.2　变革方向：令出一孔，力出一孔，利出一孔

变革是一项系统性工程，需要系统性地设计与推动。企业文化的导入、从战略规划到执行的保障、变革机构的设置、IT与流程的设计、落地效果的评估和激励缺一不可（见图7-3）。

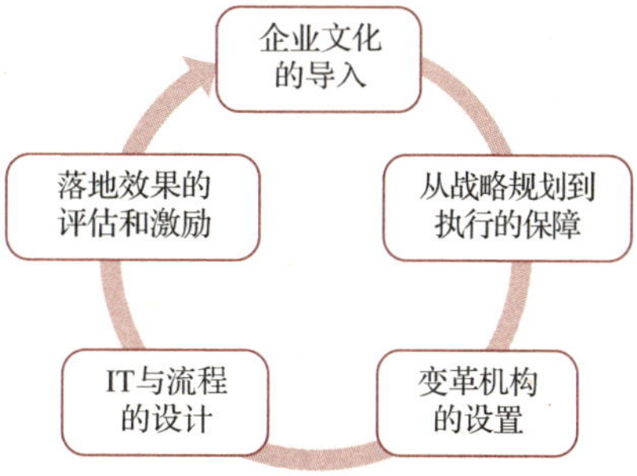

1. 企业文化的导入

企业文化的导入是变革的基石。任何一项管理体系的变革，都要重视对核心利益关系人的思想统一。如果不能统一思想，那么变革是做不下去的，即使做下去也注

图7-3　变革管理的五大要素

定是失败的。在变革前让企业上下达成思想共识，不仅能在一定程度上消除企业上下对变革的阻力，还能保证变革朝着正确的方向发展。此外，领导者要将变革固化到企业文化中，如果新的态度和行为并没有根植于企业文化中，那么只要压力消失，变革思想就会退化。华为通过文化建设来统一思想，并且以制度化的方式将变革融入企业文化，引导大家认识变革、推动变革。

2. 从战略规划到执行的保障

任正非曾说过这样一段话："人只要把仅有的一点优势发挥好就行了，咬定

青山不放松，一步一步就叫步步高。有的人就是不停地换，说是兴趣爱好，包括炒菜、扫地等什么都会做，但他并没有得到太太的表扬。"变革是同样的道理。为了保障战略的落地与执行，领导者要敢于在"战略机会点"上聚集力量，不在"非战略机会点"上消耗力量；聚焦主航道，认准方向，朝着目标，傻干、傻付出、傻投入。只有这样，才能提升企业转型的成功率，保障自身的核心竞争力。

3. 变革机构的设置

变革不是一个部门可以单独完成的，而是需要一个统筹和协同横向职能与纵向多层级的专门的组织机构来保障。因此，领导者要有意识地设置变革机构，保障变革的顺利实施与推进。变革机构的职责包括：收集变革需求，组织变革项目的立项评审；统筹不同项目组之间的资源调配，开展不同项目组之间的沟通，避免可能存在的组织冲突；推进多个变革项目，组织实施项目的考评与激励，负责变革过程中的具体事务等。

在华为的财经服务变革过程中，华为在组织架构层面成立了财经变革指导委员会，以监督财经服务变革项目的推行。该指导委员会的成员包括华为的核心领导层，如当时的首席法务官郭平、首席销售和服务官胡厚崑、首席财务官梁华。其中，郭平任财经变革指导委员会主席。三个人共同决定财经服务变革项目中的重要事项，直接向EMT汇报。在财经服务变革项目中，华为项目团队约有200人，而IBM顾问团队有接近60人。

除了财经变革指导委员会，华为在公司层面还设立了项目管理办公室，以监督财经服务变革项目中子项目的推进情况。

4. IT与流程的设计

在变革的过程中，领导者应秉"承企业要用更好的IT与流程支撑变革实施"的理念，以提高变革的效率。更好的IT是指要有好的架构规划与管控，避免重复建设和无人管的问题；更好的流程是指流程设计应当关注如何开展业务，以更好地支撑战略目标和满足业务需求。

5. 落地效果的评估和激励

组织变革的最终目标是取得良好的业务成果，所以企业在变革后需要评估变革项目的效果。判断变革是否有效的唯一标准是企业通过变革能否促进一线多产粮食。如果变革不能促进一线多产粮食，那么对于变革的方向和目标，就要重新进行审视。同时，为了激发变革组织的活力，领导者可以在变革的过程中修正与完善员工的绩效考核项，优化绩效考核权重配置，使其向变革倾斜。对于在变革中绩效表现优秀的员工，会优先给予晋升、加薪等机会，让更多的人愿意融入变革，在变革中做出贡献；而对于抵制、拒绝变革的员工，要采取降职、降薪乃至末位淘汰的措施。

总之，变革的推进应该是一个循序渐进、不断提升与稳定的过程，领导者不能急于求成，要重点关注以上五大要素，有序推行，以加快变革的实施速度，提高变革成功的概率。

7.3.3 华为变革史：坚持客户导向，坚持价值导向

1987年成立以后的30多年的历程既是华为波澜起伏的发展史，也是华为以客户为中心，不断打造核心竞争力的变革史（见图7-4）。华为领导团队的变革决心与谋略、中西融合的变革理念、借势而进的变革策略、循序渐进的变革节奏等都是华为在持续变革之路上前进的磅礴动力。

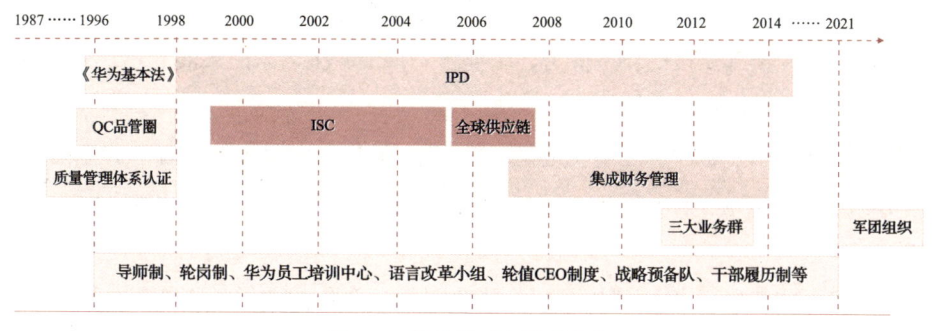

图7-4　华为的重大管理变革

在创业初期，为了抓住市场机会，抢占市场份额，华为不得不采取掠夺性的人才策略来支撑自身的野蛮式扩张。到1995年，华为的员工已经从创业时的6人增长至850人。同时，因为没有对于急剧膨胀的员工队伍进行科学有效的管理，华为越来越依赖个人英雄主义。

正是看到了这种偶然的成功和个人英雄主义有可能给公司带来的不确定性，华为开始进行自我变革，变革内容包括起草《华为基本法》、推行QC品管圈、导入质量管理体系认证。自我变革的开展首次强调了以客户为中心的管理原则，帮助华为建立了制度的理性权威，强化了华为的职业化管理，为之后的组织变革

奠定了良好的思想基础。

1998年，华为在IBM的帮助下开展了IPD变革项目。在任正非"削足适履"和"先僵化、后优化、再固化"的号召下，华为导入了IPD，实现了从依赖个人、偶然推出成功产品，到可以制度化、可持续地推出满足客户需求的、有市场竞争力的成功产品的转变。

1999—2014年，华为先后启动了ISC（集成供应链）变革项目、全球供应链变革项目和集成财务管理变革项目。当时华为的收入还不到100亿元，依靠单工厂，主要供应国内市场，供应链连基本的业务计划和预测体系都没有建立起来，经常因供应不上货、发错货被投诉，为此华为专门成立了"发正确的货小组"，运动式地解决发货问题。通过变革，华为在供应的质量、成本、柔性和客户响应速度上得到了根本性的提高，连通了财务流程和业务流程，使财务数据更加准确，有效支撑了业务的全球大发展。

1996—2021年，为了实现持续增长，华为在咨询公司的帮助下开展了多次人力资源管理变革项目，如采用导师制和轮岗制、成立华为员工培训中心、建立语言改革小组、实施轮值CEO制度、建立战略预备队、实行干部履历制等，大大提高了华为干部队伍的作战能力，培养了一批又一批未来的领袖人才，有效驱动了华为的商业成功和可持续发展。

自2011年开始，华为重新定义了业务，提出"云管端"战略，成立运营商BG、企业BG、消费者BG三大业务群，将经营权下放，开启多业务增长的局面。

2021—2022年，面对多次打压，华为以行业为作战单元，陆续成立了二十大军团（见表7-2），打破了现有组织的边界，快速集结资源，形成行业解决方案，用一支队伍服务好一个行业。

表7-2　华为二十大军团成立情况

成立时间	军团数量	军团名称
2021年2月	1个	煤矿军团
2021年10月	4个	智慧公路军团 海关和港口军团 智能光伏军团 数据中心能源军团

续表

成立时间	军团数量	军团名称
2022年3月	10个	互动媒体（音乐）预备军团 运动健康预备军团 显示芯核预备军团 园区网络预备军团 数据中心网络预备军团 数据中心底座预备军团 站点及模块电源预备军团 机场轨道预备军团 电力数字化服务预备军团 政务一网通副预备军团
2022年5月	5个	数字金融军团 站点能源军团 机器视觉军团 制造行业数字化系统部 公共事业系统部

没有管理变革，强大的作战能力就无从谈起。只有持续进行管理变革，才能真正构筑端到端的流程，才能实现职业化、国际化，才能达到业界运作的最佳水平，才能实现低运作成本。任正非表示："过去 100 年来，世界上许多成功的公司都因不能适应变化而倒下。要适应外部变化，唯有自我进化，我们必须保持开放和持续变革。"华为基于行业与环境的持续变化，不断升级管理体系，提升管理水平，使其成功从偶然进化到了必然。

7.4 以客户为中心，构建流程化组织

任正非表示："西方公司领先中国公司这么多年，最厉害的地方就是流程化组织。"企业的管理目标就是以客户为中心，构建流程化组织。

7.4.1 流程要反映业务本质，为一线服务

无论任何流程，都必须能够完整地将业务本质反映出来，对准客户痛点，为一线服务。流程从本质上讲，就是对业务最佳实践的总结。

因此，业务中的各要素及其管理不能在流程体系外循环，要将业务的质量、运营、内控、授权、财经等所有要素都放到流程中，实行"一张皮"运作。

流程要匹配业务流，不长也不短，够用就行，越能满足业务需求的流程，就越顺畅，执行效率也就越高。华为的交付流程就客观地反映了业务需求。

在进行LTC（从线索到回款）流程变革时，华为认为公司的交付流程已经够好了，不需要纳入LTC流程变革中来，只需要在原来的基础上修改一下就可以了。于是，当时针对交付流程，华为确立的是一个优化项目，立足于把原有流程优化一下。然而，随着LTC流程变革的深入，变革项目组渐渐发现公司的交付流程基本上是没有的，仅有一套项目管理流程与一套站点的流程。因此，变革项目组决定对交付流程进行重新梳理。

在刚开始梳理时，变革项目组都不知道该从哪个方向入手。直到发现T-Mobile（德国电信子公司）整个网络部署的端到端流程，才为变革项目组梳理交付流程提供了一个可以参考的标准。之前，在客户从开始明确需求到完成网络交付的整个过程中，华为只完成了一两个环节。于是，徐直军提出要站在运营商的角度来设计华为的交付流程，确保为客户提供更好的产品与服务。

越是体现业务、贴近业务，真正为业务服务的流程，就越精简、越真实。如果流程与业务需求背道而驰，这种流程就是多余的，需要被简化。

同时，流程主要为一线服务，流程是工具、手段，支撑一线、服务市场、多产粮食才是最终的目的。

2016年，任正非在质量与流程IT管理部员工座谈会上表示：

过去几年，质量与流程IT支撑了公司业务的高速发展，取得了一些成绩。比如，建成了覆盖全球业务的网络，构建了8个100毫秒业务圈，建立了IT服务质量承诺体系，接受业务监督；通过"三朵云"部署，面向客户首次实现体验式营销；结束区域站点存货无法盘点的历史，中心仓存货的账实准确率达99.89%，站点存货的账实一致率达98.17%；业务对流程IT的满意度达87.22分，历史最好，IT需求端到端的交付周期也缩短了30%……虽然还有不满意，但华为还是从"农民"公司走到现在的IT能支持全球业务的公司，而且部分领域已经支持单兵作战。这是我们很大的进步，一定要肯定。

在华为看来，不产粮食、不增加战略"肥力"的流程就是多余的流程，要被砍掉。随着组织的逐步成熟，重复性的流程和没有价值的工作一定要砍掉，以简化流程，有效落实流程化组织的建设。

7.4.2 打造端到端、覆盖全业务的流程体系

什么是端到端的流程？IBM 认为："商业就是信息驱动的端到端的流程管理。"通用电气认为："商业本质上是由相关联的端到端的流程组成的。"西门子认为："端到端的流程是股东价值的源泉。"而华为认为："端到端的流程就是要建立一系列以客户为中心、以生产为底线的管理体系。"

图 7-5 就是华为以客户为中心的端到端的流程，强调从客户中来，到客户中去，流程中要有客户，各部门心中也要有客户，所有环节的运行都以客户为出发点。

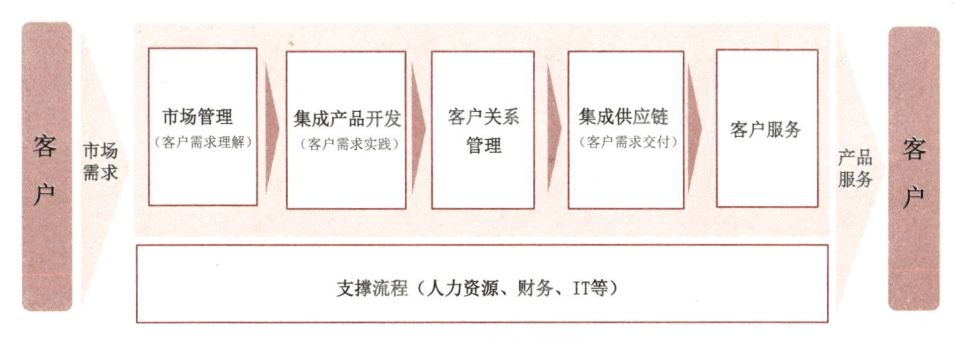

客户 → 市场需求 → 市场管理（客户需求理解）→ 集成产品开发（客户需求实践）→ 客户关系管理 → 集成供应链（客户需求交付）→ 客户服务 → 产品服务 → 客户

支撑流程（人力资源、财务、IT等）

图7-5 华为端到端的流程

2005 年，任正非在一次发言中更为生动地解读了华为的流程建设："华为是一家包括核心制造在内的高技术企业，最主要的是研发、销售和核心制造。这些领域的组织结构，只能依靠客户需求来拉动，实行全流程贯通，提供端到端的服务，即从客户端再到客户端。"

经过多年的流程变革与发展，华为建立了覆盖全业务的流程体系，分别为执行类流程、使能类流程和支撑类流程，如图 7-6 所示。

执行类流程：直接为客户创造价值的流程，端到端的定义为完成对客户的价值交付所需的业务活动，并向其他流程提出协同需求。主要包括集成产品开发（也叫"从创意到市场"）、从市场到线索、从线索到回款、从问题到解决，以及渠道、零售、云服务流程。

使能类流程：响应执行类流程的需要，用以支撑执行类流程的价值实现。主要包括从开发战略到执行、客户关系管理、服务交付、供应链、采购、管理资本动作流程。

支撑类流程：为使整个企业能够持续高效、低风险运作而存在。主要包括人

力资源管理、财务管理、管理业务变革&信息技术、管理基础支持流程。

执行类流程	1.0 Idea to Market（集成产品开发）	2.0 Market to Lead（从市场到线索）	3.0 Lead to Cash（从线索到回款）	4.0 Issue to Resolution（从问题到解决）
		14.0 Channel Sales（渠道）		
		16.0 Retail（零售）		
		17.0 Cloud Service（云服务）		

使能类流程	5.0 Develop Strategy to Execute（从开发战略到执行）
	6.0 Manage Client Relationships（客户关系管理）
	7.0 Service Delivery（服务交付）
	8.0 Supply（供应链）
	9.0 Procurement（采购）
	15.0 Manage Capital Investment（管理资本动作）

支撑类流程	10.0 Manage HR（人力资源管理）
	11.0 Manage Finances（财务管理）
	12.0 Manage BT&IT（管理业务变革&信息技术）
	13.0 Manage Business Support（管理基础支持）

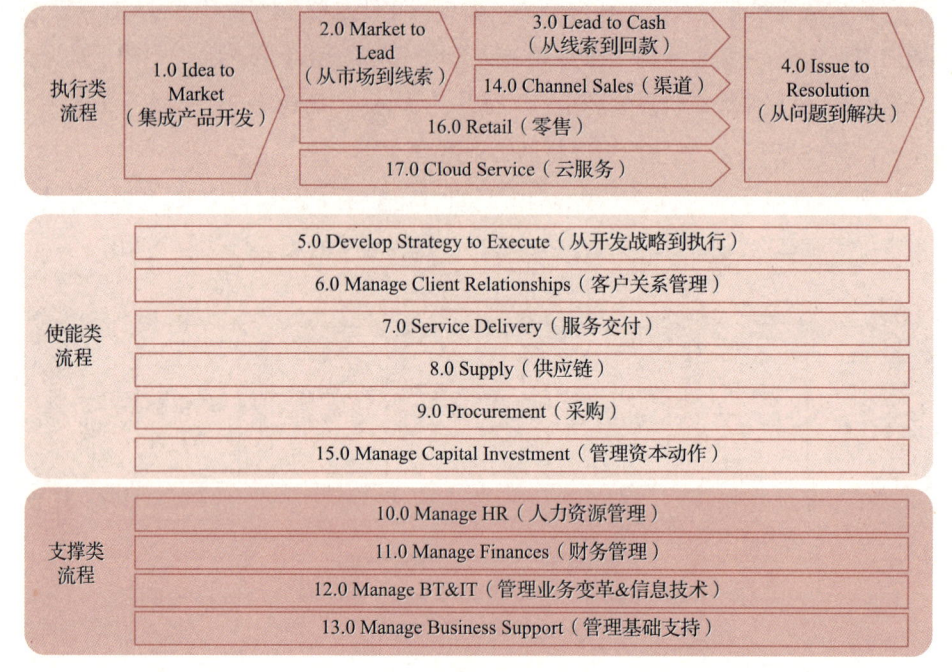

图7-6　华为一级主流程

在流程的深度上，华为将流程划分为六级：L1 流程大类、L2 流程组、L3 流程、L4 子流程、L5 流程活动、L6 任务，如图7-7 所示。

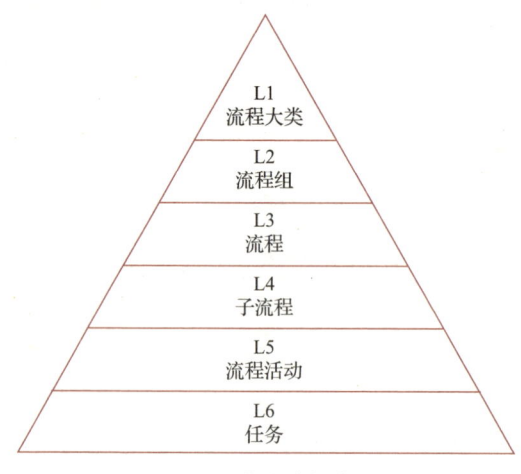

图7-7　华为流程分级

其中，L1明确了流程对于业务的价值，L2定义了业务的最佳路径，L1和L2回答的是"Why to do"（为什么这么做）的问题。

L3和L4落实了展开二级流程的方针政策和管控要求，回答的是"What to do"（做什么）的问题。

L5和L6将流程落实到人，使之可执行，回答的是"How to do"（怎么做）的问题。

就是这样一套面向业务、自上而下、覆盖全业务的流程体系，让华为大大提升了整体运营效率，取得了让世界瞩目的光辉成就。

7.4.3　基于流程设置组织，分配权力与责任

对一家企业而言，到底是组织来适配流程，还是流程来适配组织？两种方式各有优劣。华为的实践证明，流程和组织的适配是一段没有终点的旅程，在业务流程化后，就必须建设与之配套的流程化组织来支撑业务高效、顺畅运作。

在外部咨询团队的帮助下，华为经过数十年的努力，终于构建了自己的流程化组织，实现了端到端的、快捷有效的管理，从而充分确保每一个管理环节都能够积极指向客户和绩效。

在构建流程化组织的过程中，华为不断深化对流程化组织的认知。

其一，业务是由流程承载的，服务的是目标导向，不可以彰显权力。一旦把流程当作权力来使用，流程节点就会逐渐变成铁路上的道岔，每个员工都会想上去扳一下。中国的高铁为什么那么快？关键就是高铁在通过每一个站点时，只要在流程与规则范围内，就不需要审查与控制。真正的流程化组织是反官僚化的，是去部门墙的。

其二，企业的核心是业务流程，业务流程是把多个输入转化成对客户价值输出的活动，以业务为需要，以满足客户需求为根本。因此，流程是位于组织之前的，尽管流程和组织有着明晰的对应关系，但是当流程与组织不匹配时，企业需要调整的就是组织。也就是说，组织来适配流程。

同时，当企业过度重视组织的管理能力，而不依据流程确定员工的职责时，那么人员的每一次流动都将给企业带来一定程度上的波动与风险。所以，企业要基于流程来分配权力与责任，进行角色设计，实现责任下放、责任前移，让"班

长指挥战争"，以确保流程的高效运行。

任正非曾多次公开强调，要将指挥所建在听得到炮声的地方，"让听得见炮声的人能呼唤到炮火"。

任正非表示，机关要精简，流程要简单。我们要减少总部的垂直指挥和遥控，要把指挥所放到前线去，把计划、预算、核算放到前线去，也就是把管理授权到前线去，把销售决策权力放到前线去。前线应有更多的战术机动，可以灵活地面对现实情况变化；后方要加强按计划、预算进行服务，用核算监控授权。权力是受约束的，只有这样才能既授权又约束，指挥权才能下到一线，而总部也放心。

区域是指挥中心，有作战的权利、有选择产品的权利、有合同决策的权利；BG作为各军兵种给予资源，协同区域作战；片联主要推动干部循环流动机制的形成，建立作战氛围，干部使用权最大，而不是作战权，不能直接管项目。

关于流程和组织的关系，在华为内部有一种非常形象的比喻："我们的组织与流程，应像眼镜蛇一样，蛇头不断地追随目标摆动，拖动整个蛇身随之而动，相互的关节并不因摆动而不协调。"因此，流程化组织并不是一成不变的，只有随着流程的变化而变化的组织，才是真正的流程化组织。

7.4.4 持续优化流程，提高流程的运行效率

著名管理学家迈克尔·哈默说过："任何流程都比没有流程强，好流程比坏流程强，但是，即使好流程也需要改善。"流程优化不是"一次性革命"，需要持续进行。

在华为，流程不但承载优秀实践，体现业务的增值，还需要为客户创造价值。因此，流程不只是指引员工做正确的事，更重要的是指引员工正确地做事，即通过正确的手段达成正确的目标。为了简化流程，提高流程的运行效率，华为制定了流程优化原则，如表7-3所示。

表7-3 华为的流程优化原则

流程优化原则	详细说明
围绕整体目标	流程的优化要以实现内外部客户及服务目标为依据
模式决定流程	在一定的组织架构下，业务运作的思路和模式不同，其对应的流程不同，流程下的岗位设置和工作职责也会不同

续表

流程优化原则	详细说明
协同配合，整体向上	一套流程的效率提升，需要其他关联流程的配合。各个系统和流程只有经过关联性分析，制订整体提升计划，才可能达成目标
粗细差异化	不同性质的部门或工作，管理的深入程度有所不同。流程粗细一定要从实际出发，依目标而定
责任主体要明确	每套跨部门流程必须有唯一的责任主体，负责监控与管理本套流程。责任主体必须为总体目标负责，为流程效率负责
职责和界限要清晰	各个环节、各个岗位职责划分合理、定义清楚、界限清晰
权责利要匹配	流程中各个环节的任务，就是其背负的责任。有了责任，就得有相应的权力和对等的利益分配
共享流程信息	流程中各个环节之间需要明确的信息传递渠道和方式，实现信息共享
靠近服务对象	流程中各个环节应尽可能靠近业务服务的对象，只有这样才能方便沟通，及时了解情况
充分标准化	对于例行管理的流程，须做好充分的标准化，最大限度地减少协作异常
流程缩短	流程不能太长、太复杂，交接次数要少
流程整合	全面审视企业的流程结构，依据目标和功能，要尽可能地整合且统一流程
减少不增值的部分	流程的环节顺序、步骤、工作效率、事项决策等方面都会影响运行效率。在流程运行中要减少不增值的部分
与绩效管理相结合	有流程的地方就有要求，有要求就要被监督和考核。考核的内容不仅包括业务效率与质量，还包括流程效率与质量
例外变例行	例外问题解决的背后，要复盘与分析其例行化的可能性，将其纳入流程管理

流程是为作战服务的，是为多产粮食服务的。如何使用较少的流程产生更好的效果，是华为重点关注的课题。为此，华为引入了"日落法"（Sunset Law）[①]。"日落法"明确提出：每增加一套流程，就要减少两套流程；每增加一个评审点，就要减少两个评审点。对于流程优化，华为要求一切要为前线作战部队着想，有效地控制流程点的设置，精简不必要的流程与人员，提高组织的运作效率。

任正非说过："没有流程就保证不了质量，流程是质量之本。但是，业务流程随着时间和业务的变化，是需要不断优化的。只有不断优化和改进业务流程，华为的流程才不会死板和僵化。"流程优化应该成为企业例行的管理活动，以持续提高工作效率，提高工作质量。

---

① 1976年美国科罗拉多州首创的立法制度，即授予行政机关一定的立法权，经过一段时间，不再授权，行政机关的立法权就自行失效。

阅读心得

第8章
拥抱时代转变，迎接数字化

随着数字经济的发展，数字化转型已经成为企业的必选题，被提上了企业战略规划的日程。

笔者在前文已经论述过，在数字智能时代，一定要把握时代趋势。如果你抓不住时代的风口，就至少要跟上时代的趋势。时代潮流，汹涌澎湃，我们只能加以利用，而不能妄想对抗。

数字化转型，领导力先行。企业领导者要带领组织做集体思考和努力，适应时代的发展，抓住时代机遇，进行数字化转型。

8.1 数字智能时代的挑战

数字化升级已经成为千行百业发展的重点，正改变着社会经济的运行和发展模式，数字智能时代的挑战也如期而至。

8.1.1 数字智能时代变革的"危"与"机"

第一次工业革命：机械化。

18世纪60年代，英国发起的技术革命开创了以机器代替手工工具的时代。随着蒸汽机作为动力机被广泛使用，大机器生产开始取代工场手工生产，工业资产阶级和工业无产阶级开始形成并壮大起来。这一次的技术革命被称为第一次工业革命。

第二次工业革命：电气化。

19世纪70年代以后，科学技术的发展突飞猛进。发电机和电动机的相继发明、内燃机和新交通工具的创新与使用、远距离输电技术的出现，让电气工业迅速发展起来，世界也从蒸汽时代进入电气时代，这就是第二次工业革命。

第三次工业革命：自动化。

20世纪四五十年代以来，原子能、电子计算机、微电子、航天、分子生物学和遗传工程等领域的重大技术突破，标志着第三次工业革命的到来。这一次的技术革命更多地运用于第三产业，深刻影响了人类的生活方式和思维方式，使人类社会生活和人的现代化向更高境界发展。

第四次工业革命：智能化。

如今，随着大数据、云计算、物联网、人工智能、区块链等技术的崛起，人工智能逐步发展，旧的模式被打破，新的模式正在被创造。第四次工业革命正在进行，这场革命将彻底改变人们的生活、工作和社交方式。

在这场时代激变中，市场机会越来越多地依赖科技，企业将呈现三大变化：劳动效率的提高、客户需求的多元化、管理的复杂性。

1. 劳动效率的提高

在数字智能时代，一切皆连接，一切皆数字，数字化技术打破了原来的信息壁垒，使人和人之间的合作更加透明与通畅。人们的工作时间不再局限于8小时，办公地点也不再固定于单一的办公空间。同时，数字化技术将人们从低端重复性的劳动中释放出来，使人们将精力投放于价值更高的生产活动中，提高了企业的劳动效率。

2. 客户需求的多元化

在数字化的时代背景下，客户的类型越来越多，客户的需求也在技术的革新下愈发多元化。于是，企业的标准化服务成了最基础的要求，利用数字化技术与客户充分对接，定制个性化的服务场景，满足客户的多元化需求成为这个时代的核心特征。

3. 管理的复杂性

随着数字经济与实体经济的融合发展、有序共进，新产业、新商业模式和新业态逐渐涌现，人才的价值被逐渐放大。一方面，培养数字人才的成本较高，如何使其融入组织、适应新的文化成了领导者要面对的问题；另一方面，内部数字人才的培养与管理，对领导者的领导水平提出了更高的要求。领导者需要采用一种全新的管理思维和工作方式管理企业。

麦肯锡全球研究院预测，到 2030 年，仅仅在中国，将有 1.77 亿名劳动者的原有工作被自动化取代，人机协作将渗透到 50% 以上的行业，将有 60% 的传统企业因为未及时拥抱数字化，而在这个趋势中被淘汰。因此，企业要以开放的心态迎接数字化转型，并在业务、管理和商业模式等方面实现突破性的创新，进而实现产品价值与效益的增长。

8.1.2 数字经济是经济增长的发动机

随着数字化技术的蓬勃发展及广泛应用，数字经济已经成为经济增长的新动能。关于数字经济的定义，许多国际组织和机构都进行了阐述。其中，以 2016 年 G20 杭州峰会发布的《二十国集团数字经济发展与合作倡议》中的定义最具代表性。

数字经济是指以使用数字化的知识和信息作为关键生产要素、以现代信息网络作为重要载体、以信息通信技术的有效使用作为效率提升和经济结构优化的重要推动力的一系列经济活动。

数字经济可分成数字产业化和产业数字化两部分。

数字产业化是指为产业数字化发展提供数字化技术、产品、服务、基础设施和解决方案，以及依赖数字化技术、数据要素的各类经济活动。也就是为产业数字化提供相应技术的产业。

产业数字化是指应用数字化技术和数据资源为传统行业带来的产出增加和效

率提升，是数字化技术与实体经济融合的过程（见图8-1）。简言之，就是对传统行业进行数字化改造。

图8-1 产业数字化

2021年3月，国家发布了《中华人民共和国国民经济和社会发展第十四个五年规划和2035年远景目标纲要》，其中提到"加快推动数字产业化""推进产业数字化转型"。由此可见，数字经济在经济社会发展中具有重大价值，只要**把握住数字经济的发展先机，就能抢占未来发展的制高点**。

在《中华人民共和国国民经济和社会发展第十四个五年规划和2035年远景目标纲要》中，关于数字产业化和产业数字化的内容如下。

第二节　加快推动数字产业化

培育壮大人工智能、大数据、区块链、云计算、网络安全等新兴数字产业，提升通信设备、核心电子元器件、关键软件等产业水平。构建基于5G的应用场景和产业生态，在智能交通、智慧物流、智慧能源、智慧医疗等重点领域开展试点示范。鼓励企业开放搜索、电商、社交等数据，发展第三方大数据服务产业。促进共享经济、平台经济健康发展。

第三节　推进产业数字化转型

实施"上云用数赋智"行动，推动数据赋能全产业链协同转型。在重点行业和区域建设若干国际水准的工业互联网平台和数字化转型促进中心，深化研发设计、生产制造、经营管理、市场服务等环节的数字化应用，培育发展个性定制、柔性制造等新模式，加快产业园区数字化改造。深入推进服务业数字化转型，培育众包设计、智慧物流、新零售等新增长点。加快发展智慧农业，推进农业生产经营和管理服务数字化改造。

自新冠疫情以来，各行各业被迫按下了暂停键。但线上教育、线上办公、线上购物等数字化的经济场景，已经加速渗透到人们的衣食住行中。

医院的远程会诊、政府的电子政务、智能体育等，既折射出了数字经济的蓬勃发展及其带来的方方面面的改变，也证明了数字经济已经成为经济高质量增长的重要引擎。

8.2 企业数字化转型的浪潮

这是最坏的时代，也是最好的时代。数字化浪潮正在打破一切、刷新一切、重塑一切。

为了保持企业营收和利润的持续增长，企业通过数字化转型来适应数字智能时代的发展，这一趋势势在必行。

8.2.1 数字化转型推动企业可持续发展

数字化转型是近年来各行各业关注的重点和热点，但是对于数字化转型的定义和概念，不同的企业和机构有着不同的理解。

埃森哲的研究团队认为，数字化转型的最显著特征是通过数字化应用提升运营效率。"数字化转型"本身具有不确定性——转型没有固定的形态和一成不变的路径，转型所要达到的目标也随企业实际情况的不同而千差万别。

麦肯锡全球研究院在其报告中提出，数字化转型包括三个方面：资产数字化、运营数字化、劳动力数字化。

IDC 提出，数字化转型是利用数字化技术，来驱动组织的商业模式创新和商业生态系统重构的途径与方法。数字化转型分为领导力转型、运营模式转型、工作资源转型、全方位体验转型、信息与数据转型五个方面。

IBM 认为，数字化就是通过整合数字和物理要素进行整体战略规划，实现业务模式转型，并为整个行业确定新的方向。转型的战略途径主要有三种：一是注重客户价值主张；二是注重运营模式转型；三是从整体和整合的角度，将前两种途径结合起来，同时转型客户价值主张和组织交付运作方式。

华为则认为，数字化转型是通过新一代数字化技术的深入运用，构建一个全感知、全连接、全场景、全智能的数字世界，进而优化与再造物理世界的业务，对传统管理模式、业务模式、商业模式进行创新和重塑，实现业务成功的过程。

尽管各方对数字化转型的理解各不相同，但各方对数字化转型所带来的价值表示高度认可，即数字化转型可以在大数据的基础上重塑商业模式，推动企业管理模式变革，提升产品和服务的竞争力，让企业获得更大的竞争优势。

《2021 埃森哲中国企业数字转型指数》报告显示，数字化转型成效显著的中国企业占比已由 2020 年的 11% 跃升至 2021 年的 16%（见图 8-2）。

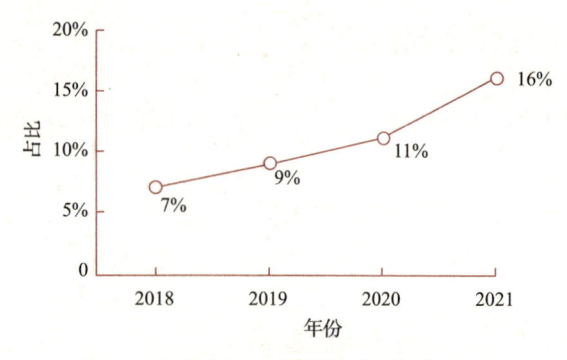

图8-2　数字化转型成效显著的中国企业占比

在营收增幅方面，2020年，数字化转型领军企业的营收增幅是后进企业的3.7倍，远超2016—2019年的1.4倍。随着分水岭的形成，加速推动数字化转型，实现可持续发展，已经成为企业的当务之急。

【案例】美的数字化转型试点项目——广州南沙智慧工厂

2017年，美的通过数字化2.0系列项目，实现了全价值链的支撑和打通。2018年，美的在广州南沙智慧工厂引入工业互联网进行局部试点。经过工业互联网改造，广州南沙智慧工厂的整体制造效率提高了44%，品质提升了17%，员工数从高峰时的6000多人减至3000人，但工厂的净利润比改造前增长了近20%。空调内销交付周期实现由过去20多天到最快3天交付，外销交付周期缩短至24天。

美的集团董事长方洪波表示："工厂没人都可以，晚上把灯关了也可以操作，可以完全由机器自动运转。"工业互联网实现了实体、信息、业务流程和人员的互联互通，借助数据分析、优化决策，使降本、增效、保质成为可能。通过数字化技术手段，美的的收入和利润在转型后的十年内实现了倍速增长。

面对未来的不确定性，数字化技术驱动着企业不断升级和进化，数字化转型已然成为企业打造新的增长动力、构建新的增长曲线，实现持续创新、高质量发展的必然选择。

8.2.2　数字化变革工作流程：让组织更敏捷、高效

在过去，企业往往通过流程化的分工使劳动效率最大化。随着数字智能时代的到来，数字化技术的应用给企业带来了敏捷高效的工作流程和工作方式，使企业更偏向整体协作。

数字化为企业创造了一个全新的信息空间，这个信息空间被称为"云计算"。在国家相关政策的扶持和引导下，我国云计算市场规模呈爆发式增长。中国信息通信研究院的报告显示，2021年我国云计算市场规模达3229亿元，相比2020年增长54%，如图8-3所示。其中，2021年公有云市场规模达到2181亿元，相比2020年增长70.79%；私有云市场规模达到1048亿元，相比2020年增长28.75%。

图8-3　2017—2021年我国云计算市场规模

云计算是加速企业数字化转型的重要抓手。它可以为企业提供安全可靠的数据存储中心，让企业不再担心数据泄露、丢失等问题；同时，云计算可以轻松实现不同设备间的数据共享、资源统一，有助于企业实现信息共享、高速互联、协同办公；另外，依托云计算的分布式处理、分布式数据库、虚拟化技术等功能，数据的汇聚、挖掘和分析已不再是难题。

【案例】华为助力实现云端协同

自己生产的降落伞自己先跳。2019年，华为发布了经过自家19万余人成功试用的智能工作平台华为云WeLink。

据华为介绍，截至2019年12月，WeLink已经助力华为19.5万名员工实现跨越172个国家、7个语种、1023个办公场所的高效协同办公，日连接量超过1200万次，连接团队52万个，连接白板1.4万块，连接业务700多项，连接知识21亿次/年，平均每个员工日连接团队20多个。WeLink改善了全球华为员工的办公体验，提升了办公人员的沟通能力，使整体协作效率提升了30%。

在WeLink这个开放的平台下，企业所有的业务都可以通过轻载的方式替换现有服务。以华为为例，不到一年的时间，WeLink已经接入了华为内部700多项服务。

WeLink的文件存储功能，能将工作群的相关文件存储到群空间内，方便用户随时移动办公，给用户带来全方位的办公体验。

WeLink还有一个重要功能，即多端口连接。通过WeLink的全球窗口功能，企业内部可以在很短的时间内组织一场大型会议。这个功能对大型企业（尤其是跨国公司）来说非常有用。

此外，人工智能功能也是WeLink的一大特色。通过语音助手小微可以完成找人、找邮件、报销费用、充值卡包等百种服务，且随着使用频次的增加，WeLink会越来越懂用户的工作习惯，实现千人千面。同时，人工智能功能还能实现7种语言的实时翻译及文档翻译，方便不同国家员工之间的交流与协作。

在信息安全模块，WeLink采用业界唯一的端管云芯安全方案来保障企业的数据安全。WeLink的账号和企业信息主权归属企业，统一由企业管控和发放，企业可以自定义通讯录分级访问权限。在数据保护模块，企业可以对存储信息进行加密，禁止复制外发，为消息、邮件、文档、浏览器设置安全水印，泄密可追溯。在接入设备安全模块，WeLink支持在企业网或企业办公电脑中接入应用，如果设备丢失也可远程擦除数据。

由此可见，云端协同已经成为现代化办公的重要方式，企业上云也成为不可逆转的趋势。

8.2.3　数字化贯穿全价值链：让运营更智能互联

如今，数字化技术已经不再局限于传统的IT，还包括云计算、人工智能、大数据等新兴技术。数据也成为重要的生产要素，帮助企业在数字驱动下实现更加智能互联的运营管理。

【案例】数字化为业务提供主动服务的自动化运营

华为通过数字化运营改变了运营动作和作业动作之间的关系，运营不再是业务人员的额外工作负担，而是面向业务所提供的一种"服务"，如图8-4所示。

1. 无须填报，自动感知业务情况

华为运营报告的产生方式与过去相比有了非常大的变化，运营数据不再需要人工填报，而是通过各种数字化手段进行自动感知、自动采集。系统在获取业务数据之后，会根据预设的逻辑进行整理和加工，并形成在线的运营报告。

例如，当运营人员希望提升业务动作的效率时，不需要让各个业务环节反馈任何数据。通过预先设定的探针，系统可以自动感知每一个业务动作的时间，包括业务人员在室外启动操作的时间、在系统中录入数据的时间、单据审批通过的时间等，并通过这些数据很容易地自动得到业务流的整体运作周期报告。

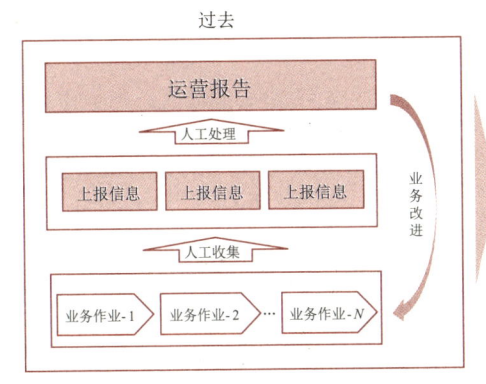

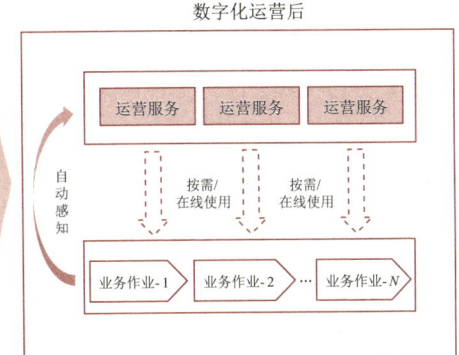

图8-4 运营自动化、服务化示例[①]

2. 随叫随到的在线运营服务

一旦前面提到的数字化手段成为现实，我们就可以将原来的运营动作细分成若干种在线服务。各类运营报告也将不再是一种事后体检报告，而是可以根据业务需要随时发挥在线辅助作用。

例如，可以查看当天实际执行与计划的偏差情况，主动采取改进措施，而不需要等着别人在月末的时候将情况反馈过来。

由此可见，数字化运营能够让业务数据更加可视化、实时化、自动化，帮助企业快速获得业务信息，以便及时应对和处理潜在的风险。

企业是由各项价值活动组合起来的，所有价值活动的联合能够形成一条完整的价值链。数字化转型能够使企业价值链中的IT活动更加敏捷化、智能化，以支撑业务活动的开展。

【案例】德邦快递打造面向未来的"科技透视能力"

随着数字化的不断深入，德邦IT部门的角色也在持续进化，和业务部门的关系从"被动承接"到"业务协同共创"，并最终向"驱动业务变革"转变。

---

① 华为企业架构与变革管理部：《华为数字化转型之道》，机械工业出版社2022年版。

IT 部门的工作理念也发生了巨大的改变，由原来用产品思维，转变成用客户思维去设计产品。数字化的核心在于以客户为中心，因此对 IT 部门来说，其工作不仅仅是交付功能，而是要以客户体验为核心、由 IT 视角转化为客户视角去思考。为此，德邦加强了对产品经理有关客户思维的能力培训，帮助他们进行思维上的转变。

由被动响应到主动引领，对 IT 部门来说是一个非常大的跨越。除了要具备过硬的专业技术能力，还要主动感知业务的未来需求。正如德邦快递首席技术官殷皓所说："软件设计不能仅仅基于过去的经验做适用性软件。基于过去的经验做设计，设计出来的产品永远是过去的产品。IT 部门需要和业务部门一起构建未来，设计面向未来的产品。"

过去，一个业务部门对应多个 IT 部门；如今，IT 部门将 IT 服务、数据应用等能力后撤，逐渐成为服务前端的产品应用中心，和业务部门形成了一对一的服务模式，成功转型为"轻前端+强平台"。

这种架构的调整，一方面促进了 IT 部门内部服务效率的提升，另一方面使 IT 预算集中在 IT 部门，再按需求和使用情况分摊到相应的各种业务中，倒逼业务部门谨慎规划 IT 需求，以确保 IT 资金花在刀刃上。

数字化运营是一种更为精准的运营方式，一方面能够提高企业的数据应用能力，让数据成为生产力，另一方面能够加强 IT 部门与业务部门之间的衔接，快速提升业务运营效率。

8.2.4　数字化重塑商业模式：让业务的开展更平台化

正如华为轮值董事长徐直军所说，客户还是我们的客户，产品还是我们现在的产品，但是商业模式和运营模式，有可能通过云的理念或者技术进行改变，让它实现简单、高效和低成本。在数字智能时代，数字化技术打破了企业的边界，让多样化的客户需求得以充分展现和释放，传统价值链导向的商业模式逐渐向平台化的模式演变。

管理学大师彼得·德鲁克说："当今企业之间的竞争，不是产品之争，而是商业模式之争。"良好的商业模式是一家企业成功的关键。**数字化转型能够帮助企业敏锐地捕捉市场动态，以客户需求为导向，不断升级产品与服务，构建新的商业模式，发掘新的增长赛道。**

【案例】小米的商业生态布局

在数字化的推动下，小米秉承"坚持做感动人心、价格厚道的好产品，让全球每个人都能享受到科技带来的美好生活"这一使命，从一家以生产高端智能手机为核心业务的互联网公司，转变成了一家"硬件制造＋互联网＋新零售"的公司，成为国内开放生态布局的先行者之一。

2010年，小米推出MIUI系统。由于当时的安卓智能手机系统版本更新缓慢，用了一段时间后经常卡顿，因此小米决定对系统进行频繁升级。但系统的频繁升级给小米的研发团队带来了非常大的工作压力。于是，小米通过米聊论坛成立了一个"荣誉开发组"，让广大的小米"发烧友"参与开发。此后，米聊论坛的会员人数剧增，拥有了一大批活跃的铁杆粉丝。

同时，小米使用互联网的方法和工具在新零售领域开放生态布局，提高传统零售业的效率。以小米之家为例，小米将后端的仓储、物流、客服等售后体系全面开放给了小米店主，让线下门店集展示、体验、销售、社交、互动为一体，小米用户可以深入体验产品功能、品牌调性、参与活动。随后，小米又开放了线上的小米有品，主打精品电商。线上线下的双重布局，为小米积累了庞大的用户体量，使小米在短短几年时间内引爆中国零售行业。

基于小米平台线上线下庞大的用户体量和数据，小米可以与用户实时交互，了解他们的需求，进而不断改进产品，开发如充电宝、空气净化器、电视机这些智能自主产品。另外，这些数据也能支撑管理层快速做出决策，缩短产品周期。

我们可以看到，在小米的生态中，消费者不再是被动接受者，而是参与到价值创造的体系中，与小米共同创造和分享价值。

小米以独特的商业模式，重新定义了智能手机的生产方式和生产关系。在数字化的影响下，企业不仅仅依靠销售产品来获利，而是通过建立多层联动的共享平台，开创多维的效益空间。

【案例】三一集团创新业务模式

三一集团是我国工程机械行业的引领者，也是数字化和智能化转型的先行者。

基于对数字智能时代的研究和对行业的深刻洞见，三一集团深入探索"制造＋服务"的商业模式，已经由销售机械设备延伸到销售远程运维服务，实现设备、服务全方位创收。

三一集团通过腾讯云把分布在全球的40多万台设备接入平台中，实时采集1万多个运行参数，利用云计算和大数据，远程监控和管理庞大的设备群运行状况，实现对设备状态异常的预警提醒。每位售后服务工程师都会配备一个智能终端，远程监控设备状态。如果用户在使用过程中遇到设备故障，可以通过"客户云"App一键创建"服务召请订单"。在 ECC（客户体验中心）的智能调动下，服务人员以最快的速度抵达现场，调取设备的运行数据，联合技术专家远程 AR 会诊，快速找到问题并解决，实现故障维修 2 小时内到现场、24 小时内完成，大幅提升了故障修复率和修复速度，大大减轻了备件库存的压力。

三一集团以客户为中心，利用新兴技术突破现有业务范围，创新商业模式，拓宽了收入来源。

从小米和三一集团取得的成果来看，新技术的蓬勃发展能帮助企业提升认知水平，为商业模式的创新创造了有利条件，让企业更敏捷、更准确地应对未来的变化。

8.3　企业数字化转型的困境

数字化转型给企业带来的巨大价值毋庸置疑，推进数字化转型已经成为大部分企业间的共识。但数字化转型是一项长期而艰巨的工程，许多企业在实施过程中仍面临诸多难题和挑战。

8.3.1　传统企业和数字化企业的区别

阿里巴巴创始人马云曾公开表示："在未来，数字化就是让企业活下去的关键！"显然，数字化转型已经成为传统企业持续发展的必经之路，那么传统企业和数字化企业间具体存在哪些差异呢？

传统企业和数字化企业的区别主要体现在组织结构、运营模式、决策方式和工作关系方面。

1. 组织结构

传统企业的组织结构更多的是金字塔式和职能式，层次分明，机构较为臃肿，灵活性差，更适合在稳定的内外部环境下运作。数字化企业建立的是协作化的组织结构，是一种平等型、组合型、项目型的平台结构。它可以根据工作任务、业务目标聚合成一个单独的团队，同时一个人可以参与多个团队的交流与互动。这种结构更有利于团队间的信息共享，每个人都是价值创造的重心。

2. 运营模式

传统企业的运营模式是以产品为中心，由于组织间存在纵横向的业务边界，因此在运营的过程中经常要层层上报和层层下达，这种复杂的管理链条导致运营指挥周期长、反应慢，无法实现业务的实时运营和客户需求的快速响应。

数字化企业的运营模式是以客户为中心，强调客户体验，敏捷反应，能够快速响应客户的多元化需求，围绕客户设计组织结构、流程和考核机制等，培养以客户为中心的组织能力。

3. 决策方式

传统企业在运营管理中的决策主要依靠决策者的个人能力与经验。这种方式仅适用于客户群相对集中，且数量不多的业务领域，一旦面对多个项目的数万名客户，决策者就会明显感觉决策的依据不够、决策的科学性无法保证。数字化企业则以数据驱动决策，通过建立一站式的大数据分析平台构建企业智慧大脑，跨越庞大的信息障碍，摆脱对个人的依赖，进行科学、智能的决策。

【案例】华为在复杂场景下的科学决策[1]

在数字化转型前，在新的业务领域，由于客户所处的行业、市场地位各不相同，因此华为管理者想在商务营利性守护和项目把握度之间保持平衡，做出科学的决策，难度非常大且存在诸多疑问，如：

当前销售管道支撑是否充足？

销售管道是否健康？成功转化为合同的概率有多大？

批了这单合同，今年销售毛利的目标能否达成？

…………

能解决这些疑问的数据并非无法收集，但数据量庞大，决策者也无法运用个人能力与经验对这些海量数据进行完整分析。

在数字化转型后，华为通过数字化手段对销售管道相关的海量数据进行采集和处理，形成了完整的数据画像，能够准确描述销售管道的实际流量与流速，帮助决策者及时对销售形势进行判断，以便采取相应的管理措施。

同时，华为基于人工智能算法，按场景搭建智能分析模型，并通过前期获得的海量数据进行模拟和训练，当决策者进行决策时，可以为其提供科学的辅助性决策和建议。例如，借助人工智能对未来营利性进行预测，综合销售管道、发货、收入等信息，构建商业模型，对未来季度、年度的收入和利润进行预估。

---

[1] 华为企业架构与变革管理部：《华为数字化转型之道》，机械工业出版社 2022 年版。

4. 工作关系

传统企业中员工之间有明确的层级关系，上级是团队中唯一的指挥中心，员工负责服从和执行。在数字化企业中，每个成员之间是一种平等的工作关系，企业会鼓励员工自由发表意见，使其勇于向管理层发起挑战。员工自主管理，主动选择自己的任务和组织自己的工作。

在这个复杂多变的时代，传统企业面临的问题越来越多，传统的方法与手段已经难以解决这些问题，需要借助数字化技术提供持续有力的解决方案。

8.3.2 企业数字化转型面临的难题

由于数字化企业具备诸多传统企业不具备的优势，因此数字化转型备受企业青睐。对大部分企业来说，转型的愿景很美好，但转型之路并非一帆风顺，而是困难重重，任重道远。

麦肯锡的研究报告指出，企业数字化转型的平均成功率仅为 20%。即使在高科技、媒体、电信等数字化技术应用较为普遍的行业，数字化转型的成功率也不超过 26%；在石油、天然气、汽车、基础设施和制药等较为传统的行业，数字化转型的成功率仅为 4%～11%。

笔者在为众多企业提供数字化转型咨询服务后，梳理并总结了企业在数字化转型中常面临的三大难题。

1. 方向迷失，战略定位不清

尽管很多企业将数字化转型作为战略规划和执行的重点，但它们不知道数字化转型要从哪里着手，缺乏清晰、可落地的实施步骤和路径图，处于想做又不知道如何做的停滞状态；或者将数字化转型视为单独的项目，致使数字化转型的重点与业务发展的重点关联性弱，最终使数字化转型和业务发展变成了"两条线，两张皮"的关系，无法真正促进重点业务的增长。

2. 价值难现，投入成隐忧

数字化转型不是单纯升级企业 IT 业务，而是将企业所有的业务、流程打通，进行数字化改革，让技术赋能业务。所以，数字化转型周期长、见效慢，需要长期性的投入与评估。因此，转型的投入与收益比经常会受到股东、高层的质疑，在这种情况下，持续的资金投入就是转型的最大难点。

3. 能力不足，推行阻力大

这个难题是企业中最普遍且关键的一个问题。数字化转型作为一种战略，制定容易执行难，负责转型的领导者缺乏系统思考和战略共识，领导力不足，缺少转型的勇气与担当，这就导致战略的执行力差，内部阻力越来越大。同时，数字化转型意味着人才要同步升级，如果干部队伍跟不上，那么数字化转型将长期缺乏动力，难以落地。

以上三大难题皆源于领导力的不足。因此，负责变革的领导者既要真正意识到数字化给企业带来的机遇和挑战，制订阶段性的战略执行计划；又要具备变革的决心和能力，化解企业内部矛盾，培养数字化人才，加速数字化转型成功。

【案例】被迫退休的马克·菲尔兹

2017年5月，福特汽车CEO马克·菲尔兹被迫结束了其在福特三年的职业生涯。在这三年中，马克·菲尔兹带领下的福特在未来交通出行上取得了一定的成绩，其自动驾驶系统曾一度超越奔驰、通用电气、谷歌等名企。然而，福特在其主营业务上一直在走下坡路，短短三年的时间股价下跌近40%，董事会对福特严重下滑的业绩不满意，对马克·菲尔兹的数字化转型策略更不满意。

马克·菲尔兹未成功带领福特转型的原因有三点。

一是马克·菲尔兹过于重视向"移动出行公司"转型，但移动出行服务难以在短期内创造可观的收益，这就造成福特投入巨大的人力、物力却收益甚微，业绩不升反降，组织上下对数字化转型失去信心。

二是马克·菲尔兹的领导力不足，未能成功解决各方的矛盾与冲突，化解来自各方的变革阻力。数字化转型成功与否与企业内部变革阻力大小呈负相关。内部的阻力既来自高管团队，也来自基层员工。福特的第四代掌舵人比尔·福特也指出，福特与股东、员工、媒体和其他人的沟通工作存在问题。

三是马克·菲尔兹在制定了移动出行的战略后，并没有一张清晰的数字化转型路径图，也没有对数字化转型的事项进行优先级排序。福特董事会的话也印证了这一点："马克·菲尔兹的愿景和策略并没有那么明确，也没有那么有效。""他做了很多东西，但在数字化的优先事项上优柔寡断。"

从某种程度上说，数字化转型是领导者意志的体现。企业想要高效解决转型过程中的难题，切实推进数字化转型之旅，就要全面提升变革团队领导者的数字素养与领导水平。

8.4 领导力驱动数字化转型

数字化转型是一个自上而下的过程，领导力是转型的关键驱动力，企业必须优先构建数字化领导力，以便引领组织向数字化阶段探索与学习，有效推动变革。

8.4.1 从战略到组织的全面转型

数字化转型是一场以科技驱动的变革，主要以数字化技术赋能企业，帮助企业全面适应数字智能时代的要求。它本质上是通过企业战略和业务的全面转型，实现企业业务的创新与增长。

数字化转型是一种颠覆式的创新，从战略到业务到流程再到组织，全方位、多维度、深层次地推动企业彻底变革。

首先，数字智能时代是一个机遇与挑战并存的时代，企业需要思考自身在这个时代中新的成长空间，明确自身要在哪些目标市场发展，以及需要匹配什么样的商业模式等。只有制定清晰的数字化业务战略，才能构筑可持续的竞争优势。

其次，业务也好，IT 也罢，两者都要为企业战略提供支撑与服务。数字化转型就是一个利用数字化技术重构业务，解决业务痛点的过程。在华为看来，数字智能时代的业务设计组织和 IT 开发组织的融合是大势所趋。一个产品团队既要有技术开发能力，又要有业务设计能力，只有这样才能围绕业务目标快速迭代与升级，推进战略目标的达成。

然后，"竞争战略之父"迈克尔·波特曾说过："整体作战比任何单项活动都要重要和有效，企业需要建立起一条环环相扣的链条，只有这样才能将模仿者拒之门外。单点也许会被竞争者超越，但体系和链条便是企业的竞争壁垒。"在数字化转型的过程中，企业必然要进行流程的优化和梳理，要将部门间的流程打通，使其高效协同，同时运用新的技术改造和精简业务流程，为企业带来全新的商业价值。

最后，组织是数字化转型成功的保障。面对客户易变的个性化需求，组织一定是扁平化、平台化和生态化的敏捷性组织。数字化转型中的组织变革要以支撑和赋能为导向，中后台组织要为前端业务提供支撑和赋能，推动能力共享和信息畅通。简言之，一旦前端锁定目标，中后台的炮火就迅速进行精准强大的火力支援。例如，华为的"大平台炮火支撑精兵作战"和"让听得见炮声的人能呼唤到炮火"就是大平台支撑下小前端的作战策略。

【案例】美的的数字化转型之路

美的是行业内率先转型的科技企业，它的全链路数字化已经成为企业数字化转型的标杆。2021年数据显示，美的在转型期间的营收增长超过150%，净利润增长了333%，资产总额从926亿元增长到3879亿元。

2012年，美的启动了数字化转型1.0阶段。当时的美的内部高度分权，每个事业部自成一体，以至于所有的IT系统高度离散。为了让美的能够集团化运营，集团董事长兼总裁方洪波和美的高层决定将运行多年的数字化系统推倒重建。历时三年，美的重构了所有的流程、IT系统和统一数据的标准。

2015年，美的认为"互联网+"要颠覆传统行业，经过公司内部大讨论提出了"双智战略"，即"智能产品，智能制造"。随后，美的建立了智能制造工厂、大数据平台等，将所有系统移动化，把"+互联网能力"以数字化的形式引进美的内部。

2016年，美的又从数字化转型1.0阶段进阶到数字化转型2.0阶段。美的在业务上实现了从层层分销、以产定销的模式转变为以销定产的模式，将原来的大订单供应模式，变成了碎片化的订单模式，提升了公司面对不确定性的柔性供应能力和效率。

2018年，随着物联网技术的成熟，美的开始将单机版的家电变成联网家电。通过美居App，冰箱、空调等产品可以被用户集中控制，同时美的可以通过美居App采集用户的行为数据，优化和升级产品服务。

2019—2020年，美的完成了工业互联网的搭建，实现了全面智能化，开始用数据驱动业务运营。

2020年年末，美的正式对外发布，将传统三大战略主轴升级为全新四大战略主轴（见图8-5），将四大业务板块（消费电器、暖通空调、机器人与自动化系统、创新业务）更迭为五大业务板块（智能家居事业群、机电事业群、暖通与楼宇事业部、机器人与自动化事业部、数字化创新业务），旨在通过数字化技术和工具提升公司的运营效率，改善用户体验。

在数字化转型期间，美的前后投入了上百亿元，但方洪波认为，这条路是值得的，而且没有到终点，他将引领美的继续在数字化转型的路上前进。

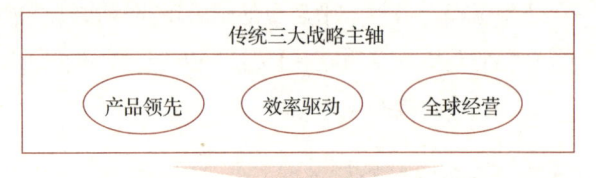

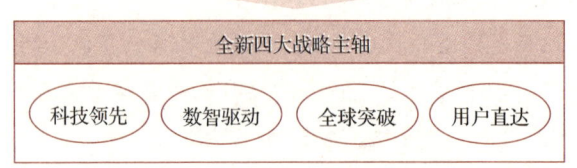

```
┌─────────────────────────────────────────┐
│            传统三大战略主轴               │
│                                          │
│    ( 产品领先 )  ( 效率驱动 )  ( 全球经营 ) │
└─────────────────────────────────────────┘
                    ▼
┌─────────────────────────────────────────┐
│            全新四大战略主轴               │
│                                          │
│  ( 科技领先 )( 数智驱动 )( 全球突破 )( 用户直达 ) │
└─────────────────────────────────────────┘
```

图8-5　美的的全新四大战略主轴

数字化只是方法，转型才是目标。企业想要全面实现数字化转型的价值，就要关注新的业务增长和客户机会，思考新的战略、业务、流程和组织模式，并对之进行变革。

8.4.2　领导力是数字化转型的引擎

企业进行数字化转型如同在茫茫大海上航行历险，前方充满未知。在新的海域，原有的领导力难以支撑前行，因此企业领导者也要进行转型升级，培养全新的数字化思维。

数字化思维是一种综合性的能力，包括战略思维、行业思维、数字思维、变革思维和商业思维。

1. 战略思维

领导者要适应数字化转型的需要，抓发展主航道和主矛盾，从传统的线性思维向全局性、战略性、复合性的思维转变。

一方面，战略思维更强调前瞻性，更关注长期，坚持以长期价值主义的思维来确定企业的发展路线和方向。

另一方面，战略思维更注重共生共赢，要求领导者具备全产业生态布局的意识，融合更多的生态伙伴，为客户创造价值。

在数字化的经济形态下，华为坚持被集成的战略方向不动摇，多样的客户化需求由生态伙伴独立承担，自己则专注于军团客户连接平台和算力平台的开发与推广，与合作伙伴一起打造生态、做强生态。这种开放融合的坚守与任正非的战略思维密不可分。

任正非不仅自己具备战略思维，还要求华为培养出思想家、战略家："华为要产生越来越多的思想家、战略家，今天若不培养，到大数据时，战略机会点就可能会一个个丢掉。我们公司为什么缺少系统性思维？因为我们是从小的游击战打过来的，提拔的都是务实的人，没有对务虚的人给予肯定。我们要转换，慢慢从人力资源机制中形成培养思想家、战略家的土壤。"

2. 行业思维

每一家企业都是行业生态中的一部分。领导者要敏锐感知环境、行业和竞争形态；确定企业的定位，判断企业转型的时机和方向；聚集各类社会要素为我所用；助力企业高效运营和有序发展，打造行业中的核心竞争力。

3. 数字思维

在数字化和产业互联网时代，一切可连接，一切可交付。领导者要以数字为核心生产要素，系统地认知事物、配置资源、重构价值，使IT服务更敏捷、更简化，让IT团队从功能构建者向价值赋能者转变。

作为行业龙头，伊利敏锐地感知到数字化给市场环境和客户生活方式带来的变化。2019年，伊利集团董事长潘刚提出构建"全球健康生态圈"的理念。他指出，快速推进数字化转型战略是生态圈建设的重要部分。

为了给数字化转型提供坚实的组织保障，伊利成立了独立的数字化转型赋能部门——数字化中心，与IT部门联动，推动业务和职能多线开展共创合作，全力打造面向未来的"数字化原生组织"。数字化中心的职责包括两项：一是负责数据资产的建设与管理、业务模式的探索和创新；二是负责整个组织数字化能力的建设，如数字化领导力的构建、数字化骨干队伍的建设、领导者和核心员工的数字化思维及意识的升级。

4. 变革思维

为适应组织、流程和管理模式数字化转型的需要，领导者应运用变革思维，主动求变，助力企业打破金字塔式结构，转向扁平化、平台化、去中心化等互联网新经济管理模式，以提高企业的自主经营能力、风险控制能力、集成作战能力。

例如，阿里巴巴、小米、京东、亚马逊采用的就是一种平台化的管理模式。

5. 商业思维

领导者应善于从不同的角度洞察与分析数据，<u>挖掘商业本质和客户痛点需求</u>，实现客户精准触达；以数字为引擎、以平台为抓手，找到不同寻常的商业模式，提升客户体验，为企业和客户创造价值。

总之，想要数字化转型成功，领导者必须改变传统的思维模式，以确定性的数字化思维应对不确定性的数字智能时代，做出正确的决策和行为，带领企业驶向胜利的彼岸。

8.4.3 数字化转型需要的五个转变

在数字化领导力的指引下，数字化转型到底"转"什么呢？从2016年开始，华为在全面的数字化转型过程中，探索与积累了一套成熟的实践经验。

数字化转型主要"转"五个方面。

1. 转意识（转思维）

大部分企业认为数字化转型就是应用人工智能、大数据、云计算等数字化技术，但这并不是真正的转型。企业想要实现真正的转型，不仅需要投入技术，更需要转变各级干部的意识。意识的转变包括三个方面：首先是树立<u>以客户为中心的意识</u>，各级干部要深刻思考企业能给客户创造什么样的价值；其次是从意识上认清<u>转型是自己的事情</u>，转型是为了支撑业务实现更好的发展；最后是构建<u>基础的设施架构</u>，数字化转型是系统性工程，企业需要构建一套有效的架构来牵引转型。

2. 转组织

数字化转型不是一个部门就可以独立完成的，而是需要企业高层统筹规划，IT部门、业务部门协同推进。

华为采用的方式是，成立由各个业务部门一把手负责的组织和变革管理委员会，由轮值董事长担任负责人，负责承接转型的工作。此外，华为还将各个IT部门的人员打散，把他们和业务部门的人员组成混编团队，让大家相互学习、相互促进，共同开展业务设计、IT开发和数据分析工作。

3. 转文化

企业中的每个员工都是数字化转型的参与者，文化会影响企业的每个员工。企业要将平台和共享的文化深入每个员工的心中，不能只关注自身的价值创造，只想着自己要怎么发展，而是要有共享的精神，将数据和优秀的能力沉淀、分享到组织的平台上，帮助他人获得价值，让数据成为每个人决策的依据。

4. 转模式

转模式是指企业在保留现有的、成熟的系统的基础上，开发新的应用进行适配与融合。

就像华为 IT 管理部总裁陶景文所说："华为现在用的 ERP，一直为华为 1000 亿美元的销售规模和全球 1700 多家企业的业务提供服务，想要将它迁移到云端，就相当于要换掉一台正在空中飞行的飞机的发动机，其过程非常复杂。因此，数字化转型不仅要评估未来发展与现有系统的关系，更重要的是管理好现有系统。"

5. 转方法

数字化转型有非常多的流程、系统和规则，企业要根据自身所处的发展阶段和实际情况选择合适的方法，而非依葫芦画瓢地照搬其他企业的方法。更重要的是，企业要将流程中业务规则、业务对象和运作过程的全量全要素数字化，以形成一套完整的方法论，来指导业务部门和 IT 部门开展转型工作。

SDBE 领导力及人才

阅读心得

第9章
发挥领导力，打造高绩效团队

　　在企业中，领导者肩负着规划与制定企业发展战略、组织与领导企业生产经营活动的重要职责，其领导力在一定程度上决定着企业的发展方向和经营情况。因此，在正确的方法论与实践论指导下发挥领导力的作用至关重要。

9.1 领导力修炼与发展

组织发展理论创始人沃伦·班尼斯说过："没有哪个领导者原本就打算成为一个领导者，他们只是想充分自由地表现自我，结果都成了好的领导者。"

领导力是一种特殊的人际影响力，是领导者在工作实践中修炼与发展的一种"内功"。

9.1.1 领导力的八重修炼

笔者及其团队基于对领导力的多年研究，将领导力的塑造分为八个维度，即领导力的八重修炼，分别是：贡献价值、注重结果、承担责任、知行合一、工作到位、打造团队、有效决策、思维创新。

1. 贡献价值：我能为组织创造什么样的价值

很多领导者更关注自身的工作、付出和期望，却忽视了组织的需要和期望，无法正确看待组织与个人的关系。高效的领导者一定既重视自身的付出，又重视自身给组织带来的价值。

组织与个人之间是一种相互促进、动态平衡的关系，个人为组织做出贡献，组织为个人提供机会（见图9-1）。

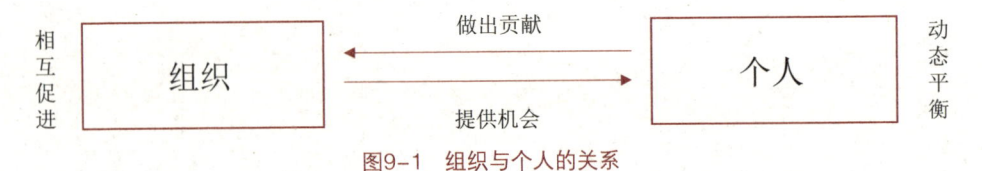

相互促进　　组织　⇆（做出贡献／提供机会）　个人　　动态平衡

图9-1　组织与个人的关系

管理学大师彼得·德鲁克表示，有效的领导者会常常自问："对于我服务的机构，在绩效和成果上，我能有什么贡献？"领导者只有重视自身的价值，才能以组织整体的绩效为重，不被其本身的专长、技术和所属部门限制，也能更加关注客户的需求。客户的需求就是企业和领导者的价值所在。

2. 注重结果：执行是有结果的行动

以结果为导向的执行思维是企业提高执行力的关键。完成任务并不等于执行，只有有结果的行动才是执行。华为认为，"执行"并不等于"做"，而是要"做对""做好"，在完成任务的基础上追求更高层次的结果。

有一次，华为的一位干部在做工作汇报时说了一句"没有功劳也有苦劳"，任正非听完勃然大怒道："什么叫苦劳？苦劳就是无效劳动，无效劳动就是浪费，我没有让你赔钱就不错了，还胡说什么功劳？"

在华为的管理体系中，一切创造活动必须能为客户创造价值，价值不是以吃了多少苦来衡量的，哪怕奋斗的过程非常辛苦，最终还是以结果来衡量工作做得好与不好。

3. 承担责任：责任胜于能力

一位领导者的重要程度，通常与其愿意承担的责任成正比。成功的领导者既能承担个人的责任，又能对团队的结果负责，他会对团队中任何表现不佳之处承担全部责任，而非将责任推脱到员工或其他部门身上。

格力董事长董明珠曾经说过，如果要开除10位不合格员工，那么一定要先开除他们背后不合格的经理。兵熊熊一个，将熊熊一窝。负责任的领导者自然会培养出负责任的员工。在工作中，责任心往往比能力更重要，责任担当是衡量一位领导者最基本的条件，不主动担责的领导者不可重用，因为其难以担当重任。

4. 知行合一：言行一致

从政有经，令行为上。作为领导者，必须从知行合一的角度审视自己、要求自己、检查自己。"知"是基础、是前提，"行"是重点、是关键，必须以"知"促"行"、以"行"促"知"，做到知行合一。知行合一，方能致远。

实践是管理的"灵魂"，领导者要将管理的方法论应用于工作实践中，只有这样的"知"才能产生价值；同时，还要言出必行、言行一致，认真履行对员工、对客户的承诺。

5. 工作到位：避免没必要的工作重复

速度并不等于效率。工作失误要花时间来修正，产品质量出现问题要花时间来返工，技术不过关要靠培训来弥补，这就造成了更多的人力、物力浪费。因此，领导者要通过制订工作计划，循序渐进地做好每一件事，不要为了速度而取巧。

《华为人》上曾刊登过这样一篇文章，大意是因为华为员工做标书经常出错，有些地方懒得将中文译为英文，懒得修改名称，懒得用拼写检查工具检查拼写错误等，最后不得不全部返工。有的员工会说："上级交代的任务时间太紧了，为了节省时间只能拼命往前赶。"但是，如果工作没做好，被打回来返工，不是更浪费时间吗？

为了让华为的干部和员工养成严谨细致的工作作风，华为曾经屡次派干部去德国、日本和美国的企业参观考察，每一次回国后，都会给华为的干部带来很大的收获。任正非认为，日本企业之所以强大，一个很重要的原因是它们拥有严谨的工作作风，总是力求一次就把事情做对。

6. 打造团队：利他就是利己

任正非说过："领导者的责任是要让自己的部下成为英雄，而自己成为领袖。"作为领导者，想要组织团结在一起，并不断成长与发展，其自身就必须具备利他思维，鼓励、激励和帮助员工达成结果，并在团队中传递这种利他行为，帮助更多的员工获得成长。

水洗万物而自清，人利众生而自成。利他就是利己，利他的领导者更能赢得员工的尊敬和爱戴，获得更多的追随者。

7. 有效决策：集思广益

一个人的决策往往是狭隘的，科学合理的决策应当是集齐众人的智慧，群策群力的结果。所以，团队在制订战略计划时，要集思广益，让核心成员都参与进来。这样不仅可以获得更多有效的信息，而且可以提升团队成员的责任感，激发团队成员工作的主动性。

8. 思维创新：不破不立

创新的本质是突破，即突破旧的思维定式、破除清规戒律。领导者的思维方式直接关系到其决策水平。因此，领导者应以思维创新带动工作创新，敢于打破常规，标新立异，做出科学的决策。

任正非鼓励干部要勇于开放，坚持对外学习，实际上就是期望华为的干部能够培养一种开拓创新的思维方式，即在开放与学习中，汲取能够帮助华为进步的力量。

9.1.2 领导力的五大关系

我国著名的管理学家彭剑锋教授说过，高超的领导力一定是与时俱进的，一定来自不断的自我超越、自我提升。因此，领导者要正确把握和处理领导力的五大关系（见图9-2），快速成长为高阶领导者。

1. 领导 vs 管理

杰克·韦尔奇说过："没有人愿意被管，更没有人愿意接受权威主义，人们更乐意相信与追随自己崇拜的对象。"前文说过，领导力是一种让他人自愿追随的影响力，无关乎职位高低，只关乎个人魅力。人们不喜欢被管理，却喜欢被领导。

图9-2 领导力的五大关系

那么，领导和管理之间有什么样的区别呢？领导和管理的区别如表9-1所示。

表9-1 领导和管理的区别

领导	管理
做正确的事	正确地做事
推动变革	维持现状
激发他人的热情来驱动人	用流程和制度来控制人
关注人才	关注事务
强调引领	强调权威
重在创新	重在执行

领导者关心的是做正确的事，而管理者关心的是正确地做事。管理是指维持现状，在流程和制度的约束下控制员工完成目标，关注事务，强调用权威来勒令员工执行。

领导是指设定目标，推动变革，以改善现有的工作方式与方法，通过激发员工的热情来驱动员工，关注人才，强调用引领的方式带领员工完成目标，鼓励员工创新。

作为领导者，领导和管理这两种行为都会用到，但随着领导力的提升，领导者应更倾向于领导，而非管理。

2. 速度 vs 完美

最优秀的决策者并不是那些掌握最丰富信息资源的人，也不是那些殚精竭虑、终日冥思苦想的人，而是在转瞬之间便做出决策的人。在工作中，速度比完美更重要，合格的领导者要做事果断、雷厉风行，速度第一、完美第二，在实现速度后再追求完美。

3. 结果 vs 过程

任正非在考察干部时，有一条很重要的评判标准就是看他们的责任结果。任正非强调，华为人要有理性思维，可以有委屈，但委屈要装在心里，要想尽办法拿结果。所以，不管是员工还是领导者，工作过程都不是考核的关键因素，只有实实在在的业绩和成效才是最有用的，因为企业要生存、要发展，就必须有业绩。

同时，好的结果源于好的过程，结果总是滞后发生的，所以领导者要在过程的执行中用结果来要求，每一个执行环节、步骤和流程都必须与结果的达成相关联。

4. 同事 vs 客户

如果说商场如战场，那么同事就是战友。在面对共同的竞争对手和困难时，同事们齐心协力，共克时艰，所以领导者要像尊重客户一样尊重同事。

对于企业中的任何职能，其日常工作都不是孤立的，离不开同事间的相互支持。为了减少不必要的内耗，确保工作流程顺畅运行，领导者可以遵循以下原则开展工作。

协商原则：以平等、谦虚、求助的心态与同事协商。

全局意识：规避本位主义的错误，强调个人利益服从整体利益，局部利益服从全局利益。

共赢原则：当与同事发生利益冲突时，要先设身处地，再寻求理解，要具备共赢与灰度的非零和博弈意识。

沟通原则：建立定期、有效的沟通机制，相互了解对方的需求。

5. 战略 vs 执行

好的战略要有好的执行才能落地，好的执行同样需要好的战略规划。战略为企业提供了方向，指明了道路，执行则能帮助企业走得更快、更好。

施乐就是一个典型的因执行不到位，导致正确的战略崩盘的案例。在战略转型的过程中，施乐的高管团队制定了与IBM相似的战略，还高薪聘请了IBM的财务总监来任职CEO，但其战略转型还是失败了。其中关键的原因在于施乐缺乏有力的组织保障，导致执行不到位，计划没有真正落实下去，伟大的战略成了空中楼阁。最终施乐也逐步走向衰败。

有了战略，才能进行目标分解，才能落实具体的责任；有了执行，领导者才能在实践的过程中，因地制宜地制定更适合企业的战略，两者缺一不可。

9.1.3 建立高绩效团队的领导策略

如何发挥领导力的作用，建立一个战斗力强的高绩效团队，是众多领导者不断思考的问题。

根据工作状态和团队绩效，团队一般会经历五个阶段，分别是工作群体、伪团队、潜在团队、真正团队、出色团队，如图 9-3 所示。

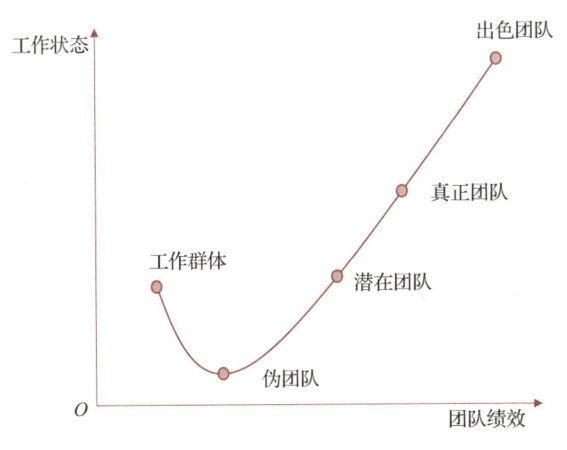

图9-3　团队经历的五个阶段

在团队形成的初期，还不能称之为团队，而称之为工作群体。此时的成员由不同动机、需求和特性的人组成，缺乏共同的目标，彼此之间信任不足，也没有建立起规范的制度，群体内部矛盾较多，内耗严重。在这个阶段，团队领导者主要有以下两项任务。

（1）消除成员之间的疑虑，了解成员的工作动机与偏好，并帮助他们相互融合。

（2）明确工作群体的目标、定位、成员和职责，招聘和选拔有能力的人才。

团队开始组建后，内部的冲突和职位、权力争夺的矛盾逐渐暴露，这时团队进入伪团队阶段，工作状态有所回落，团队绩效稳步提升。成员在维护自身权益的同时，增加了团队内部的紧张气氛。此时，一方面，领导者要认识到冲突是团队必经的过程，产生冲突并不一定是坏事。领导者必须积极、正确处理成员之间的冲突，促成冲突的解决。另一方面，领导者要按照成员擅长的方向，明确分工，让成员清楚自己的职责所在，发挥个人的优势，为团队创造价值。

经过实践的磨合，团队逐渐走向稳定与规范，进入潜在团队阶段，成员逐渐了解到团队的目标，建立了共同的愿景。此时，领导者要建立和完善团队的各项制度与考核机制，为团队设置"红绿灯"和"斑马线"，降低突发事件对团队工作效率的影响，不断促进成员提升工作绩效。

马云说过："优秀的企业是管理出来的。管理一个团队如同管理一支部队。部队管理靠纪律，团队管理靠制度。"

任正非说过："制定一份好的规则比不断批评员工的行为更有效，它能让大多数员工努力分担你的工作、压力和责任。"

在真正团队阶段，团队开始成熟化，能应对复杂的工作挑战，高效地完成目标。此时，文化是激励团队持续稳定的基石，领导者要关注团队文化建设，提炼团队的核心理念和价值观，形成标准，并通过手册、书籍、看板等载体进行传播，对成员进行熏陶；同时，对于团队中的典型标杆人物进行推广宣传并组织大家向其学习，以此让团队内产生更多的优秀标杆。

在出色团队阶段，团队已经基本成熟，工作也富有成效，成员之间高度互信、彼此尊重。此时，领导者在做好日常管理工作的同时，要合理授权，将精力放在人才培养上；此外，还要运用系统思维，保持危机意识，持续学习与成长，引导团队挑战更高的目标，避免陷入舒适区。

9.2 明确团队目标与方向

成功的团队不仅有清晰而具体的目标，还能够凝聚所有人的智慧，让所有人朝着一致的方向共同协作，长期奋斗。

9.2.1 明确目标：总目标层层分解，形成可执行的重点任务

当将一个企业的总目标放到员工个人身上时，这个总目标是没法实现的，因为它没办法为员工的行动提供具体的指导。因此，领导者要对企业的总目标进行层层分解，形成可执行的重点任务，以便员工清楚作战的方向。

企业的总目标可根据组织层级自上而下分为三级，分别为企业发展目标、部门工作目标、岗位工作目标，如图9-4所示。

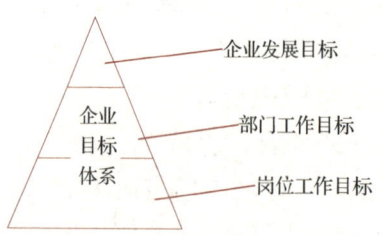

图9-4 企业目标体系的金字塔层级

企业发展目标：既要界定企业的财务发展目标，也要界定企业为实现这些目标所需采取的市场战略。

部门工作目标：旨在运用企业交付或支配的资源，根据企业发展目标，提供高质量、足

数量的产品和服务,包括具体完成的生产管理、销售管理、现场管理和质量管理等目标。

岗位工作目标：包括每条生产线、每台设备、每个工作岗位在每月、每周、每天要完成的工作量和质量限定。部门工作目标要落实到具体岗位角色所涉及的特定目标中。

在分解目标时，要遵循以下三个要求，以确保目标越来越具体、可实现性越来越高。

（1）分目标保持与总目标方向一致，内容上下贯通，保证总目标的实现。
（2）分目标之间在内容与时间上协调、平衡、同步发展，不影响总目标的实现。
（3）分目标的表述简明、扼要、明确，有具体的目标值和完成时限要求。

通过对以上目标的确立、更新和发展，建立整体的企业目标体系后，再将这些目标细化为可量化的KPI，形成KPI池。随后，将得到的KPI层层分解，最终落实到个人身上。整个过程环环相扣，员工完成岗位KPI后，部门和企业的KPI也会随之完成。例如，华为绩效目标体系分解如图9-5所示。

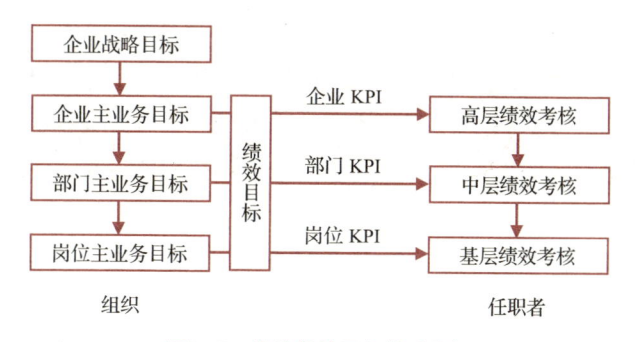

图9-5 华为绩效目标体系分解

KPI就是通过提炼和归纳影响企业战略成功的关键要素，转化成的一套可量化的指标体系。它可以用来衡量某一岗位人员的工作表现，同时它也是衡量某位员工工作完成效果最直接的方式。设置该套指标体系的目的在于用关键指标来引导团队成员的行为，使其将关注点放在影响企业战略成功的关键要素上，从而促进企业战略的成功实现。

此外，随着企业战略的调整，企业的目标体系和KPI池需要进行实时更新，以支撑战略目标的达成。

9.2.2 建立信任：把团队拧成一股绳

领导力和人际关系大师约翰·马克斯韦尔说过："信任是领导力的根基，是凝聚整个组织的黏合剂。"在高度信任的企业环境中，员工之间的摩擦与冲突会更少，领导者在管理员工自尊心上花费的精力也会更少，从而专注于解决真正意义上的工作问题。

在企业中，建立信任的核心是用心，领导者以诚相待、以礼相待可以换来员工的信任和忠诚。同样，在信任的工作氛围里，员工的企业归属感会很容易被培养起来，潜能也能最大限度地被激发出来。

【案例】阿里巴巴并购雅虎中国

2005年，阿里巴巴并购雅虎中国，当时雅虎中国的几百位员工都很迷茫、沮丧、愤怒，没有人愿意就这样在没有阿里巴巴方任何说明的情况下接受工作调动。

在宣布并购一个月后，马云用专列将雅虎中国的几百位员工请到杭州。他们到达杭州后，马云说的第一段话是："首先，我很抱歉，因为制度要求，我不能预先跟大家做沟通；其次，请大家给我一个机会、一些时间，留下来用一年的时间观察；最后，希望大家在一个有空调、像公司的地方舒舒服服地上班。"

随后，马云拿出了他精心准备的"中西合璧"的早餐：一个小袋子，里面装着两个热包子、一瓶牛奶，外加一包口香糖、一包餐巾纸。这样的组合是为了迎合雅虎中国员工的生活习惯。同时，十几辆大型豪华客车已经排队在站外恭候雅虎中国员工的到来。在车队经过的马路两侧，挂满了"欢迎雅虎回家"的条幅。

这样做虽然表面上解决了雅虎中国员工的不愉快问题，但两家公司根深蒂固的文化差异导致双方员工产生了抵触情绪。同时，阿里巴巴的竞争对手也在暗地里不断地挖人。得知消息的马云立即开会把雅虎中国的所有员工召集在一起，提出较高的离职补贴政策：离职的员工可获得"$N+1$"个月工资的补偿金——N代表该员工在雅虎中国工作的年数，并且期权可以全部套现。最后只有4%的员工选择了离开，大部分员工都被马云的诚意打动，选择了留下，并且更加卖力地工作。

任正非也曾要求华为的干部要营造尊重与信任的氛围。他指出，干部要尊重员工，要经常与员工进行平等友好的沟通和交流，因为尊重与信任是激发员工工作动力和吸引员工持续留在企业发挥价值的重要因素。

任正非曾表示："能创造价值的员工（特别是一定层级以上的管理者与专家）往往具有较强的独立思考能力、较强的自信与自尊，主管要尊重他们的思考，信任他们的能力，要与他们平等沟通，探讨工作上的不同意见。随意打压员工的思想甚至人格是他们带着怨气离开岗位的常见原因之一。"

缺乏信任的团队成员只是单独的个体，他们之间没有连接、没有合作，无法产生"1+1>2"的效果。只有信任才能让团队成员相互理解，进而产生对工作的理解、对目标的理解和对共同愿景的理解，最终获得高绩效。

9.2.3 达成共识：用共同的愿景鼓舞员工

员工个体之间在能力与效率上的表现可能存在一定的差异，而且每个员工也不一定能够完全将其才能转化为工作绩效。因此，领导者要与员工达成共识，为了统一的目标共同奋斗。同时，领导者要将企业的愿景变成鼓舞员工的愿景，凝聚团队力量，使员工在工作中充分发挥主观能动性，尽可能多地将才能转化为工作绩效，实现共同进步。

刘天（化名）是一位新上任的项目经理。工作不久后，他发现项目组成员的工作积极性有些变化，以前经常加班加点，现在到点就下班了。于是，刘天找来了项目组组长，经询问发现，原来，项目组几个月之前起草过一个项目方案，原本计划下个季度便正式启动，可是忽然被叫停了，一时间，大家都很迷茫。

刘天这才意识到，在项目中止的缓冲期，作为项目经理的自己，没有与员工进行工作沟通，导致大家不清楚工作方向了。

当时中止项目是为了加强对后端的关注，解决生产与发货问题。因此，刘天向大家解释："计划的项目之所以中止，是公司根据市场调整决定的。现在，我们的首要工作是加强对后端的关注，解决生产与发货问题。"并且立即组织项目组成员去后端学习。但是由于开发人员对后端工作不感兴趣，工作积极性依旧不高，团队还是陷入了迷茫。

为了让大家能够达成共识，刘天组织了一场"思想拨乱反正会"，主要就前后端的工作内容与项目组成员进行了沟通，强调：开发人员也要关注后端的表现，因为开发的东西不是越多越好，重要的是要实现产品的成功；后端工作不是单纯的"修板子"，而是为了找出更多的改进点，从而指导后续的开发工作。通过这次会议的沟通，大家找回了原来的工作状态。

通过这件事情，刘天在之后的工作中，非常关注项目组成员的工作状态，只要发现有变化就会及时与大家沟通和交流，让大家达成工作共识。

对团队而言，建立共同的愿景具有非常重要的作用。因为它能够凝聚团队成员的力量，为团队持续创造价值并提供源源不断的动力。无数华为人正是在任正非共同愿景的带领下，才实现了一个又一个目标的。

华为高级管理顾问吴春波在评价华为时说道："华为的企业精神和民族精神给了很多中国企业一种较好的启发——做企业要有梦，华为是一家被梦牵引的公司。华为成立初期，任正非站在一个纸箱子下，冲着底下六七十位员工狂喊'华为要超过四通'。当时员工的第一个反应是，老板脑袋进水了。华为那时候的销售额还不到1亿元，四通20亿元，结果仅用了三年时间，华为就成功超过四通。梦实现了，结果任正非又造了一个梦，一个比一个大。但这些梦也都实现了。"

华为之所以能够实现这些梦，不仅因为老板敢做梦，对企业的发展有着长远的目标，还因为华为能够让所有员工认同这些梦，让他们为了同一个梦而共同努力奋斗。

9.3 关注优秀员工，推标杆

榜样的力量是无穷的，标杆人物作为积极进取的榜样力量，具有强烈的示范作用，能够引发员工的"内省"与共鸣，激发员工的斗志，使其不断改善自身。

9.3.1 结合团队特点，选取合适的标杆人物

团队中的标杆人物往往是在某一领域有着突出表现、堪为表率的员工，这些人对团队的影响力是不容小觑的。

社会心理学家阿尔伯特·班杜拉在他的观察学习理论中强调了标杆人物的作用。他认为，人们可以通过观察标杆人物的行为，来学习和强化自身新的技能与行为模式，即效仿效应。

阿尔伯特·班杜拉找来一些孩子进行实验。他将他们分为两组，让他们分别看一段录像。甲组孩子看到的是一个大孩子打玩具娃娃，之后一个成年人奖励了这个孩子一些糖果；乙组孩子看到的也是一个大孩子打玩具娃娃，但打了一会儿就有一个成年人进来，并把这个孩子教育了一通。

接下来，阿尔伯特·班杜拉把看完录像的孩子分别带到观察室中，里面有一只录像里的玩具娃娃。结果发现，甲组孩子会学着录像中的大孩子打玩具娃娃，

因为他们认为得到奖励的行为是值得重复的；而乙组孩子中很少有人去打玩具娃娃，因为他们知道这种行为是会受到惩罚的。

实验的结果证实了阿尔伯特·班杜拉的预想：即便一个人本身没有受到奖励或惩罚，但若其周围标杆人物的行为受到了奖励或惩罚，那么也会对这个人的行为产生一定的影响。换句话说，一个人的行为无论是积极的还是消极的，都是从别处学习来的，而这个学习的过程就是"标杆化"的过程。

成年人也是如此，标杆是一种刺激，是一种激励，也是一种指引。标杆人物可以引发团队其他成员的观察与学习，并以之指导自己的行为，减少错误。为了选出合适的标杆人物，领导者要根据团队现状的发展差距，明确标杆人物的选择要求。

首先，标杆人物要看得到。领导者要根据员工的身边事，选取身边人，以便易于让员工对标杆人物的行为有所了解和认可，增强其学习和赶超标杆人物的信念。

其次，标杆人物要信得过。选择的标杆人物一定要符合团队的价值理念，在某个领域有出众之处，并获得大家的一致称赞，以提高标杆人物的说服力和代表性。

最后，标杆人物要学得到。标杆行为不能设置得过高，要具有可学性和可操作性。否则，员工就会认为达到或超越目标困难重重，从而失去激励的作用。

此外，领导者可以选择不同类型的标杆人物，如销售精英类、文化践行类、优秀导师类等，让员工在不同的维度都能找到学习的榜样，以扩大标杆人物的示范辐射作用。

值得注意的是，标杆人物并非十全十美，领导者要合理引导员工正确对待标杆人物的全部行为，取其精华，去其糟粕，学其长避其短。

9.3.2 发挥标杆作用，激活个体能量

著名管理学大师彼得·德鲁克曾经指出，仅依靠制度约束是不能够让员工摒弃其不良行为的。因此，企业需要塑造和宣传正面榜样，并对其表现出足够的尊重和礼遇，以吸引员工向榜样学习。

任正非一直以来就不吝于对标杆人物的推广和奖励。为了让"英雄"被看见

和被重视，任正非多次倡导华为人要以奋斗者为榜样，向奋斗者学习，并以各种方式来表彰"英雄"、肯定"英雄"。

2011年，任正非在伊拉克代表处与员工座谈时，说道："我们要选拔那些有使命感的人，那些有职业责任感的人，作为我们事业的骨干。骨干会比一般劳动者多一些牺牲的机会。我们的职业责任感，就是维护网络的稳定。当国家陷入危难时，方显这个民族的本性与品质。在这次大地震中日本人民表现出的伟大品格，值得我们华为人学习。一位领导在向我说起日本福岛核电站抢险的员工时，不禁流泪了。一个国家，一个民族，一家公司，有了这样的儿女，还有什么人间奇迹不能创造出来？在这次利比亚大撤退中，华为人表现出的这种沉着、镇静、互相关爱，特别是对别人的关爱，多次主动把希望与机会让给别人，已具备了这种精神，多么可歌可泣。胡厚崑在向我汇报时，说'直想哭'。那些坚守在高危地区的员工，和在高危地区陪伴亲人的家属，都应获得我们的尊敬。没有他们的牺牲，就没有我们的幸福。"

任正非在2014年的一次讲话中强调："所有细胞都被激活，这个人就不会衰亡。而激活细胞的办法很简单，就是为跑到最前面的人给予奖励。"华为为了鼓舞士气，让英雄辈出，特别设立了金牌奖、"明日之星"奖等，以表彰为华为做出突出贡献的英雄。每一次评选都是按照公平、公正、公开的原则进行的，由员工自行讨论标准，采用民主投票的方式。在每次评选活动中，各部门至少有25%的员工可以获得金牌奖、"明日之星"奖。评选结束后，各部门会举行隆重的颁奖仪式，对获奖者进行表彰，并记入员工荣誉档案。

为了推动员工广泛学习标杆人物的优秀行为，领导者可以利用多种渠道扩大标杆人物的影响范围（见表9-2），避免"一阵风"主义和形式主义。

表9-2　标杆人物的宣传渠道

类型	宣传方式
线下渠道	企业宣传看板、企业内刊、LED宣传屏等 表彰会、企业重要典礼、经验分享会等
线上渠道	企业官网、微信、钉钉、微博等网络宣传平台

标杆人物的宣传不可昙花一现，要建立长效的宣传机制，在企业内部传递榜样的正能量，激励员工不断努力奋斗，创造价值。

9.4 定义关键行为，抓执行

美国学者拉里·博西迪与管理学大师拉姆·查兰等在他们的著作《执行：如何完成任务的学问》一书中表示："执行应该成为一家公司的战略和目标的重要组成部分，它是目标和结果之间缺失的一环。"

9.4.1 关键行为：目标与成果之间的桥梁

谋定而后动，知止而有得。 带兵作战必须做到"三思而后行"，只有这样才能"未战而庙算胜"。带团队也是一样，只有坚定执行能够推动目标实现的高效行为，才能确保目标的达成。也可以说，越是重要和复杂的任务，就越需要事先确定关键行为，制订合理精细的计划。

林国沣是麦肯锡全球董事，亚洲零售银行咨询业务负责人。刚刚加入麦肯锡时，林国沣和大多数踌躇满志的年轻人一样，急切地想要证明自己的才能，对工作充满了激情。然而，一个星期以后，他却发现，尽管每天都忙至深夜，但自己仍然是所在团队中效率最低的人。

林国沣向同一项目组的法国同事马克请教，马克了解到林国沣的情况后说："项目组工作要求表第十一条清晰地写着，每天开始工作之前请先制订工作计划再行动。工作计划是非常必要的，它能让你厘清思路，抓好计划的落实，这样你就可以掌握时间的主动权，实现工作效能的最大化。"

马克的话让林国沣幡然醒悟，当天夜里，他抛弃了自己习惯的工作模式，根据第二天的工作制订了一份合理的计划，工作效率果然提升了许多。在之后多年的工作中，林国沣始终坚持这一习惯，并且坚定地要求他的下属这样做。

《21世纪经济报道》的记者在采访林国沣时问道："是什么成就了你的今天？"林国沣毫不犹豫地回答："是麦肯锡和麦肯锡的工作指南。"

《礼记·中庸》中说："凡事预则立，不预则废。"在达成目标的过程中，领导者应提前布局，联合团队成员就关键行动方案进行详细的探讨与计划，以提升团队作战效率，大大降低危机与风险出现的概率。

张华（化名）有着十多年的IP项目交付经验，他认为对项目交付而言，前期的准备工作非常重要。

2004年，华为负责中国移动T局的IP承载网项目，张华是当时的技术总负责人。该项目是当时全球最大的IP承载网项目，也是华为高端路由器第一次在国家骨干网正式应用。尽管这个项目对当时的华为来说是一个不小的挑战，但是交付过程基本没有出现什么问题，客户对华为的能力表示认同和赞赏。张华认为，这得益于项目团队能够就交付方案进行共同商讨、提前规划，在项目初期就已经预测了各种风险，并准备好应急预案，因此在交付过程中，即使发生问题，也能从容应对。

张华说："我所交付过的十几个项目，除西班牙OSP项目因为华为IP搬迁经验缺乏导致准备工作不足外，其余项目的准备工作都比较到位，项目的结果也都不错，可以说正是充分的前期准备为最终成功交付打下了良好的基础。"

由此可见，目标确认后，究竟要采用什么样的行动方案来达成，具体该如何开展工作，领导者要对此定义清楚，否则目标终究只是目标，而非成果。

9.4.2　没有执行力，一切都是空谈

执行力是什么？执行力是团队将战略付诸实践的能力，它直接反映团队对战略方案和目标的贯彻程度。执行力也是团队的核心竞争力，因为只有执行力强的团队，才能保证任务有效完成。

任正非曾说："第一个吃螃蟹没什么了不起，第一个把螃蟹吃到肚子里才是本事，后发先至没有绝招，就是执行力。"执行力是所有领导者都必须面对的问题，谁都无法回避。一家企业，无论拥有多好的战略与方针，如果无法落实，便会成为空谈。

在华为，新员工培训期间就有一条铁的纪律：穿皮鞋、西裤、衬衫，打领带，一样都不能少。而且在培训结束后，华为也坚决执行这一规定，借此帮助员工完成从学生向职业人的转变。

而在研发团队方面，任正非也始终强调：不论是新员工还是老员工，都应该把自己当作一名职业人。基于此，华为员工要始终确保自己的研发价值观与公司、市场的价值观一致。一旦发现员工利用公司的环境研发一些没有价值的产品，管理者就会找其谈话；如果他没有改正，就坚决予以辞退。这样就确保了研发队伍时刻以公司取向为基准，保持强大的执行力。

在具体的执行过程中，华为的基层主管要直接带队伍。管理者会从目标管理、时间管理、沟通管理、问题处理等方面，提高员工的执行力，从而确保公司战略目标的实现。

回顾华为的发展史，它之所以能够在短短 30 多年内，完成从一家小公司到世界通信行业巨头的转变，得益于一批又一批具有强大执行力的华为人攻坚克难，将华为提出的战略变为现实。

世界上绝大多数优秀企业都是靠出色的执行力而成功的，世界零售巨头沃尔玛就是如此。沃尔玛公司董事长罗伯森·沃尔顿曾坦言："沃尔玛能取得今天的成就，执行力起到了不可估量的作用。"

【案例】沃尔玛强大的执行力

沃尔玛百货公司成立于 1962 年，连续多年在美国《财富》杂志全球 500 强企业中居首。它的成功之道，在于不断在传统模式中开发出符合业务发展需要的方式，并不折不扣地加以执行。

沃尔玛强大的执行力体现在方方面面，它既不是空洞的口号，也不盲目依赖员工的自觉，而是通过健全的体制设计降低员工犯错与试错的成本。沃尔玛的七大执行原则如下。

原则一，日落原则：无论是楼下打来的电话，还是其他地方的申请需求，都应该当天答复每一个请求。

原则二，三米微笑原则：每当员工在三米以内遇到一位顾客时，都会看着他的眼睛和他打招呼，同时询问能为他做些什么。

原则三，共享原则：如果希望店里的员工照顾好顾客，你就必须确保你要照顾好店里的员工。沃尔玛通过员工持股计划、损耗奖励计划与利润分项计划等手段，来激励员工对顾客的要求做出回应。

原则四，检查原则：对于管理人员，必须让人有责任感，必须信任他们，并且必须对他们进行检查。

原则五，不依赖明星原则：沃尔玛靠一种不依赖明星员工的制度来保证有力的执行。

原则六，超越顾客的希望原则：让我们成为最友善的员工——向每一位光临我们商场的顾客奉献我们的微笑和帮助。仅感谢顾客光临我们的商场是远远不够的——我们期望竭尽全力、以各种细致入微的服务表达我们的谢意！我们相信这将是吸引顾客一次又一次光临我们商场的关键之所在。

原则七，日出原则：通过喊口号，潜移默化地在日常工作中贯彻和落实口号中所宣扬的观念与思想。口号有"我们就是沃尔玛""天天平价沃尔玛""顾客第一沃尔玛"等。

为政贵在行，以实则治，以文则不治。执行力的关键不是"应该"而是"必须"。如果应该做的事情对目标的达成至关重要，领导者就必须将它们制度化，不能依赖员工的自觉，要明确保障执行的结果。

9.4.3　有效的流程机制是执行的保障

在企业中，流程机制是为战略决策的实施而服务的，想要真正有效地保证决策的执行效果，就需要制定有效的流程机制，好的执行都是建立在有效的流程和标准基础之上的。

2013年，印度尼西亚微波订货和销售毛利双负增长，到处都是微波产品"交付难""销售毛利低"等负面声音。为了扭转颓势，华为印度尼西亚代表处主管毛凯在表格中详细列出要做的几件事——总体目标制定、订货预测、人员安排……并制定了相应的执行措施。

针对当时销售人员日常工作效率低的问题，毛凯制定了严格的工作流程，并要求严格执行。而由于微波产品的种类较多，因此毛凯制定了详细的进度追踪表，严控每个环节的时间，保证新产品能够在第一时间进入市场。2014年年底，在毛凯的带领下，微波为华为带来了不错的利润。

华为人的执行力之所以在业内被众多企业称赞，最重要的原因在于华为的干部在狠抓执行力上花费了很大的力气，如优化项目环节，制定规范的工作流程等。哪里有改进空间，他们就会通过优化流程机制的方式提高与改进哪里。

华为巴西某项目由于资源不足、物料问题突出、分包商搬迁经验欠缺、团队磨合度不高等问题，交付异常艰难缓慢，客户对此很不满，特别是对于华为的货物供应能力。

文旭来到巴西担任项目经理后，很快制定了相应的措施，联合客户在年初制订了全年交付站点、优先级、站点级到货和实施计划，客户也明确规定了月度发货目标。随后，他拉通供应链经理、产品经理和巴西供应中心计划专员，改变原来由产品经理负责物料进口计划的运作流程，由自己牵头，细化发货计划到天，盯紧订单履行各环节。一连串的措施实施下来，终于实现了连续6个月100%完成月度发货目标，得到了客户的认可，项目顺利推进。

做好了物料保障工作，项目组又和客户、分包商、区域项目组制订集成实施计划，层层细化，6个月完成了1600多个站点的搬迁，比去年同期进度加快一倍，计划完成率接近100%。由于集中、高效率的交付，项目组获得当年GTS（全球技术服务）最佳交付项目奖，文旭也获得金牌个人奖。

在任正非看来，流程化是快速提高组织执行力的重要法宝。他认为，领导者要引导和督促员工养成按流程做事的习惯，营造按流程做事的氛围，使各类流程标准得到严格的执行。

2001年以前，大部分华为人还能勉强完成任务，但没有想过把成功的经验和失败的教训总结、固化为流程，让作业更有效率。2001年以后，任正非开始重点进行流程建设，华为的新员工培训中开始出现相关内容。一般来说，华为新员工培训的第三节课会进行两天的扎线培训。

华为有一套关于扎线的严格流程，新员工必须按照流程，将电源线、告警线和半波线等分别插上，再按照一定的先后顺序整齐地绑扎，彩色线应当绑扎在外面，而且不能交叉。有的新员工搞了一上午也没有扎好，而有的新员工则在一小时内完成任务。为什么出现这样的时间差呢？原因在于前者没有掌握正确的作业流程，而后者完全按照作业流程作业，把握了各个关键环节，自然可以在最短的时间内完成任务。

由此可见，流程是确保项目顺利执行的重要保障。在一套成熟的工作流程里，每个人分工明确、各司其职，接受详细的操作方法和执行规范的指导。如此一来，员工的执行水平必将得到提升。

9.5 赏罚分明，及时激励

《贞观政要·卷三·论封建》中说："国家大事，惟赏与罚。"企业管理也是如此，"赏罚"二字互为表里，相辅相成，是保证团队制度充分执行的重要前提，也是领导者树立权威的关键手段。

9.5.1 激励的前提：赏罚分明、公私分明

赏与罚是企业机制和管理的"双翼"，只有两者均衡、相互协调才会产生力量。在团队管理中，对于部分工作能力不足、业绩不达标的员工，或者工作态度惰怠的员工，该淘汰就得淘汰，不能坐视不管，更不能"护犊子"。许多领导者会抱

着不念功劳念苦劳的心态，不愿处理不合格的老员工，这是对那些高绩效员工、优秀员工最大的不公平。

【案例】华为内部的处罚通告

2018年1月17日，华为发布了一则内部处罚通知《对经营管理不善领导责任人的问责通报》，内容如下。

公司一直强调加强经营质量管理，杜绝作假。

近年，部分经营单位发生了经营质量事故和业务造假行为，公司管理层对此负有领导不力的管理责任。经董事会常务委员会讨论决定，对公司主要责任领导做出以下问责，并通报公司全体员工。

任正非罚款100万元；

郭平罚款50万元；

徐直军罚款50万元；

胡厚崑罚款50万元；

李杰罚款50万元。

其实，当年华为整体业绩增长得不错，但在任正非看来，功是一回事，过又是另一回事，赏罚必须分明，只有这样才能服众。

一位优秀的领导者应当具备赏罚分明、公私分明的素质，而非碍于情面，当"好好先生"，不愿惩罚违反规则的员工；或者因为和某个员工相处时间较长，私人关系很好，就包庇他；甚至因为和某个员工关系不好，被他得罪过，便无视该员工的业绩，不愿提拔他。同时，惩罚不是万能的，对于创造贡献和价值的员工，领导者要适当给予回报与激励，只有这样才能让优秀的人才不断涌现出来。任正非强调，激励要向高绩效者倾斜，从而激发员工的干劲，提升员工的绩效，发挥奖金的激励和牵引作用。

心理学研究发现，一个人一旦接受了他人的恩惠，心理上就会产生一种负债感，这种负债感会促使这个人必须以一种回报的方式对待对方，这就是人际关系中的互惠准则。在生活中，每个人都有这种体验，当你与身边的人分享时，无论分享的东西有多大价值，无论你们的关系是普通还是亲密，对方总会找到机会回报给你。所谓的"投桃报李"，就是这个道理。

在企业中也是一样。当领导者为业绩优秀的员工充分争取利益时，员工也会以各种途径将领导者的恩惠回馈给团队或组织。例如，某公司的领导者逢年过节便会为大家发放一些节日福利，而且经常为加班的员工预订晚餐。那么，如果这位领导者承接到某项紧急任务，他甚至不需要动员，员工便会主动投身其中，并且不会计较是否有加班费。所以，企业付出部分收益，与员工共享，员工便会做出积极的响应，不会让企业吃亏。

赏罚并举，管而有效。只有抛开情面，公平公正，坚决按照规则办事，该惩罚就惩罚，该奖励就奖励的领导者，才能真正获得员工的尊重与信任，才能调动员工的工作积极性，提高员工的工作效率，保证团队平稳、高效运行，打造出真正出色的团队。

9.5.2 把握员工的真实需求，制定多元化的激励方式

马斯洛需求层次理论（见图9-6）指出，人的需求是一步步从物质层面深入精神层面的。**所以，领导者要制定多元化的激励方式，既要给予物质激励，又要重视非物质激励。**正如任正非所说："钱不是奖励华为人的最佳方式，华为员工不缺钱，对待某些优秀的人，我们不应该吝啬赞美的语言。"

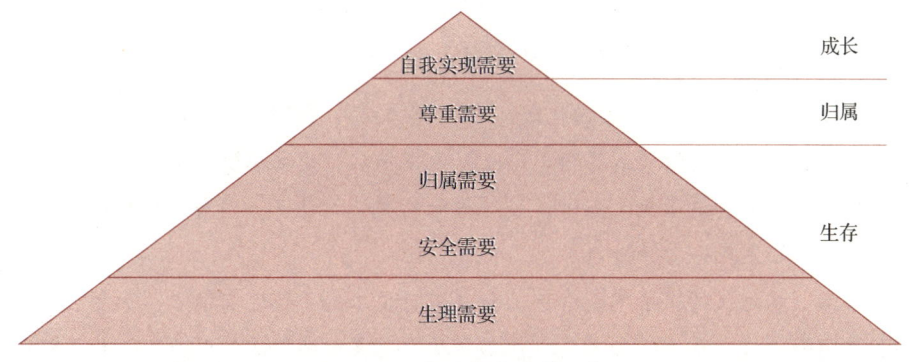

图9-6 马斯洛需求层次理论

物质激励是指让受激励者得到物质上的满足，从而调动其工作的积极性与主动性，主要包括工资、奖金、分红、补贴等。

2014年年初，华为为客户AM集团最大子网Telcel进行现网搬迁。在首站搬迁成功后，为了使团队继续保持士气和战斗力，项目组充分利用了激励手段。以前的项目奖金需要在项目结束后才能发放，调整激励方式后改为在项目进行中就根据成员的实际贡献及时评定奖金。

在具体操作中，按员工个人超出基准线有效工时的部分来发放项目奖金，同

时在每个季度，项目组还会进行公开评议，根据大家的实际贡献来发放项目奖金。一位员工 E 的贡献度较高，获得的项目奖金相当于他八个月的基础工资，而且在年底考核中，E 的考评结果为 A，由此拿到了更高的年终奖。

这种激励方式大大提高了员工的士气和工作积极性，营造出你追我赶、积极工作的良好氛围，使项目交付效率得到持续提升。

非物质激励是物质激励的有力补充，可以让员工获得尊重，激发其内在自我实现的欲望，主要包括荣誉表彰、职权、发展机会、先进典型事件报道与宣传、精神关怀、舒适的工作环境等。

任正非非常重视对员工的精神关怀，孙亚芳曾经感慨道："任总对员工的精神关怀是我们无法达到的，他甚至能够叫出总部 80% 员工的名字，并对他们的基本情况有所了解。我无法想象，如果我只是一个基层的打印员，当一个管理着 15 万名员工的老板能准确叫出我的名字，我会多么激动。我想，让我没日没夜地加班一个月，我也会心甘情愿。"

同样，联想创始人柳传志也很注重对员工的精神激励，他常说："员工是精神追求者。企业领导者只有善用精神激励，员工工作才会更有激情。"

联想集团 CEO 杨元庆曾回忆道："有一段时间，我因为工作压力大，每天头痛难忍。这件事被同事传到了柳总那里，他得知后，便立刻安排秘书为我买药，并且嘱咐我赶紧去看医生。当时，我就被他的关怀打动了，暗自发誓要跟着他干一辈子，哪怕累死也心甘情愿。"

当然，杨元庆的事情不是个例，柳传志对员工的关怀还有很多，如年轻员工的住房问题等。只要是他知道的，他都会尽自己最大的努力帮助他们。就像杨元庆所说："柳总对员工的关怀，已经超过了我们的想象，很多鸡毛蒜皮的小事，我们这些直属上级都不知道，而他却知道。他就像年轻员工的叔叔，总是在员工需要他的时候出现在员工的身边，支持着他们。"

柳传志对员工的精神关怀满足了他们希望得到团队尊重的心理预期，充分激发了员工的工作积极性，成为企业成长的动力。

激励方式丰富多样，作为领导者，要根据员工的不同特点和需求，实施物质激励与非物质激励相结合的多元化激励方式，以激发员工的自驱力，使其为企业创造更大的价值。

9.5.3 有效激励要符合导向、关注感知、及时发放

哈佛商学院教授罗莎贝斯·坎特指出，尊重员工是人性化管理的必然要求，是回报率最高的感情投资。与员工分享利益的做法体现的其实是企业对员工的一种尊重，员工为企业付出了劳动，就应该得到相应的回报。

华为的干部通过有效激励，让每一位华为人都坚信，只要辛勤努力地付出，公司就一定会给予其相应的回报，这使华为在市场竞争中取得了一次又一次的胜利。

2014年，瑞士客户S在P3比拼中由连续两年的排名垫底直接跃升至第一，客户CTO在第一时间向华为项目组告知了此事，并表达了他们的感激之情。当时，交付副代表Simon感慨道："只有亲身经历过这样肩挑背扛的艰难与痛苦，才能真正懂得其中的艰辛与不易。"

P3比拼是由Connect杂志组织的第三方网络比拼测试，通过对运营的用户进行模拟体验测试，为所有的运营商进行打分并排名，并公开发布结果。由于该杂志在瑞士具有相当大的影响力，因此客户非常重视P3比拼的结果。

2013年年底，华为帮助客户摆脱了垫底，使其上升到一个新的台阶；2014年年底，华为帮助客户网络达到了最高等级，实现了从绝望到希望的重生。

在这两年中，项目组所有成员都付出了艰辛的努力，为此管理团队达成一致的意见并做出决定：所有项目奖励全部给真正攻山头的将士，最高级别奖励全部给关键的专家。另外，项目组也对所有的保障与支持人员进行了表彰和奖励，使大家共享胜利的果实。

激励的作用往往是瞬间的。应获得表扬的行为如果得不到及时肯定，就会使员工丧失积极性；反之，及时肯定与激励能够大大提升激励的效果，让员工产生主人翁意识，从而更加努力地为团队贡献心力。

任正非在华为内部会议中说道："一个人在最佳角色、最佳贡献、最佳贡献时间段，要给他最合理的报酬。不能像我这样，到七八十岁什么都有了，为什么我冲'上甘岭'时不多给我吃一碗面呀！不同角色有不同时间段，不同专业有不同时间段，不同专业的不同角色也有不同时间段。为什么不让最佳贡献的人在冲上'上甘岭'时得到激励，非要等他老了才给呢？不能给级别，给奖金也行。我们要看到新生事物的成长，看到优秀的存在。"

海尔集团创始人张瑞敏认为，想要激发员工持续创新的动力，就要在员工的建议被采纳后，立马为其发放奖金。有一次，电子事业部的一位员工提出了一个合理化建议，能将彩电的生产效率提高每小时10台，在建议被采纳后的当天下午，他就拿到了奖金。

张瑞敏曾讲过一个开年会的例子来表示及时激励的重要性，他说："如果公司下午开年会，那么中午就一定要把奖金发了。只有这样，下午的年会才开得有效果。"

一位海尔的老员工曾感慨道："以前，奖金要到月底随工资一起发放，没有感觉到有多兴奋；而现在，工作受到认可时，当天就可以拿到奖金，让我很有成就感！"

杰克·韦尔奇曾说："我的经营理论是要让每个人都能感觉到自己的贡献，这种贡献不仅看得见、摸得着，还能数得清。"员工出色地完成了某项工作任务后，最需要的就是获得上级的认可，而认可的时效性是关键。及时激励能够让员工将工作中遇到的问题当成自己的事情，并尽全力解决。

第10章
SDBE领导力发展架构和整体方法

美国领导力大师约翰·麦克斯韦尔认为,领导力不是一种与生俱来的天赋,而是一种可以学习、掌握,并能逐步提升的思维技能。为此,在SDBE领导力发展架构和整体方法的指导下,德石羿基于企业实际业务问题和场景,运用培训、研讨和训战等方式,可以有效提升企业领导者的领导力,推动企业进行管理变革。

10.1 干部队伍建设的关键

提升组织能力，促进战略目标达成，是干部队伍建设的出发点，也是干部队伍建设要全力支撑达成的目标。企业上下应高度重视干部队伍建设，切实推动干部队伍建设和培养落到实处、取得实效。

10.1.1 干部队伍建设是"一把手工程"

干部队伍建设是确保企业可持续发展的根本保障，是企业发展的首要问题，更是企业的"一把手工程"。

华为在2005年的EMT会议上提出："管理首要的是抓瓶颈。公司目前的瓶颈有两个，一是后备干部，二是管理落地。要加强干部梯队建设。干部梯队多，就说明一把手和干部的工作做得好。"

华为干部管理做得好的重要原因之一是，**任正非高度重视干部管理工作，亲自掌舵，将干部的培养放在了比业务管理更为重要的位置上，从全局和战略的高度加强干部队伍建设。**

首先，**强调了干部的重要性**。任正非无时无刻不在公众场合强调，干部是公司最宝贵的财富，要聚焦主航道，针对性激活与改进关键干部群体；用干部队伍激活的确定性，即干部充满活力、充满战斗力，应对环境与商业变化的不确定性。

《华为基本法》第四十三条明确提出：组织的成长和经营的多元化必然要求向外扩张。组织的扩张要抓住机遇，而我们能否抓住机遇和组织能够扩张到什么程度，取决于公司的干部队伍素质和管理控制能力。当依靠组织的扩张不能有效地提高组织的效率和效果时，公司将放缓对外扩张的步伐，转而致力于组织管理能力的提高。

其次，**定准了干部队伍的基本导向**。任正非表示，华为要选拔品德好、责任结果好、有领袖风范的干部担任各级一把手。提拔干部要看政治品德，说小话、拨弄是非、背后随意议论人的人是小人，小人的政治品德一定不好，一定要防止这些人进入华为的干部队伍。干部一定要有强烈的进取精神与敬业精神，没有干劲的人不能进入公司高层。

再次，**确定了干部的培养方式**。任正非认为，干部是打出来的，选拔干部不是为了好看，而是为了攻山头；将军一定是从实践中产生的，培训要从实践出发，学以致用，华为员工培训中心的培训内容应与一线作战实践经验保持一致，坚持案例教学，帮助员工更好地掌握科学的方法，并将其运用到实际的工作中。

任正非说过："通过小国综合管理变革，我们想要让一批真正有真知灼见的人成长起来。我们要建一支战略预备队，就是从公司抽一些有实践经验的基层员工，包括 GTS、财务、供应链等的一批有志青年上战场。在小国实现 LTC 落地、账实相符和'五个一'后，一批攻城部队就往中型国家走，留下一批守城部队负责经营。这样的话，我们从小国，到中型国家，到大国，全球会战完毕后，三年你不就从士兵到将军了吗？"

最后，建立了干部"之"字形职业发展通道。任正非提倡，各个部门要想办法让优秀的干部流动起来，在流动的过程中不断提高干部的能力，为公司的高速发展培养和储备干部。

任正非表示："我们要通过跨部门相互流动，使一部分人通过丰富管理知识成长为技术管理干部，一部分人通过丰富技术知识，加深认识后成长为技术专家。我主张不能捂住干部，被捂住的干部是不稳定的，只有在流动的过程中才能发现人才。"

在干部队伍建设中，"一把手"的关键任务就是明确干部的培养方向与目标，立足于企业的长远发展，未雨绸缪，制订企业干部队伍建设的中长期计划，源源不断地输出高质量的优秀干部，让他们去开疆拓土、独当一面，从而使企业始终保持蓬勃的生命力和长久的竞争力。

10.1.2　以提升组织能力，促进战略目标达成为目的

根据 SDBE 领先模型，领导力是贯穿战略规划到执行落地的关键，企业若想获得战略成功，就需要在各个层面都拥有强势和有力的干部队伍。因此，提升组织能力，促进战略目标达成，是干部队伍建设的终极意义。

企业想要获得持续发展，走向卓越，就必须形成核心竞争力，而核心竞争力来源于组织能力。华为在遭受打压后，仍能高质量地活下去，得益于华为极度重视干部队伍建设，由此形成了强大的组织造血能力。

自 2019 年华为受到美国的打压后，消费者 BG 定下的 3 年内突破 1000 亿美元

的营收目标并未达成。在消费者业务受阻的态势下，华为将重心转移至ToB业务。

从2021年10月至2022年5月，在不到7个月的时间内，华为先后成立了二十大军团（其中一个军团成立于2021年2月）。任正非表示，军团就是将基础研究的科学家、技术专家、产品专家、工程专家、销售专家、交付与服务专家汇聚在一个部门，整合在一个个以细分场景为单位的独立部门中，缩短产品迭代的周期，对重点行业进行突破，打造新的增长引擎。各军团的"军团长"由高级别的干部直接担任。

华为在如此短的时间内成立军团来反击美国的打压，既是其不断推行"熵减"管理理念的体现，也是其将一大批年轻干部推向台前，组织能力不断进化与迭代的体现。

干部队伍是整个组织的中流砥柱。干部队伍的稳定与战斗力是组织打胜仗的保障。美的就是通过组织裂变、内部孵化的方式，牵引干部成长，构建高水平的组织能力的。

【案例】美的干部管理的六次进化[①]

第一次进化，目标牵引下的经验式干部管理。

1993年，由于美的原来的创业元老们已经无法支撑企业的发展，因此美的集团创始人何享健通过个人情感加经济补偿的形式陆续劝退了一批创业元老，并于1994年推行了一年一签的"经营目标责任制"，开启了以经营目标为牵引的责任制管理方式并沿用至今。

第二次进化，分权事业部制下的干部"赛马"。

1997年，美的实行事业部制的组织变革，以事业部为单位进行干部管理。在结合了经营目标责任制的管理机制下，"赛马"文化盛行，各事业部的干部相互挑战，干部队伍被激活，美的的销售额也在1997年下滑至21.8亿元后，于2000年很快突破了100亿元。

第三次进化，消除"山头主义"的干部变革。

分权的事业部制使许多干部取得了一定的成绩，各事业部总经理在集团的地位也越来越高，不可避免地产生了居功自傲的心理，许多重要的会议事项，总经理们常常借故不出席，"山头主义"的氛围呼之欲出。2002年，美的毅然决然将家庭电器事业部拆分为风扇、饭煲、饮水机、微波炉四个事业部，并重新进行了干部的任命；2003年，美的又将厨具事业部拆分为取暖清洁事业部、

[①] 选自微信公众号"卓越运营实战"的《美的干部管理的6次进化之路》一文。

洗碗机公司、热水器公司、日用家电公司，并对许多干部进行了调整与优化，集团层面也进一步强化了对干部的行为管理。这一系列的变革彻底扼杀了"山头主义"的苗头。

第四次进化，职业经理人分类管理。

2005年，美的在咨询公司的协助下，正式将职业经理人分为三类——内部企业家、职业经营者、专业管理者，并加大了对这三类职业经理人的绩效考核。三类职业经理人的模式日趋稳定与成熟，构建了美的最主要的干部队伍，美的的营收规模也于2010年突破了千亿元。

第五次进化，干部一致性管理。

2012年，方洪波接班后，持续推动了美的历史上规模最大的战略转型。首先，在干部数量上，精简了50%以上的干部，实现了组织扁平化。其次，在干部设置上，做了严格的一致性管理。比如，不许设立副职干部、不许在少于4人的组织模块里设立干部、强力推动集团内干部轮岗、将干部任免权限收归集团等。最后，加大了对干部的思想改造与能力提升。比如，每个月安排一名高管进行公开分享，内容包括管理改变、经验分享、变革收获等。

2012年以来的大变革，使美的构建了上下同欲、整体一致、精简高效的干部队伍。

第六次进化，干部体系化管理。

2017年，美的改变了沿用近20年的M（管理类）、P（专业类）、O（操作类）职级体系，开始推行23级的新职级体系，并重新搭建任职资格体系。对于18级以上的职级评定，要经过集团的答辩评估，想要晋升则必须全票通过。同时，在股权设计方面，美的加大了激励的力度，针对职业经理人持续推出了事业合伙人、全球合伙人、限制性股票等多种激励方式。在绩效考核方面，开始推行OKR（目标和关键成果），从关注结果到加大过程管理。一系列体系化的干部管理措施，使美的的干部队伍再一次得到了进化。

美的干部管理的六次进化，始终指向组织战略，始终支撑与促进着组织的发展和组织能力的建设。想要衡量干部队伍建设得好不好，就要看组织能力是否强大，企业的战略目标能否达成。

10.1.3 干部队伍建设要开放融合，实现内培外引

在竞争日趋激烈的时代环境下，培养和选拔能够担当企业重任的干部，是一

项非常重要且紧迫的任务。企业应开放融合，采取内培与外引相结合的方式，构建一支坚强有力、作风优良、能征善战的高素质干部队伍。

在华为的发展历史上，出现过一次重大的人才危机。华为的应对方式是，一方面，加大对员工的培养，打通内部人才流动；另一方面，以外部招聘的形式，吸引一批具有扎实专业知识和丰富实践经验的人才加入华为。华为采取内部培养和外部招聘相结合的方式建设干部队伍，较好地支撑了业务的发展。

【案例】华为人才危机的应对之策

2001年年初，任正非麾下的李一男离开，还带走了一批高级管理干部和技术骨干，使华为的技术干部队伍遭遇了巨大的打击。当时的华为正处于海外市场扩张的重要时期，急需补充大量的人才。

在这种情形下，任正非召开了人才讨论会，会议主题是技术干部储备和市场骨干培训、派遣问题。任正非在会上表示，目前华为需要通过引进外来人才，来激活公司内部队伍的活力。但会上，孙亚芳、郭平、胡厚崑等几位大将陷入了沉默，并没有赞同任正非的想法。徐直军带头发言，当前最先要注入活力的部门是营销部，而海外市场人员要采取当地招聘的方式以降低成本。费敏和胡厚崑则认为，无论是研发人员还是市场人员，稳定最重要。

孙亚芳知道任正非是怕员工们安逸久了，就会失去活力，希望通过引进新的人才来代替旧人。但孙亚芳认为，如今的华为不再是1996年市场大辞职时的管理水平了，华为的制度和系统更加规范化了。孙亚芳决定转变任正非的人才观念，她向任正非阐述了为什么华为付出了巨大的努力去培养几万人，却只留下了一小部分，她说："华为不能成为人才集散地，我们必须想办法留住华为想留住的人，让'狼群'在矛盾和平衡中不断奔跑。"孙亚芳根据华为近5年15%的人才流动率数据，进一步提出"开放内部人才市场，人才在各部门间流动，管理干部上下流动"的人才战略主张。

最终，任正非被成功说服，决定成立华为员工培训中心，专门培养内部员工，同时将人才招聘权下放到各个部门和办事处，通过内培外引的方式，做厚华为的干部梯队，帮助华为顺利渡过此次难关。

在干部队伍建设的问题上，我们应该秉承3B原则：第一个B是Buy，外部招聘优秀人才支撑组织战略发展；第二个B是Borrow，从内部调岗，盘活人才；第三个B是Build，注重内部人才的培养与发展。

小米在 2018 年 9 月成立了组织部，重点关注干部队伍建设，负责中高层管理干部的聘用、升迁、培训和考核激励，以及各个部门的组织建设和编制审批。雷军表示，小米的干部选拔原则主要有三条：

一是以内部提拔为主，至少占 80%；

二是在同等情况下，优先提拔内部同事，优先提拔年轻人；

三是强化外部引进，只有源源不断地引进外部人才，才能使团队充满活力。

关于为什么会成立组织部，小米创始人雷军说道："经过八年奋斗，小米已经成为营收过千亿元、员工近两万人的公司。为了保障公司的可持续发展，我们必须把组织管理、战略规划放到头等位置，建立更具前瞻性的战略领航与更坚实有力的组织保障能力。"对任何一家企业来说，干部队伍建设都是头等大事，企业的发展壮大必须依靠有核心竞争力的干部队伍。因此，企业要坚持内培外引的建设原则，以形成优秀干部持续涌现的机制与体系，让组织充满活力，朝气蓬勃。

10.2 德石羿 SDBE 领导力发展架构和"721"能力成长模型

基于世界标杆的产品与解决方案在数千家企业成功落地的实践，德石羿构建了体系化、结构化的 SDBE 领导力发展架构和"721"能力成长模型，用于指导自身及客户领导力培养项目的开展。

10.2.1 SDBE 领导力发展架构

在这个充满变革的颠覆性时代，组织对干部队伍建设提出了更高的要求，领导力作为干部队伍建设的新引擎，其发展问题也成了组织关注的重点。

德石羿通过近年的调查与研究发现，目前不少企业面临着以下问题。

（1）企业的干部能力和数量无法匹配业务发展需求，找不到合适的干部，也不知道如何培养干部。

（2）不知道如何定义本企业的领导力，也不清楚如何根据具体情况塑造本企业的领导力。

（3）企业各级管理者的斗志不够昂扬，干部的目标感不强，经常不能达成自身的业务目标。

（4）企业进入快速发展期，干部群体迅速扩大，但对于如何选择干部，缺乏统一的标准和程序。

（5）企业欲进入新行业或新赛道，需要大量的干部，但对于如何引进新干部并促成新老干部融合，需要方法论的指导。

……………

面对这些问题，企业该如何破局？德石羿将华为、IBM、阿里巴巴等世界级领先企业的管理理论与30多年的实践管理经验相结合，构建了一套体系化、结构化的SDBE领导力发展架构（见图10-1），通过培训、赋能、咨询等方式，帮助企业全面落实领导力发展的内容，实现领导力的发展与提升。

	六力提升			
领导力+战略力+洞察力+运营力+执行力+协同力				
转思维	转方法	转模式	转组织	转文化
市场与行业分析 未来技术趋势预测 数字化转型洞察	传统业务梳理与变革 战略控制点把握 战略解码到落地	商业模式对标 管理模式科学化 运营模式优化	组织激活 人才培育与发展 企业生命管理	企业文化与价值观 SDBE管理哲学 领先企业文化思维模式
LDP、E-LDP、行业管理训战营				
行业精英领航班+企业家公开课				
SDBE企业专项课				

训战结合	能力特训	训战工作坊	赛马比拼
教学模式	知识精讲	案例研讨	实战演练	专家辅导	实例优化迭代
资源整合	华为管理实践	行业先进方案	行业专家交流	顶尖商学院	学历深造

图10-1　SDBE领导力发展架构

六力（领导力、战略力、洞察力、运营力、执行力、协同力）提升是领导力发展的诉求与方向。领导力的发展绝不仅仅关注领导者领导行为的转变与训练，而应从思维、方法、模式、组织和文化五个方面进行干预与转变。

转思维：思维模式决定管理的高度与方向，领导者的正向思维能够推动整个组织做出积极的改变。德石羿从市场与行业分析、未来技术趋势预测和数字化转型洞察入手，着力培养领导者的创新型战略性思维。

转方法：解读国际先进企业的核心管理工具，帮助领导者掌握和运用传统业务梳理与变革、战略控制点把握、战略解码到落地的方法及工具。

转模式：商业模式是企业得以运转的底层逻辑和基础，企业之间的竞争归根结底是商业模式之间的竞争。领导者要密切关注企业内外环境的变化及事态的发展，对标优秀企业的商业模式，优化本企业的管理模式和运营模式。

转组织：通过了解企业发展与成长的动态轨迹，强化人才培育与发展，激活组织，打造企业全生命周期的人才高地。

转文化：通过企业文化与价值观、SDBE 管理哲学和领先企业文化思维模式三个维度的培训赋能，帮助领导者创建回归业务本质的转型文化，推动组织寻找新的增长动能。

为了助力领导者进行全方位的转变，德石羿针对中高层领导者，开设了 LDP、E-LDP、行业管理训战营，帮助领导者学习与掌握先进管理理念、方法和工具，实现组织绩效提升。面向行业精英，德石羿开设了行业精英领航班、企业家公开课，以开阔行业精英的视野，发掘企业高质量发展的关键路径。围绕六力的专项管理知识与技能，德石羿提供了 SDBE 企业专项课进行针对性、精准性的培训赋能。

【咨询案例】德石羿企业家精英研讨会

组织诉求：A 协会是湖南 X 行业创业者和企业高管的联盟组织，企业家们希望通过学习华为的先进管理理念，深度了解自身企业的现状，提升发展水平，精准实施数字化转型升级，使自己像华为的高管一样制定高水准的战略规划和执行计划，保障战略目标的达成。

德石羿解决方案：德石羿将研讨交流的主题聚焦为"向华为学管理——从战略规划到高效执行"，具体赋能策略如下。

（1）通过授课、研讨和演练，了解并掌握华为的高管制定战略规划和执行计划的实操过程与经验、教训。

（2）让从来没有正规制定过战略规划和执行计划的企业家，也能在形式与过程上专业地制定出战略规划和执行计划。

（3）让有一定战略规划经验的企业家，具备更高、更具专业水准的规划和执行能力。

（4）让参加研讨的企业家熟练掌握各种战略规划和执行工具，保障企业战略目标的达成。

德石羿从理念、操作到实训，引导参加研讨的企业家掌握实用的战略管理方法。

组织收益：据协会会长反馈，此次精英研讨会让参会学员眼界大开、思路大开；课堂授课以真实案例为基础，技术和业务匹配到位，讲师讲解生动有趣，学员反响十分热烈。此次精英研讨会对学员将企业战略落地具有深远意义，为后续企业战略解码的推进打下了良好的基础。

训战结合的学习方式、多样化的教学模式、丰富的教学资源是 SDBE 领导力发展架构的运营底座，强有力地支撑着领导力项目的实施，有效保障了赋能的效果。

10.2.2 训战结合,"721"能力成长模型

华为的培训讲究训战结合,即依照"721"法则来设计培训项目。"721"法则是指一个人能力的提升,70%来自实践,20%来自沟通反馈,10%来自课堂培训。华为非常注重实践学习,正如任正非所言:"没有实践就没有培训,培训不要太高档,关键是教会干部怎么做事。"

【案例】华为训战1.0到2.0的发展过程

华为的训战,源自军事领域的"以战领训,仗怎么打,兵就怎么练"。

2013年,战略预备队兴起,任正非进一步明确了战略预备队的定位,也提出了其对华为员工培训中心的要求和期望:要采用训战结合的方式培养干部。

于是,华为员工培训中心提出了训战1.0的概念,其核心思想是标准化、场景化、案例化,要求课堂集训尽可能贴近实战,还原真实的业务挑战。在经过一段时间的运行后,这种方法的矛盾暴露了出来,如上课的讲师们还是在讲原理,内容细碎,没有展开充分的研讨和演练。为了解决这些问题,华为员工培训中心决定从内部选拔优秀讲师,从外部聘请顶尖的学习发展专家,联合开发了训战2.0的方法,其核心思想升级为赋能点、翻转学习、场景化、对抗演练、复盘。

赋能点:依据战略方向和人才现状提出赋能要求,要清楚地知道项目赋的是什么能。

翻转学习:将基础内容和知识制作成在线课程,在培训前就让学员进行学习和考试。

场景化:将基于业务场景的工作挑战作为赋能点和教学内容输入赋能项目中。

对抗演练:通过红蓝军的观点碰撞、小组竞赛来增加学员的挑战与压力,真实还原实际业务场景中的时间和情感压力,如角色扮演、沙盘推演等。

复盘:在项目结束后,围绕赋能点回顾项目的目标、过程与结果,并对经验和得失进行总结。

华为训战2.0的方法一直沿用至今,华为员工培训中心也在训战2.0的指导下,为华为输送了一批又一批实战型人才。

训战结合、将培训对准实战是加速干部学习转化的不二法门。德石羿学习先进,遵循"721"法则提出了"721"能力成长模型(见图10-2),并以此模型为指导方针,设计贴近实战、锤炼综合能力的学习项目。

70%能力：实践+实战
- 提供学员项目制、教学工作
- 有机会到标杆或新兴企业研学
- 成绩优异者进入高研班

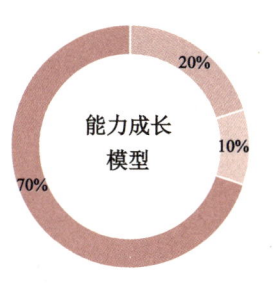

20%能力：研讨+演练
- 案例培训，将实践上升至理论和模型
- 华为前主管及资深专家亲自授课
- 研讨和案例演练，尽量贴近实战

10%能力：教育+培训
- 教会学员按具体规程做事
- 教精神、方法论、理念、知识
- 学习技能，领会业界管理精华

图10-2 "721"能力成长模型

根据"721"能力成长模型，在70%的能力提升部分，德石羿在赋能领导者的项目中设计了学员项目制和教学工作的形式，为学员提供到标杆或新兴企业研学及成绩优异者进入高研班的机会，让学员在实践和实战中成长。

在20%的能力提升部分，德石羿为学员安排华为前主管及资深专家亲自授课，采用案例培训的方式通过总结将实践上升至理论和模型，充分开展典型的研讨和案例演练，尽量贴近实战，加强学员对教学内容的理解与掌握。

在10%的能力提升部分，德石羿通过课堂培训教会学员按具体规程做事，教精神、方法论、理念、知识，让学员学习技能，领会业界管理精华。

领导力的发展与提升是一段没有终点的旅程，需要不断学习、实践、认识，再学习、再实践、再认识，如此循环往复，才能培养出卓越的干部队伍。

10.3 德石羿采用系统性的训战方式提升领导力

脱胎于业界科学的学习设计方法，汲取华为先进的训战方式，德石羿采用训战结合、以赛代训、以考促训等系统性的训战方式提升领导力。

10.3.1 在课堂培训中加强理论学习

课堂培训在现代培训中有着独特的优势，如受众广、计划性强、效率高、成本低，是企业运用范围最广的培训方式之一。课堂培训偏向于理论精神的传授和技能方法的讲解，能够使学员在较短的时间内学习到前人长期积累的知识，为学员在后期的工作实践中提供思路和方法论。

原来，课堂培训的模式大多为讲授式教学，也就是课堂讲授，讲师单向性地将思想传授给学员。如今，随着学员精神文化需求的提升，课堂培训的模式也越来越丰富，如案例教学、世界咖啡、角色扮演等。

课堂讲授：讲师按照提前准备好的教案，以口头语言的形式将知识传授给学员。

案例教学：基于对贴合业务场景的案例进行学习与分析，引导学员深入总结案例背后的根因、经验和方法，以提高学员理论应用、问题思考和解决的能力。

世界咖啡：确定多个赋能主题，将学员分为若干组，通过频繁更换讨论组成员的形式，将大家的智慧和思维汇聚起来解决问题。

角色扮演：设定与实际业务场景相近的情境，让学员置身其中展开演练，从不同的角度思考问题。

华为非常注重课堂培训的实战性，采用的大多是案例教学的模式，活学活用、急用先学，将系统全面的培训与解决实际问题紧密地结合起来。这是一种行而知之的学习方式，能帮助学员在行动中提取新的理论、获取新的能力；这也是一种共享式的学习方式，同一个训练营的学员围绕相同的案例，共同学习、共同提升。如今，应用案例教学最普遍的是领导力发展类主题的课程。

同时，为了丰富教学的案例库，**华为要求员工多从实践中总结案例，将战场上遇到的实际问题搬到课堂中**。其教学的案例主要有两种：一种是故事化的案例，更容易让学员看懂教材；另一种是表格化的案例，可以帮助学员更好地掌握科学的方法，并将其应用到实际的工作中。

【案例】华为后备干部的案例学习

华为组织后备干部进行案例学习分为四个阶段：启发式学习、演讲、大辩论、写论文和答辩。

第一个阶段：启发式学习。

华为员工培训中心会督促学员提前阅读教义并要求学员参与考试，以促进学员通读。考完试后直接将讲师还没批改的答卷贴到心声社区，供学员的上下级阅读，向学员施加学习的压力。

第二个阶段：演讲。

学员需要上台讲述自己在实践中做了哪些事情，这些事情是否符合公司价值观。学员的演讲稿和所描述的故事，必须有三个证明人，否则这个故事会被视为造假。

第三个阶段：大辩论。

所有学员演讲完毕后，展开大辩论。大辩论不一定要拥护公司的文化，有反对的观点也是被允许的，而且讲师也有让持反对观点的学员过关的权利。对于持正面观点的学员，讲师会看他是否认识到了规律性的东西，以此决定其是否通过。

第四个阶段：写论文和答辩。

所有学员的个人观点讲述完毕后，大家可以相互学习以吸收对方的经验，并开始写论文和答辩。

从实战出发、学以致用是课堂培训遵循的基本原则，领导者要借助课堂培训的机会，学习先进的管理技能、科学的思维方式与工作方法，以用于实践、指导实践。

10.3.2　在思想碰撞中收获成长

独行不如众行，智慧的火花来源于思想的碰撞，互动交流也是能力提升的重要途径。每一次的互动交流，都能够促进学员深入思考、总结经验、见贤思齐，在思想碰撞中收获成长。

任正非一直提倡，华为的干部要多学习，走出去与不同的人交流，通过不同的信息接收渠道掌握更多的知识。因为思想保守的人很难吸收别人的能量来改进自己。同时，华为也为员工搭建了学习与交流的平台。华为内部半数以上的会议在本质上都可以称为学习会，在会上，主管和专家们会一起分享工作中成功的经验和失败的教训，为他人提供正确的指导方法，帮助他人规避重复性的错误。华为每个月还会组织案例研讨和经验交流会，参会的每个人都在助力他人的成长。除了日常性的会议交流，华为还会通过专项的研讨会、复盘会、辩论赛、沙盘演练来帮助员工获得成长。

2018年3月，任正非在产品与解决方案、2012实验室管理团队座谈会上谈道："研发能不能规定每天留一小时复盘？在复盘的时候，大家坐在一起喝杯咖啡，反思一下今天的工作。多次复盘完了以后可以建模，模型不一定是数学的，也可以是定性的或定量的，技巧方法传下去了，下一次操盘就容易了，这样新员工也就发挥了作用。可以成立一个导师部，一些有战功的优秀干部和专家，他们有丰富的作战经验，也乐于和大家交流分享，可以让他们去指导新员工和帮助基层主管提升能力。工作指导正确了，问题就少了，评审就少了，效率也就提高了。"

另外，华为的互动交流不仅局限于线下，华为在线上也建立了多种渠道来促进员工之间思想的交流，如内部产品、现实主义的经验信息等可以发布在心声社区、稼先社区，学术的交流和技术的难题等可以发布在"黄大年茶思屋"。

【案例】华为"黄大年茶思屋"：全天候的、开放的科学与技术交流平台

2022年4月30日，华为黄大年茶思屋科技网站正式上线。该网站表示，期待通过这个开放的平台激发思想交流，碰撞创新火花，将黄大年茶思屋建设成一个充满智慧和想象力的思辨空间。

茶思屋的取名源于国际知名战略科学家、我国著名地球物理学家黄大年。每当科研遇到困难时，黄大年都会在茶思屋里喝喝下午茶，慢下来，想一想。他认为，在轻松愉悦的环境中能更好地进行思想交流。

黄大年茶思屋的主要内容包括以下几项。

（1）通过学术热点和精选论文，共享学术前沿趋势，分享学术成果，呈现全球科研智慧。

（2）通过咖啡茶话，共享原汁原味的学术交流活动和专家观点，连接全球科研思想。

（3）通过STW（华为与业界探讨未来行业发展及技术演进的研讨会），参与全球重量级技术峰会，分享重大技术机遇与变革。

（4）发布技术难题，聚合"最强大脑"，展开技术合作。

（5）观看全球顶级的科技赛事，了解产学研合作的最新成果。

目前，黄大年茶思屋不仅在线上运营，还在华为公司、各地科技园、清华大学和四川大学等地陆续开门迎客。

正如任正非所言，交流不会达成核心的目标，也不追求达成一致的意见，只是促进大家相互启发、相互借鉴。真正的智者，往往善于学习和借鉴他人的思想与做法，博采众长，形成自己的知识和经验，最终成就自己。

10.3.3 在实战中提升关键能力

南宋著名诗人陆游曾说："天下之事，闻者不如见者知之为详，见者不如居者知之为尽。"实践出真知，没有演练、实战的培训，学习将难以落地。

华为认为，将军是打出来的，干部的能力也是在实战中摔打出来的。**培训要从实战出发，尽可能地将集训或培训项目的比重偏向于实战**。当然，华为在设计一个培训项目时所花费的时间和精力也相当多，其中最经典的训战项目是C8项目管理资源池培训。

【案例】华为C8项目管理资源池培训项目[1]

C8项目管理资源池培训项目对应华为公司项目一线"铁三角"之一的项目交付部分，以提升公司项目一线的交付能力为主要目标。项目管理资源池中的"C8"在华为也被称为"八大员"，包括项目经理、项目合同、项目法务、项目质量、项目供应链、项目采购、项目技术、项目财务八个专业角色，后又加入项目HRBP角色，与华为员工培训中心的HRBP赋能项目连为一体。C8协同是一线项目中极为重要的实战场景，过往培训以单一角色为主，无法满足公司对项目交付的学习要求。C8项目管理资源池培训项目旨在帮助八条行业线的专业人员跳出专业领域的限制，从"八大员"集成视角，协同提升项目管理与经营效率。

为真正做到训战结合，C8项目管理资源池培训的10天课程以场景化、标准化和真实项目演练为核心原则，设计了多个典型业务场景，开发并提供了近100个公司标准化表格工具，设计了4个公司级重大项目案例演练。为了重现项目管理与经营的真实过程，C8项目管理资源池培训课程仿照公司一线项目管理实操过程，划分为四个阶段——项目分析规划、项目建立、项目实施和项目关闭（见表10-1），各个典型业务场景分布其中。

表10-1　华为C8项目管理资源池培训实施阶段

第一个阶段：项目分析规划（卡牌游戏）
在游戏的过程中，各小组输入相关指导信息，信息内容以卡牌的形式呈现，学员需要自主学习后分拣对应卡牌。因卡牌的内容分属不同角色，小组内部需要进行团队讨论，最终用卡牌在图纸上输出可执行的交付方案集成动作。 讲师会在点评环节引导学员分享在寻找答案的过程中的思考，特别是不同组、不同角色之间的不同观点；同时，讲师要结合自己的经验，提炼与分享此阶段的关键业务理解
第二个阶段：项目建立（课堂讲授、团队问题研讨和角色扮演）
（1）在每一个培训的演练场景中，讲师首先针对理论性知识和信息向学员进行传递。 （2）然后引导学员针对案例问题进行团队研讨，各组输出团队研讨成果并进行展示和组间点评。 （3）最后由讲师进行点评总结、案例真实场景还原和自身经验与方法论分享。 （4）在部分演练场景中，还会由学员进行角色扮演，在课堂上亲身体验项目评审与谈判现场的模拟场景

---

[1] 葛明磊、黄秋风、张丽华："基于学习目标的企业培训课程设计与实施——以华为大学C8培训项目为例"，载《中国人力资源开发》2017年第11期。

续表

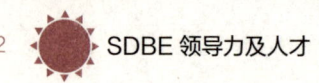

第三个阶段：项目实施（乐高游戏）
在游戏中，乐高玩具被华为员工培训中心的工作人员组装成了不同型号的"通信基站"模型。 讲师扮演客户角色，发布项目需求信息。学员扮演供应商角色，代表华为一线项目组完成交付和客户沟通工作。 华为员工培训中心派出专人扮演客户方验收官，负责验收站点和盘点存货。班主任（培训班的管理者）扮演供应中心人员，负责发送货物。要求每个小组总共交付 45 个"通信基站"，分三期完成任务，每期交付 15 个。 每个小组在规定的时间和预算范围内完成交付，客户验收完成之后签字回款。在游戏中，包含 C8 各角色的小组如果能做到各负其责、协同作战，小组在游戏中的任务绩效就会明显更为出色。 在游戏中每一期任务结束后，讲师会组织学员进行复盘与讨论。学员通过组内研讨对上一期中出现的问题进行总结，并在下一期进行改进。通过持续的"干中学"，一方面提升团队协作能力，另一方面提升项目实施与现场作业的工作效率。 三期游戏任务全部结束后，讲师针对游戏演练中的关键点进行点评与总结，并介绍公司相关的标准化流程内容
第四个阶段：项目关闭（个人案例分享）
白天课堂上是由讲师主持的大型案例问题研讨，晚上是学员进行个人案例分享的时间。 学员的案例分享分为个人准备阶段、小组讨论阶段和班级讨论阶段。三个阶段中学员对案例的学习循序渐进，能力持续提升

培养干部，不是为了培养而培养，而是为了"上战场""多产粮食"。华为的培训项目搭建了与实际业务场景相统一的模拟环境，通过一系列形式丰富多样的学习活动让学员充分理解与掌握能应用于实际工作中的方法与工具，使训与战保持了高度的一致性，可供广大企业借鉴与学习。

10.3.4　德石羿领导力发展培训项目：训、练、战

围绕 SDBE 六力模型（领导力、战略力、洞察力、运营力、执行力、协同力）的提升，以"721"能力成长模型为指导，德石羿有效地帮助企业定位了组织当前形势下领导力发展的重点和路径，开发了贴合业务场景、有效支撑业务发展的青训营和高研班。

1. 德石羿青训营

青训营是基于企业后备干部的实际业务问题和场景而进行研讨与训战的课堂。通过青训营，学员将学习业界先进的管理方法和实践，提升管理技能，成为理解力强、执行力强的高素养职业经理人。

为了帮助企业从项目管理与经营中选拔和发展后备干部，德石羿将青训营

的开展分为四个阶段，分别是理论导入、以训代战、项目实践和答辩认证（见图10-3）。同时，IT支撑平台会贯穿青训营的全过程，为其高效运行保驾护航。

阶段	理论导入	以训代战	项目实践	答辩认证
内容	全面导入华为管理的基础知识和经营知识，在平台上由学员进行自主学习。	通过沙盘模拟一个项目端到端的流程，基本上是案例角色的演练，会有教练点评和精华知识点的讲解。集训主要是项目管理的实操，以及大家的角色扮演和演练。	学员在一线项目中实践，并且在实际工作中负责关键的岗位。青训项目组跟一线部门协商，通过实际的应用和结果输出，统一对学员进行系统性全方位的评估。	实践之后学员要到青训项目组进行答辩，如果不合格就不能晋级，需要重新学习、答辩。如果通过答辩认证就会进入公司的后备干部资源池，打上相应的标签。未来有一线管理干部选拔的时候，就会从这些人中选择。
IT支撑平台	公司政策、学习资源、训战过程管理、优秀实践案例等			

图10-3 德石羿青训营的开展阶段

在理论导入阶段，学员可以在线上平台学习华为管理的基础知识和经营知识。

在以训代战阶段，青训项目组会通过沙盘模拟、角色扮演、实操演练，让学员发挥想象力，对准实战，"真刀真枪"直接上战场进行拼杀历练。在这个过程中会有教练点评和精华知识点的讲解，帮助学员领悟科学管理的规律，提高学员的全面管理能力。

在项目实践阶段，青训项目组会推动学员在一线项目中实践，根据其实际的应用和结果输出，统一对学员进行系统性全方位的评估。

在答辩认证阶段，所有学员要接受由青训项目组组织的答辩认证，答辩通过的学员可进入公司的后备干部资源池，未通过的学员无法晋级，还需重新学习并参加答辩。

在课程体系设计上，青训营的课程以参照华为员工培训中心中经典的中基层干部战略预备队课程为主，辅以根据客户的战略与业务需求开发的定制化课程。另外，还联合华为、阿里巴巴、腾讯等标杆企业定制MBA研学服务。

青训营的全部核心课程，均来自华为、IBM、腾讯等业界顶尖公司或咨询公司。课程内容分为领导力、战略力、洞察力、运营力、执行力、协同力（见图10-4），基本涵盖企业管理的全过程。

关于青训营的运营流程，德石羿也进行了系统、科学的规划。在训战前，青训项目组将开展问题调查，结合客户的愿景和需求，以及客户目前所面临的挑战和困难，确定赋能目标与赋能重点。

澄清期望	L（领导力）	S（战略力）	D（洞察力）	B（运营力）	E（执行力）	C（协同力）	总结提升
角色认知	·企业文化与价值观 ·干部与领导力 ·领导力技能 ·管理变革 ·数字化转型	·战略框架 ·价值洞察 ·战略构想 ·创新组合 ·商业设计	·标杆管理 ·技术洞察 ·客户洞察 ·竞争洞察 ·知识管理	·战略解码 ·质量管理 ·流程管理 ·项目管理 ·卓越运营	·岗位认知 ·知识技能 ·工作流程 ·攻坚克难 ·业务创新	·HR管理 ·组织变革 ·绩效管理 ·目标管理 ·薪酬激励	能力提升

图10-4 德石羿青训营的标准课程

在训战过程中，首先，通过举行开班仪式，提升学员的思想高度，增强其洞见转型、赋能未来的大局意识和责任意识。同时，通过分组赛马的比拼机制激活学员的能量，推动学员奋勇争先，牵引学员有效学习。其次，以独立团队的形式开展训战，教授方法，使学员协作制胜。再次，面对团队共创的成果，通过对训战的回溯和意义的挖掘，不断建立新的价值准则，激活组织队伍，完成文化的升级与转型。最后，举行结业典礼，表彰先进，鼓励后进。

训战结束后，以考促训，青训项目组会组织学员共创应用的成果，分享思路方法，并进行考试答辩，以评估学员的学习转化效果。整个运营流程如图10-5所示。

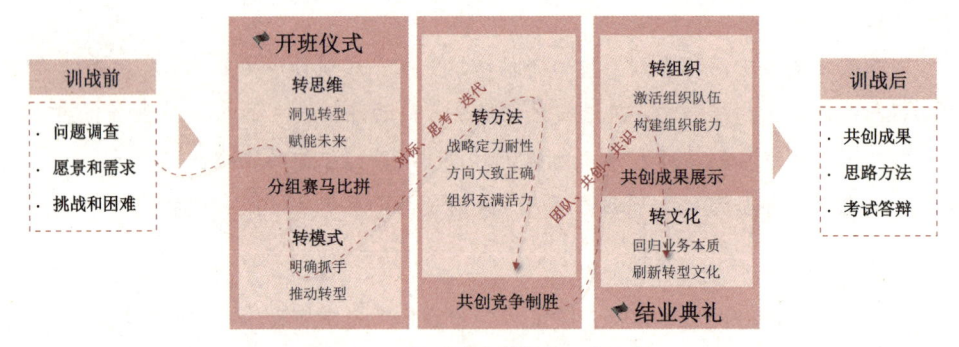

图10-5 德石羿青训营的运营流程

2. 德石羿高研班

高研班是基于企业高层干部的实际业务问题和场景而进行研讨与训战的课堂。通过研讨与训战，树立学员的认知和观念，拓宽学员的眼界，开阔学员的视野，使其成为格局高、决断力强的高素养干部。

高研班的课程安排主要分为从实际问题出发的八大训战营（见表10-2）。

表10-2 德石羿高研班的课程安排

序号	训战营	训战营的目标	主要课程内容
1	领导力训战营	提升干部的领导力	企业文化与价值观、管理变革、干部管理等
2	人力资源训战营	解决干部的人才管理问题	组织发展、HRBP、目标管理、绩效管理等
3	研发创新训战营	提升干部的创新能力	业务创新、模式创新、产品和技术创新、管理变革创新等
4	采购训战营	提升干部的集成采购能力	采购流程规划与建设、采购组织与职责、采购项目管理等
5	财经训战营	提升干部的财经管理能力	全面预算管理、财经三支柱模型设计及落地等
6	供应链训战营	提升干部的供应链管理能力	供应链管理体系、物流规划、配送与运输等
7	卓越运营训战营	提升干部的运营能力	经营分析运作、TopN管理、AT管理会议等
8	项目管理训战营	提升干部的项目管理能力	六大过程组十四大知识领域、项目管理流程等

在授课方式上，高研班采用的是以学员研讨为主、以讲师引导为辅的教学形式（见图10-6）。通过课程方法学习、内部案例研讨、外部经验交流等学习活动，帮助学员开拓认知、提升能力、共享经验。

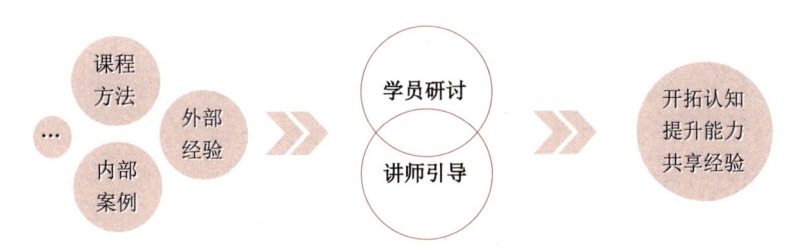

图10-6 德石羿高研班的授课方式

学习的目的，全在于运用。所谓运用，就是通过学习来满足个人实践的需要。德石羿通过这种训战一体的结构化学习，让学员将知识学习、技能训练、行为转变和绩效产出有机结合，构建了其面向实战的组织能力，以此确保组织作战顺利！

10.4 德石羿领导力发展的理念和方法

德石羿在吸收了华为领导力培养的实践经验后，提出了领导力发展的四大工作理念和一套卓有成效的领导力发展解决方案，以期帮助客户实现商业成功。

10.4.1 领导力发展的四大工作理念

理念是行动的先导，德石羿在致力于企业管理知识和经验的推广及应用的同时，着力践行让胜利成为信仰、从实践中来到实践中去、领导者发展领导者和科学的管理体系这四大工作理念。

1. 让胜利成为信仰

追求胜利是一种将军思维，是军人唯一的目标与渴望。正所谓治企如治军，军队上的胜利精神一样可以运用到企业中。

让胜利成为信仰，就是想尽一切办法取得胜利！任正非提出："一切为了前线、一切为了业务服务、一切为了胜利。"胜利是华为人不屈不挠、勇往直前的结果，是华为人的崇高信仰，不可替代。

除了胜利之路，无路可走！德石羿脱胎于华为，胜利也是德石羿人一直坚守的信仰。因此，德石羿在帮助客户成长的过程中，引入赛马和训战机制，规模化培养业界高端管理人才，助力企业取得成功、走向胜利！

2. 从实践中来到实践中去

实践是检验真理的唯一标准。脱离业务场景的学习内容只是表面功夫，难以真正产生效果。华为员工培训中心的课程内容基本都来源于实际业务场景和对自身业务的总结与提炼，这样的学习内容更能解决实际问题，即学即用。

德石羿坚持从实践中来到实践中去的工作理念，实现了培训和实际业务场景的融合：仗怎么打，兵就怎么练，企业管理实践如何，教学案例和内容就应该如何展开。德石羿坚持引导学员做业务导向的知识学习，做业务导向的实战训练，让学员将所学所悟真正用于指导实践，帮助学员和组织提升绩效。

3. 领导者发展领导者

领导者发展领导者是华为一直坚持的培养理念，也是德石羿培养管理人才的导向。这句话在华为主要应用在两个方面：一方面，在华为员工培训中心给干部授课的讲师本身就是优秀干部；另一方面，干部回到实际岗位时，华为为其配置的导师也是优秀干部。只有将军才能指导出未来的将军，优秀的干部要承担责任去培养和发展更优秀的干部。

华为员工培训中心的师资队伍以兼职为主，队伍庞大，有一万多人。之所以选择兼职，是因为部分专职讲师上课时间长了以后，难以跟上业务的变化，造成上课的内容理论太多，实用性不够。任正非也指出："要找会开航母的人来教开航母，不然就触礁了。"因此，华为员工培训中心大力发展各级优秀的管理者、专业技术骨干和对培训感兴趣的优秀员工担任兼职讲师（见图10-7），专职讲师偏向于培训项目和课程的设计以及案例的开发。

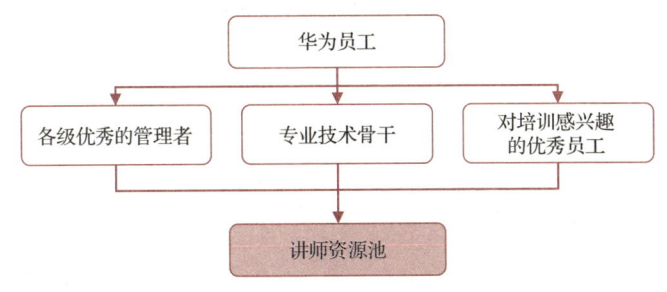

图10-7 华为讲师资源池的构成

德石羿商学院的授课讲师并非传统的学院派，而是华为与各巨头企业在各自领域的主管和专家，他们有着成功的企业管理经历和丰富的实战经验。这些讲师汇聚成了一支强大、优秀的师资队伍，助推企业培养高素质的管理人才。

4. 科学的管理体系

华为从一家只有几十名员工、没有任何影响力的公司，发展成了一家拥有近二十万名员工的世界级巨头企业，可谓中国企业的翘楚与典范。华为的成功也给中国企业带来了巨大的标杆价值。华为逐步壮大的过程，也是其科学管理体系建设的过程。在这条道路上，华为引进了全世界优秀组织的管理方法论，同时对方法论进行了中国化。

从1996年开始，华为投入巨资引入全球各大优秀组织和人才，它们帮助华为建立了战略、人力资源、财务管理等方面的制度与流程体系（见图10-8）。其中，IBM帮助华为进行了流程管理变革及企业信息化建设；合益、翰威特帮助华为做了人力资源变革；毕马威、普华永道、德勤合作帮助华为不断推进核算体系、预算体系、监控体系和审计体系的变革；在美世的帮助下，华为对组织结构进行了优化与调整。经过20多年的学习与积累，华为内化了一套适合中国企业且与国际接轨的科学管理体系。

站在前人的肩膀上，哪怕只前进一毫米，也有可能获得卓越的成功。德石羿的核心课程均源于世界领先企业数十年的管理理念和实践总结，内容自洽，并经华为、阿里巴巴、腾讯等企业成功优化与落地。德石羿也致力于充当客户的"前人"，为客户提供战略、研发、营销、人力资源、数字化转型等关键领域的学习路径。

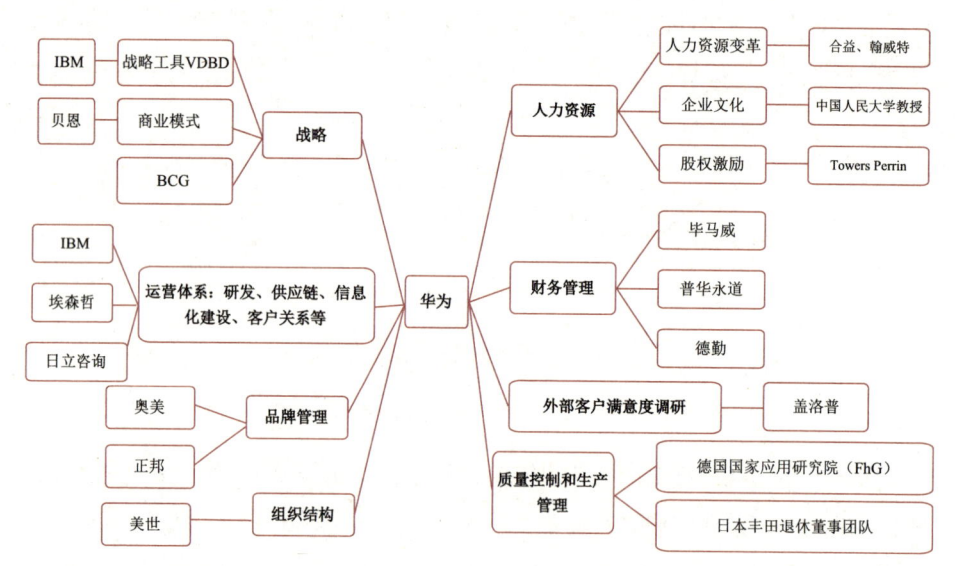

图10-8　华为引入优秀组织和人才学习科学管理体系建设

10.4.2　授人以渔，打造价值共同体

"授人以鱼，不如授人以渔"，意思是教授他人知识不如传授他人学习知识的方法。德石羿根据授鱼、授渔、使能和打造价值共同体四个阶段（见图10-9），赋能企业实现从意识、理念、工具到落地的全面转型。

第一个阶段：悟，授鱼

企业的治理逻辑、顶层设计和管理理念是实施战略、开展运营的前提条件，是对一整套经营命题的系统思考。制度与管理系统的建设均来自顶层设计，单一以问题为导向的管理建设难以成系统。比如，企业出现了这个问题，就配套一种制度，出现了另一个相似问题，又将之前的制度推倒重定，如此循环往复，不连续的管理制度让下面的业务单元无所适从，怠于执行。因此，领导者需要在战略高度上想明白企业所奉行的理念是什么。

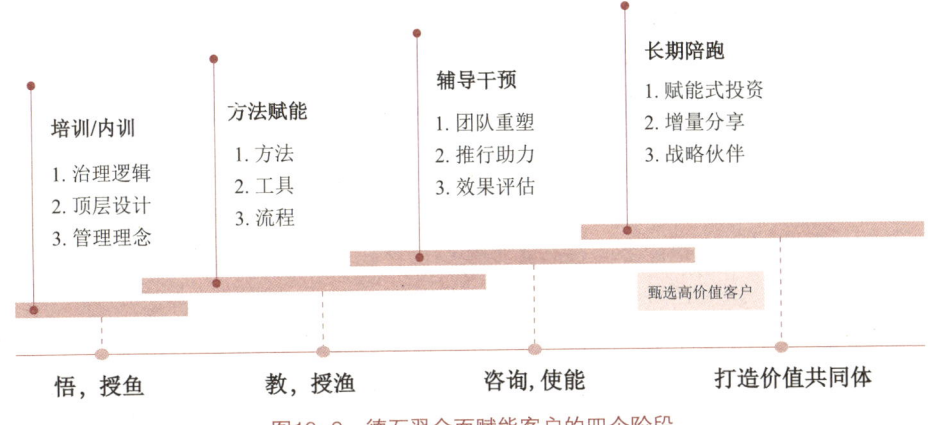

第10章 SDBE 领导力发展架构和整体方法

```
培训/内训          方法赋能          辅导干预          长期陪跑
1. 治理逻辑        1. 方法            1. 团队重塑        1. 赋能式投资
2. 顶层设计        2. 工具            2. 推行助力        2. 增量分享
3. 管理理念        3. 流程            3. 效果评估        3. 战略伙伴

                                              甄选高价值客户

悟,授鱼           教,授渔           咨询,使能         打造价值共同体
```

图10-9 德石羿全面赋能客户的四个阶段

苹果公司创始人乔布斯曾说过:"做跟别人一样的产品是一种耻辱。"他信奉的是"活着就为改变世界"的理念。在他的指引下,苹果公司的员工们每天都在想着如何进行产品创新,如何改变人们的生活、改变世界。创新、不抄袭、不模仿也就成了每一位员工的工作导向。

德石羿也是通过培训的方式授人以鱼的,引导企业对先进科学的经营命题进行深入的交流与研讨,逐步转变领导者的管理意识,从而确定本企业的治理逻辑、顶层设计和管理理念。

第二个阶段:教,授渔

在这个阶段,德石羿注重的是**方法赋能**,强化方法引导,授人以渔。通过标杆企业的实践经验与案例分享,将方法、工具和流程讲得更透彻、更形象、更易于理解与运用,所选案例也更有可读性和代入感。

方法、工具和流程是保障培训落地的重要条件。培训过后如果没有给企业员工留下方法、工具和流程,那么他们在回到工作岗位上进行实操时,还是难以下手。方法、工具和流程能够立竿见影地解决问题。基于企业面对的业务困难与挑战不同,德石羿会提供实用有效的管理方法、工具和流程,让企业员工带回工作岗位实际应用。

第三个阶段:咨询,使能

为了帮助企业成功转型,德石羿组建了具有丰富经营管理知识和经验的专家团队**深入企业现场,手把手辅导**,重塑企业战斗力,以外力的形式助力企业实现管理变革。同时,德石羿也会关注实效,对企业的转型成果进行及时的评估。

【咨询案例】德石羿为 A 公司提供落地陪跑服务

在 A 公司项目的落地辅导阶段，为了解决该公司各部门业务规则不明晰的问题，德石羿项目组采取了教练陪伴式辅导的方式，具体措施如下。

1. 引导各部门负责人自主思考

德石羿联合公司管理者要求各部门负责人对其业务现状及流程进行描述与梳理，并在专家团队的指导下编写流程文件的初稿。

2. 专家辅导，内部评审研讨

打破部门墙，组织评审研讨会议，将各部门的业务思路理顺，针对跨部门业务中所遇到的管理问题与矛盾点，制定可执行的解决方案，同时规范与优化流程文件中的业务规则，明确各部门的责任。

3. 建立落地保障机制

对其他业务相关的体系文件进行梳理与优化，并制定新的流程文件运行的工作安排，确保流程文件的落地与执行。

通过一系列的辅导，德石羿将 A 公司各部门的业务规则拉通，杜绝了责任不清、执行不到位的乱象，保障了业务的平稳运行。

第四个阶段：打造价值共同体

正如 3G 资本创始人雷曼所说："我们投资那些缺乏有效公司治理结构，同时拥有伟大品牌的成熟企业。"德石羿会甄选与其合作过的高价值客户，**提供长期的陪跑服务，以咨询业务的优势，开展赋能式投资**，提升高价值客户的经营管理能力。最后，与高价值客户建立战略合作伙伴关系，分享企业效率提升所带来的赋能式投资收益，打造价值共同体。

管理学大师彼得·德鲁克曾说过："企业存在的目的就是为客户创造价值。"德石羿始终将客户的利益放在第一位，通过培训、咨询、贴身辅导、长期陪跑等方式，助力目标客户成为行业领跑者。

10.4.3 助力目标客户成为行业领跑者

在数字智能时代，企业管理是一项系统化工程，企业面临着技术转型、客户需求多元化、组织变革方向日渐模糊的现状。为了保持营收和利润的双增长，企业管理转型势在必行，不领先就会衰亡，这是铁律！助力客户成长，打造行业领跑者，是德石羿的愿景和使命。这也与华为"以客户为中心，为客户创造价值"的管理理念一脉相承。

华为轮值董事长郭平曾在华为 2022 年的新年致辞中表示，只有客户、伙伴获得了成功，才会有华为的成功。客户的成功不是简单服务好客户，而是要帮助客户解决问题、创造价值。正如在数字化转型的风口，华为利用自己的技术优势，联合伙伴深入不同的客户场景，为行业找技术，助力客户深化数字化转型，释放数字生产力。

【案例】华为助力中国一汽成为行业领跑者

2022 年 7 月，世界品牌实验室发布了 2022 年《中国 500 最具价值品牌》分析报告，中国一汽以 4075.39 亿元的品牌价值强势上榜，排名第九，位居汽车行业最具价值品牌榜首。

在汽车行业的大变革时代，中国一汽为什么能保持持续稳健的增长？可以说数字化转型是其保持持续增长的重要驱动力。在数字化转型的过程中，对中国一汽帮助最大的当属华为。

早期，中国一汽的员工基数大，分/子公司众多，年度差旅费高。为了满足集团合规管控的要求，中国一汽接入了多家差旅供应商。但由于各供应商之间的系统未打通，数据无法共享，需要多系统切换，员工体验差、降本增效难，且无法实现精益管理，一系列问题层出不穷。面对众多问题，华为数字化差旅团队联合中国一汽差旅团队构建了"1+N+3"数字化差旅管理体系。

"1"是指基于华为云强大的技术底座，应用大数据及人工智能技术，构建数字化的差旅管理平台，实现"申请、审批、预订、报销、结算"等一体化全流程，同时保证差旅管理平台安全、可信、可持续创新。

"N"是指基于平台能力，支持多家服务商接入同时比价。这提高了中国一汽在差旅管理上的合规性，降低了员工的差旅成本，提升了员工的出行体验，杜绝了因单个服务商的问题导致出行预订受阻的情况。

"3"是指为了进一步提升集团差旅的管理效率，在平台之上搭建了三大门户，形成了一端两户的管理模式，各角色履职清晰、操作简单，大幅提升了集团的管理能力和员工体验。

在华为数字化差旅团队的帮助下，中国一汽最终达成了"精益管理、提质降本、智能服务"的差旅管理目标。

华为在帮助一个又一个客户实现了数字化转型后，还将自身 30 多年来数字化转型的经验及其接触到的各行各业客户的数字化转型经验沉淀到了华为的平台上，供更多的伙伴和客户参考。在华为看来，客户需求是华为发展的原动力，以客户为中心就是要帮助客户实现商业成功。

秉承这种理念，德石羿将积累了 20 多年来自华为、IBM、阿里巴巴等知名企业的管理实践和咨询经验，通过培训、赋能、咨询等方式传授给客户，力求全面提升客户的竞争力，帮助客户在所属领域实现商业成功，成为细分市场的领跑者。

阅读心得

第11章
领导力建设：SDBE领导力闭环管理

先人后事是企业经营的基本法则，培养优秀的干部一直是人力资源管理体系建设中的重要组成部分。华为在标准化、体系化干部管理框架的指导下，打造了一支"派得出、动得了、打得赢、不变质"的干部队伍，使华为的力量生生不息。

笔者带领德石羿团队，研究和复制了华为在领导力及关键人才建设上的管理经验，提出了SDBE干部管理框架，实现对关键干部和人才的"选、用、育、留、管"，帮助企业打造规模化的干部队伍。

11.1 复制标杆经验，推行 SDBE 干部管理框架

领导者的责任主要有两个：一是出主意，二是用干部。干部管理工作是各项管理工作的基础，支撑着业务战略目标的有效达成。

德石羿团队汇聚华为先进的管理经验及其 30 余年的实践精华，提出了一套行之有效的 SDBE 干部管理框架。

11.1.1 华为持续成功的秘诀：看方向，管干部，分好钱

任正非表示："我最重要的工作就是选人用人、分钱分权。把人才用好了，把干部管好了，把钱和权分好了，很多管理问题就都解决了。"这句话也道出了华为能获得持续成功的秘诀。

华为人力资源管理哲学中有一个很重要的命题，即价值规律（见图 11-1），其核心内容包括价值创造、价值评价与价值分配。

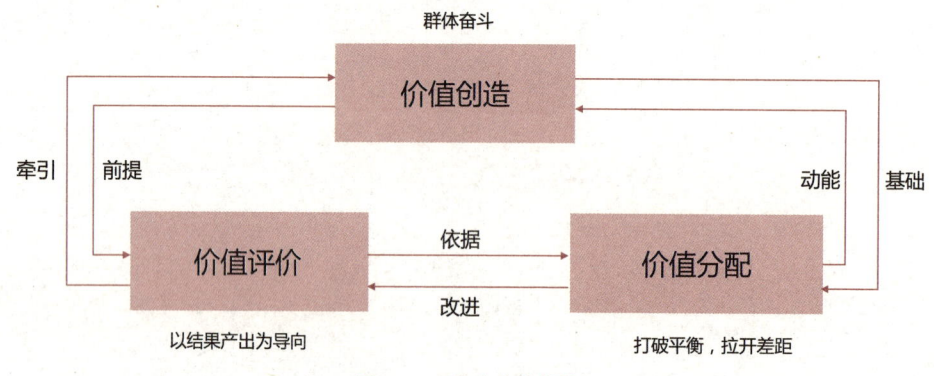

图 11-1 华为价值规律

价值创造：四要素包括劳动、知识、企业家和资本。群体奋斗是华为管理的主旋律，在机会和挑战的重要关口，企业必须呼唤英雄，没有英雄的企业一定会衰亡。

价值评价：简言之就是论功。华为认可的价值是结果产出，对"茶壶里的饺子"是不认的。华为设置了针对不同人群的价值评价机制，以牵引不同岗位的员工在自己的业务范围内产出价值。

价值分配：根据价值评价结果分配。华为通过"打破平衡，拉开差距"的分配理念，区分员工责任贡献的层次，匹配相应的激励手段，以激励员工创造更大的价值。华为强调，价值分配绝对不是少数人的盛宴，而是群体英雄的狂欢。

2021年，任正非在华为的持股比例仅为0.84%，其余的股份由华为员工共同持有，如表11-1所示。可以说，华为是一家由员工持有的民营企业，这也是华为与员工责任共担、利益共享的最佳见证。

表11-1　2018—2021年任正非的持股比例及员工持股计划参与人数

年份	任正非的持股比例	员工持股计划参与人数/人
2018	1.14%	96 768
2019	1.04%	104 572
2020	0.90%	121 269
2021	0.84%	131 507

华为管好干部的关键在于三个方面。

第一，一致性。华为的干部管理体系已经持续运营了20多年，在运行过程中没有做过大的调整。另外，公司上下在干部管理体系的落地和执行上已经达成了共识。

第二，系统性。华为的干部管理在选拔、任用、评价、发展和监察等环节环环相扣，为公司持续长期发展提供了颇具规模的合格干部。

第三，前瞻性。华为会根据市场和业务的变化积极主动地进行干部管理的设计与布局。从CEO的轮值，到在人力资源各条线中设立干部部、组织部，再到如今的总干部部，都是华为在干部管理道路上新的探索与实践。

【案例】华为成立总干部部

2018年7月，华为将原来在人力资源部具体管人的权限拿出来，成立了总干部部（见图11-2）。任正非指出，华为现在的人力资源过于权力中心化，容易"指鹿为马"，未来华为的人力资源体系包括人力资源部和总干部部两个部门。两个部门不是对立的关系，而是各有侧重，相互协同。

人力资源部要从权力中心变成服务支持中心，不仅要管好规则，包括规则的建议、对规则的监管，并将规则交给干部体系去统筹应用，还要管好考核支撑、员工招聘、全员学习与发展等人力资源专业支撑工作。

总干部部要引领各级干部部履行管人的职责，重点管好后备干部的选拔、培养、考核、激励，为各部门、各区域的关键干部与人才给出评估意见，帮助公司培养关键干部与人才梯队，协调关键干部与人才流动，让公司整个干部与人才盘子灵活运作起来。

总干部部的设立是华为人力资源体系的一次组织变革，降低了人力资源管理的重心，让人力资源管理真正深入业务、服务业务，更好地解决了人力资源体系存在的现实问题，有利于进一步强化对干部这一特殊且重要群体的管理。

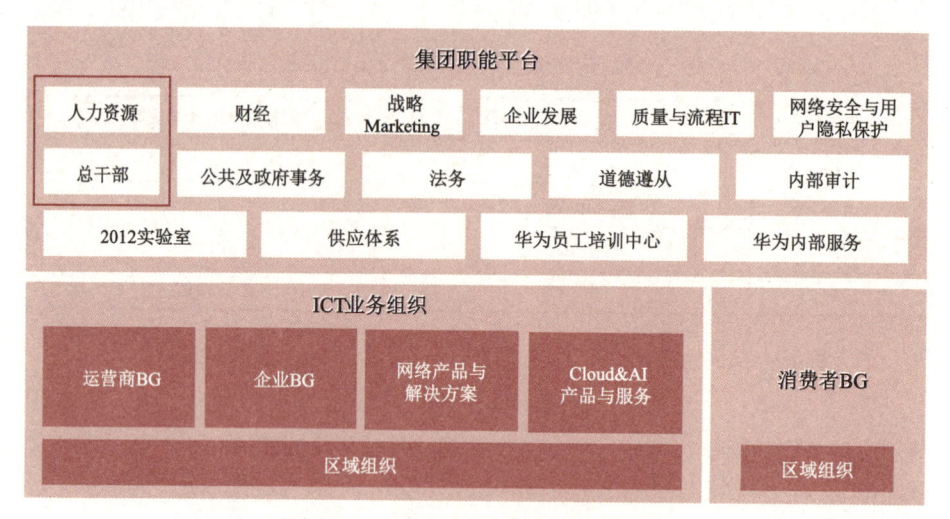

图11-2　2018年华为业务与组织架构图

组织强，在于干部强，干部管理已经成为企业人力资源管理的核心。越来越多的企业开始重视干部管理，以此提高干部的素质与能力，为企业的持续发展保驾护航。比如，小米成立组织部，负责中高层管理干部的聘用、晋升、培训、考核和激励，以及各部门的组织建设和编制审批等工作；阿里巴巴实行政委制，负责干部队伍的搭建和团队文化的建设工作。

11.1.2　人才通道：炸开金字塔，为凤筑巢，让人才涌现

《华为基本法》里有两句话分别是："认真负责、管理有效的员工是华为最大的财富。""我们强调，人力资本不断增值的目标优先于财务资本增值的目标。"在华为看来，人才不是华为的核心竞争力，对人才进行管理的能力才是。

为了更好地培养和保留人才，华为大胆吸取西方的管理经验，结合自身建立了人才双金字塔模型（见图11-3），以牵引各类人才的成长和职业发展，为公司创造更大的价值。

历年来，技术人员占华为总人数的50%以上，是华为的主力军。但公司中的管理职位有限，而且技术人员很难走上管理晋升通道，这严重削弱了技术人员向上发展的动力。为此，华为为员工的晋升设计了两条路径：一条是管理晋

升通道,另一条是技术专家通道。各通道都有对应的人才"选、用、育、留、管"流程。

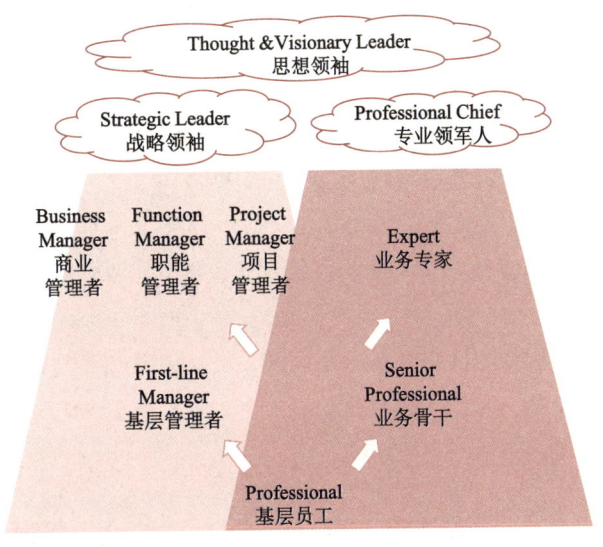

```
                    Thought & Visionary Leader
                            思想领袖

         Strategic Leader              Professional Chief
           战略领袖                        专业领军人

  Business    Function    Project        Expert
  Manager     Manager     Manager        业务专家
  商业        职能        项目
  管理者      管理者      管理者

              First-line              Senior
              Manager                 Professional
              基层管理者              业务骨干

                        Professional
                         基层员工
```

图11-3　华为人才双金字塔模型

管理晋升通道的发展路径是:基层员工→基层管理者→中层管理者(商业管理者、职能管理者、项目管理者)→战略领袖。

技术专家通道的发展路径是:基层员工→业务骨干→业务专家→专业领军人。

在双通道中,基层管理者和业务骨干、中层管理者和业务专家、战略领袖和专业领军人对应的薪资待遇相同。这样一来,不具备管理技能的技术人员可以专注于技术的提升,通过技术专家通道为自己赢得与管理岗位同等的资源与待遇。在双通道发展模式下,华为有效平衡了内部管理问题,充分调动了技术人员的成长积极性,为员工自我价值的实现提供了广阔的空间。

纵观全球,云计算、人工智能、大数据等领域的人才供不应求,顶尖人才更是各大企业争夺的"香饽饽"。任正非也一直推崇"一杯咖啡吸收宇宙能量"的理念,他认为华为要吸收宇宙能量、实现公司愿景,就要炸开封闭的人才金字塔塔尖,让华为不再依靠塔尖上的那个人,而是从全世界搜寻人才,让更多的战略领袖和专业领军人不断站上来,同时集结外部的国际组织、标准组织、产业组织中的专家、科学家与华为人才进行广泛的交流,使华为与世界交换能量,使组织永葆活力。

【案例】 华为"天才少年"项目

2019年,华为创始人任正非组织和发起了"天才少年"项目。该项目是用高级挑战和高级薪酬吸引顶尖人才,让"天才少年"像"泥鳅"一样,"钻活"华为的组织,激活华为的队伍。

"天才少年"的年薪分为三档:最高档为182万~201万元,第二档为140.5万~156.5万元,第三档为89.6万~100.8万元。"天才少年"的招聘标准非常严格,一般需要经历7轮流程——简历筛选、笔试、初面、主管面试、若干部长面试、总裁面试、HR面试,任何一个环节出现问题或表现不佳都有可能被淘汰。

华为在2021年年度报告发布会上透露,在过去的两年内,华为总共招聘了300名"天才少年",其中有7名"天才少年"获得最高档年薪。

此外,华为在有"凤"的地方"筑巢",敞开怀抱在全世界吸收科学家,科学家想在哪儿办公,华为就在哪儿建研究所。总之,人才、资源在哪儿,华为就在哪儿,无限扩大范围,云集外部人才。

华为吸收全世界最优秀人才的工作部署如下。

一是在集团的人力资源部特别设置高级人才定薪科,为高级人才提供有足够吸引力的薪酬。

二是海外研究所要转变为人才招聘所,承担为公司招贤纳士的责任和使命。

三是重新定义面试考核的标准,不简单以职级为区分,标准可以一人一议。

四是在上海淀山湖基地建立国际人才社区,配套适合"高鼻子"人才生活的良好语言环境。

马丁·克里纳是全球著名的商业架构师,他不愿离开自己的家乡,华为为了他在爱尔兰科克市建立了一支研究团队。

治国经邦,人才为急。深谙此道的华为,因人而变、因地制宜,在全球建立人才库,为全球范围内的科学家、专家提供平台,让科学更好地造福人类、贡献社会。

11.1.3　干部管理:不搞终身制,能上能下,持续成功

在干部管理的过程中,华为坚持干部能上能下的优良传统,并认为,组织没

有绝对的公平，烧不死的鸟是凤凰，越是苦难，越要振作，所有的尊严都是拼出来的。

1. 华为的干部从不搞终身制

在华为，干部从来都不是终身制的，而是能上能下的。每位干部都有任期，在任期届满之时，干部要进行述职报告并提交下一阶段的任职申请，接受组织与群众的评议，并重新讨论薪酬。这种干部任期制以一种温和的契约化管理解决了"铁交椅"的问题，也给了新干部更多的提拔机会。

【案例】华为市场部集体大辞职

1996年的华为已经发展到了一定的规模，产品也从原来的小程控交换机发展到几千门的大型局用交换机。随着业务规模的扩大，销售人员不再止步于维护客户关系，而是要给客户提供解决方案和技术板块支撑与服务。因此，销售人员需要联合产品方案人员、技术人员组成销售服务团队。

业务的新要求，促使公司的服务能力、技术水平的标准不得不提升，但当时的办事处主任从意识到能力，已经无法适应新的标准。新人进不去，老人出不来的办事处主任岗位成为华为事业发展的瓶颈。

为了突破这种困境，时任市场部负责人的孙亚芳带领华为市场部所有正职干部，从市场部总裁到26个区域办事处主任，提交了两份报告，一份是辞职报告，另一份是述职报告，采取竞聘上岗的方式，期望公司根据其表现、发展潜力和公司发展需要，批准其中的一份报告。竞聘结束后，大约有30%的干部被替换下来，由有专业能力的人接任。

这场市场部集体大辞职的活动成为华为里程碑式的历史事件，开了华为干部能上能下的管理先河。

能上能下是干部管理的常态，没有新陈代谢就没有生命。只有真正构建起能者上、庸者下的干部选人与用人机制，才能让干部"动起来"，让干部队伍"活起来"。

2. 烧不死的鸟是凤凰

任正非在致新员工书中说道："'烧不死的鸟是凤凰'，这是华为人对待委屈和挫折的态度。没有一定的承受能力，今后如何能做大梁？"

华为要求被降级的干部要正确反思，不要患得患失，也不要自怨自艾，在哪儿跌倒就在哪儿爬起来。因变革导致岗位调整的干部要调整好心态，以大局为重，在基层岗位创造新的成绩；因受了委屈而降职的干部要承受得了委屈，生活的评价是会有误差的，但绝不至于黑白颠倒，差之千里。只有不懈努力，以实际行动来证明自己的干部，才大有可为。

【案例】毛生江的"涅槃重生"

"烧不死的鸟是凤凰"是有源可溯的，原型就是毛生江。任正非评价他是"烧不死的凤凰"，不是因为他的能力有多强、成绩有多卓越，而是因为他担得了荣辱，能舍小我，成大我。

毛生江于1992年加入华为，用了短短三年的时间，晋升至市场部代总裁，成为当时除任正非、孙亚芳外的三号人物。1996年1月，毛生江在参与市场部集体大辞职后，于5月被下放到地方，担任新成立的终端事业部总经理；1997年1月，调任华为通信副总裁；1998年7月，又调任山东代表处代表、山东华为总经理。不到三年的时间，数次易岗，面临薪酬和职位的下调，毛生江选择了坚持，放下家庭，孤身闯荡。到了山东的毛生江整装待发，重新开始，对办事处实施改革，加大市场开拓力度。短短一年的时间，山东办事处的销售额同比增长了50%，回款率接近90%。由于业绩突出，2000年，毛生江升任华为的执行副总裁。

任正非在市场部集体大辞职四周年颁奖典礼上谈道："毛生江从山东回来，不是给我们带来一只烧鸡，也不是给我们带来一只凤凰，因为虽说'烧不死的鸟是凤凰'，但凤凰也只是一个个体，凤凰是生物，生物是有时限的。我认为他给我们带来的是一种精神，这种精神是可以永存的。"

对于这四年的历练，毛生江坦诚："任何一个人从很高的位置上退下来，说不在乎是不真实的，也不会有人心甘情愿为自己制造一些磨难。但我更在乎的是华为的兴旺和发展，在乎的是一代华为人付出的青春、热血和汗水，在乎的是我能够继续为华为做些什么，在乎的是自己从工作中不断磨炼出来的自信心，在乎的是战友们的期望和嘱托。其他，比如什么面子、位置等，那些虚的东西，就抛之脑后了！"

"以天下为量者，不计细耻；以四海为任者，不顾小节。"不是谁都能够承受得住四年这么长时间的考验的，对毛生江来说，当干部是一种觉悟，是一种责任。**只有禁得起折腾、敢于挑战的干部才是华为真正需要的人才。**

11.1.4　SDBE 干部管理框架："七步法"令干部层出不穷

经营人才的关键在于经营干部。华为之所以能迅速发展，逆势成长，原因在于其对干部群体体系化的管理。

因此，德石羿复制标杆经验，提出了系统化和制度化的 SDBE 干部管理框架（见图 11-4）。该框架一共分为七步，分别是明确使命与责任、建立干部选拔标准、完善干部任用程序、干部能力发展、干部考核与激励、干部队伍建设和后备干部培养、干部监察。华为以业务战略为牵引，明确干部使命与责任，以干部选拔标准为依据，通过干部的选拔、任用、发展、评价和监察，建立干部队伍，源源不断地为公司的发展提供优秀的干部。

图11-4　SDBE干部管理框架

1. 明确使命与责任

任正非曾形象地将干部的责任归纳为**布阵、点兵、陪客户吃饭**。布阵是指战略、组织和流程建设，点兵就是干部选拔、任用、考核、激励和继任，陪客户吃饭则是以客户为中心，洞察客户的需求。

责任源于使命，使命驱动责任的担当，明确使命与责任是干部管理的首要任务。SDBE 干部管理框架将干部的使命落实到了具体的责任中，如下。

- 干部要担负起公司文化和价值观践行、传承的责任。
- 干部要洞察客户的需求，聚焦客户价值的实现。
- 干部要带领团队达成组织目标。
- 干部要有清晰的主攻方向，抓住主要矛盾。
- 干部要开展端到端业务流程建设和管理改进工作。
- 干部要均衡开展组织建设、队伍建设并帮助下属成长。

2. 建立干部选拔标准

随着企业的不断壮大，企业必须系统性地回答自己到底需要什么样的干部，即干部选拔标准是什么。干部选拔标准是企业用统一的语言，表达的对干部队伍的核心要求，对干部选拔、任用、发展等具有明确的导向作用。

华为的干部选拔标准包括四个核心内容：核心价值观、品德和作风、绩效、能力和经验。

3. 完善干部任用程序

建立科学规范的干部任用制度，有利于营造公开透明、简便易行，让优秀人才脱颖而出的用人生态。华为干部任用流程采取的是三权分立的模式，即建议权、评议权和否决权。可以理解为：直接领导具有任用的建议权；干部管理部门具有评议权，间接领导具有审核批准权；公司最高管理机构具有否决权和弹劾权。这三种权利分别由不同的组织行使，彼此之间相互制衡。

干部的任用决策分为年度干部任用决策和日常干部任用决策，年度干部任用决策受年度述职考核和组织调整变革的影响，日常干部任用决策则采取一事一议、一人一议的方式。

4. 干部能力发展

干部的成长与发展既是干部自身的责任和义务，也是企业义不容辞的责任。企业可以通过干部轮换和"之"字形发展，为干部队伍以基于业务场景的训战结合的方式设计赋能项目，以期帮助干部提升管理能力、赋能专业能力。

5. 干部考核与激励

以价值创造为导向的考核制度和以冲锋为导向的激励体系，是组织始终充满活力的抓手。华为干部考核采取的是分层分级的方法，基层注重短期目标的达成与行为过程的规范，中层注重中长期目标的达成，高层注重长期目标的达成。

对于考核不达标的干部，华为会采取降职或一年内不得再次提拔的措施；而对于考核优秀的干部，华为将给予职位晋升、薪酬调整、培训发展等机会。

6. 干部队伍建设和后备干部培养

许多企业都会出现少数干部居功自傲或无干部可用的现象，但在华为根本不允许这种现象出现。华为的干部队伍建设和后备干部培养机制使企业内人才辈出，为华为构建了强大的组织造血能力，让组织的"腰"硬了起来。

7. 干部监察

干部腐败是老生常谈的问题，企业发展得越快、规模越大，管理的漏洞就会越多。在 30 多年的发展历程中，华为也发生过多起以权谋私的腐败事件，事件性质恶劣，对组织影响极坏。华为在过去的教训中不断总结和完善了防腐的三道防线：首先，以预防为主，对干部进行思想教育；其次，通过监察机制让干部不敢腐败；最后，建立违者必究、严惩不贷的规则，以警示各级干部廉洁用权，杜绝干部腐败的现象。

干部管理的重点在于企业对干部进行识别、培养、训战和发展，让企业产生将军、让英雄辈出。

11.2　干部的四大使命与责任

正确的路线确定后，干部就是决定性因素。

干部是引领组织发展的"火车头"，使命感与责任感是干部持续奋斗的不竭动力。

11.2.1　界定干部的使命与责任

华为对干部的定义是：以企业文化为核心，管理价值创造、价值评价和价值分配，带领团队持续为客户创造价值，实现企业商业成功和长期生存的人。简言之，干部就是要承担企业的使命与责任。

笔者在做企业咨询时，发现并总结了以下几种干部责任缺失的现象。

- 对部门目标的达成与否，持无所谓的态度。
- 安于现状，无追求，不敢接新的任务或目标。
- 居功自傲，对基本的企业制度视若无睹。
- 个人利益高于组织利益，拉帮结伙，排斥他人。
- 负能量多，满是抱怨和牢骚。
- 任人唯亲，滥用权力，将自己不合岗位要求的亲属安排进来。
- 在面对问题时，首先想到的是逃避、推脱责任。
- 不培养人才，认为下属能力过强会代替自己。

究其根本，产生以上现象的原因主要是这些干部只意识到了自己拥有的权利，却忘记了自己履行责任的义务。如果干部不愿担负起责任，那将是对企业最大的威胁。任正非强调："在华为当官要理解为一种责任，一种牺牲了个人欢愉的选择，一种要做出更多奉献的机会。当官才知责任大，才知担子重。只有肩负重任，继往开来，才会豪情满怀。"

因此，干部要明确不同时期下自身的使命与责任。在企业的不同发展阶段，干部的使命与责任也会有所区别。

以管理体系是否成熟为界。在管理体系成熟之前，干部的使命与责任是以高尚的道德情操和领袖魅力带领团队，即以身作则，发挥干部的表率和示范效应，影响团队，让个人利益服从组织利益，促进制度的改进与完善。

在管理体系成熟之后，干部的使命与责任是在管理制度的约束下履行工作职责，确保企业健康运营。这可以从两个方面来理解：一方面，干部可以在现有管理体系下进行适当改良，循序渐进，让管理体系稳定运作；另一方面，此时的团队管理不单依赖于干部的个人影响力，更依赖于规范化的流程。

责任担当是使命付诸的行动，那么干部要如何实现责任担当？可以从以下五个方面入手。

（1）要有敢于担当的精神。干部要有强烈的担当意识和觉悟，不推责，不避责，要将担当精神内化于心，成为一种习惯。

（2）要勇于执行。责任是基础，行动是关键。干部要当好领头羊，身先士卒，敢于尝试与挑战，为广大员工做出表率。华为将执行标准分为五个级别，如表11-2所示。

表11-2　华为执行标准的五个级别

级别	标准	具体内容
第一级	被动不执行	推都推不动。在领导者的反复督促下，依然不履行自己的工作职责
第二级	被动执行	推一下动一下。只有在领导者的鞭策、督促下，才能履行自己的工作职责
第三级	主动执行	能够自觉地完成自己职责范围之内的日常工作，只是在困难和压力面前容易退缩
第四级	面对困难和压力依然执行	迎难而上，在困难和压力面前无所畏惧，依然选择主动执行
第五级	甘冒风险且勇于执行	在面临高危任务的情况下，依然义无反顾地去执行

（3）要无欲则刚。"打铁还需自身硬"，干部在工作中要廉洁自律，严格要求自己，无惧无畏，不被下属诟病，敢于坚持原则，坚持组织利益大于一切。

（4）要以目标为导向。干部要有"日清日毕"的责任心，以及不达目的誓不罢休的决心。

（5）要营造责任担当的组织氛围。责任是一种文化，要用责任来衡量价值，干部要鼓励下属勇于担责、敢于担责，培养下属的责任价值观。

使命感与责任感作为干部的内在驱动力，是一种精神层面的素质，难以依靠业绩进行评价。因此，华为通过工作过程中呈现的态度进行评价，如表 11-3 所示。

表11-3　华为干部使命感与责任感的评价标准

序号	行为标准	评价标准 一级	二级	三级	四级	五级
1	愿意为实现目标而艰苦奋斗，或者服从公司安排到艰苦地区挑战自我					
2	对待工作认真负责，精益求精，不断优化与改进					
3	善于与其他部门团结协作，共同达成目标					
4	注重对下属的培养，能够大公无私地提拔有能力的下属					
5	面对困难，勇往直前，敢于挑战					
6	不拉帮结派，用人五湖四海，组织利益高于个人利益					
7	对下属无私公正，不亲不疏，坚持以结果为导向评价下属					
8	善于团结不同意见的人，把所有同事看成达成自己或组织目标的战友和伙伴					
9	勇于承担责任，不推卸，不抱怨					
……	……					

备注：一级，非常不符合；二级，不符合；三级，基本符合；四级，符合；五级，完全符合

华为针对干部使命感与责任感的评价标准，对干部队伍提出要求：所有中层干部都必须具备四级责任心，所有高层干部都必须具备五级责任心。干部要有担当，有多大担当才能干多大事业，尽多大责任才会有多大成就。只有充满使命感与责任感的干部才能为团队创造价值，才能担当起领导重任。

11.2.2　抓文化传承：践行和传承企业的核心价值观

一家企业能否实现长久发展的关键，取决于两个问题：一是企业的核心价值观能否让干部接受，二是干部能否进行自我批判。干部是用核心价值观约束、塑造出来的。

干部对核心价值观的认同是华为发展壮大的重要力量。干部认同企业的核心价值观，意味着认同企业的经营理念和文化，同时愿意为实现企业目标而艰苦奋斗。

根据华为2021年财报我们发现，尽管受到不合理的打击和限制，华为仍拥有庞大的海外市场（见图11-5）。

国家或地区	营收
中国	413 299
欧洲、中东、非洲	131 467
亚太（中国除外）	53 675
美洲	29 225
其他	9141
合计	636 807

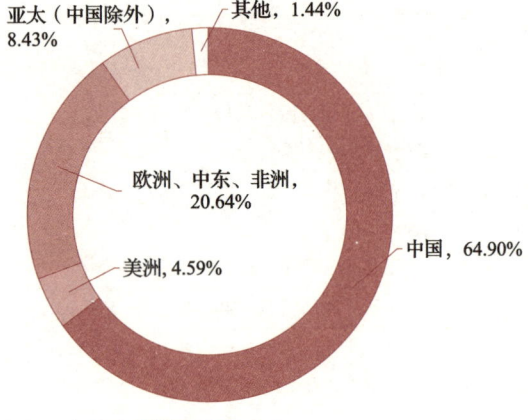

单位：百万元

图11-5 2021年华为各国家或地区营收占比

在海外市场中，欧洲、中东、非洲地区的营收占比最高，其次是亚太地区，最后是美洲地区（其他地区除外）。海外的项目远比国内要艰难许多，其中最大的问题就是驻外的员工常年离家。笔者在华为工作时认识的一位华为干部，已经在非洲地区驻守了10年，每年只能和家人见上两到三次，华为强大的价值观认同感是支撑他坚守下来的动力。他说："任何时候，想做成一件事情就必须有牺牲，就像军人的责任是听从指挥、保家卫国，作为华为的干部就要在组织需要的时候，冲在前面。如果做不到，可能这家企业就不适合我。"这类义无反顾的干部在华为比比皆是。

【案例】打响海外市场第一战

华为的海外市场第一战打得非常辛苦，时任市场部主管的李杰用了整整四年的时间才拿下俄罗斯市场。

1994年，李杰团队被派往俄罗斯，但因俄罗斯常年气候寒冷且地广人稀，再加上俄罗斯人不相信中国有高科技公司能做出交换机，华为在俄罗斯的发展并不顺利。在一次日内瓦世界电信大会上，李杰向任正非汇报了俄罗斯市场的困难。任正非回答："如果有一天俄罗斯市场复苏了，而华为却被拒之门外，那你李杰不用回来了。"

直到 1998 年，卢布贬值，其他国家的通信巨头开始撤资，此时俄罗斯的电信市场无比萧条，李杰团队坚定地留了下来，并开启了"土狼式"打法。当竞争对手还在喝咖啡、滑雪、睡觉的时候，当国内的华为兄弟还在跟家人新年团聚的时候，李杰团队扫遍了俄罗斯市场的每一个角落，终于迎来了他们在俄罗斯市场的第一笔订单，价格仅为 38 美元。此后，华为在俄罗斯市场的销售渐入佳境，业绩一路上涨。2001 年，华为在俄罗斯市场的销售额首次突破 1 亿美元；2004 年，华为在俄罗斯市场的销售额达到 4 亿美元；2005 年，华为在俄罗斯市场的销售额增长至 6.14 亿美元；2007 年，华为成为俄罗斯市场通信企业中的绝对领跑者。

华为干部带着团队背井离乡，如同一群土狼一般，为华为在国际市场划开了一道口子。也正是因为这批华为文化的践行者与传承者，华为才能"开疆拓土"。

华为的干部对公司核心价值观的践行和传承，不仅停留在口头上，更是落实到了具体的行动中。那么，华为是如何让干部认同并践行和传承公司的核心价值观的呢？笔者通过在华为的深切感受，进行了如下总结。

华为主要从两个方面将核心价值观根植于干部心中。

1. 思想改变一切，思想通了，一通百通

在一定的物质基础上，思想掌握一切，思想改变一切。任正非作为华为的一把手，经常在公开场合传递华为的核心价值观，鼓励和表扬正确的领导行为，及时批评和纠正错误的领导行为，营造了一种拥护主流价值观的组织氛围。此外，华为会对核心价值观的内容进行讨论与碰撞，不断修订，达成共识，并与人力资源、业务、财务等各类制度进行融合与规范。最后，从青训营到高研班，华为要求所有的干部都要学习并理解华为文化。

2. 不能融入华为文化，是不能做干部的，是要下去的

华为在挑选干部的时候，重点选拔在核心价值观方面跟华为高度契合的员工。正如任正非所说，干部要传承核心价值观，传承的基础首先要自己理解。没有理解华为文化的员工是不能进入干部队伍的，进入后一经发现，是要下去的。另外，华为把核心价值观写入了《华为基本法》，用制度来约束和规范干部的行为。同时，华为将核心价值观纳入干部考核，考核内容主要是工作态度。

干部是企业的接班人，只有将企业核心价值观根植于干部心中，用文化影响团队，才能赢得他人的尊重与认可，才能取得胜利。

11.2.3 抓业务增长：聚焦客户需求与客户价值实现

"聚精会神搞建设，一心一意谋发展"是党的十六大对全党领导干部提出的要求，这对企业来说同样适用。华为要求干部要聚焦到为客户创造价值上，一切工作要围绕种粮食、打粮食，提升土壤肥力。

在华为干部考核指标中有两项关键指标：战略洞察力和满意度。华为要求所有干部都要有远见和战略洞察力，能够洞察市场动态，敏锐捕捉商机。

华为的战略洞察力包括四个方面。

一是对于行业的理解。

二是对于客户或用户的理解。

三是对于竞争的理解。

四是对于技术的理解。

满意度分为客户满意度和伙伴满意度。华为外部客户满意度是委托盖洛普公司进行调查的，以强化干部对客户和伙伴体系的关系维护与贡献。

任正非认为，有学问，但讲不出来，相当于没有学问。所以，华为对干部做出要求，除市场经理要与客户加大沟通力度外，产品的源头是研发，研发部门的干部也要制定每周与客户进行沟通的制度，聚焦客户需求，研发出符合客户价值主张的产品，实现客户价值。

那么，什么叫作客户价值主张呢？华为对客户价值主张的思考是不断演变的，如图11-6所示。

1994年	2002年	2007年
提高质量 降低成本 改善服务	质量要好 价格要低 服务要好	质量好 服务好 快速响应客户需求

图11-6 华为客户价值主张的演变

1994年，没有任何竞争优势的华为认为，活下去的唯一出路是提高质量，降低成本，改善服务。

2002年，任正非在《我们未来的生存靠的是质量好、服务好、价格低》一文中表示，未来企业间的竞争有三个关键要素，分别是质量要好、价格要低、服务要好。

与之前相比，华为将"成本"替换成了"价格"，成本是内部视角，价格是外部视角，说明华为由关注内部转变成了关注外部客户，这是一次比较大的进步。

2007年，在《华为公司的核心价值观》中，华为明确指出质量好、服务好、快速响应客户需求是客户的朴素需求，这也意味着华为为客户提供的不仅是产品，还是产品的解决方案，以帮助客户实现成功，从而实现华为自身的价值。

一路走来，华为人坚持以客户为中心，满足客户需求，为客户创造价值，华为的干部更是时刻站在客户的角度思考解决方案，将服务客户视为工作的重中之重。

2005年，苏丹开始战后重建，环境极其恶劣，停水停电是家常便饭，白天最高温度达到50摄氏度，遇到降雨的天气，因排水设备差，积水严重，还会导致蚊虫肆虐。

为了恢复苏丹地区的通信，华为的干部张强（化名）带领团队主动请缨奔赴现场，开展站点重建工作。重建期间，有一位员工在出发前发了一封邮件给大家："我不知道什么时候会晕过去，所以我先交代一下工作……"在这样的环境下，张强团队与客户进行深入交流，了解其战后重建的困难和需要的帮助，有条不紊地进行着建网、建站各种工作，用行动完美诠释了"以客户为中心"。

任正非表示，为客户服务是华为存在的唯一理由。华为从始至终将客户放在中心位置的做法，给客户带来了卓越的消费体验，也持续赢得了客户的支持与信任。

11.2.4　抓效率提升：端到端业务流程建设和管理改进

企业的运转是由一系列业务流程构成的，这些流程决定了企业的人、财、物等各种资源的配置方式及其运作的效率，企业要有意识地对各个业务进行流程规划与布局。

1998年，《华为基本法》明确提出："提高流程管理的程序化、自动化和信息集成化水平，不断适应市场变化和公司事业拓展的要求，对原有业务流程体系进行简化和完善，是我们的长期任务。"作为干部，要主动承担并长期开展端到端业务流程建设和管理改进工作。

【案例】阿根廷代表处流程优化

2017年6月，针对海外代表处从投标到签订合同的流程复杂，效率低，致使工作人员跑得苦、跑得慢的现象，华为的变革指导委员会启动了阿根廷代表处的流程优化试点。

此次流程的优化由一把手——CNBG（运营商业务集团）部长主导。首先，通过对管理层、核心骨干的对标沟通，确定了与客户交易的四条价值流；其次，在这四条价值流的基础上，通过调研和头脑风暴，统一梳理和归纳了以下三大痛点。

（1）华为经常申请延标。

（2）华为内部审批速度慢于客户速度，经常出现客户催发合同，内部流程却还没走完的情况。

（3）"一人生病，全家吃药"，风险条款用于每个客户，消耗内部资源。

最后，针对以上痛点，代表处对几个高频发生的投标合同事务进行还原，将对运营商从投标到签订合同的业务流程优化思路确定为"流程一定要场景化"，并对流程进行了简化。

基于核心优化思路，质量运营部组织 CNBG 部长、产品 VP（副总裁）、产品经理、交付 VP、PMO、CFO 和 PFC（项目财务经理）进行了至少两轮的方案讨论和评审，输出了从投标到合同采购订单汇报版本的评审方案，包括两类简单场景、五种简单通道的业务设计和流程方案设计（入口起点的变化、各通道横向点的变化、纵深层级的变化、关键控制点的变化），以及各场景通道的入口条件设计。

方案设计经公司评审后，阿根廷代表处于 12 月迅速试运行。在试运行期间，有 77% 的标书/合同进入简单通道，大幅减少了内部重复、冗余、不增值的工作量，使运行流程更简单、高效。

企业能创造多少效益，很大程度上取决于其运营效率。企业要简化工作流程，删除无效的环节，优化工作程序，提升工作效率。同时，部门一把手要承担起全球流程负责人的角色，干部要投入端到端的业务流程建设中，确保流程管理工作落地。

纵观华为流程建设的历程，在 IBM 的指导下，华为有效利用了 ECRS 法则（见图 11-7），建立了覆盖全业务的流程体系。ECRS 法则即取消（Eliminate）、合并（Combine）、调整顺序（Rearrange）、简化（Simplify）。

| E 取消 | C 合并 | R 调整顺序 | S 简化 |

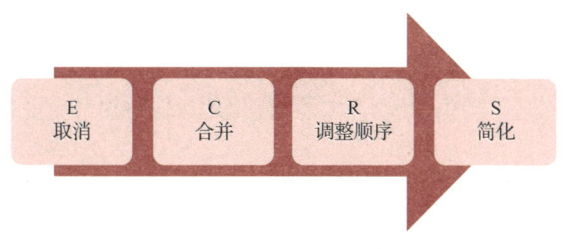

图11-7　ECRS法则

1. 取消

2009 年，华为发现公司的运作流程中存在过多冗余环节，严重阻碍了上传下达的流畅性，不仅降低了工作效率，还打压了员工的积极性。华为认为，只有删除冗余环节，才能将有限的资源精准地投入重要的流程中，缩短流程的周期，提高流程运作的效率。

华为的一位中层管理者曾表示："我现在最大的爱好之一，就是分析工作流程的网络图，每一次能去掉一个多余的环节，就少一个工作延误的可能，这意味着大量时间的节省。这两年来，我去掉的各种冗余工作环节达 70 个，粗略评估，省下的时间达 3000 多小时，也就是 120 多天啊！"

2. 合并

删除冗余环节的另一种方法是合并，合并是指将两个或两个以上的环节合为一个。上一个环节到下一个环节的交接是一个错误率比较高的过程，为了避免多次交接的失误，华为通常会对多个环节进行合并，交由一位执行者负责，减少人力和时间成本方面的浪费。

3. 调整顺序

任正非要求华为的干部要参与流程管理，不断优化、变革一切不合理的流程。

为了判断流程中各环节的合理性，华为会通过何人（该环节由谁操作）、何处（各环节场所之间的距离如何）、何时（从第一个环节到最后一个环节的时间，以及每个环节运作的时间）三个关键要素来确认。一旦发现不合理之处，就立即对每个环节进行重新排序，以保证流程环节的合理性和有序性。

4. 简化

经过取消、合并、调整顺序三个步骤后，再对流程进行深入分析，进一步简化各环节的步骤、内容和方法，最大限度地缩短流程运作的时间。

流程的优化永无止境，干部要坚持"从客户需求端来，到准确及时地满足客户需求端去"的原则，担负起流程建设和优化的责任，提升企业的运营效率。

11.2.5　抓组织能力：开展组织建设，发展人才梯队

战略决定企业的未来，企业想要达成战略目标，有质量地活下去，靠的就是组织能力。华为强调，作为团队的"火车头"，干部要开展组织建设，加强人才培养，发展人才梯队，以最大限度地提升组织能力。

任正非表示："每一位干部都要认真地培养接班人。我们的事业要兴旺，就要后继有人。我们要有博大的胸怀，培养我们事业的接班人。只有那些公正无私的人，才会重视这个问题。只有源源不断的接班人涌入我们的队伍，我们的事业才会兴旺发达。"作为一位干部，一定要有胸怀和魄力，不遗余力地培养团队，培养人才。

毛国峰是华为企业通信设计部五级专家。他认为，保持战场常胜的秘诀就是要有一支素质过硬、敢打敢拼的队伍。毛国峰对人才相当珍惜，对新员工尤其重视。每当有新员工加入时，他便组织员工开展研讨与交流，顺势为新员工推荐入门资料学习，激励他们从小处着手做探究，并鼓励新员工多发言。

在毛国峰看来，与水平相当的人交流往往最高效，最能碰撞出火花，也能更好地避开由于知识体系架构不同而存在的"理解落差"。因此，毛国峰经常引导团队成员自行组队讨论，谈工作感想，谈人生体验，就是为了让他们在讨论中提升自己。

毛国峰说："华为可以提供更宽广的技术平台，可以让真正想做技术的人走进技术的核心，实现'技术控'们的职业夙愿。我的责任就是培养他们，使他们成为真正的技术人员。"

干部不仅可以通过工作指导帮助下属成长，还可以利用管理机制为人才发展创造有利条件。

【案例】华为的轮值制度

2011年，任正非创立了华为的CEO轮值制度。轮值CEO由三位副董事长（郭平、徐直军、胡厚崑）轮流担任，每人轮值半年。

轮值CEO在轮值期间是公司经营管理及危机管理的最高责任人，对公司的

生存发展负责。轮值 CEO 负责召集和主持公司董事会常务会议，在日常管理决策过程中，针对职责履行情况及时向董事会成员、监事会成员通报。

关于创立 CEO 轮值制度的原因，任正非表示："轮值制度的好处在于每个轮值者在担任 CEO 期间，不仅要处理日常事务，还要为高层会议准备起草文件，这使领导干部得到了更大的锻炼。此外，每个轮值 CEO 在轮值期间奋力地拉车，牵引公司前进。他走偏了，下一轮的轮值 CEO 会及时纠正航向，使大船能早一些拨正船头。"

2018 年 4 月，任正非对 CEO 轮值制度进行升级，开启了董事长轮值制度。轮值 CEO 主要对公司战略策划和制度建设短期负责，是战略策划和制度建设的主持者，是董事会决策的执行者；而轮值董事长是公司的最高领袖，拥有更大的决策权。同时，不当值的轮值董事长要更加努力充实自己，为上位做好充足的准备。

华为的轮值制度是一种比较独特的育人用人制度，既保持了高层干部的稳定性，又全面提升了高层干部的综合能力。

人才是企业未来的希望，干部要挑起人才发展的大梁，保持人才的积极性，激发人才的活力，培养出超越自己的接班人，实现群体性的接班。

11.3　建立干部选拔标准，注重一线业务的成功经验

干部是企业的核心资源，为了培养属于自己的干部队伍，华为在长期的发展中建立了一套标准化的干部选拔标准。这套标准经过反复多次的实践，获得了华为内外部人员的高度认同，成为其他企业建立干部选拔标准的参考与标杆。

11.3.1　华为干部选拔的四个维度

干部选拔标准是企业对干部队伍的核心要求与期望，能帮助企业选拔出匹配业务战略需要的干部队伍。华为聚焦核心要求，从核心价值观、品德和作风、绩效、能力和经验四个维度建立了干部选拔标准通用框架（见图 11-8）。

在干部选拔标准通用框架中，核心价值观是衡量干部的基础，品德和作风是干部资格的底线，绩效是干部选拔的分水岭，能力和经验是干部取得高绩效的关键成功要素。

核心价值观 （基础）	➢ 认同、践行并传承核心价值观
品德和作风 （底线）	➢ 遵守商业行为 ➢ 坚守优良的工作作风
绩效 （分水岭）	➢ 以结果为导向的持续高绩效
能力和经验 （关键成功要素）	➢ 能力：支撑干部达成高绩效的关键行为 ➢ 经验：成功实践

图11-8　华为干部选拔标准通用框架

1. 核心价值观是基础

华为在挑选干部的时候，**着力选拔那些与华为核心价值观高度契合的员工。** 因为越是高层岗位的员工，就越要认同、践行并传承华为的核心价值观，凝聚上下共识。阿里巴巴创始人马云也曾表示，企业真正需要的人才是工作能力强，且与企业的核心价值观一致的人。

正如任正非所说："我们在选拔干部时，要求他们承认我们公司的核心价值观，并比其他员工更有贡献。干部一定要吃苦在前、享乐在后，冲锋在前、退却在后，一定要以身作则，严格要求自己。"

干部最重要的才能就是影响思想和文化的能力。如果干部都不能认同、践行并传承企业的核心价值观，又谈何将核心价值观传递给基层员工，带领团队达成组织目标？

2. 品德和作风是底线

华为认为，干部的个人品德和作风高于一切，不能唯才是举、唯才选择。不符合品德要求的干部是要被一票否决的。

在华为的干部选拔实践中，品德是一个广泛的概念，不仅包括思想道德、生活作风，还包括责任心、使命感、敬业精神、愿意到艰苦地区工作、在磨炼中成长，以及管理好团队的能力。此外，在商业行为方面，华为的干部不能逾越公司商业行为的底线，不能贪污腐败。在工作作风方面，华为的干部要耐得住寂寞，受得了委屈；不拉帮结派，用人五湖四海；实事求是，敢讲真话，不捂盖子。

3. 绩效是分水岭

绩效能直接体现干部的管理水平与业务能力，是干部的必备条件，也是刚性要求。华为认可的绩效有三条：第一，最终对客户产生贡献；第二，关键行为过程要以结果为导向；第三，素质能力不等于绩效。华为对所有的干部都是有职责和结果要求的。

任正非在内部会议中曾表示，评价一个人，提拔一个人，不能仅看素质这项软标准，还要客观地看绩效和结果。品德的评价与领导的个人喜好和对事物认识的局限性有很大的关系，可绩效和结果却是实实在在的，是客观的。

华为高、中、基层干部的考核都以结果为导向，在有结果的情况下导入关键行为过程考核，以提高各级干部的领导力和影响力，充分发挥组织的力量。

4. 能力和经验是关键成功要素

能力和经验是干部持续取得高绩效的关键，能力是支撑干部达成高绩效的关键行为，成功的经验是能力的最佳验证。华为会以综合测评的方式对干部的素质、管理能力、专业能力和通用能力进行评估，再通过华为领导力模型进行人岗匹配，实现"能者上，庸者下，差者淘汰"的选人用人机制。

以上四个维度之间具有一定的内在联系。首先作为商业组织，绩效是企业最关注的内容；其次是核心价值观，体现在思想、行动上是否与企业的价值导向一致，只有与企业的价值导向一致的行为才能产生组织认可的绩效；再次是品德和作风，品德和作风是干部选拔的门槛；最后能力和经验是干部绩效的重要影响因素。这四个维度缺一不可，全方位评估了干部的胜任度。

11.3.2 核心价值观是衡量干部的基础

卓越的组织中必然存在一支有着共同信念与追求，奋不顾身、一往无前地践行企业核心价值观的干部队伍。因此，华为在选拔干部时，会重点关注关键时刻挺身而出，扛起责任，做出突出贡献的员工。关键时刻是检验员工是否认同、践行并传承企业的核心价值观，是否能抗击压力和承担重大责任的最好时候。

【案例】认同、践行并传承核心价值观的干部——毕利银

毕利银，2000年加入华为，时任华为技术工程师。

2006年，毕利银转岗为重庆服务行销。正所谓隔行如隔山，刚转岗的毕利

银在与客户交谈时，非常紧张和局促。为了改变现状，做好服务工作，他强迫自己每周必须拜访一次客户中高层，同时尽快熟悉客户的业务规划和现状，学习与客户中高层沟通的技巧，找共同话题。几个月过后，毕利银成长飞速，能与客户中高层侃侃而谈，并承接了多个重大项目。

2009年，毕利银被调往西安代表处。当时，服务解决方案基本处于市场边缘地带，如何重新定位西安市场的价值迫在眉睫。毕利银提出想要让服务解决方案在管理团队或代表处得到重视，光做服务远远不够，一定要往前端移，拉通产品和服务，协同来打。于是，在毕利银的积极促进与联合下，服务和产品的同事在后续几乎所有的项目中都能坐在一起畅所欲言，协同作战。西安专业服务订货也从2011年的1.6亿元增长到2013年的3.5亿元。

2014年6月，任正非提出新疆要做变革先锋，在全球率先实现账实相符。毕利银再次被调往新疆啃这块"硬骨头"。考虑到那里离家较远，且环境艰苦，其母亲极力反对："坚决不能去……"这也是毕利银第一次见母亲跟他发这么大的火。后来，他瞒着家人远赴新疆。同年，毕利银被破格提拔。

经过一年的不懈努力，新疆代表处已初步达成了账实相符的目标，流程的思维、意识深入人心。

当时，毕利银在心声社区表示："从重庆到西安，再到新疆，虽然越来越艰苦，但内心一直很快乐。因为我曾被华为艰苦奋斗的精神吸引而来，如今，我正在快乐地传承着这种精神。"

在华为，像毕利银这样与公司核心价值观高度契合的干部数不胜数，因为在任用之初，他们就已经接受了组织的检验，能在关键时刻挺身而出，可堪重任。除了华为，还有许多优秀企业也将核心价值观作为选人用人的重要考核维度。

通用电气公司要求其领导者必须"又红又专"。红是指领导者要认同与维护通用电气的核心价值观，专是指业绩要好。

京东的选人用人一直秉承"价值观第一，能力第二"的原则。京东会根据员工能力高低及其核心价值观与公司的匹配度将员工分成五类，如表11-4所示。

表11-4 京东能力—核心价值观体系

类别	名称	具体阐述	结果应用
第一类	废铁	业绩和绩效很一般，核心价值观得分又很低	弃用或不录用

续表

类别	名称	具体阐述	结果应用
第二类	铁	核心价值观与公司非常匹配，但能力一般	调岗或培训，能力仍不达标，将被淘汰
第三类	钢	能力和核心价值观大部分都在90分左右	加强培养
第四类	金子	能力非常强，核心价值观与公司的匹配度高	提拔，给予更大的平台
第五类	铁锈	能力非常强，但核心价值观与公司不匹配	坚决淘汰

腾讯找职业经理人，非常坚持腾讯核心价值观的第一条——正直。也就是不拉帮结派，不搞政治化，坦诚，简单，实事求是。

干部是用核心价值观约束、塑造出来的。企业要在源头上把握用人关，建立一支认同、践行并传承企业核心价值观的干部队伍，引领企业发展。

11.3.3 品德和作风是干部资格的底线

华为选拔干部的第二个维度是品德和作风。一个人的品德和作风很难在短时间内判断出来，只有在面临重大考验和诱惑的时候才能看出来。因此，品德和作风不是华为选拔干部的首要原则，而是底线和门槛。

2020年11月3日，《中国企业海外形象调查报告2020·"一带一路"版》正式发布，报告显示，中国企业海外形象排名前三的是：华为技术有限公司、联想集团有限公司、小米通讯技术有限公司（见表11-5）。

表11-5 中国企业海外形象十强（"一带一路"版）

排名	公司名称	海外形象指数
第一名	华为技术有限公司	147.96
第二名	联想集团有限公司	122.85
第三名	小米通讯技术有限公司	121.13
第四名	阿里巴巴集团控股有限公司	113.27
第五名	青岛海尔股份有限公司	109.36
第六名	TCL科技集团股份有限公司	107.80
第七名	中兴通讯股份有限公司	105.60
第八名	海信集团有限公司	104.25

续表

排名	公司名称	海外形象指数
第九名	奇瑞汽车股份有限公司	102.45
第十名	北京字节跳动科技有限公司	101.51

此次调查通过考察企业在责任、公平、可信、成功四个维度的表现，并结合企业知名度来综合评价形成海外形象指数。100分为均值，指数越高则表现越好。

华为作为一家国际化的公司，代表了中国企业的海外形象，这就要求华为每时每刻、每名员工、每项事件都要以塑造华为良好形象为出发点。任正非对此提出了明确的要求："华为作为一家全球性的公司，要始终恪守商业道德，遵守适用的国际公约和各国相关法律法规，坚持诚信经营和合规经营。我们遵守世界通用的'游戏规则'，并将贸易合规融入公司的日常运营中，营造和谐的商业环境。"

因此，对于干部，**华为强调品德和作风高于一切，遵守商业纪律，忠于公司、忠于集体利益，这是干部选拔的重要基础**。

2017年，在华为高管滕鸿飞因涉嫌受贿被带走调查后，任正非在公司内部发表了重要讲话。他在讲话中指出：

"我们要防止片面地认识任人唯贤，不是说有很高的业务素质的人就是贤人，只有有很高的思想品德的人才是真正的贤人。任人唯亲是指认同我们的文化，而不是指血统。我们要旗帜鲜明地用我们的文化要求干部，中高层干部的品德是最重要的。对腐败的干部必须清除，绝不迁就，绝不动摇。如果我们今天不注重对优秀干部的培养，我们就是罪人。对干部要严格要求，今天对他们严格，就是明天对他们的爱。

"提拔干部要看政治品德。真正看清政治品德是很难的，但先看这人说不说小话，拨不拨弄是非，有没有背后随意议论人，这是容易看清的。说小话、拨弄是非、背后随意议论人的人是小人，小人的政治品德一定不好，一定要防止这些人进入我们的干部队伍。茶余饭后，议论别人，尽管是事实，也说明议论者的政治不严肃，不严肃的人怎么可以当干部？如果议论的内容不是事实，议论者本人就是小人。

"对人的选拔，德非常重要。要让千里马跑起来，就要先给予其充分的信任，并在跑的过程中进行指导、修正。从中层到高层品德是第一位的，从基层到中层才能是第一位的，选拔人的标准是变化的，在选拔人才中要重视长远战略性建设。"

小胜靠智，大胜靠德。干部是带兵之人，是团队的表率，干部的品德和作风就是作战能力，影响着每一个团队成员的成长。孙亚芳曾表示，公司长久发展的一个原则就是：注重干部思想品德的进步，注重干部综合素质的成长，注重团队建设。因此，<u>华为要求干部具备持续地坚持艰苦奋斗的牺牲精神和永远不变的艰苦朴素的工作作风</u>，具体要求如图11-9所示。

持续地坚持艰苦奋斗的牺牲精神
永远不变的艰苦朴素的工作作风

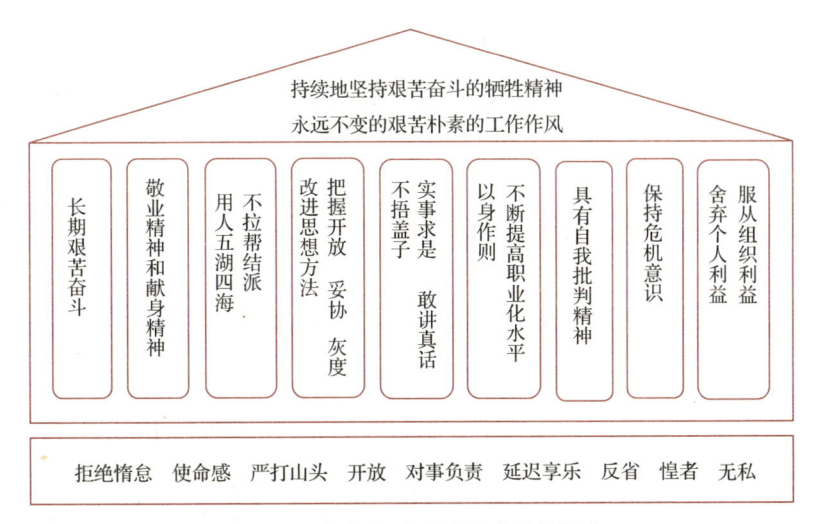

| 长期艰苦奋斗 | 敬业精神和献身精神 | 不拉帮结派 用人五湖四海 | 把握开放 改进思想方法 | 实事求是 不捂盖子 | 以身作则 敢讲真话 | 不断提高职业化水平 | 具有自我批判精神 | 保持危机意识 | 服从组织利益 舍弃个人利益 |

| 拒绝惰怠 | 使命感 | 严打山头 | 开放 | 对事负责 | 延迟享乐 | 反省 | 惶者 | 无私 |

图11-9　华为对干部品德和作风的要求

如今，面对日益激烈的竞争环境，华为更加需要践行核心价值观、坚守作风要求、具有领袖风范的干部，打造长期、持续、可靠的领导力，在国际舞台上展现出中国企业的精神风貌。

11.3.4　绩效是干部选拔的分水岭

管理学大师彼得·德鲁克曾经说过，要一个部门出业绩，首先要求它的主管出业绩，只有部门的领导者意识到了业绩的重要性，并带头产结果，才能让整个部门活跃起来。华为非常认同该理念，认为团队不行，干部有很大的责任。任正非明确表示，干部提拔必须以绩效结果为判断标准，只要候选人的表现比其他人更优秀，在绩效考核的横向排名中进入前25%，工作态度更积极，更能艰苦奋斗，那么他就能获得提拔和晋升的机会。

在华为，绩效是评价干部非常重要的标准，绩效结果会影响干部的方方面面，包括工资、奖金、股票和职业发展的机会等。企业不是以一个人的知识和技能来确定待遇的，而是以他通过知识和技能所做出的贡献来确定待遇的。一位干部能够承担多大的责任，有多大的能力，做出了多大的贡献，才是决定他能否得到提拔的必要条件。

何庭波于1996年加入华为，历任工程师、高级工程师、海思研发管理部部长等十余个岗位，现任海思总裁、华为科学家委员会主任。

在何庭波20多年的工作历程中，职务有升有降。她曾坦然道："我在华为工作的前十年，职务升降的原因我自己都没弄明白，有时候明明觉得自己做得不错，反而被降职了，至于升迁的原因也是摸不着头脑。直到2005年，华为明确了绩效结果在干部选拔中的重要地位，我才明白升迁机会靠的是绩效结果，这也是为什么我每次晋升到新的岗位后，没有任何一个人质疑我的能力以及晋升的公平性。"

华为强调"一切让业绩说话"。只有取得高绩效的干部，才能实现个人的职业规划，因为没有绩效就没有发言权，资源和机会是向高绩效者倾斜的。

对于绩效结果的评判，任正非曾经这样比喻："有知识没业绩就好比茶壶里有饺子但是没倒出来，没倒出来就等于实际上没有饺子。"素质能力不等于绩效，华为首先认可的是真正表现出来的绩效结果，其次才是关键事件中的行为表现，对于"茶壶里的饺子"，华为是不承认的。就好比甲乙两人参加马拉松，两人同时到达终点，从价值的评价来看，他们达成的结果是一致的。有了绩效结果这一标准，再来看关键事件中的行为表现。甲在马拉松的途中一帆风顺，乙在途中遇到了众多阻力和干扰，但两人同时到达了终点，我们可以认为乙的能力比甲更强一些。这时，关键事件中的行为表现可作为绩效结果的补充考察项，因为干部的关键行为往往反映了干部的价值观、素质及解决问题的能力。

华为中高层管理者的年底目标完成率要达80%以上，没有完成这项要求的，正职要降为副职或予以免职。各级主管年度PBC（个人绩效承诺）成绩为最后10%的将被降职或予以调整，即使业务能力突出，也不能从本部门提拔副职为正职。同时，关键事件过程评价不合格的干部也不得提拔。对于在关键事件过程评价中出现重大过失的干部将被就地免职，被处分的干部一年内不能被提拔。

绩效是干部选拔的分水岭，也是干部选拔的必要条件。干部必须在工作中以结果为导向，创造最终对客户产生贡献的价值和结果，只有这样才能被赋予更大的责任，才能有更好的职业发展。

11.3.5 能力和经验是干部取得高绩效的关键成功要素

华为重视绩效结果，但这并不意味着绩效结果和选拔任用结果是完全对等的关系。企业在对业绩突出的干部进行提拔时，必须确定其具备干部的能力和经验要求，因为能力和经验是干部取得高绩效的关键成功要素。

华为提出干部要具备决断力、执行力、理解力和人际连接力，总结、概括为华为"干部四力"，这是华为对干部核心能力的期望和要求，具体内容可参考第5章。当然，不同类型的干部的能力要求也会有所不同，业务一把手要具备"决断力"，业务二把手要具备"执行力"，后端机关干部要具备"理解力"，除此之外，所有干部都必须具备"人际连接力"。

2021年，任正非在销售合同关闭工作座谈会上发表讲话，提出四项工作要点：一是加强政策、管理规定等合同管理能力建设；二是加强合同管理战略预备队的训战，让更多的人理解合同管理的政策及规定，让正确的人担任正确的职务；三是将科学的合同管理方法从CNBG、EBG（企业业务集团）延伸到采购、研发等公司的各个领域；四是加强本地员工的赋能和培训。

在讲话中，任正非不仅强调合同管理的重要性，还将合同管理能力作为干部考核上岗的必备能力，这表明合同管理能力不仅是基层员工的必备能力，对干部来说同样重要。

除了能力要求，华为还强调要从成功实践中选拔优秀干部。也就是说，员工想要当干部，一定要有成功实践的经验。《华为基本法》明确规定："没有周边工作经验的人，不能担任部门主管。没有基层工作经验的人，不能担任科级以上干部。"华为对干部有四种经验要求，如表11-6所示。

表11-6 华为对干部的经验要求

序号	经验类型	经验要项	具体内涵
1	业务型经验	跨业务领域经验	具备两个及两个以上不同领域的经验
		具体业务经验	具体业务，包括产品、职能和行业等
		基层经验	执行过本领域主业务流程上完整的基层业务活动
		培育客户关系经验	亲自面对客户，成功建立和发展客户关系

续表

序号	经验类型	经验要项	具体内涵
2	管理型经验	人员管理经验	领导过团队，承担过"选、用、育、留、管"等人员管理责任
		项目经营与管理经验	管理过项目，对项目全过程负责
		担当盈亏责任	对某个业务单元的经营结果负责
3	业务周期性经验	开创性经验	从零开始，包括组建新的部门，开拓新的市场，开发新的产品解决方案
		扭转劣势经验	成功扭转劣势
		业务变革经验	负责过业务流程变革
4	区域经验	具体区域经验	具体工作过的地区与时间

同样，这些经验不是所有干部都必须具备的。华为对不同岗位、不同层级干部的经验要求有着不同的侧重点。比如，余承东具有多次扭转劣势、扭亏为盈的经验，任正非便钦点他担任消费者BG的CEO，事实也证明任正非的选择没有错，余承东将华为的消费者业务带上了高峰。

干部队伍是企业的中坚力量，能力和经验是干部选拔标准的核心部分。如果干部没有突出的业务经验和领导能力，就无法带领企业走向更好的发展之路。

11.4 健全干部选拔与任用程序，打造五湖四海的干部体系

宰相必起于州部，猛将必发于卒伍。任正非认为，将军应该是打出来的，是选拔出来的。因此，华为在标准化的干部选拔标准基础上，建立了一套完善的干部选拔与任用制度，以此保证选拔出来的干部在上岗后带领的团队能召之即来、来之能战、战之必胜。

11.4.1 干部选拔与任用是大事，必须严格和规范

干部选拔与任用是干部队伍建设的关键，关系到企业的持续健康发展。企业应慎重对待，严格和规范干部选拔与任用机制，切实加强选人用人工作。

任正非表示，公司要持续优化干部选拔与任用机制，优化选拔标准与考察方法，逐步推行履历制度，让符合履历要求的干部得到优先评议与选拔的机会，绝不会因为某个员工有所谓的"管理潜质"就去刻意培养、提拔。

【案例】华为干部履历制度

2021年3月30日，任正非在干部管理工作思路沟通会上发表讲话，讲话主题是"用干部队伍激活的确定性，应对环境与商业变化的不确定性"。部分讲话内容总结如下。

（1）干部选拔与任用要真正建立起基于实际作业的履历，而不是曾经任命过的岗位履历。

未来的干部履历必须包括两项内容：一是作业履历；二是履历的附件，即个人写的自我鉴定。只有这样才是完整的履历表，组织在评价时才能看得更全面。比如，什么地点做过什么事，证明人是谁，这些都要有真实记录。GTS的交付和维护数字化作业履历就做得很好，做过的大项目、中项目、小项目都有记录。履历制度要确定几个考核关键点，作为干部，这些关键点你做过没有？有的任命岗位并没有实际的项目作战经验，比如曾经任命过，是不是就一定说明他有过项目的经验？不要担心履历表厚，履历表是自我鉴定，组织评价是履历表的缩影，我们在选拔干部时可以参考缩影。我们要优先提拔在艰苦地区、艰苦岗位的员工。"上过战场、开过枪、受过伤"永远是我们的优先标准。

（2）明确关键岗位的资格要求、成长路径，推行履历制度，让符合履历要求的干部得到优先选拔的机会。

关于干部选拔标准，可以学习哈佛选择人才的方式。哈佛选择人才不仅看重学术表现和学习成绩，还看重社会实践中表现出来的影响力和领导力。面试者只有亲身经历并实践过才能在考核时说得出来真话，这些经历靠编故事是编不出来的，哈佛的面试官洞察秋毫，编假简历是过不了关的。所以，如果说干部选拔有十项指标，那么我们把在岗位工作的输出放在干部选拔的第一项。

关于干部考察，也可以借鉴西方公司的录取面试方法。它们的录取要面试什么？不是面试官出问题，而是要你写篇论文谈谈你的工作，几个面试官通过论文来考察你对问题的认识。所以，我们对高层干部的考察，不是去考ABC，而是应该通过论文考察。比如，你说打下了"上甘岭"，你是怎么打下来的？你写一篇论文，各个专家围绕你的题目来考察。考察对与不对是次要的，关键是考察你的方法是不是用了"枪弹"，要有基层实践经验。

干部履历信息的建立为干部的选拔与任用提供了参考依据，既能让企业决策层实时掌握干部队伍的情况，又能通过公开、公平、公正的方式，选拔德才兼备的干部到合适的岗位上，为企业的发展提供源源不断的干部力量。

11.4.2 重视一线成功经验：宰相必起于州部，猛将必发于卒伍

战国时期大思想家韩非子认为："宰相必起于州部，猛将必发于卒伍。"这句话的意思是，贤臣良将一定是从地方官中锻炼上来的，作战勇猛的将领一定是从士兵队伍中摔打出来的。如果国家的文臣武将没有基层实践经验，那么其处理政务、领兵作战就很可能是纸上谈兵。两千多年后的华为同样提出干部选拔的最高标准是实践，强调华为的干部必须有基层实践经验，没有基层实践经验的干部是不能被选拔与任用的，不能让不懂战争的人坐在机关里指挥战争。

目前，华为所有高管都是从市场工作和研发工作中锻炼上来的，其中60%左右的干部都做过与市场相关的工作，40%左右的干部都做过与研发相关的工作。

华为的干部选拔实行"三优先"和"一择优"原则，如图11-10所示。"三优先"是优先从成功团队中选拔干部，优先从主攻战场、一线和艰苦地区选拔干部，优先从影响公司长远发展的关键事件中考察和选拔干部。"一择优"是用人所长，不求全责备，看人才要看主流。

宰相必起于州部，猛将必发于卒伍

优先从成功团队中选拔干部	优先从主攻战场、一线和艰苦地区选拔干部
用人所长，不求全责备，看人才要看主流	优先从影响公司长远发展的关键事件中考察和选拔干部

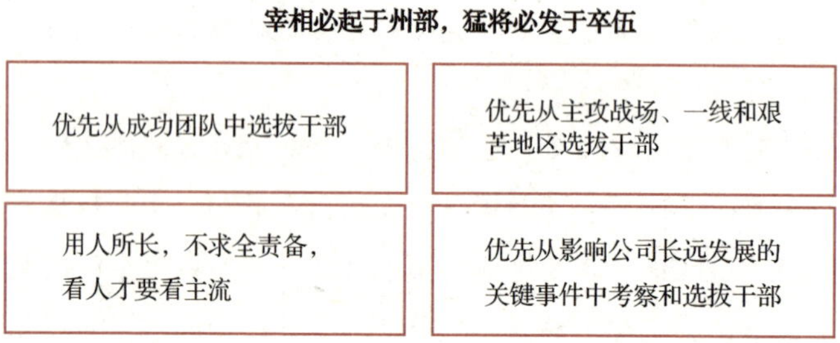

图11-10 华为干部选拔"三优先"和"一择优"原则

1. 优先从成功团队中选拔干部

一屋不扫，何以扫天下？一个人领导一个小团队都不能成功，如何领导一个大团队？华为表示，作为基层干部，如果在本职范围内，不能与团队一起成功，那是不能被肯定的，也是不会被提拔的。出成绩的地方，也要出人才。打下这个山头的人里面，终究有一个可以做连长。华为很多现任高层，如李杰、阎力大、余承东、何庭波等都是从成功团队中选拔上来的。

2. 优先从主攻战场、一线和艰苦地区选拔干部

华为一直保持着在"上甘岭"选拔优秀人才的优良传统，优先选拔艰苦地区

或艰苦岗位上的人才。华为认为，大仗、恶仗、苦仗中一定能出干部。同时，华为在不同地区采取了不同的干部选拔方式。任正非表示，如果一些在艰苦国家和地区工作的干部，在市场方面做得称职，我们就不要虚位以待，要让他上，可以让他当代表、副代表，可以把他的工资涨起来。在艰苦地区仍能艰苦奋斗的员工，是华为宝贵的财富。

2017年，为了及时发现人才，以及赋予潜在人才表现的机会与舞台，华为对艰苦国家和地区推行"蒙哥马利"计划，打通"从二等兵快速晋升到上将"的流畅通道，给每一位基层员工一个"怀才得遇"的机会，让他们在最佳时间，以最佳角色，做出最佳贡献，拿到最佳回报。仅2018年，华为就通过"蒙哥马利"计划破格提拔近6000人。

3. 优先从影响公司长远发展的关键事件中考察和选拔干部

华为认为，干部是公司在面临危机或重大事件时可以信赖和依靠的群体，所以干部的选拔要考察其在关键事件中所表现出来的价值观和能力。华为重视员工在公司经营出现危机、公司需要采取战略性对策、公司实施重大业务和员工管理政策调整、公司业务发展需要员工牺牲个人短期利益等关键事件中的态度和言行，强调干部必须在这些关键事件中表现出鲜明的立场，敢于为公司的利益坚持原则，一定要经得起长时间及关键事件的考验。

4. 用人所长，不求全责备，看人才要看主流

在干部队伍建设中，华为不求全责备，它知道优点突出的人往往缺点也很突出。除了价值观和道德品质上的一票否决，企业要对干部多一点宽容，因为有突出缺点的人，不一定不能成为好干部。

2008年，陈明（化名）到任A研究所负责人的时候，一些中方主管曾提议撤换A研究所的一名本地主管Mark（化名），理由是Mark与周边合作不畅，经常因业务分工问题与国内部门吵架，爱发牢骚，脾气暴躁。后来，陈明在调查中发现，研究所本地其他团队对Mark的合作性还是认可的。Mark领导的团队总共6人，和国内部门要配合的地方不多，他团队的每一位成员无论是从技术水平、管理能力上，还是从处事的公正性上都对他很佩服。至于他发牢骚，主要是对上不对下，他的团队成员反馈没有这方面的问题。这个团队的绩效（产生的基本专利的质量和数量）远远高于其他地方的团队。鉴于这些情况，A研究所AT（行

政管理团队）决定继续留用 Mark。2010 年，在公司重大专利的听证会上，Mark 所带领的每位团队成员都获得了公司重大专利的奖励。

金无足赤，人无完人。企业在干部选拔与任用过程中，要能容忍那些有瑕疵的干部。不能老看缺点，要用人所长，因为勇猛的战士远胜于完美的苍蝇。

华为的英雄都是在泥坑中摸爬滚打出来的。企业应该给干部更多上战场的机会，让他们在磨炼中成长，在战斗中打出来。

11.4.3　干部任用三权分立：五湖四海，全方位识别和选拔干部

从 2007 年 3 月开始，华为人力资源部、EMT 秘书处、公司党委组织干部部、华为员工培训中心、华为战略与解决方案销售部、华为公共系统与销售部等有关部门，就干部任用与管理权的分层、授权问题，进行了详细的讨论和确定。历时一年，华为创立了一套独具自身特色的"三权分立"干部任用机制（见图 11-11），即业务部门有干部建议权/建议否决权，人力资源部门有干部评议权/审核权，党委有干部否决权/弹劾权，分权制衡，避免了单方面决策可能出现的片面性和倾向性。

- 日常直接管辖的行政管理团队具有建议权
- 属于矩阵管理的相关管理部门具有建议否决权

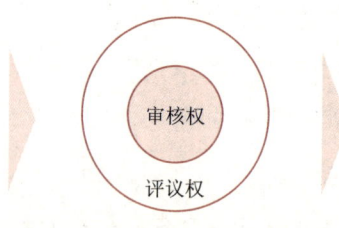

- 在公司成长过程中，能促进公司能力建设与提升的组织具有评议权，如华为员工培训中心
- 行使建议权的组织的上级部门具有审核权

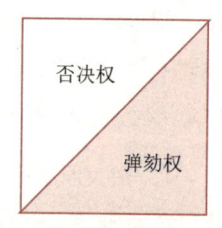

- 代表公司全流程运作要求、全局性经营利益和长期发展的组织具有否决权和弹劾权

图 11-11　华为"三权分立"干部任用机制

1. 建议权、建议否决权

日常直接管辖的行政管理团队具有建议权；属于矩阵（包括在跨部门委员会中担任成员）的员工，其所属的相关管理部门在相关建议阶段具有建议否决权。

一般来说，日常直接管辖的行政管理团队对员工实际情况的了解是最全面和深入的，所以在干部推荐上，它们最有发言权。然而在实际运作的过程中，许多直接管辖部门的管理者在推荐干部时，往往会出现任人唯亲的现象，这时应通过

分权制度对直接管辖部门的权力进行制衡，避免因管理者个人好恶造成优秀人才的流失。

2. 评议权、审核权

在公司成长过程中，能促进公司能力建设与提升的组织，如华为员工培训中心、人力资源部等具有评议权；行使建议权的组织的上级部门具有审核权。

华为员工培训中心承担着干部能力建设与提升的责任，它每年都会针对公司片联组织所提出的干部需求，制定出一份完善的干部培养方案。在培训的过程中，华为员工培训中心还要对后备干部学员进行打分与评价。

3. 否决权、弹劾权

党委作为代表公司全流程运作要求、全局性经营利益和长期发展的组织，在干部选拔与任用的过程中具有否决权，在干部日常管理的过程中具有弹劾权。

华为的党委和其他企业的党委在职责上有很大的区别，华为的党委负责受理干部提名、评议和任用公示过程中的各类实名举报。否决和弹劾要有一定的事实依据，且经过针对性的调查，确认该干部确实有问题后，后方可行使否决权和弹劾权。

【案例】华为国内市场部代表处代表任命的行权流程

以华为国内市场部某代表处代表李四（化名）的任命为例，根据"三权分立"的干部任用机制，该任命将经过三个阶段，如图11-12所示。

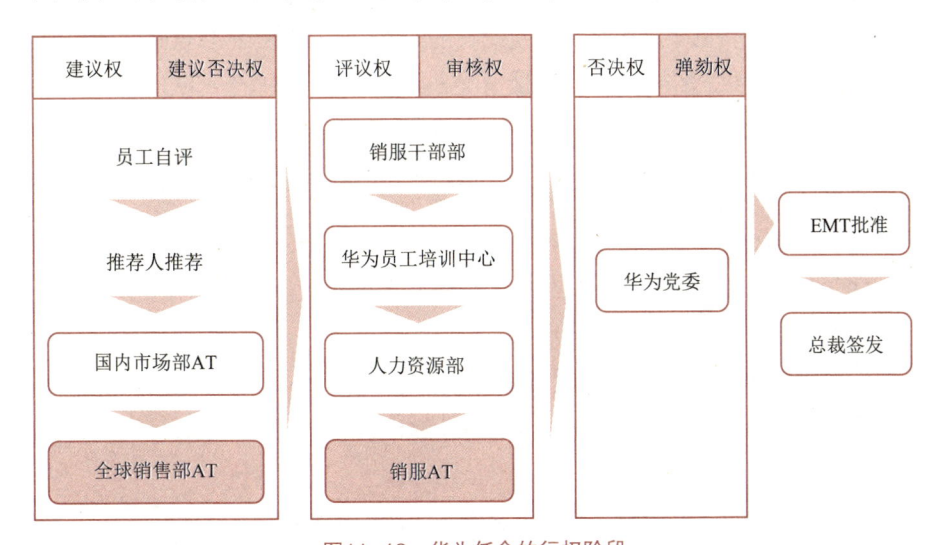

图11-12 华为任命的行权阶段

第一个阶段：建议权和建议否决权。首先，李四参照任职资格要求进行自我评价，评价内容包括品德、绩效和对自己过去工作经验的总结。然后，李四的直接管辖部门领导以书面签字的方式确认推荐，并对被推荐人上岗后所发生的问题承担三年连带责任。接着，国内市场部 AT 行使建议权。因该岗位涉及与全球销售部的矩阵管理，因此还需要经过全球销售部 AT 行使建议否决权。

第二个阶段：评议权和审核权。首先，销服（销售与服务体系）干部部会对候选人的绩效、能力、经验等方面进行评价。其次，华为员工培训中心对其在以往培训过程中表现出来的领导力素质进行评价。然后，人力资源部对该任命是否符合华为政策、流程和公正性进行评价。最后，由销服 AT 对该任命进行审核。

第三个阶段：否决权和弹劾权。华为党委组织干部部根据关键事件审查李四的品德，如果经调查发现其品德有问题，则行使一票否决权。如果没有问题则将该任命的行权记录提交至 EMT 进行审议，批准后由公司总裁签发。

在"三权分立"的干部任用机制下，华为通过分层分级授权，将一部分任用权下放给各级管理者，提高了干部任用的效率；又通过分权制衡，防止权力被滥用，保证了干部任用的质量，为公司选拔出了品德好、价值观正、业绩高、能力强的优秀干部。

11.4.4　坚持打胜仗：干部配备的八大原则

苏联无产阶级政治家、军事家斯大林曾提出："干部决定一切，人才、干部是世界上所有宝贵的资本中最有决定意义的资本。"干部队伍建设是企业快速发展的核心力量，根据企业的实际发展情况来合理配备干部是干部队伍建设的重中之重。

为了建立导向冲锋、导向胜利的干部队伍，华为提出了干部配备的八大原则。

（1）战略及业务发展有限，保证作战队伍编制到位。
（2）优质资源向优质客户倾斜，体现以客户为中心。
（3）根据组织定位和干部优势，合理配备干部。
（4）不虚位以待，先立后破，小步快跑。
（5）正职和副职的配备要有不同的选拔标准。
（6）控制兼职与副职数量，避免"三个和尚没水喝"的现象。
（7）针对组织实际问题，均衡配备干部，改进短木板。

（8）同等条件下，优先选拔与任用女干部，促进平衡和谐。

华为干部配备的目标是形成能实现商业成功的战斗队列。在干部配备上，华为强调，不因人设岗，不虚位以待，先立后破，小步快跑，根据需求在实践中选拔与任用干部，使干部的管理能力逐步提升，跟得上企业管理规模扩张的速度。

《华为基本法》确定了华为的经营模式，即抓住机遇，靠研究开发的高投入获得产品技术和性能价格比的领先优势，通过大规模席卷式的市场营销，充分获取"机会窗"的超额利润。同时，不断优化成熟产品，驾驭市场上的价格竞争，扩大和巩固在战略市场上的主导地位。在这种经营模式的指导下，华为要结合公司的业务发展规划，保证作战队伍编制到位；根据具体岗位和干部自身的优势，合理配备干部，不断提高公司整体的运作能力，以支撑公司的业务经营战略。同时，一个人的精力是有限的，一家公司的资源也是如此。华为提倡优质资源要向优质客户倾斜，要把干部资源优先配置到高价值客户、高价值国家和主流产品上，以支持公司持续增长。

"不在其位，不谋其政"，如果不给相应的干部职位，那么他是成熟不起来的。对于公司的重要和关键职位，华为反对虚位以待，鼓励先升职位，再涨薪水。在先立后破和小步快跑的原则上让候选人尽快上岗实践，不能因为干部缺位导致公司业务或管理停滞。

任正非说："干部置换要'先立后破'。我们确立了原则、标准，但执行时有一个循序渐进的过程。目前公司业务运转量很大，要遵循现实主义原则。机关干部中有相当多也是优秀干部，只是对前线不了解，不与国际接轨。经过实践锻炼后，还是好干部。"

华为在干部配备上非常注重均衡。"均衡配备干部，改进短木板"追求的是整个公司层面的均衡发展。一些企业在发展过程中，在重点部门投入了过多的干部资源，却对非重点部门疏于管理，致使部分岗位长期空缺，最后非重点部门这块短木板的弊端日益显露出来，制约了企业的发展。所以，企业要针对组织特点和短处来配备合适的干部，改进短木板。"控制兼职与副职数量"是为了追求业务单元内的平衡。机关正副职的设立应有明确的分工，根据业务服务的难度和跨度以及实际需求，严格采用定岗定编的方式，避免"三个和尚没水喝"的现象。

"同等条件下，优先选拔与任用女干部"也是为了公司的均衡发展，男女比例均衡的管理班子会更加和谐。

如今，男女比例的均衡成为客户对供应商考核的一个标准。沃达丰、英国电信等一些大型的电信运营商认为，男女比例均衡的设备商所提供的服务会更加周到、细致。

与男性相比，女性有许多独特的优势，如女性的共情能力普遍比较强，在职场也更有亲和力，而且更容易灵活地根据需要扮演不同的角色来与人相处、交流等。所以在职场上，女性和男性可以互补，男女搭配的企业也更具竞争力。

11.5　能力发展与转身，在实践中不断提升干部能力

2022 年 7 月，在社招新员工座谈会上，有员工问到华为如何看待当今社会的"35 岁危机"。陈黎芳回应道："我们人生的奋斗怎么能停在 35 岁呢？前些年，网上有关于华为 34 岁以上员工的一些传言，都是不准确的。我早就过 35 岁了，但我还是很努力的，也是很享受的，因为忙碌，觉得每天过得也特别快。所以我不觉得年龄是个问题，关键还是自己的能力，能不能始终坚持学习和提升。"干部能力的发展与提升，既是自我的要求，也是履行干部责任的要求。

11.5.1　干部发展理念：在实战中发展干部

实战出真知，实战出战斗力。没有谁生来就是将军，将军是在实战中不断锻炼、不断成长起来的。企业应多提供上战场的机会，让有才能的人在艰苦战争的磨砺中脱颖而出。

到底是先建组织，还是先上战场？对于这个问题，华为主张先上战场，将军是在作战队列中、在战区支援队列中产生的。任正非曾提出："要明确从实战中练兵选将，在识别南郭先生和铲除平庸的同时，要提拔李云龙式的干部。李云龙式的干部是实战出来的，不是考试、述职评出来的。"这是任正非对华为 CNBG 不合理的干部分布状态和不适应业务发展的层级管理关系的改革要求，也是对华为公司的要求。

【案例】华为"少将连长"

2013 年年底，在市场部大会上，任正非首次提出"少将连长"这一概念。"少将连长"是指将那些能力强、管理经验丰富、能够担任公司高管的核心管理层放到一线去锻炼。他认为，"少将连长"必须听得懂炮火，要有较强的综合能力，

每天待在办公室里是难以了解真实情况的。

任正非在《追求专业造诣，走好专家路》一文中论述道：对于专家的培养，我们过去有一些成见和误解，往往认为总部才是专家的摇篮。理由很简单，而且看似合理：总部资源丰富、视野开阔，同时距离研发最近。因此，从事一线工作时间过长也成了很多人解释自己技术退化、知识沉淀不足自然而然的借口。这些认识固然有一定的道理，但是仔细推敲却不见得有其内在的必然性，并且容易让人忽视一线实战对于专家培养的重要性。在华为，专家往往肩负着现场事务处理的决定权，这就要求真正的专家既要源于一线，也要走向一线。

2016 年，华为从研发团队集结了 2000 名高级专家及干部，派往一线。华为希望拥有丰富研发经验的高级专家及干部将其对技术的深刻理解能力，与一线人员的战场掌控能力结合在一起，不断提升自身的作战能力。

办公室里无将军，每个人都应该从基层的项目做起，只有这样才会成长。如果通过"烟囱"直接走到高层领导岗位，最大的缺点就是不知道基础具体的操作，很容易脱离实际。任正非常常告诫华为的干部："应该上去看的山头就要爬上去，应该了解的情况就要及时了解，应该检查的问题就要严格检查。不能懒，军事指挥员切忌懒，因为懒会带来危险，带来失败。"这句话是任正非从"常胜将军"林彪那借用过来的。

任正非自己也是在办公室里待不住的将军。80 岁高龄的他每年都会去一些艰苦地区看望、指导和激励艰苦奋斗的员工，亲自到一线与客户面对面交流。

干部只有亲临现场，才能深刻感受到客户痛点和业务难题，从而做出更好的决策。干部要源于一线，也要走向一线，华为秉承这一发展理念，造就了一批又一批勇于冲锋、敢于胜利的干部。

11.5.2　加快干部流动，走"之"字形成长道路

人生就是一个螺旋式上升、"之"字形前进的过程，干部的成长过程也是如此。华为的干部培养机制就是"之"字形成长，要求干部走"之"字形成长道路（见图 11-13），不可提拔"烟囱式"直升的干部。

干部的"之"字形成长能加强干部的循环流动，让干部不断适应新的变化，培养多方面的技能，从而担负起全面发展、协调性强的工作。任正非表示："干部和人才不流动就会出现板结，会让机关和现场脱节，这样下去，华为迟早会分

裂。"所以，他要求华为要推动有视野、意志坚强、品格好的优秀干部走"之"字形成长道路，使一部分人通过丰富管理知识成长为管理干部，一部分人通过丰富技术知识成长为技术专家。

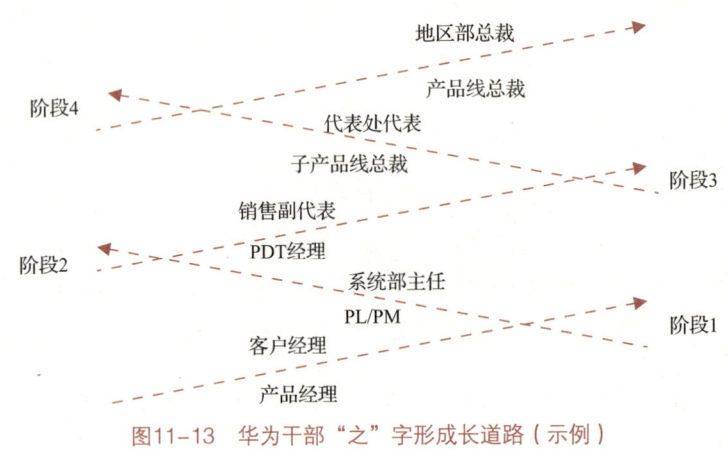

图11-13 华为干部"之"字形成长道路（示例）

"轮岗制"是华为实行"之"字形成长的有效方式，分为业务轮岗和岗位轮岗。业务轮岗是让研发人员从事生产、服务、中试等岗位，让他们成为工程商人；岗位轮岗则是伴随着绩效考核进行的，即不合格的降职，合格的升职，让中高层干部的职务发生变动。

【案例】付旭照的"之"字形成长道路

2008年6月，付旭照入职华为巴西代表处，入职后的他经历过迷茫和挣扎，也辗转于经营、运作支撑，甚至管过宿舍和食堂，在2011年转岗之后，他坚持沿"之"字形成长道路艰难前行。

2011年年中，付旭照转岗到PMO任RPM（区域产品经理），参与了巴西的几个交付项目，尽管过程不够完美也算不上标准，但他觉得收获不少，还从项目中所有站点的按时商用中找到了丢失的自信。2012年年初，付旭照转战到了TTM SWAP项目担任PM（产品经理），该项目当时由于资源和物料不足、分包商搬迁经验欠缺、团队磨合度不高等问题，交付异常艰难缓慢，客户还投诉了项目团队的货物供应能力。付旭照将保障货物的供应作为项目管理的第一要务，积极确定计划和目标，完善运作流程，基本解决了过去生产环节中经常出现的关键物料短缺问题。

2013年3月，付旭照被调至华为巴西利亚代表处，负责子项目群交付和平台管理。在这一站，他学会的是客户需求管理和客户关系改善，明白了不能与客户站在对立面，而是要与客户统一战线，借助客户提升交付效率。2015年年初，付旭照又被调至巴西代表处，在巴西宏观经济形势不景气的情况下，经过摸爬滚打，其手头负责的项目成为代表处第一个ISDP（智能站点设计平台）成功上线的项目。

付旭照的"之"字形成长，让他在短时间内积累了丰富的跨领域经验，也为其以后的职业发展打下了坚实的基础。愿意成长的中高层干部，企业也应支持他们的成长。"之"字形成长道路的循环流动，一方面，让干部能够深入了解其他业务领域，激发个人的战斗力，让他们快速成长为高级人才；另一方面，对企业来说，只有优秀干部被调走，其他的优秀人才才能够获得锻炼的机会，企业也可以在流动的过程中寻找更多的优秀干部和专家，以带领企业实现进步。因此，干部的"之"字形流动不是随意流动，而是华为经过深思熟虑，根据业务规划出来的流动。

11.5.3　系统培训，层层赋能，帮助各级干部成长

任正非很早就清晰地认识到，<u>组织能力是达成未来愿景、使命和实现业务增长的关键要素</u>，所以提出："公司在发展过程中到处都缺干部，干部培养不起来，那我们就可能守不住阵地，可能要败退。"所以，华为基于干部的"之"字形成长道路，针对不同层级的干部设置不同的赋能项目，帮助他们成长。

华为员工培训中心承担着干部赋能的培训任务，它针对后备干部开发了青训营，针对基层干部开发了FLMP（一线管理者培训课程），针对高层干部开发了高研班。

任正非曾说过："项目管理都做不好的干部，去管理代表处和地区部就是昏君。"因此，华为以项目管理为主线设置了青训营，对公司的后备干部进行培养。青训营是一个包括应知、应会、实践、应用环节的系统赋能项目，如图11-14所示。

青训营以<u>拉通端到端项目管理与经营</u>为主要培训目标，通过<u>训战结合的方式对后备干部进行精准赋能</u>，助力后备干部由战士向将军蜕变。

青训营能赋能后备干部高效"管事"，但想要真正完成将军的蜕变，仅靠"管事"是不够的，还要会"管人"。华为员工培训中心推出的FLMP项目，是专门为基层干部设计的，旨在帮助基层干部进行角色转换。

华为青训营流程

阶段	环节	说明
自测	网课自学	**应知** • 提供网课，开放自学，在线培训 • 让员工能够基本明白项目经营各个环节的知识点
评价	沙盘演练	**应会** • 应用一线实际案例 • 以沙盘演练的方式展开，进行演练、对抗 • 模拟不同角色，组建项目经营团队
绩效、答辩	项目实践	**实践** • "脱岗"到一线交付项目实践，尽量安排跨岗位实践 • 上战场，到一线承担项目管理过程中的关键角色
发证	结业答辩	**应用** • 参与答辩评估 • 人力资源部备案，为其日后岗位晋升发展提供参考与依据

图11-14 华为青训营

华为FLMP如图11-15所示。先让基层干部进行管理理论自学，再进行一周的有关角色认知、团队管理等的课堂教学，之后进行5～6个月的实践检验，通过具体实践固化行为，然后进行述职与综合答辩，述职与综合答辩的成绩将作为基层干部未来晋升的依据，最后华为会推送FLMP知识管理平台和学习地图给基层干部，方便其在岗持续学习。

自学（管理理论）→ 课堂教学（角色认知、团队管理等）→ 实践检验（5～6个月）→ 述职与综合答辩（思想过硬、业务过硬）→ 在岗持续学习

图11-15 华为FLMP

基层干部是一线生产的直接指挥者和组织者，肩负着承上启下的重大责任，基层干部的管理水平直接影响企业的经营绩效。华为的FLMP项目能帮助基层干部尽快完成"转身"，并持续提升管理能力。

在华为，从基层到高层的培养是不断收敛的，会逐步挑选出越来越优秀的人才。高层干部若想进一步成为战略领袖和思想领袖,就要使自己的视野宽广一些、思想活跃一些,要从"术"上的先进,跨越到"道"上的领路,进而在商业、技术模式上进行创造。因此,华为开设高研班,**让高层干部学习公司文件,领会高层智慧精华,帮助高层干部实现从"术"向"道"的转变。**华为明确规定,公司所有一定级别以上的干部均需要参加高研班的学习与研讨。

高研班的培训周期为 8 天,如图 11-16 所示。教学方式以研讨与交流为主,鼓励思想上的碰撞。华为开设高研班的目的在于,通过对公司核心战略和管理理念进行开放式的研讨与交流,传递公司的管理哲学和核心价值观。

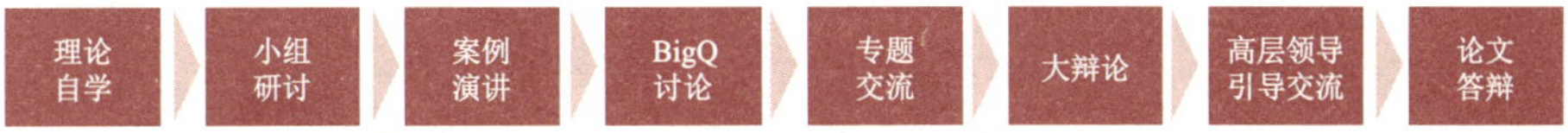

| 理论自学 | 小组研讨 | 案例演讲 | BigQ讨论 | 专题交流 | 大辩论 | 高层领导引导交流 | 论文答辩 |

高研班课程安排

时间	Day1	Day2	Day3	Day4	Day5	Day6	Day7	Day8
8:45—12:00	业务管理纲要及高管讲话解读	业界案例研讨	以客户为中心,理解业务,把握客户需求				业务管理,追求有效增长	
	精读分享、归纳要点	学习研讨业界案例	案例研讨:战略洞察	案例研讨:如何帮助客户实现商业成功	案例研讨:聚焦高价值客户	专题讨论/策论	A国市场演练:根据提供的A国市场背景材料完成市场拓展方案	论文展示:对于实际工作中的业务痛点和问题,提出改进方案和举措
14:00—18:00	班级分享			研讨发表,专题讨论/策论,引导员 (公司高管/咨询顾问,二层组织总裁及以上人员)分享				

高研班学习内容:人力资源管理纲要、财经管理纲要、业务管理纲要,每期课程内容根据华为当年发展重点进行设计

图 11-16 华为高研班

另外,为了让参训干部增强自主学习的意识,高研班学费由学员个人承担,每期 2 万元,培训期间,学员的吃住行费用自理,还会被停发半个月的工资和补贴。

高研班的开设不仅促进了干部对公司核心管理理念和方法的深入理解与运用,还通过高层领导亲自授课和考察,不断识别可以进入公司关键管理岗位的优秀干部。

11.5.4　新干部 90 天转身计划:三重助力保障转身成功

拉姆·查兰在《领导梯队:全面打造领导力驱动型公司》一书中表示:一个人在职业生涯的发展过程中,从最初的独立贡献者到成为整个组织的最高层领导者、首席执行官,会进行 7 次转身。在每一次岗位的调整和轮换中,新干部的思想、技能和管理都会发生不同程度的变化。**针对管理跨度比较大的关键性岗位,华为会为新任命的干部制订新干部 90 天转身计划,以帮助他们尽快适应新的岗位,提高管理效率。**

新干部的转身期一般为 6 个月，转身转折点一般为 3.2 个月。

迈克尔·沃特金斯在采访了 210 个 CEO 和总裁后，在其著作《最初的 90 天：如何成功进行角色转换》中提出，一位典型的中等水平的"空降"新干部平均需要 6.2 个月的时间来达到他的"盈亏平衡点"。所谓"盈亏平衡点"，是指新干部为公司创造的价值正好等于公司为他们支付的成本，如图 11-17 所示。

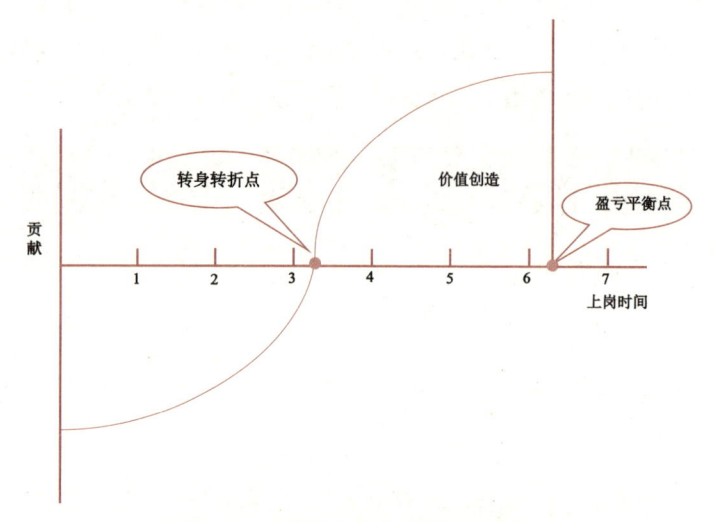

图 11-17　新干部转身"黄金90天"

在新干部 90 天转身计划开始前，要找准三个关键人物：直接主管、导师和教练。三个角色自始至终高度参与，各司其职（见图 11-18）。

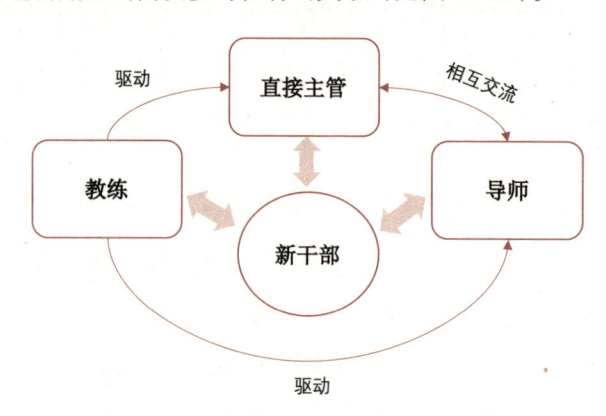

图 11-18　新干部90天转身计划的关键人物

直接主管是新干部的直接上级，他的主要责任是：与新干部及时进行上岗沟通，帮助新干部快速熟悉业务，明确考核指标；在日常管理中把握和支持新干部的工作方向；在转身计划期间接受教练的访谈。

导师是一个经验丰富、领导力很强的角色，一般比新干部高出 1～2 个职级。他的主要责任是引导新干部思考，及时响应新干部的求助，提供经验的分享与指导，同时也要接受教练的访谈。

教练一般由 HR 担任，他要熟悉转身计划的方法论，并负责跟踪转身计划的全过程。他的重点工作是上岗一对一辅导，90 天反馈辅导，在计划进程中及时督促新干部采取行动。相较于直接主管，教练能解决更烦琐的问题，并在日常沟通中与新干部更贴近。

新干部 90 天转身计划包括三个关键步骤：角色认知，融入团队；规划速赢，展现绩效；任前答辩，顺利转身（见图 11-19）。

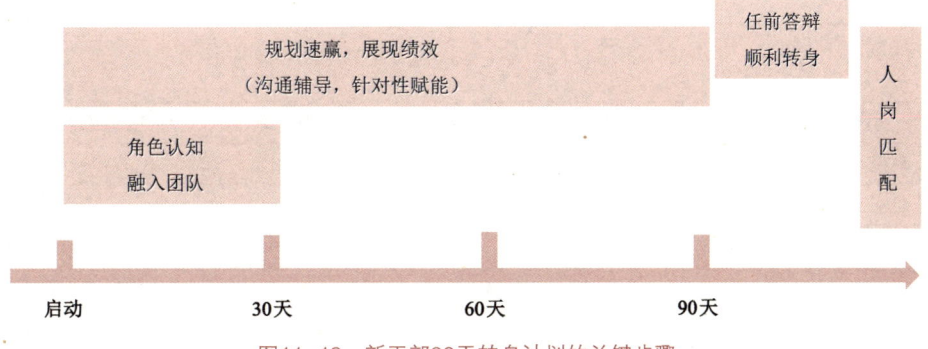

图11-19　新干部90天转身计划的关键步骤

1. 角色认知，融入团队

在计划的 30 天内，华为要求每位新上岗的干部都要进行角色认知的培训，该培训项目包括短期的封闭研讨和大量的实践。这一阶段能帮助新干部认清自身目前的优劣势、与岗位的匹配度，在新岗位上要承担哪些关键角色，需要做哪些关键动作，以及为了支持这些动作，需要发展哪些方面的能力。

2. 规划速赢，展现绩效

在这 90 天内，华为会给每位新干部分配一位转身教练。转身教练会给予新干部各项精细化的指导，包括了解新的工作环境，建立新的人际关系网络，规划与上级的关键对话。更重要的是，帮助新干部规划速赢的近期绩效目标，并使其努力达成，以帮助新干部和上下级建立信任关系。

3. 任前答辩，顺利转身

转身计划结束后，新干部将带着成果参加任前答辩。新干部需要在一小时内与包括 HR 在内的管理团队成员进行互动，分享自己在过去 90 天的时间里做了哪些工作，为公司创造了什么样的价值，以及今后如何带领这个团队继续前进等。只有答辩通过后，新干部才能正式上岗。

当然，作为新干部本人，必须清晰地认知新干部 90 天转身计划，努力做好四个方面的准备工作（见表 11-7）并制订行动计划（见表 11-8）。

表11-7　新干部90天转身计划的准备工作

准备事项	内容描述
思想的转身	以归零的心态，了解新角色应该做什么，不应该做什么
时间的转身	重新分配自己处理每项工作的时间，主动把控工作节奏
技能的转身	了解新岗位所需的技能，识别自己的弱项，针对性地弥补所欠缺的技能
人际的转身	重新建立人际关系网络，获取相应的资源支持

表11-8　新干部90天行动计划

内容/阶段	角色认知	融入团队	规划速赢	展现绩效
周期				
目标				
具体计划				
所需支持				

华为通过新干部 90 天转身计划，帮助新干部挖掘自身潜能，做好周边沟通，快速展现出绩效，最终成功转身，实现个人和组织的双赢。其他企业也可以结合其关键管理岗位的特性，针对性地制订新干部 90 天转身计划，帮助新干部更好地适应新环境，避免和减少转身失败的风险。

11.6　干部考核与激励，持续激发干部的冲劲和活力

关于干部考核，任正非认为："永远不会有科学的方法，永远做不到真实合理的判断，我们只能相对准确地评价干部。"因此，华为采用分层分级的方式来考核干部，并基于相对准确的考核结果，对干部进行合理的价值激励。

11.6.1　分层分级考核干部

以岗位职责为基础，以客户需求为牵引，华为对于不同层级的干部采取了不

同的考核模式：对于高层干部，关注其长期绩效目标的达成和对公司长期利益的贡献；对于中层干部，要求兼顾中长期绩效目标的达成和业务规划的有效落实；对于基层干部，关注其本职岗位上短期绩效目标的达成和过程行为的规范。

任正非希望高层干部要有前瞻性，要对未来公司的发展负责，不光要做技术专家，还要成为思想家，构想未来的世界，确保战略方向大致正确。

华为轮值董事长胡厚崑也在《数字社会的下一波浪潮》一文中指出："过去拥有的知识已经没有意义了。"知识不是最重要的，最重要的是掌握知识和应用知识的能力与视野。

高层干部最重要的素质是方向、节奏，应该兼收并蓄，站在全局的角度，将关注点放在公司长期的战略目标上，为公司指明发展方向。因此，华为对高层干部的考核内容侧重于公司长期的绩效目标和长期的利益贡献，以及团队建设和后备干部队伍建设。

战略目标确定后，中层干部要将战略目标分解到公司的各个业务领域，并制订具体的行动计划，以明确的中长期绩效目标引导公司员工的行为。因此，华为对中层干部的要求是兼顾中长期绩效目标的达成和业务规划的有效落实。

华为对基层干部的考核内容之所以是短期绩效目标的达成和过程行为的规范，是因为每位基层干部负责的是单独的业务模块，基层干部只需要按照公司的流程与制度为员工提供有效的支持，实施强有力的监督，规范员工的行为，带领团队完成任务和持续产生更高的绩效即可。

任正非表示："基层干部强调做实，强调做实的价值评价，使做实的人有合适的待遇和地位。如果过分强调为中，高层干部层面的'狼'性，会导致整体做实不够，基层轻浮。"

在考核方式上，华为中高层干部采用的是述职+KPI（季度打分、年度述职）。述职依据是平衡计分卡的四个维度：财务、客户、内部流程、学习与成长（见表11-9）。这种考核方式对中高层干部来说比较综合和客观。

表11-9 华为中高层干部的述职内容

维度	具体内容
财务	KPI完成情况、竞争对手比较、成绩及不足
客户	客户满意度、内部客户满意度、伙伴满意度

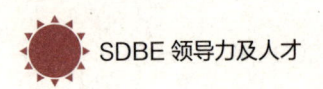

维度	具体内容
内部流程	部门业务策略、核心竞争力提升措施、部门重点工作
学习与成长	职业化及技能提升、组织学习与成长

华为基层干部采用的是 PBC 考核，是通过要素考核表来实践的（见表 11-10），基本方式也是季度打分、年度综合评定。基层干部的考核将量化的指标和非量化的指标有机地结合起来，很好地解决了很多非量化的指标不能考核的问题。

表11-10　要素考核表

考核要素	序号	分享描述	得分
工作量			
工作质量			
……			
合计得分			

在分层分级的考核模式下，华为高层、中层和基层之间形成了短期与长期的均衡，公司管理得以闭环；同时，牵引了各级干部聚焦各自的价值目标，提高了公司的核心竞争力。

11.6.2　绩效牵引，拉开差距，给"火车头"加满油

任正非说过："企业的活力在很大程度上是受利益驱动的。企业的经营机制，说到底就是一种利益的驱动机制。价值分配系统必须合理，使那些真正为企业做出贡献的人才得到合理的回报，只有这样企业才能具有持续的活力。"简言之，激励要向绩优者倾斜。因此，华为以绩效为牵引，在价值分配上打破平衡，拉开差距，给"火车头"加满油，让"火车"跑得更快些、做更多的功。

"向奋斗者、贡献者倾斜"是华为价值分配的指导方针。有贡献就让他们"发财"，有能力就给他们"升官"的机会。大家看到了榜样，就会争着上战场冲锋，去超越标杆，这样队伍的士气自然就高涨了。

2012年10月，华为在埃塞俄比亚电信网络扩容项目 LOT1 中中标 50% 的市场份额，并大规模进入首都价值区域，大规模搬迁现网设备，一举扭转了埃塞俄比亚市场的格局。

在该项目中，公司重大项目部和北非地区部全体人员勇于直面挑战、敢于亮

剑，充分践行了华为长期艰苦奋斗的核心价值观，展现了团结协作的精神。华为特地为相关项目组颁发总裁嘉奖令，予以通报表彰。同时，给予项目组600万元的项目奖金，并对在此项目中做出突出贡献的关键成员予以晋升，埃塞俄比亚分公司总经理潘国强个人职级提升两级，其他成员均获得不同程度的职级提升。

华为这一高调的总裁嘉奖令，给其他代表处树立了榜样，如果其他代表处能打下和埃塞俄比亚差不多的"山头"，那么其干部和团队成员同样能得到丰厚的奖金及职级提升的回报。

在价值分配中，华为会根据不同干部的绩效等级层次来"加油"。对于绩效高的干部，华为会投入更多的资源，拉开收入差距，并给予晋升机会；对于绩效不合格的干部，华为会及时调整工作。

华为的年度考核共分为五个等级，即优秀、良好、称职、基本称职和不称职，如表11-11所示。这个标准决定获得奖金的比例是100%、80%、60%还是50%。奖金标准会根据部门当年度的贡献情况来确定，有的可能是几个月的基本工资，有的可能是项目利润的一定比例。

表11-11 年度考核等级及对应的奖金分布与晋升

等级	分布比例	奖金额度	晋升机会
A（优秀）	5%	100%×奖金标准	可晋升两级
B（良好）	20%	80%×奖金标准	可晋升一级
C（称职）	50%	60%×奖金标准	可晋升一级
D（基本称职）	20%	50%×奖金标准	
E（不称职）	5%	无	无

除了华为，很多优秀的企业也会对不同绩效等级的人实施激励和改善措施。比如，杰克·韦尔奇认为，员工就应该"差别对待"。

通用电气以年为周期对员工进行排序，按照不同的绩效等级将员工分成五类：第一类顶尖人才占比10%，第二类优秀人才占比15%，第三类中等水平人才占比50%，第四类合格员工占比15%，第五类低绩效员工占比10%。第一类员工会得到股票、期权，第二类员工中的90%和第三类员工中的50%会得到股票、期权，第四类员工没有奖励，公司会对他们敲响警钟，督促他们努力上进，第五类员工将面临调岗甚至辞退。

激励就是价值评价后的价值分配。华为差异化的价值分配，既给予了奋斗者最大的公平待遇，又激励了还未取得高绩效的干部努力奋斗、获得回报，形成了"高能力、高绩效、高报酬"之间的良性循环。

11.6.3　干部考核结果应用：坚持能上能下

"工作的最大报酬就是工作本身"是索尼公司内部广为流传的一句话，华为也深谙其道，认为工作权是干部最重要的发展机会，干部一定要形成能上能下的氛围。

生命之源在于活力，活力之源在于流动，能上能下的干部机制是永葆干部队伍活力的关键。能力需要在实践中检验，也能在实践中获得提升。华为让每一个华为人能通过努力工作，在工作中增长才干，获得职务的提升。

【案例】华为干部的能上能下

2007年7月，在移动网络验证部担任PM一职的武友立，由于绩效优秀被提拔至移动网络验证部部长一职。然而，对武友立来说，管理岗位的众多工作与PM岗位相差巨大，在繁忙的下半年，他因为没有抓住业务重点，工具开发方向频繁变动，导致成员士气低下，版本交付延期，最后他在试用期没能通过考核，职位被下调。面对沉重的打击，武友立鼓起勇气，调整心态，在与主管和周边同事沟通了解之前工作中的不足后，明确了改进措施。他没有选择原来的PM岗位，而是主动请求到测试委员会，他选择调换岗位的原因有两个：一是提升自己的技术管理能力，二是这个岗位可以更好地与产品线测试部下的工具开发团队接触。

2008年，公司交给测试委员会两个重要的技术项目，武友立主动请缨做这两个项目在委员会的主导者。在项目的管理运作中，他吸取之前的教训，抓住主要矛盾，厘清工作方向，谋定而后动，采取了一系列措施。最后，这两个项目都取得了阶段性成绩，并荣获年度中研总裁奖。

2010年年初，因为近两年的工作绩效优秀，他再次被任命为移动网络验证部部长。武友立在新的管理岗位上游刃有余，因其在项目交付、团队能力建设、组织氛围营造等方面的表现优异，故其年度评价为A。

在贡献面前人人平等，对每一个奋斗者来说晋升机会都是均等的。对于业绩优秀的干部，华为会给予奖励；对于责任结果差、不符合岗位要求的干部，华为也会主动管理，管理的内容包括降职、调岗和辞退等。

华为每年都坚定不移地对干部实行10%的淘汰制，让各级干部永远铭记自己的责任，永远处于战战兢兢、如履薄冰的艰苦奋斗状态。

为了保持干部队伍的活力，华为除了淘汰不合格的干部，也在积极地促进绩效优秀的干部加快流动，建立了公司、区域、代表处和各体系之间完善的流动机制。

例如，华为明确表示，每个代表处都有责任向其他业务输送人才，地区与代表处之间要流动，代表处与代表处之间要流动，集团与海外之间也要流动。

再如，一位干部在某个国家绩效非常突出，那么华为会将他调换到另一个国家，让他学习新的产品知识，熟悉新的运营网络和建立新的客户关系。这样一来，如果组织绩效上不去，就会被淘汰，该干部就不得不学习。华为就是以这种形式不断地进行个体激活的。

只有这样，才能防止在业务高速发展的情况下可能出现的"内部超稳定结构"和干部怠惰的情况。

在华为，为干部传递的是一种渐进式的压力和重担，给机会，让其打下一场胜利，再给一个更大的战场。因为在组织发展的过程中，干部要始终保持前进的动力，否则就会被淘汰，这也是华为所提倡的不允许尸位素餐，不允许躺在功劳簿上享受人生，没有进步就是最大的退步。

11.7　做好继任工作，在战略成功中打造干部队伍

江山代有才人出，企业需要加快干部队伍建设，以保证企业的生命力。华为也强调："我们要加快新干部的选拔，要给新人机会。公司在发展的过程中到处都缺干部，干部培养不起来，那我们就可能守不住阵地，可能要败退。"因此，华为不断加强和完善后备干部的选拔与培养工作，坚持在关键岗位储备干部，让人才辈出。

11.7.1　企业一盘棋，做好干部队伍建设和后备干部培养

华为的干部管理体系之所以能良性运营20多年，与其有较充足的干部储备密切相关。干部任免时，不会因为后继无人而有所顾虑；干部调动时，不会因为干部队伍的青黄不接而束手束脚。

华为在干部队伍建设和后备干部培养方面，提倡企业一盘棋的思想。行政管理团队、人力资源部、华为员工培训中心、公司党委承担各自的责任，共同推进

对人才的有效规划与培养，让优秀的干部苗子看得见、出得来。

从华为 2005 年到 2007 年的 EMT 会议纪要中我们可以发现，华为清晰地认识到后备干部队伍是公司持续成长的瓶颈。为此，华为对各部门在后备干部队伍建设上提出了明确的职责要求：推荐、选拔和评价后备干部，公司应该三权分立；华为员工培训中心与人力资源部共同讨论出流程体系，党委统一管理档案体系。

人力资源委员会要承担起选拔干部的职责，关注那些高层看不到、行政管理团队看不清的干部苗子；高层及行政管理团队也要通过隔级推荐中基层干部的人选，承担起选拔干部的职责。通过常规选拔制和破格选拔制的相互补充，来保证机制的健全。

各业务体系管理团队是后备干部队伍选拔的执行机构，管理团队主任是第一责任人，要对选拔过程和结果承担责任。

后备干部的培养要结合公司的业务发展战略和规划，基于管理岗位需求，做好后备干部培养计划。各级 AT 要把各个管理岗位的继任者计划做出来，不仅要关注第一梯队，还要关注第二梯队。

由此可见，干部队伍建设和后备干部培养并不是某一部门的职责，而是需要公司上下协同，共同发力。

此外，华为认为，公司想要发展一支高质量的后备干部队伍，就必须利用各类工具，如年度干部任用决策、继任者计划、管理者反馈计划，对干部继任、能力提升和任用开展规范化管理。其中，年度干部任用决策是指公司分层分级预测未来一年的关键岗位需求，执行跨区域、跨领域的集中性干部任用决策，确保干部和组织能力支撑业务目标的达成，其流程如图 11-20 所示。

第一步 确定目标关键岗位，形成方案初步建议

第二步 核心管理团队集中讨论人才任用决策，实现最优配置

第三步 为新干部的转型赋能，提高任用成功率

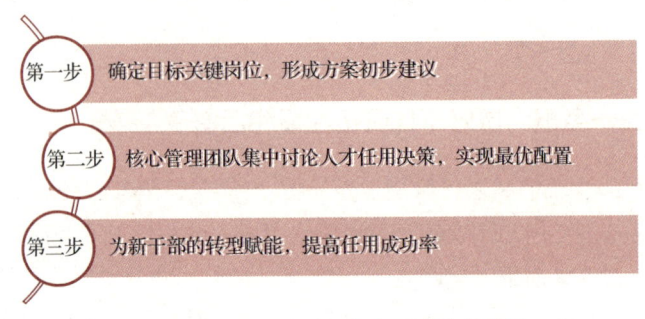

图11-20 华为年度干部任用决策的流程

第一步，确定目标关键岗位，形成方案初步建议。

（1）根据战略重点、业务目标及执行战术，思考组织和干部策略。

（2）明确需要通盘考虑的关键岗位，包括管理岗位和至关重要的业务岗位。

（3）思考关键岗位对干部的需求。

（4）通盘考虑每个关键岗位的潜在干部人选。

第二步，核心管理团队集中讨论人才任用决策，实现最优配置。

（1）先看岗位需求，以求人岗匹配——候选人适合这一特定岗位的需求。

（2）基于候选人的优势做出最终决策。

（3）除非候选人的弱点是关键岗位的限制因素，否则其弱点不应是选择中的重点考量。

（4）领导团队进行深入沟通并达成共识，实现人岗的最优配置。

（5）把晋升和发展的机会留给最好的人才，将填补空缺岗位的讨论转变为专注于组织能力建设的积极研讨。

（6）鼓励跨部门人才流动，提升组织协同能力。

（7）促成基于事实的坦诚讨论，避免主观印象和偏见影响决策。

第三步，为新干部的转型赋能，提高任用成功率。

（1）启动关键岗位新干部90天转身计划，帮助其适应新环境、成功转型。

（2）定期开展周边干部沟通，持续跟踪新干部的业绩情况，及时纠偏。

如今，许多企业都面临在职干部达不到任职要求、后备干部配置跟不上的问题。年度干部任用决策的推行，让华为站在公司整体的角度，发掘与调配优秀人才，让后备干部持续涌现。

11.7.2 实施继任者计划，保障干部队伍人才充足

继任者计划是企业人才管理的一项战略级任务。企业通过明确关键岗位，澄清关键岗位的要求，盘点各关键岗位的继任梯队，建立系统化、规范化的流程，来寻找、确定可以胜任关键岗位的人才，并有计划地制定人才培养的解决方案，满足业务发展需求。

华为在推行继任者计划的时候，有着一套自己的操作办法。它是按照以下八个步骤来实施的（见表11-12）。

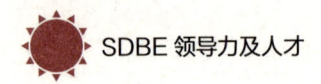

表11-12 华为关键岗位继任者计划的实施步骤

步骤	内容
1	结合公司战略和业务发展规划，明确关键岗位
2	澄清关键岗位的要求
3	盘点各关键岗位的继任梯队
4	规划预期的干部变动
5	了解可输出的干部
6	讨论高潜质的干部，明确培养方案
7	分析高潜质本地干部的培养计划
8	继任者计划总结

由此可见，华为是在明确公司战略和业务发展规划对干部队伍建设的要求的基础上，制订继任者计划的。继任者计划就是未雨绸缪，在现有干部发挥作用时，同步培养接班人，以实现任何一个岗位的任职者，无论因为什么原因离岗，组织可以马上确定合适的继任者补位。

华为甄选关键岗位的方法主要有三种：一是围绕公司未来的战略选取关键岗位，二是重点关注当下急需提升能力的关键岗位，三是重点关注有空缺风险的关键岗位。

华为在明确关键岗位，澄清关键岗位的要求后，会进行人才盘点，从业绩、态度、能力和潜质等方面对当前的干部队伍进行评估，识别高潜质的关键人才。华为常用的人才盘点工具有四个：绩效潜能矩阵（方格图）、学习力（潜力）评价表、工作量分析及效能提升表、岗位匹配度矩阵。

【方法/工具】华为绩效潜能矩阵

绩效潜能矩阵有两个维度——绩效考核和素质评估（态度/能力），纵轴是绩效或KPI或一些量化的结果指标，横轴是素质或态度及能力。它反映的是人才在过去一年中表现出来的业绩结果和态度/能力。在绩效潜能矩阵中，华为将员工分为七类（见图11-21），分别是明星员工、优秀员工、业务骨干、中坚力量、表现尚可、表现欠佳和失败者。

针对不同类别的员工，华为将采取不同的培养策略和处理办法，具体如表11-13所示。

第 11 章 领导力建设：SDBE 领导力闭环管理

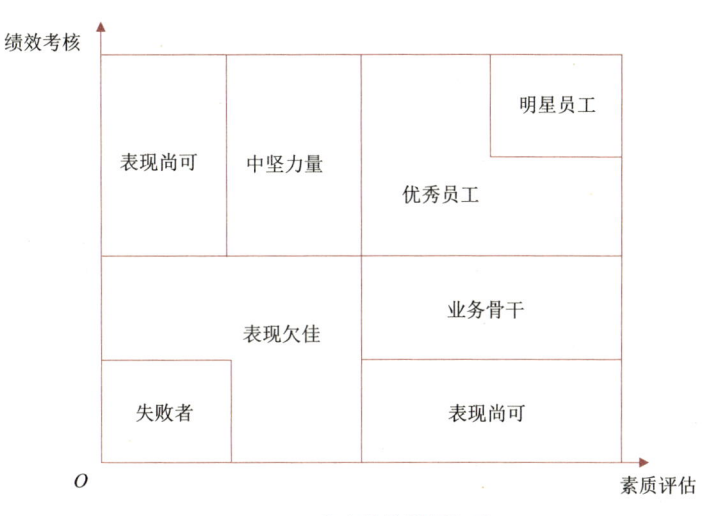

图11-21　华为绩效潜能矩阵

表11-13　华为人才盘点应用结果

序号	类别	应用结果
1	明星员工	重点关注高潜质人才，给予其更多的发展机会，加快开展对该岗位的继任者计划
2	优秀员工	
3	业务骨干	适当加强对其职业素养和能力的锻炼
4	中坚力量	考虑使其进一步发展，让其承担更大的责任，并加强培训与指导
5	表现尚可	仔细分析优势，给予更多的工作指导，或者调换岗位
6	表现欠佳	给予警告，并提供有针对性的发展支持和能力辅导，加快开展对该岗位的继任者计划
7	失败者	在三个月内对其进行岗位调整

人才盘点结束，华为会结合业务发展需求和岗位特点，建立关键岗位的继任梯队。按照能力准备程度，继任梯队中的人才被分为三类，分别是 Ready-now、One-job away、Two-job away，如图 11-22 所示。

在明确了继任梯队中的候选人后，华为会给这些候选人建立个人档案，以便后续对他们的业绩和能力发展情况进行分析与监控。此外，华为还将因材施教，根据这些候选人的实际情况制订针对性的个人培养计划，帮助他们尽快成长。

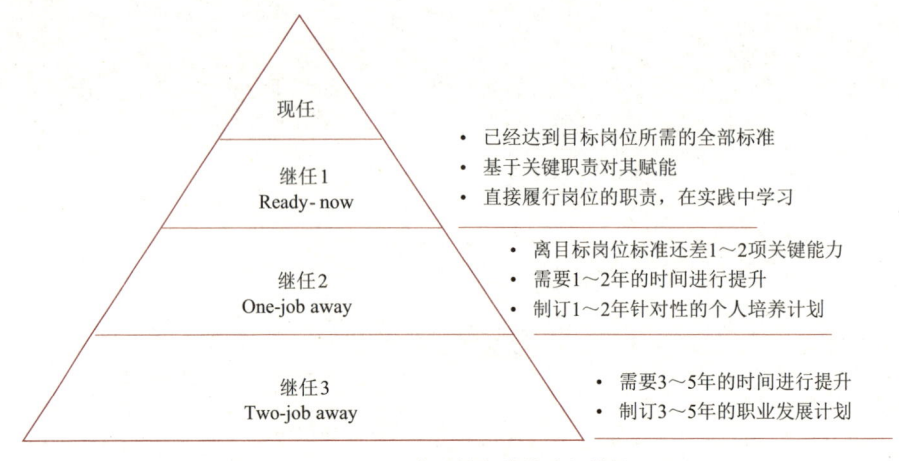

```
                现任                 · 已经达到目标岗位所需的全部标准
                                    · 基于关键职责对其赋能
              继任1                  · 直接履行岗位的职责,在实践中学习
            Ready-now
                                    · 离目标岗位标准还差1~2项关键能力
           继任2                     · 需要1~2年的时间进行提升
        One-job away                · 制订1~2年针对性的个人培养计划

         继任3                       · 需要3~5年的时间进行提升
      Two-job away                  · 制订3~5年的职业发展计划
```

图11-22　华为关键岗位的继任梯队

11.7.3　做好管理者反馈计划,帮助干部持续提升能力

干部行为的改变是一个需要长期关注且持续的过程。因此,越是高层的干部,就越要保持开放的心态,倾听他人的反馈,提高自我认知,只有这样才能不断积累、丰富关键经验、提升关键能力,实现快速发展。

为了帮助干部提升团队管理的有效性,华为从IBM引入了管理者反馈计划(MFP)。通过调研管理效果反馈、解读调研报告、召开团队反馈会议等活动,推动干部全面认识自我,制订针对性的行动计划。

华为认为优秀的干部应表现出七种行为。

行为1:帮助员工认识工作的意义。

行为2:设定清晰的绩效标准,积极管理低贡献者。

行为3:识别杰出贡献者。

行为4:通过双向沟通,鼓励员工表达不同的观点。

行为5:以身作则,践行并传承公司核心价值观。

行为6:鼓励员工创新、持续改进工作。

行为7:关注员工的培养与发展。

基于这七种行为表现,IBM和华为销售与服务体系经过充分研讨,共同设计了MFP调研问卷(见表11-14),以征集直接下属对其主管的真实反馈和建议。

表11-14　MFP调研问卷

评分题	评价
1. 主管帮助我了解自己的工作如何为公司的战略及组织的目标做出贡献	
2. 主管以令人尊敬的方式向我提供清晰的建设性业绩反馈，以帮助我更好地工作	
3. 主管在我需要支持时能帮助我排忧解难	
4. 主管对我所做的贡献表示欣赏	
5. 主管的言行举止值得我信任（例如，倾听和考虑不同的观点，公平公正，持续跟进，恪守承诺）	
6. 主管会根据需要帮助我在不同组织和地理区域之间进行协作	
7. 主管鼓励我持续改进工作（例如，尝试更好的工作方法，支持我的新想法，并愿意承担一定的风险）	
8. 主管帮助我培养自己的专业知识，使我朝着自己的职业目标前进	
9. 主管鼓励我表达不同的观点，和我之间的双向沟通非常有效	
10. 主管在所有员工中培育团队精神与跨地域/文化的包容性，其决策和行为体现了公司的价值观	
11. 总体来说，你觉得自己的直线主管的管理水平如何	
开放题	
1. 怎样才会使你的主管工作更加出色？请举例说明	
2. 你的主管怎样才能增加你对公司的贡献，提升你的工作满意度，或者激励你努力工作？请举例说明	
3. 目前你的主管花多少精力在人员管理、培养团队方面？你的期望是多少	
4. 你认为你的主管可以在哪些工作上更多地对你进行授权	
备注：评价分为 5 个等级，即 5 分（非常满意）、4 分（满意）、3 分（中等）、2 分（不满意）、1 分（非常不满意）。员工可根据实际情况对干部的管理表现进行客观评价	

华为 MFP 实施流程如图 11-23 所示。MFP 一般由干部部发起和组织，MFP 负责人发送 MFP 启动函告知被反馈人（主管）和反馈人（直接下属），并向大家说明反馈是与某人沟通自己观察和体验到的行为，而不是评价。

随后，被反馈人向反馈人发送 MFP 调研问卷，诚挚邀请大家参与并帮助自己进行管理能力提升。反馈人完成问卷调研后，被反馈人会收到系统生成的反馈报告，需要深度分析反馈报告的结果，并进行反思。之后，被反馈人召开 MFP 会议，在会上表达自己对报告结果的理解，与反馈人展开充分的沟通。在会议结束前，被反馈人需要总结与概括反馈人的主要观点，并制订具体、可落实的个人学习提升计划。半年/一年后，被反馈人要向反馈人和 MFP 负责人反馈计划的完成情况。

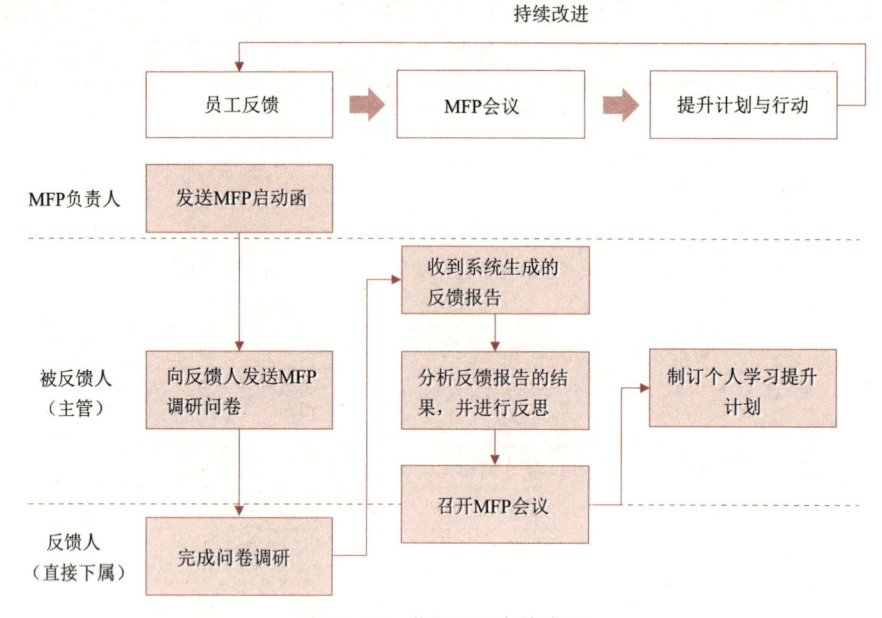

图11-23　华为MFP实施流程

华为通过MFP让每一位参与其中的干部了解到员工眼中的自己，帮助干部完整地体验了从认知到反思到改变再到获得支持、制订明确的行动计划的全过程，促进了良好组织氛围的形成，完成了干部能力的提升。

11.8　干部自律与监察，防止系统性腐败和堕落

堡垒最容易从内部攻破，企业最大的风险来自内部。因此，华为努力排除外界干扰，改进内部管理，打造了一支廉洁自律的干部队伍，以坚持合规经营，确保业务连续和健康发展。

11.8.1　干部的自律与他律：严是爱，松是害

自律是指一个人自警、自省和自我约束的能力，是干部必备的一种领导素养。他律是指来自外部强制性的约束和监督，是干部成长和企业发展所必需的外部条件。

自律永远是管理的最低成本，企业的制度不可能完善到无懈可击。各级干部应严以自律，企业应"促进自律，完善他律"，让自律的"火车头"带领"火车"跑起来，持续激发组织活力，形成正向、积极的组织氛围。

自华为成立之日起，任正非就要求干部要严于律己，接受全体员工的监督，公司要制度化地防止干部腐败、自私和得过且过。华为在2007年通过了《EMT团队宣言》后，每年都会举办"自律宣誓"大会，宣誓内容为以核心价值观为基础的《华为公司改进工作作风的八条要求》。

《华为公司改进工作作风的八条要求》（2019年版）的内容如下。

（1）我绝不搞迎来送往，不给上级送礼，不当面赞扬上级，把精力放在为客户服务上。

（2）我绝不动用公司资源，也不能占用工作时间，为上级或其家属办私事。遇非办不可的特殊情况，应申报并由受益人支付相关费用。

（3）我绝不说假话，不捂盖子，不评价不了解的情况，不传播不实之词，有意见直接与当事人沟通或报告上级，更不能侵犯他人隐私。

（4）我们认真阅读文件、理解指令。主官的责任是胜利，不是简单的服从。

（5）我们反对官僚主义，反对不作为，反对发牢骚讲怪话。对矛盾不回避，对困难不躲闪，积极探索，努力作为，勇于担当。

（6）我们反对文山会海，反对繁文缛节。学会复杂问题简单化，六百字以内说清一个重大问题。

（7）我绝不偷窃，绝不私费公报，绝不贪污受贿，绝不造假，我们也绝不允许我们当中任何人这样做，要爱护自身人格。

（8）我们绝不允许跟人、站队的不良行为在华为形成风气。个人应通过努力工作、创造价值去争取机会。

大道至简，《华为公司改进工作作风的八条要求》中这短短的八条内容，不仅是制度层面的要求，也是全体干部的行为准则，为干部指明了行动的方向，更是企业文化的宣导。

11.8.2　审计与监察：治病救人，严防从组织内部开始衰败

一个组织要有铁的纪律，没有铁的纪律就没有持续发展的力量。企业发展越快，管理覆盖就越不足，暂时的漏洞也会越多。因此，企业应建立自己的内部控制体系，确保在合规的基础上多产粮食，提升土地肥力。

关于内部控制体系的建立，华为态度鲜明，它通过流程责任制、风险监管体系、内部审计制度三道防线，设置了"点""线""场"的监控系统，如图11-24所示。

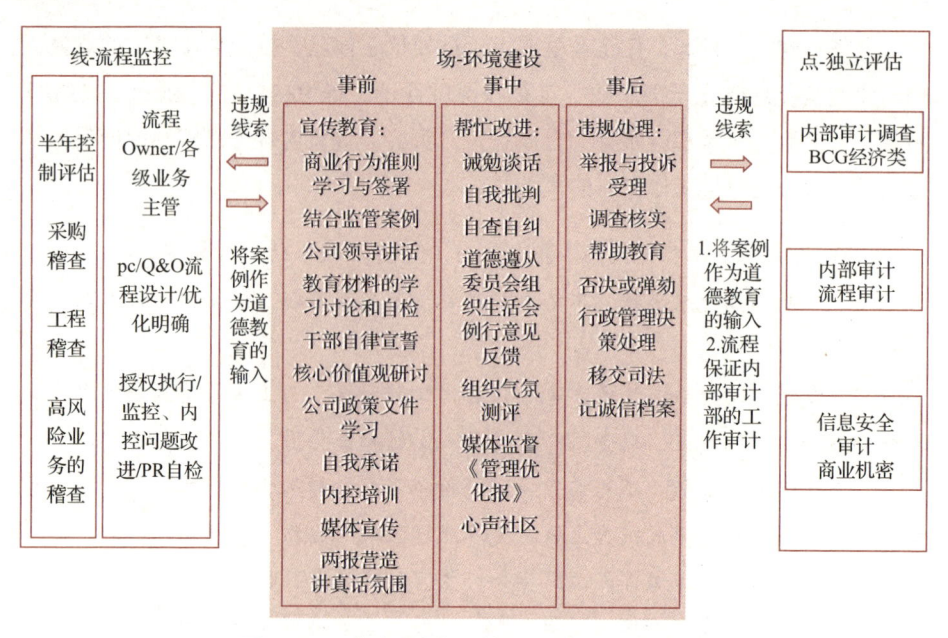

线-流程监控			场-环境建设				点-独立评估
半年控制评估	流程Owner/各级业务主管	违规线索 →	事前 宣传教育： 商业行为准则学习与签署 结合监管案例 公司领导讲话 教育材料的学习讨论和自检 干部自律宣誓 核心价值观研讨 公司政策文件学习 自我承诺 内控培训 媒体宣传 两报营造讲真话氛围	事中 帮忙改进： 诫勉谈话 自我批判 自查自纠 道德遵从委员会组织生活会例行意见反馈 组织气氛测评 媒体监督《管理优化报》 心声社区	事后 违规处理： 举报与投诉受理 调查核实 帮助教育 否决或弹劾 行政管理决策处理 移交司法 记诚信档案	← 违规线索 1.将案例作为道德教育的输入 2.流程保证内部审计部的工作审计	内部审计调查 BCG经济类 内部审计流程审计 信息安全审计 商业机密
采购稽查 工程稽查 高风险业务的稽查	pc/Q&O流程设计/优化明确 授权执行/监控、内控问题改进/PR自检	→ 将案例作为道德教育的输入					

图11-24　华为"点""线""场"的监控系统

流程责任制是第一道防线。流程Owner（负责人）或各级业务主管是内部控制的第一责任人，在流程中承担内部控制和风险监管的责任。任正非曾多次强调，未来的华为，领导不再拥有权力，拥有权力的是流程。

风险监管体系是第二道防线。负责内部控制和风险监管的部门，针对跨流程、跨领域的高风险事项进行拉通管理，既要负责方法论的建设及推广，也要做好各个层级的赋能。

内部审计制度是第三道防线。内部审计部通过独立评估和事后调查建立起冷威慑。一旦抓住一条缝子，就要不依不饶深查到底。

反腐败、反造假、反浪费是华为建立内部监控体系的出发点。内部审计部是司法部队，关注"点"的问题，通过对个案的处理对潜在问题形成冷威慑，即让员工不要做坏事，也不敢做坏事；监控部门无处不在，关注"线"的问题，与业务部门一起进行端到端的管理，揭示并规避端到端的风险；道德遵从委员会关注"场"的问题，负责持续建立良好的道德遵从环境，以建立对"场"的监管。

华为通过内部监控体系，动态地了解干部的现状，对于不合格、行为有问题的干部，坚决否决或弹劾。干部被否决后，半年内不能再任命，半年后组织会对其进行再次考察，考察通过可以再任命。否决或弹劾不是目的，重点在于威慑、教育和帮助干部，不能"一俊遮百丑"，也不能"一丑遮百俊"。

华为干部日常行为监察的范围如下。

道德遵从：弄虚作假、拉帮结派、以权谋私、捂盖子等。

工作作风：牢骚满腹、简单粗暴、一吓二凶三骂人等。

经济违规：贪污腐败、私费公报、业务作假等。

其他违规：打架、赌博、炒股、生活作风差、信息不安全等。

此外，华为鼓励干部主动进行自我申报，公司将从轻或免予行政处罚，并对申报内容严格保密。2011 年，华为设立并开通了廉洁自律账户，给违规干部悔过自新、卸下思想包袱的机会，要求内部员工自动将非法所得入账，公司承诺在经济上不予处罚，在行政上从轻或免予处罚，给人悔过自新的机会，挽救更多潜在的问题干部。

2014 年 7 月，华为消费者 BG CEO 余承东给消费者 BG 全体员工群发了一封腐败、反腐败的内部邮件：《不要掉队——2014 年上半年总裁 newsletter》。

在邮件中，余承东反复强调，其对公司业务的未来充满信心，也对大家的前途和"钱"途充满信心。员工要抵制诱惑，不要因为腐败问题而掉队。他要求问题员工务必放下包袱主动申报自己的问题，这才是自我救赎的唯一途径。

没有什么能阻挡企业的前进，唯有内部的惰怠与腐败。干部既是监督的主体，也是监督的客体，干部除了要坚守底线，提供良好的示范，还要时刻警醒员工，防止员工走上错误的道路。

11.8.3　监察机制：自我约束和制度约束"两手抓，两手硬"

干部腐败是企业发展过程中常见且非常严重的问题，轻则导致企业利益遭受重大损失，重则导致组织分裂瓦解。因此，华为采取了一套"组合"机制来严防干部腐败，确保干部队伍清正廉洁。

一方面，<u>华为通过自我教育、自省自查机制从意识上杜绝干部腐败的想法</u>，如自律宣誓、道德遵从座谈会、公司政策学习和自律批判等，保持干部的思想高度统一、行动步调一致。

2013 年 10 月，任正非在道德遵从座谈会上发表讲话，表示位于海外的中方员工必须遵循所在国家的法律与道德规范，海外员工尊重他们自己国家的价值观无可非议，但他们必须认同华为的价值观，热爱或理解中国，道德遵从委员会要教育与监督员工履行义务。

道德遵从委员会成员都在基层，更清楚部门情况，在日常工作中，要同员工一起发现部门违规线索和问题。同时，道德遵从委员会要每月组织三个模块的学习与活动。

（1）学习公司政策文件、BCG违规案例、公司领导讲话等。

（2）结合自身情况讨论和分享。

（3）通过"部门万象"，交流发现的情况，归纳与梳理线索。

针对发现的问题，道德遵从委员会要对相关人员进行及时提醒、帮助和疏导，防止小问题变成恶性事件。

另一方面，华为在内部开展问题预警和相互监督。问题预警的方式包括老专家 OPEN DAY（开放日）、MFP、组织气氛测评等；相互监督的方式包括群众监督举报、投诉处理、调查访谈等。

组织气氛问卷调查由华为道德遵从委员会统一发起，一年一次，面向全员匿名调查。所有调查数据将汇总到一起进行分析，调查结束后，所有被调查的员工和团队将获得整体分析报告（当部门反馈人数少于5人时，不生成报告，当各个维度下的反馈人数少于5人时，该维度的数据不显示），供本部门/团队管理改进参考，不应用于个人及团队绩效评价。员工原始反馈信息也将被严格保密，任何组织、个人无权查看。连续两年组织气氛落后的团队会被重点关注，如果气氛差的原因在于主管的管理、品德作风等方面，则组织会对其进行否决或弹劾。

华为的组织气氛调查问卷通常分为两个部分。第一部分针对被调查员工所在部门的组织气氛，包括该员工的上级和同级，上级不单单指直接上级，还包括下列四种情况：直线汇报关系；非直接汇报关系，在这种情况下，该员工可能被要求向非直线领导、但可能是组织结构中虚线或矩阵关系的一些人汇报，在考虑形成组织气氛时可认为是该员工的领导；正规团队领导；事实领导。第二部分针对整个公司的组织气氛，包括任何影响被调查员工及与其有工作交流的人员和部门的公司政策、程序等。

组织气氛问卷调查是对组织的一次体检，是对管理的诊断，既能让一些不合格的干部浮出水面，及时纠偏，也能帮助干部发现工作中的不足，及时改进。

自我教育、自省自查让干部不想腐败，问题预警、相互监督让干部不敢腐败。最终，只要证据确凿，腐败者就无处可逃，将被严惩不贷。只有这样，才能营造"风气好，使人不忍为恶；制度好，使人不能为恶；惩戒严，使人不敢为恶"的良好组织气氛。

后记

> 领导力的本质在于影响力，而不是权力。
>
> ——彼得·德鲁克

接到出版社编辑的邀约，写SDBE领先模型丛书时，笔者从没想过，这本书会如此难产。在SDBE六力模型中，领导力为首，决定着企业的成败和命运。领导力的修炼，一方面是领导者身为"人"的品格修炼，另一方面是企业文化誉为"魂"的千锤百炼。从本质上讲，本书论述的是人性和灵魂的自我约束与升华之旅。

提笔之后的写作之路，漫长而煎熬，书名改了好几次。最终，《SDBE领导力及人才：力出一孔，将官一致打胜仗》进入后记，即将完稿。回想书中或是灵光闪现，或是总结提炼，或是旁征博引的每一段文字，都是笔者及其团队与诸多企业家共勉收获的点点滴滴。

拙作30余万字，千言万语回归本源。企业精英拥有领导力，备受尊重和爱戴，源于在"智、信、仁、勇、严"五大方面出众的行为特质，源于指明正确的企业发展方向和坚定不移的斗争信念，源于打造凝聚人心和彰显社会责任的优秀企业文化与价值观。企业领袖发挥影响力，核心是带领团队创造性地达成关键战略目标，激励团队勇往直前，直面具有时代特征的阶段性挑战，将企业的愿景、使命与员工的自我实现整合到一条前途似锦的道路上，促使企业不断奋勇向前。

华为是中国企业中系统性地引进西方先进管理理念的开拓者和践行者，本书借鉴了华为在领导力建设和干部培养方面的诸多优秀策略与成功案例，结合其他行业企业管理水平提升的普适规律，构建了从个人到整体、从将兵到将帅、从领导到教练的领导力修炼与组织团队建设的提升模式、发展路径，具有较强的适用性和启发性。

未来，笔者与德石羿管理顾问团队将在企业管理领域继续开拓进取，不断完善 SDBE 领导力发展架构和修炼方法，努力提升企业干部管理的效率与效果，在帮助更多优秀客户变得更优秀的同时，吸引更多优秀管理精英加入或融入德石羿搭建的高水平管理咨询平台中，共同服务于社会主义现代化建设的伟大进程，为更多中国企业成为世界行业标杆贡献力量。

　　最后，再次感谢所有帮助笔者完成这本书的人，包括出版社的编辑、校对员，以及我的家人和朋友们。同时，也要感谢所有读者的支持和反馈，所有的意见与建议将是我们不断学习和进步的动力。

　　希望这本书能够对企业的领导力和关键人才管理实践有所启发及帮助。

胡荣丰

于观澜湖君悦山

参考文献

[1] 黄卫伟. 以奋斗者为本 [M]. 北京：中信出版社，2014.

[2] 黄卫伟. 以客户为中心 [M]. 北京：中信出版社，2016.

[3] 田涛，殷志峰. 枪林弹雨中成长 [M]. 北京：生活·读书·新知三联书店，2017.

[4] 田涛，殷志峰. 厚积薄发 [M]. 北京：生活·读书·新知三联书店，2017.

[5] 张小峰，吴婷婷. 干部管理：八步法打造能打胜仗的干部队伍 [M]. 北京：中国人民大学出版社，2020.

[6] 李凯城. 向毛泽东学管理 [M]. 北京：当代中国出版社，2010.

[7] 王旭东，孙科柳. 企业文化落地：路径、方法与标杆实践 [M]. 北京：电子工业出版社，2020.

[8] 彭小勇. 华为组织激活 [M]. 北京：中信出版社，2020.

[9] 黄继伟. 华为工作法 [M]. 北京：中国华侨出版社，2016.

[10] 庞涛. 华为训战 [M]. 北京：机械工业出版社，2020.

[11] 任康磊. 人才测评 [M]. 北京：人民邮电出版社，2021.

[12] 黄卫伟等. 价值为纲：华为公司财经管理纲要 [M]. 北京：中信出版社，2017.

[13] 钟金，杜俊鸿. 华为文化密码：核心价值观的演变与传承 [M]. 北京：电子工业出版社，2019.

[14] 华为企业架构与变革管理部. 华为数字化转型之道 [M]. 北京：机械工业出版社，2022.

[15] 华为大学. 熵减：华为活力之源 [M]. 北京：中信出版社，2019.

[16] 拉姆·查兰，斯蒂芬·德罗特，詹姆斯·诺埃尔. 领导梯队：全面打造领

导力驱动型公司 [M]. 徐中，林嵩，雷静，译. 北京：机械工业出版社，2021.

[17] 拉姆·查兰. 高管路径：卓越领导者的成长模式 [M]. 徐中，杨懿梅，译. 北京：机械工业出版社，2016.

[18] 约翰·P. 科特. 领导变革 [M]. 徐中，译. 北京：机械工业出版社，2014.

[19] 约翰·惠特默. 高绩效教练 [M]. 徐中，姜瑞，佛影，译. 北京：机械工业出版社，2019.

[20] 大卫·V. 戴，约翰·安东纳基斯. 领导力的本质 [M]. 林嵩，徐中，译. 北京：北京大学出版社，2015.

[21] 詹姆斯·M. 库泽斯，巴里·Z. 波斯纳. 领导力：如何在组织中成就卓越 [M]. 6 版. 徐中，沈小滨，译. 北京：电子工业出版社，2018.

[22] 大岛祥誉. 麦肯锡工作法 [M]. 王柏静，译. 北京：中信出版社，2014.